基础写作与训练

李锋　翟淼淼　丁玉　编著

山东人民出版社·济南

国家一级出版社　全国百佳图书出版单位

图书在版编目（CIP）数据

基础写作与训练 / 李锋，翟淼淼，丁玉编著. —— 济南：山东人民出版社，2014.8（2021.8重印）
ISBN 978-7-209-08682-0

Ⅰ．①基… Ⅱ．①李… ②翟… ③丁… Ⅲ．①汉语－写作－中等专业学校－教材 Ⅳ．①H15

中国版本图书馆CIP数据核字(2014)第197502号

基础写作与训练

李锋　翟淼淼　丁玉　编著

主管单位　山东出版传媒股份有限公司
出版发行　山东人民出版社
社　　址　济南市英雄山路165号
邮　　编　250002
电　　话　总编室（0531）82098914
　　　　　市场部（0531）82098027
网　　址　http://www.sd-book.com.cn
印　　装　济南万方盛景印刷有限公司
经　　销　新华书店

规　　格　16开（169mm×239mm）
印　　张　21.25
字　　数　400千字
版　　次　2014年8月第1版
印　　次　2021年8月第5次
ISBN 978-7-209-08682-0
定　　价　39.50元
如有印装质量问题，请与出版社总编室联系调换。

前　言

　　《基础写作与训练》自 2014 年 8 月出版后,一直作为学校人文科学系的基础写作课的专业教材使用。在使用过程中我们发现了不少的问题,同时也积累不少的经验,在充分听取学生及教师意见的基础上我们对全书进行了必要的补充。

　　首先在"附录"中增加了"关于感受""关于构思""关于诗歌"等的感悟性文章,使全书更加丰富,更有利于拓宽学生学习的视野;其次把"文体写作"中"议论类文体"第一节"思想评论"改为"社会短评",凸显了当下"社会短评"写作的重要性;最后对全书的文字进行了修饰,使之更准确、更严谨、更精炼。在此过程中,我们也参阅了一些资料,已标注于参考文献中,对这些文献的作者我们表示深深的谢意。

编著者

2021 年 7 月

目　录

第一编　写作理论

第二编   文体写作

第三编 小学作文教学指导

绪 论

◎ 内容导读 ◎

同学们，进入大学将是你人生中的一次非常重要的"质变"，这时的你会开启一段新的学习历程。在这里，更提倡"自主"与"自我"的学习；更注重"思想观念"的培育；更体验一种浓浓的"文化氛围"；更"细化"学习的基本内容；更倡导一种"怀疑"的精神与"创造"的品质。

虽说从小学到中学，每一位同学都曾经历过，但不知道你是否考虑过这样的问题：写作到底是什么？进入大学后，为何还要开设写作课？写作的特性又是什么？既然我们的培养目标是小学语文教师，那么《语文课程标准》对小学作文教学的基本期待又是什么？而面对这种期待我们的基本对策又会怎样？诸如此类问题的追索与探讨，不仅有利于帮助我们顺利开启"写作"之门，而且还会对学习写作理论和文体及小学作文与实践产生积极的推动作用。

对于进入大学时代的写作，你准备好了吗？

对于写作文我们并不陌生，因为从小学三年级开始我们就与作文相依为命、如影相随。我们曾兴奋过，我们也曾苦恼过，但我们却始终都摆脱不掉语文课中的"作文课"，因为这是检测一个人语文水平最直接、最有效的标尺。

在我们以往的小学语文教学中，作文教学一直困扰着我们。新中国成立以来的八次课程改革，几乎每次都在降低写作教学的标准。从新中国成立之初的课程标准提出小学作文的目标是"能用普通语体文写出令人明了意思的记叙文、说明文、议论文和一般应用文"。到现在，低年级只是进行基本的写话训练，以引导培养学生的作文兴趣为主；第二、三年段才成为"习作"，进行"篇"的初步训练。前后之间的标准，可谓差距悬殊！尽管我们作文教学的标准一降再降，可至今小学作文教学依然是学生、教师以及教育专家们最为头疼的大问题。

曾记得有人编过这样的顺口溜："作文难,难作文,下笔成言难成文;头儿空,肚儿空,空来空去空对空。"于是,学生视"写作"为畏途、地狱,大多数的学生不愿去写,不想去写,不敢去写,导致大面积学生的写作能力与水平低下;而面对学生的作文现状,我们的教师心中更有难言之隐,把"写作"看成是难关、隘口,不知机关在哪。对于何为作文,学生该写什么样的作文,作文评价的标准是什么,以及如何进行科学的训练和培养学生的作文能力等等,不少老师的把握还比较的模糊。还有部分的语文教师本人写作能力就很有限,其结果必然是无的放矢,效率低下,甚至劳而无功。

写作本是思考的产物,想象的升华,自由自在的展示,是一种精神、情感书写的愉悦。令人遗憾的是近些年我们的自由被限制了,我们的思考被一致了,更为可怕的是我们的想象力随着年龄、随着一次又一次的考试被渐渐"消解"殆尽。因此,面对写作,我们恐惧,我们痛苦,我们"失语",我们只有"假大空旧抄"。

于是我们不禁要问:我们的"写作"到底怎么了? 我们的学生到底怎么了? 我们的教师到底怎么了? 到底什么才是开启写作之门的钥匙?

今天,我们进入大学后的第一节《基础写作及训练》课,就是要重新燃起内心中蛰伏已久的书写欲望;重新捡拾起写作中最核心、最本质的东西。此刻,就让我们屏住呼吸慢慢靠近"写作"之门,轻轻地去推开它,一览其中的绚丽风景。

一、写作是什么

在日常生活中,我们常用到"写作"这个概念,其基本的含义就是"写文章""搞创作""写稿子",但对于"写作是什么?"的具体内涵,不同人会有不同的理解,不同的教材会有不同的说法。下面我们着重介绍几种仅供参考。

(一)写作就是为着一定目的,运用书面语言的方式表达写作者独特思想与情感的实践活动。具体说来:

首先,写作是一种行为过程。而这种行为过程不同于一般物品的制作过程,它是一种借助于书面语言完成观念、传递情感的复杂精神产品的制作过程,具有独特性与不可复制性。

其次,写作是一种能力体现。这种能力主要体现于写作者善于观察事物、熟练运用文字、准确严谨地表达思维、构制"辞采篇章"的技能和技巧。

最后,写作是一种工具、手段。它是社会成员间交流思想、传播经验、认识并改造世界及人类自身的重要武器,也是传承文化、延续历史的必要手段。

(二)写作是以读者为对象,以交际和传播为目的,以记事、说理、表情、达意为内容,在社会生活中时刻需要的一种综合性的精神生产活动,活动的成果是写出成品(文章)。

(三)写作是写作者运用思维运作,凭借语言文字,表达思维成果的一种特殊的创造性精神活动。

从写作活动来看,写作是一种认识活动,但又不单纯是对客观事物的认识,还包含着作者的情感体验。它是一种反映活动,但又不单纯是对客观的反映,还包含着作者的独特创造。因此,从这个意义上说,写作是一种创造活动,是作者心智结出的独特成果。

从心理学的角度看,在进行写作时,写作者的主观心灵总是融合着客体、载体和受体,它是一种被人们称为"四体化一"的心理整合运动。

从社会学的角度看,写作者的写作活动,虽然以个体形式呈现,但它的价值只有在社会中才能得到实现,因此,写作主体的个性都带有普遍的社会意义。

从美学的角度看,写作活动根源于人类社会活动中对真善美的追求,以及对完善与丰富人的本质力量的需要。所以,写作活动是一种自我意识的自由自觉地对美的创造。

从语言表达的角度看,写作不仅需要严密的思维能力与思维运作的技巧,还需要语言的运用能力和语言表达的技能,从这个意义上讲,写作又是一门技术科学。

(四)从操作层面而言,写作可以这样进行定义:写作,是写作者为实现写作功能而运用思维操作技术和书面语言符号,对表达内容进行语境化展开的修辞性精神创造行为。而从本体论层面,从终极的本质意义上,即生命、人性、存在的意义上讲,我们可以为写作给出如下的本质性定义:写作是人类运用书面语言文字创造生命生存自由秩序的建筑的行为、活动。

这个定义要表述的写作原理是,写作行为本身的深层本质在于寻求生命生存的依托、家园、故土。中国古代圣贤所谓"立言不朽""发愤著书"体现出来的优秀写作文化精神的最终本质也正是在这里。而当代西方学者所谓"我写故我在"的哲学依据也正在这里。

在表层上,写作是一种表情达意、交流信息的行为;而在深层上,写作又是一种生命生存的形式、途径。从这个意义上讲,写作就是对生命秩序的创作行为。因此,写作行为又具有一种哲学性、生命性。可以这样说,写作是一种独特的生命状态,是生命自我确定的一种形式。写作即表达,表达即生命。写作是人的生命内在的、永久的本质需要,是我们生命的寄寓之所,是一种生命状态的自觉的选择与呈现，是生命自我确定的一种形式。因而，写作的过程就是生命展示的过程。这是一种很独特的展示。如果有一天你把写作看成了你自己生命中不可缺少的一部分时，那么，一草一木、一山一水、旭日夕阳，都会蓬勃着你的"生命"，律动着你的情感，蕴藏着你的思想，神秘的写作将不再那般神秘，顿然会变得有情有义、有滋有味。因此当我们面对慷慨悲歌的屈原、抑郁顿挫的杜甫、豪放不羁的李白、超然达观的苏轼、世事洞明的曹雪芹、深刻犀利的鲁迅时，定会在他们那些神采飞扬的文章中，触摸到他们生命的温度、感受到他们生命的广度和厚度，而阅读他们的文字就是阅读他们各自生命最为真切的状态！

二、开设"写作"课的必要性

（一）人与人信息交流的信息媒介

当下社会，信息交流无处不在。人与人交流，除了口语交流外，也会有借助于文字进行表达的需求。"交流"是人的本能，"沟通"是人的天性，写作是很重要的表达与交流渠道。好的作文无不是与自我沟通、与他人沟通或与天地沟通的佳作。人最痛苦的不是物质的匮乏，而是被人抛弃、疏离，"孤独"（被动）是不可名状的心痛，而写作正好可以排解这种痛苦。王小波说："人在写作时，总是孤身一人。作品实际上是个人的独白，是一些发出的信。我觉得自己太缺少与人交流的机会——我相信，这是写严肃文学的人共同的体会。但是这个世界上除了有自己，还有别人；除了身边的人，还有整个人类。写作的意义，就在于与人交流。因为这个缘故，我一直在写。"

中华文化源远流长、博大精深，其表现方式也多种多样。语言文化即是其中的一个重要方面。在长期的历史发展过程中，中国语言文化已形成自己的特色。它简明扼要，坦诚精确，为世人注目与称道。语言的书面表达形式最重要的就是作文，因为它既方便保真、存储、传世，又方便阅读与应用。作文已成为人们日常生活中不可或缺的工具，书信、通知、报告、广告、日记、贺词等，都属于作文的范畴。同时，好的作文表达能力可以在与人交流时起到意想不到的效果。因为书面交流更符合中国人的含蓄性格，有些不敢说、不愿说的话语都可以通过它来实现。

（二）重视写作是中华民族的优良传统

在人类历史上，写作与文明同步，中华民族的文明史就是中华民族写作活动的历史。我国历来有着重视写作的传统，写作在我国一直有着比较独特的地位和作用。

孔子说："诗可以兴，可以观，可以群，可以怨，迩之事父，远之事君，多识于鸟兽草木之名。"在这里,孔子把"诗"(也就是写作)的作用归纳为可以打动人心、审视社会、凝聚力量、发泄怨气,近可以侍奉父母,远可以侍奉君王,还可以知道不少鸟兽草木的名称。魏文帝曹丕更把写作奉为"经国之大业,不朽之盛事"——可以靠它治理国家,可以凭它名垂于世。而隋唐以来的科举考试,考诗赋、考策论,写作更成为遴选官吏的重要依据,成为学子们进入仕途的"敲门砖"。特别是从15世纪开始,延续明清两代400余年的八股文更成了乡试和会试所规定的一种必须完成的文章。因此,我们可以这样说,中国的"科举"制度虽说在一定程度上阻碍了选拔人才的途径,但却使中国的"写作"事业茁壮成长!

(三)时代使然,世界大趋势使然

写作作为人类生活的重要内容,已融入了当今社会的各个方面,已与每个人的将来息息相关、休戚与共。美国未来学家约翰·奈斯比特在其著作《大趋势》中曾断言:"在这个文字愈来愈密集的社会,我们比以往任何时候都更需要读写技巧。"现代人才只有具备较高的写作能力,才能从容应对日常工作生活中遇到的诸多问题(比如文学创作,科学研究,国家管理、社会治理以及日常生活的方方面面)。因此说,时代的发展需要良好的写作能力,而世界的大趋势要求我们更要重视写作。

世界上一些发达国家都非常重视写作,对学生写作能力的要求非常高,且极其严格,因为一个人的写作能力体现了他的思维能力。许多科技发达的国家,把写作看作是一门基础科学和应用科学。他们认为工业的语言是蓝图,而科学的语言则是文章。

在美国,写作课是大学一年级的必修课,作文训练相当严格,每次写作练习有三分之一的写作被退回重写,批改作文的教师工作量为百分之一百三。在写作内容方面,关注人生,关注学生未来的发展,与社会现实生活联系密切,追求真实与实用;在引导学生写作方面更是"标新立异",追求奇思妙想、异想天开。

苏联的写作水平较高,当年它们的高考作文题目常有:《对托尔斯泰的历史认识》《〈被开垦的处女地〉中风景描写的意义》《艺术带给人类什么》诸如此类,这对于文学素养低的中学生而言是非常困难的,由此也看出它们对写作的重视。

在日本,全社会都非常重视写作。入学考试、找工作、当经理都要先考作文。文题有"谈经济管理""写你敬仰的人"等。日本的中学作文训练,更具有针对性和实用性。所谓针对性,是指针对学生的生活实际,培养学生适应社会生活的能力;所谓实用性,是指题材和体裁紧密结合学生未来的生活和工作需要,为将来走向社会培养写作适应能力。

在法国,有一所法国国立行政学院,这是一所专门培养政府行政部门高级人才的学校,每年招生 100 人,是从 2000 名拥有硕士文凭的学生中选拔。而入校考试都有写作试题,其中初试的六道试题中,就有四道是作文。

(四)未来职业的需要

作为语文专业教育的学生,未来的职业定位是小学语文教师。而语文课的一个重要内容就是作文教学,其任务是传授写作知识,培养写作能力,提高写作素养。因此教师要成为学生作文的"诊断师"——能够准确指出学生作文中存在的问题与不足;学生写作的"指导师"——能够运用学过的写作理论去指导学生如何去积累材料、进行构思以及如何表达等;小学作文的"操作师"——能够写出漂亮的"下水作文",为学生树立"标杆"与"榜样",以此影响学生。因此,可以这样说,写好作文,练就过硬的文笔,将是未来就业的基础和前提。

三、写作的特点

(一)个体性——写作的"标志"

写作活动是写作主体的一种个体性的创造性精神劳动。任何社会生活、客观事理都必须经过作者的思维整理、加工后才能通过书面的语言文字表达出来。在整个写作过程中,写作者始终处于关键地位,起着主导作用。写作者本人的认识、情感、意志等支配着写作活动,并对写作活动的结果产生影响。因此写作具有鲜明的个体性。

个体性又称为"主体性",写作者往往特别看重之。"诗言志"(《尚书》)"文章千古事,得失寸心知"(杜甫),这"志""寸心"便是写作者自己的思想、情感与技巧,是个性化的呈现。"天机云锦用在我,剪裁妙处非刀尺"(陆游)写作的个体性贯穿于写作的全过程,正如巴金所说:"五十年来,我在小说里写人,我总是按照我的观察、我的理解,按照我所熟悉的人,按照我亲眼看到的人写出来的。"诺贝尔文学获奖者、哥伦比亚作家马尔克斯也说:"作家的行业是最孤独的行业,因为他在写作的时候,没有人能助他一臂之力,也没有人知道他究竟想干些什么。"

写作的个体性主要体现于三个方面:第一,从写作主体来说,写作体现着鲜明的个性风格,无论是材料的感知、吸取,还是文章的孕育、构思、表达,甚至包括修改,整个过程无不渗透着写作者鲜明的个性特征,其异如面,各不相同。第二,从写作行为来看,写作是一项个体性很强的劳动,整个写作过程都是以个体形式进行,是纯粹的个体化的行为,哪怕是集体创作,但仍需一人执笔完成。第三,从写作成果来看,文章是写作者个性化的精神产品,体现着个人精神世界的丰富多彩和写作个性的千差万别。如朱自清与俞平伯同题的《桨声灯影的秦淮河》，虽写的是同一题材，但文章风格迥异、各有千秋、各呈异彩。同样为"咏梅"，陆游的咏梅词格调低沉、孤芳自赏；而毛泽东的咏梅词却"反其意而用之"，充满着革命的乐观主义情怀。他们咏梅的差别，正是写作个体性的一种具体体现。

写作的"个体性"表明，"作品"或"文章"是写作者自己孕育出来的一个婴儿，流淌着写作者自己身上的血，烙着写作者自己深深的印痕，打上了写作者独特的"基因"。法国作家巴尔扎克写他的小说《高老头》时，有一次，一位朋友前来看望他。一见面，这位朋友就发现他脸色阴郁，情绪低沉，像得了重病，于是就关切地问他是怎么回事。巴尔扎克叹了一口气，无精打采地只说了一句话："因为高老头死了!"可见巴尔扎克已经完全沉浸于小说之中，与高老头"生死与共"。而中国明代剧作家汤显祖在写《牡丹亭》时同样入了迷，深陷其中，不能自拔。有一次，夫人问他饿不饿？他说："我整天与杜丽娘、柳梦梅、春香打交道，哪里还觉得饿!"一天中午给他送饭，书房里竟空无一人，夫人急忙派人四处寻找，也毫无影踪。后来忽然发现柴房里隐隐传来了一阵阵痛哭之声，夫人进去一看，正是汤显祖掩面哭泣。原来他写到了《牡丹亭》中《忆女》一场，戏中春香随老夫人到后花园祭奠死去三年的杜丽娘，低头看见自己身上的罗裙，恰是丽娘生前穿过的，睹物思人，物在人亡，不由得伤感万分。汤显祖写至此处，不觉忘情，仿佛自己就成了春香，忍不住大声恸哭。夫人一看急忙把他从柴堆上拉起来，又是埋怨又是关切地说："快回去吃饭，你这个人呢，就是不知道爱惜自己。"而此时的汤显祖才发觉自己肚子早已咕咕作响了。也正因有此"痴性"才成就了"情不知所起，一往而深，生可以死，死可以生"的惊心动魄的"千古一梦"。

(二)创造性——写作的"灵魂"

写作是一种独特的精神产品生产过程，其产品，其劳作，也就必然具有创造性。如果一个写作者单纯停留于模仿、抄袭和重复阶段，就无法提供新的精神产品，也就意味着取消了写作行为本身。

创造性表明写作是写作者的一种"创造"行为，体现着写作者的独特发现，无论主题的确立，还是材料的选择；不管结构的安排，抑或语言的运用。正如清代袁枚在《续诗品》中所言："字字古有，言言古无。吐故吸新，其庶几何？"这就要求写作中必须求新求异，与众不同。在历史上，一切优秀的精品佳作都是写作主体努力探索、积极创新的结果；而与之相反，简单模仿，因循守旧，终究不可能有所建树。例如，"上帝没有给我们一个蓝色的月亮，但文学艺术却说：'我给你们创造了一个蓝色的月亮。'于是我们便有了一个蓝色的月亮。"如，一个大西洋的水手曾这样说:"我用地球的经纬线作渔网,在大西洋捉鲸鱼"好大的气魄,好有创造性的话语;再如,男孩与女孩谈恋爱,女孩突然间哭了,该如何去安慰她,这时你不妨深情地看着她,说:"你的眼中下着小雨,淋湿了我的心。"多浪漫、多诗意、又是多富于创造性! 再如,"愁"是人人共有的情感,但真正打动人的却极富创造力。"白发三千丈,缘愁似个长"是李白的"愁",有了长度;"问君能有几多愁? 恰似一江春水向东流"是李煜的"愁",有了动感;"只恐双溪舴艋舟,载不动许多愁",这是李清照的"愁",有了重量。就是这么一个"愁"字,激起了许多文人骚客无尽的想象力与创造力,成就了多少妙品佳章! 所以我们可以这样说,创造性是写作的生命,是写作的精魂,是写作魅力之所在。一切雷同,都与写作无关。缺乏创造性,是写作的大敌!

　　理解和把握写作的这一特性,就要具备强烈的创新意识,要敢于突破陈规陋习,用新的眼光,从新的角度、新的观念去发现、挖掘新的事物,不断探索与新的内容相适应的写作方法和技巧,写出真正具有新意的好文章。

　　(三)综合性——写作的"基础"

　　写作作为一件相当复杂的工作,它不是由某一个或某一方面因素所决定的,是多种机制,协调运行的复杂过程,是写作者综合素质的体现,是思想、生活、知识、技巧的结合体,写作水平的高下,便取决于此。具体为:其一,写作者的个人修养。这是指写作者自身思想、品德、情感等方面的修养,它直接影响着文章的思想内容,决定着文章的质量。古人曾说:"有道之士胸中过人,落笔便选妙处。彼浅陋之人,雕琢肺肝,不过仅然嘲风弄月而已。"其二,写作者的生活积累。有了思想,还要有生活。历史学家顾颉刚说:"一分材料一分货,两分材料两分货,十分材料十分货,没有材料没有货。"其三,写作者的知识储备。写作需要对大千世界进行观察、认识与感受,没有多方面的知识是不行的。所以,无论自然知识还是社会知识,我们都要学习,并能从中得到领悟,储存于自己的知识宝库中,待写作之时随时调用。其四,写作者的文字技巧。写作说到底就是语言的艺术,一个人的文字运用的水平很大程度上决定着写作能力的高低。古人言:"夫人之立言,因字而生句,积句而成章,积章而成篇。"

　　所以,写作的综合性,决定了一个从事写作的人,必须具备综合素质。如果没有高尚的情操与良好的修养,没有开阔的视野和博大的胸怀,没有深广的阅历和感性的经验,没有多方面的知识储备,没有熟练的文字技巧,要想写出优秀的文章,无异于痴人说梦、天方夜谭。正如茹志鹃在《漫谈我的创作经历》中所说:"我在写每一篇东西的时候,哪怕是一篇短小的散文,我都要调动我一切的储备,好像写完这篇之后,别的东西不准备写了似的,我都翻箱倒柜,把所有的储藏,只要能用的都使用上来,哪怕并不是用在文字上。"也有人曾这样形象地说,如果把一篇文章看成是一个"点"的话,那么为了写好这一"点",写作者往往却须调动自己所有的、各方面的储备(即整个的"面")来支援这一点。

(四)实践性——写作的"前提"

写作是一项复杂的脑力劳动,任何一篇文章的产生都离不开作者的艰苦实践。写作主体素养的养成需要实践;写作的材料必须通过个人的社会实践去获得;写作表达能力的构建需要实践;写作过程就是模仿—总结—创新的反复实践的过程。写作具有实践性,写作必须去实践,必须拿起笔来写。只有常写才能把写作理论转化为能力。叶圣陶说:"要知道所谓能力不是一会儿就能够从无到有的,看看小孩养成走路跟说话的能力是多麻烦。写作不会比走路说话容易,一要得其道;二要经常历练,历练成了习惯,才算有了这种能力。"所以有不少的语文专家认为,一个学生如果没有三百篇的作文练习,是很难过"写作关"的。

写作的实践性表明写作能力不是单靠"听"出来的,也非"看"出来的,而是靠动笔"写"出来的,懒惰的、疏于拿笔的人肯定是写不出好文章的。因此要重写、重练,多写、多练!巴甫连柯说:"作家是用手思考的。"鲁迅也说"文章应该怎么做,我说不出来,因为自己的作文是由于多看和练习,此外并无心得或方法的"。巴金更说:"只有写,你才会写。"为了具有美的文笔,让我们记住契诃夫的一句话:"把手指写断!"也要铭记周国平所说的:"写作是永无止境的实验。一个以写作为生的人不得不度过不断实验的一生。"

(五)社会性——写作的"目标"

写作不单单是个人行为,更是一种社会行为。因为文章写出来是给别人看的,所表达的思想情感要得到读者的了解,获得读者的认可,这就构成了一种社会行为,所以写作必然带有强烈的社会性。

首先是写作目的的社会化。因为写作动机的产生、写作目标的确立,往往体现着一定的社会需要。鲁迅先生曾说:"人感到寂寞时,会创作;感到干净时,即无创作,他已经一无所爱。创作总根于爱。……创作是有社会性的。"

其次是写作对象的社会化。写作者要从社会中不断汲取写作营养,他的一切思想、愿望,只能产生于丰腴的社会土壤,他不可能与世完全隔绝,脱离社会生活;写出来的文章,无论它反映的内容是如何光怪陆离、隐晦曲折,总是或多或少或直接或间接反映出一定社会生活的内容。唯有这样才不至于江郎才尽。

最后是写作成果的社会化。写作成果最终要反馈于社会。那种单纯为自己写作的人是不存在的,古有"藏之名山",但最终还是"传之后世"。

因此,整个写作活动的意义,最终都要落实到写作的社会性上来。

四、《语文课程标准》对小学作文教学的基本期待

我们知道,对于什么是"写作",大多数的小学语文教师和学生都存有一定的困惑,对此,《语文课程标准》中有明确的表述:"写作是运用语言文字进行表达和交流的重要方式,是认识世界、认识自我、进行创造性表述的过程。"这句话可以看成是小学作文教学改革的重要理论依据。它适应时代和人的自我发展的需要。此段话把写作的目的交代得一清二楚:写作就是表达与交流的需要,不应该成为单纯"应试"的工具,这是写作的基础;写作是一个复杂的认识过程,是写作者综合素质的体现,要动用自己的眼光、运用自己的思维,这可以说是写作的根本;写作是创造性的表述、个性化的呈现,不是复制,要唱出自己的歌,哼出自己的调,这才是写作的关键。

所以,我们完全可以这样说,写作能力是语文能力中最有难度的能力。与读相比,读是吸收,写则是创造;和说相比,写比说要求更规范、更严密、更强调整体的完美,创造的意味更浓,程度更高。同时,写作又是一种非常重要的、洋溢着创造精神的活动。因此,有人说:"在这个信息复制和批量生产的社会中,写作是最后一片充满个性和创造精神的绿洲。"

走进《语文课程标准》,我们会惊奇地发现对写作能力的基本要求与以往有了较为明显的变化,这变化主要表现在:"能具体明确、文从字顺地表述自己的意思""能根据日常生活需要,运用常见的表达方式写作"。这里,"具体"是对写作内容的基本要求,强调写作要言之有物,不说空话。"明确"则是对表达形式方面的要求,要求文章的句式要合乎常规习惯和规范,词语要正确达意。"文从字顺"则是对整体感受方面的基本要求,既包括句子的通顺和连贯,用词的准确与得体,更包括条理清晰、详略得当。而提出"根据日常生活的需要"写作,则是走向写作的"实用化",主要的指向是写作时考虑不同的目的和对象,注重写作的"生活化"与"社会化"。

同时,《语文课程标准》对于写作阶段目标的基本阐述中,更具有了"渐进性"和"可操作性"。如第一学段称为"写话",第二、第三学段都叫作"习作",这样的表述就是为了体现降低写作的要求标准。所以,在小学的低年级不必过于强调口头表达与书面表达的差异,而应该多鼓励学生把心中所想、口中要说的话用文字真实地记录下来,以此来消解写作带给学生的神秘感,让学生始终处于一种放松

的状态。

在《语文课程标准》对于小学部分"写作"的基本阐述中,我们看到对于小学作文教学的期待,主要体现为:

（一）把激发学生兴趣和自信心与养成良好的习惯放于首位

小学阶段写作教学的目标设定,更强调情感态度方面的因素,其重点放在了培养学生写作的兴趣和自信方面,让学生喜欢写作,热爱写作,变"要我写"为"我要写"。如在《语文课程标准》中,第一学段的相关表述是"对写话有兴趣",第二学段的相关表述是"乐于书面表达,增强习作的自信心",到了第三学段,才逐步过渡到要求具有初步的写作意识即"懂得写作是为了自我表达和与人交流"。同时,《语文课程标准》还有意强化了学生在写作的合作与交流中所产生的成就感,如"愿意将自己的习作读给别人听,与他人分享习作的快乐""能与他人交流写作心得,互相评改作文,以分享感受,沟通见解"等。

此外,《语文课程标准》还注重学生良好写作习惯的养成,例如对书写、行款、标点以及作文的修改等,都有常规要求。所以,教师应该指导学生遵照要求不间断地进行练习,直至形成牢固的行为习惯。

（二）为学生"个性"松绑,在写作中充分体现"创新"

写作是一种很"个性"化的过程,只有张扬"个性"才能实现写作中"创新"。如《语文课程标准》在第二学段强调"注意表现自己觉得新奇有趣的或印象最深、最受感动的内容",在第三学段提出"珍视自己的个人感受",第四学段提出"写作要感情真挚,力求表达自己对自然、社会、人生的独特感受和真切体验",而这相对于过去大纲中"能把自己的见闻、感受和想象写出来""感情真实,内容具体,中心明确"等笼统提法,更具有鲜明的导向性。因此,教师必须为学生的自主写作提供有利条件和广阔空间,减少对学生写作的束缚,鼓励自由表达和有创意的表达,培养学生的想象力与创造力,提倡自主命题,少写命题作文。

（三）淡化写作知识的传授,注重社会需要的写作实践训练

在《语文课程标准》中很少提写作知识的要求,而是把重点放在了写作实践上。主张多写、多改,在实践中提高写作能力,因而在各学段都提出了相应的写作次数、字数的量化要求;同时就写作实践本身,提出了一系列能力要求,如第一学段要求"写想象中的事物,写出自己对周围事物的认识和感想",第三学段要求"能写简单的纪实作文和想象作文,内容具体,感情真实",第四学段要求"写作要感情真挚,力求表达自己对自然、社会、人生的独特感受和真切体验"。从以上表述可以看出,《语文课程标准》在小学阶段,有意淡化文体,只在第三学段提"能写

纪实作文和想象作文",也主要从写作实践角度出发,而非传授写作知识。在写作规范方面也适当降低了要求,小学第三学段只提"能根据表达习作内容的需要,分段表述"。可以看出,《语文课程标准》在写作方面重视的是过程和方法、知识和能力之间的融合。

（四）把语言和思维训练作为训练的重点

《语文课程标准》在"总目标"中特别提出了"在发展语言能力的同时,发展思维能力"。在各阶段目标中也提出了具体的思维训练要求:"在写话中乐于运用阅读和生活中学到的词语"(第一学段),"尝试在习作中运用自己平时积累的语言材料,特别是有新鲜感的词句"(第二学段),"能根据表达习作内容的需要,分段表述"(第三学段)等。当前,学生写作能力较低,一般表现为语感不强,语病较多,思路落入俗套,思维陷入混乱,这大都是语言、思维方面的问题。因此作文教学应以发展语言能力和思维能力为重点。至于发展语言能力和发展思维能力的关系,大多数学者认为以思维为先。朱光潜曾说:"语言的实质就是情感思想的实质,语言的形式也就是情感思想的形式。""就我自己的经验说,我作文常修改,每次修改,都发现话没说清楚时,原因都在思想混乱。把思想条理弄清楚了,话自然会清楚。"而美国教育家西奥多·W.海伯也说:"要想写清楚,就必须想清楚;要想写得充分,就必须想得充分;要想写得实在并富有想象力,那就必须在思想上想得实在并展开丰富的想象。一个学生要想较好地学习写作,那他就一定要更好地学习思考。这是一条规律,其他没有第二条路可走。"

（五）改变作文教学"尚虚"的旧观念,树立作文教学"重用""崇美"的新观念

叶圣陶先生曾说过:"关于作文,我想大概先得想想学生为什么要学作文。回答似乎并不难,当然是:人在生活中,在工作中随时需要作文,所以要写作文。"而《语文课程标准》在"实施建议"部分也指出:"写作教学应贴近学生实际,让学生易于动笔,乐于表达,应引导学生关注现实,热爱生活,表达真情实感。"因此,我们在小学作文教学中要重视作文的"社会交际"功能,不能与实际生活相脱节。同时在小学生的作文训练中增加文学写作的内容。因为文学是一种审美的文体,而文学写作应该成为小学写作的一种趋势。为此,教师可引导小学生进行儿歌、儿童诗、寓言、儿童故事、儿童戏剧的创作。

五、写作教学的基本对策

为了适应《语文课程标准》对小学作文教学的基本理念,我们有必要对高等师范专科学校的写作教学进行改革。我们认为可以从五个方面做起:

（一）教师在教学观念上要树立"平等"意识

"平等"意识，实际上就是一种民主意识，也是"以人为本"思想在作文教学中的具体体现。我们以为应该包含两个层面：第一个层面，是指教师在作文教学中，要有"民主意识"。要把自己与学生看作是对等的一员，写什么内容要多与学生沟通；同时教师不应居高临下，让学生仰视，更不要成为学生写作的"旁观者"，可与学生一同"写作"，一同交流，把学生看成自己的一个真心"朋友"，如此，与学生的距离近了，心也近了，实施教学时也就有了针对性。"平等"意识的另一层面，便是尊重学生、理解学生。体现于写作过程中便是尊重、理解学生用笔构建的精神世界。无论是童话的、寓言的，还是奇幻的，只要学生能够把自己最纯真最率直的情感世界一览无余地展露出来，就应该值得教师肯定。只有这样，我们的学生在毕业后，面对小学生写出的作文，才会用孩子的眼光去看，尊重他们的天性，多去肯定他们。

（二）激发学生写作的热情、兴趣，使学生得"趣"、想写

我们知道，写作最困难的是学生没有热情和兴趣，"硬写"只会增加学生的反感。作为教师，应该把激发学生的写作热情与兴趣作为写作教学的首要任务。可以采取学生自己慢慢培养和教师加以诱导的方法。

对于激发学生的写作热情和兴趣，我国老一辈语文教育家都有过精辟的论述。例如，认为作文"最好是令学生自己出题目"，教师命题的首要条件便是"要能引起学生的趣味"。主张对学生作文的内容和形式不加限制，顺其自然，让学生写自己平时喜欢写的东西。这样，学生当然会乐于去写，从而使学生把作文看作自己的一种需要。

（三）指导学生灵活掌握理论知识，使学生得"道"、能写

写作理论包括材料、构思、表达、修改等理论知识。我们讲理论就是为学生的写作和从事小学的写作教学搭建一个坚实、稳固的平台，使写作有一个理论支撑。同时，我们要以科学的态度来对待写作理论知识。古训云：尽信书，则不如无书。所以，我们在要求学生掌握理论知识的同时，还要有灵活性。所谓"灵活"，一是不要迷信书本，应该有自己的思考与理解；二是不把理论知识看成死的教条，而是看作活的、新鲜的经验的概括与升华，并用它来指导实践，通过实践再加以验证。

（四）引导学生讲究方法，使学生得"法"、会写

在写作教学中，教给学生方法很重要，例如搜集材料的方法，教师可以引导学生如何通过观察获取直接经验的材料，如何通过书本、媒体获取间接经验的材料，

如何通过感受获取情感经验的材料;例如构思的方法,可以引导学生如何提炼主题,如何选择材料,如何安排结构等;例如表达的方法,可以引导学生如何锤炼语言及运用适当的表达方式和技法等;例如修改作文的方法,可以引导学生互批、互评,训练学生评改的能力,等等。

（五）鼓励学生多动笔,使学生得"练"、多写

我们知道写作是实践性很强的学科,写作能力不是"看"出来的,也非"听"出来的,而是靠动笔写出来的,因此,在教学中要重"写"、重"练",多"写"、多"练",养成习惯。对此张爱玲深有体会,她曾说:"养成写作习惯的人,往往没有话找话说,而没有写作习惯的人,有话没处说。"因此作为教师,除了给学生布置常规作文外,不妨让学生写日记、写读书笔记、写习作及各种形式的创意写作等。同时,为了适应电脑写作的需要,可以让学生建立自己的博客空间、个人公众号等。

因此,为了适应时代对写作教学的要求,我们必须走写作教学与训练现代化、科学化的道路。以写作理论知识的传授为内容基础,以写作训练为内容中心,以写作指导为内容归宿;在训练形式上,变"封闭式"写作为"开放式"写作,在教学与训练内容上,变"基础型"写作为"实用型"写作,在教学与训练效果上,变"无价值"写作为"有价值"写作,从而使写作真正成为人生价值体现的一种重要方式,让它成为文化素质中的重要组成部分。让我们的学生在面对写作时由畏惧变成期待,在开放中敢于表达,在自由中善于表达,在快乐中学会表达! 让写作成为学生最快乐、最幸福的一件事!

附录:名家谈写作文

被老师读作文的时候

毕淑敏

我小的时候,作文很好。主要是我写的与众不同。比如说老师出了个作文题,叫"一次谈话"。一般的同学写的都是自己做了一件错事,被爸爸妈妈或是其他的长辈批评了一顿,于是铭记在心等等。也有写同学之间闹了点小误会,一谈心就和解了的。这两种写法我都想到了,可我想写一次更奇妙的谈话。想啊想啊,我就设想通过电话同一位非洲的黑人小朋友谈话,谈他们的苦日子和我们的幸福生活。其实这个想法有很不合理的成分在内,一个做奴隶的黑孩子怎么会有电话呢? 但当时是小学生的我,可想不到这么多,只顾按照自己的想像写下去。

我们的语文老师是山东大学中文系毕业的,对我这有些漏洞也有一点新意的

小作文,给了很好的评价。王老师不止一次给我的作文批过"5＋"的分数,还经常在课堂上读我的作文。

被老师读作文的时候,心情像一颗怪味豆。最初当然是甜的了,哪个学生不愿意受到老师的夸奖? 可慢慢地,咸味和涩味就涌上了心头。

首先是我觉得自己写得很不好,应该写得更好一些。特别是老师那些表扬的话,仿佛椅子上堆满了图钉,叫人不敢坐踏实。

最主要的是下课以后,同学们的神气怪怪的。"哦——哦——老师又用时传祥掏粪的勺子刽(夸)毕淑敏啦!"那时候我们刚学过一篇关于掏粪工人的课文,在北方话里,刽与夸同音。全班同学好像结成了孤立我的统一战线,跳皮筋,两边都不要我。要知道平日里,因为我个子高,跳得又好,大伙都抢着跟我一拨呢! 我和谁说话,她会装作没听见扭身走开,然后故意跟别的人大声说笑,一块儿边说边看着我。

在我幼小的心里,第一次懂得了什么叫孤独,什么叫嫉妒。

这样的日子一般持续两三天,就会过去。一来是孩子们毕竟小,容易健忘。二来我那时是大队长,人缘挺好,大伙有事都爱找我。

作文每两周讲评一次,我便要经受一次精神的炼狱。

怎么办呢?

我想到的第一个办法是:从此不要把作文写得那样好。我开始挺随意地写作文,随大流,平平淡淡。果然,王老师不再念我的作文,同学们也和我相亲相爱。正在我很得意的时候,王老师找我了:"你的作文退步了,是不是骄傲了?"我执拗地保持沉默。不是不愿意告诉老师原因,而是不知道怎么说。假如我说了,老师会在班上把同学们数落一顿(她会的,她的脾气很急躁),那我的处境就更糟了。

我讨厌打小报告、告密的人。

王老师苦口婆心地开导了我半天,虽说不是对症下药,我还是受到了教育。我想不能这样下去,我不应该用学习赌气。

于是我又开始认认真真地写作文,争取每一篇都写得不同凡响。王老师是满意了,可同学们敌视我的恶性循环又开始了。

就没有一个万全之策了吗?

我小小的脑筋动了又动,我发现同学们并不是讨厌我的作文。老师念它们的时候,大伙听得津津有味,不时还发出会意的笑声。同学们只是不喜欢老师反反复复只提一个名字:毕淑敏。

在我年长以后,我知道在心理学上,这种情况叫作"压抑"。同学们为了宣泄自身的情绪,把不满的火焰转移到了我的身上。

我当时自然是不懂这些的。我只觉得自己按老师的要求好好学习,并没有得罪谁,为什么大家伙要和我过不去?

又要写好作文,又要和大家处好关系,小小的我好累!

我终于想出了一个办法。

在一个冬天的中午,我走进教师办公室。我记得清清楚楚,炉火烧得很旺,炉台上方有飘飘袅袅的热空气在流动,使王老师的身影像在一幅水帘子后面。

心里的话已经憋了很长时间,下午又有作文课,不说不行了。

我小心翼翼地说:"王老师,我最近的作文有进步了吗?"

退回三十年,老师的威严比现在要强大得多。我的这个办法非得老师答应才成,因此心里发虚。"噢,你近来写得不错。今天下午我还要读你的作文。"王老师说。

"我有一个小小的请求……"我战战兢兢地说。

"什么事? 你说好了。"王老师的眼睛明亮地注视着我。

"我想……您念我的作文的时候……是不是可以……不念我的名字……"我鼓足勇气说完蕴藏在心中许久的话。

"为什么? 我当了这么多年的老师,还是第一次听到这种要求。你总不能让同学们觉得那是一篇无名氏写的东西吧?"王老师有些不耐烦了。

我知道王老师会这么说的,要说服她可不是一件容易的事。索性一不做二不休,我镇静下来,一板一眼地说:"我觉得您读谁的作文,主要是看文章写得好不好。至于是谁写的,并不重要。不说名字,您让大伙讨论的时候,没人拘着面子,反倒更好说意见了。我也好给我自己的作文提不足之处……"

我说的都是实话。只是最重要的理由我没有说:我想为自己求一份心灵的安宁。

"你说得有一些道理。好吧,让我们下午试一试。"王老师沉吟着答应了。

那天下午的情形,一如我小小的心所预料的。同学们充满了好奇,发言比平日热烈得多。下课以后,我和大伙儿快活地跳皮筋。

"嗨! 毕淑敏,今天念的范文是你写的吧?"有人问我。

"还能老是她写的好哇? 我看今天一准是旁人写的。"有人这样说。

我一概只笑不回答。问得急了,我就说:"我猜像是你写的。"

从此以后,我的作文越写越好,和同学们也能友好睦邻。

我至今不知道这算是少年人的机智还是一种早熟的狡猾。它养成了我勤奋不已而又淡泊名利的性格。

但长大以后,看到一则名人名言:"走自己的路,让人们说去吧!"我想那是一种更积极更勇敢的生活态度。

只是我小时候,就是听到了这句教导,也未必敢照着去做。因为我是太珍视同小朋友们无忧无虑跳皮筋的机会了。

【思考与练习】

一、阅读下列文章,谈谈你心目中的"写作"。

感悟写作

文 锐

写作是什么? 我写了很多年,问了很多年。

老师说,写作是生活;同学说,写作很神秘。但当我的第一篇作品变成铅字被别人承认时,我突然明白,写作是一种独特的生命状态。

她是春兰、秋菊、夏荷、冬梅的本色;

她是心海里鼓动的一面帆;

她是情感中浮起的一片云;

她是"大江东去"的豪迈;

她是"小桥流水"的温馨;

她是大喜大悲后的思考;

她是无以言明的快感;

她宛如遥远地方的那个好姑娘,诱惑着我,煎熬着我。

我热爱写作,因为我热爱生活!

二、如何理解写作的"个体性"与"创造性"?

三、结合个人的理解和体会,谈谈你进入大学之后《基础写作与训练》课的主要任务。

四、请你写一篇文章,谈谈对当前语文教学特别是作文教学的意见与看法。

五、请写一份自己的"小传",包括个人的兴趣、爱好、个性特点等,向老师和同学介绍自己的真实情况。

【阅读推荐】

1. 叶圣陶. 叶圣陶语文教育论集. 北京:教育科学出版社,1980.

2. 叶圣陶,夏丏尊. 文心. 北京:中国青年出版社,1983.

3. 尹均生主编. 中国写作学大辞典. 北京:中国检察出版社,1998.

4. 季羡林. 季羡林说写作. 北京:中国书店,2007.

5. 张中行. 作文杂谈. 北京:中华书局,2007.

6. 叶黎明. 语文教育新论丛书:写作教学内容新论. 上海:上海教育出版社,2012.

7. 夏丏尊,叶圣陶. 七十二堂写作课:夏丏尊叶圣陶教你写文章. 北京:开明出版社,2017.

第一编

写 作 理 论

第一章　材料 ——写作的基础

◎内容导读◎

　　古代曾有这样一个笑话,说一个秀才将要参加科举考试,日日夜夜忧愁得不得了。妻子宽慰他说:"看你做文章这么困难,好像我们女人生孩子一样。"丈夫说:"还是你们女人生孩子容易。"妻子问:"为什么?"丈夫说:"你是肚里有,我是肚里没有!"

　　是呀,做文章最棘手的便是无东西可写。俗语曰"巧妇难为无米之炊",材料是写作的源,若肚里没有什么材料,那写作可真就成了"无源之水""无本之木"。"立言之要,在于有物。"古人之语可谓一语中的。因此,积累材料是整个写作过程的起点和基础。

　　而材料的获得要靠我们每个人去能动地发现,正如俄国作家契诃夫所说:"我们的生活道路上撒满金币,可惜我们没有去发现它们。"法国雕塑大师罗丹也说:"美是到处都有的。对于我们的眼睛,不是缺少美,而是缺少发现。"因此,对于我们来说,写自己的生活相对容易些,而发现自己的生活却很难。而获取材料需要三只眼睛:观察——寻找直接经验的慧眼;阅读——获取间接经验的千里眼;感受——启动观察、阅读的心目。

　　学习写作,就是先要训练这三只眼睛的灵敏度,这是写作培养最基本的能力。

　　同学们,你这三只眼睛的灵敏度如何?

第一节　认识材料

一、材料的内涵

　　所谓材料,就是指写作者为了某一个写作目的,所占有的全部直接经验和间接经验以及在此基础上产生的情感经验的总和。直接经验,是指写作者亲自从实践中获得的经验材料;间接经验,是指写作者从各种媒体或别人那里获取的经验材料;情感经验,是指写作者的主观思想感情。可以这样说,大凡目之所见、耳之所闻、手之所触、身之所历、心之所想以及情之所动,都可成为写作的材料。

在这里,我们先简单区分一下"材料""素材""题材""资料"几个概念之间的关系。材料是针对各种文章写作而言,既包括文学创作,也包括应用性文章,都可以叫作材料。素材与题材则仅仅适用于文学艺术创作中,属于特定概念。素材是指作家从现实生活中逐渐积累起来的、未经主观加工改造的原始生活材料。因此,凡不是为了文艺创作需要而搜集的材料,就不能称作"素材"。题材,是指那些经过作家集中、取舍、提炼、升华而写入作品中的材料。题材有广义、狭义之分。广义的题材,泛指文学作品描绘的社会生活领域,即现实生活的某一面,如工业题材、农村题材、历史题材、现实题材等。狭义的题材,指在素材基础上提炼出来的,用以构成艺术形象、体现主题思想的一组完整的具体的生活材料,即用来表现主题的具体生活事件和生活现象。如在以人物中心的叙事性作品中,题材包括人物、情节、环境;而在以情感为内核的抒情类作品中,情与景两方面就构成了作品的题材。素材是题材的基础,没有素材也就谈不上题材。资料,是指撰写学术论文、科技类文章所搜集或使用的材料。它分为原始资料和转引其他文章的或经过整理的第二手资料。

材料是丰富多彩的,材料是现实存在的,它就存活于你每天的生活中,存活于你悠悠的记忆中,存活于你阅读的体验中,如果你留心它,留意它,然后拼命地去抓住它,咀嚼它,消化它,吸收它,使材料散发出"你"的色彩,这样,材料便会鲜活灵动起来。

二、材料的作用

材料是写作的基础,是文章的第一要素,是写作过程赖以展开的唯一出发点。曾经有人把一篇文章形象地比作一个人,主题为其"灵魂",材料为其"血肉",结构为其"骨骼",语言为其"细胞"。若一篇文章没有了"血肉",那么这篇文章的"灵魂"肯定出窍,"骨骼"一定朽烂,"细胞"肯定消失,那将是骷髅一副,毫无生机可言。若是那样,文章中所散发出的情、意,将成为轻飘飘的没有依托的"无病呻吟",将成为文章最致命的弱点。因此,无论从宏观角度来看,还是从微观方面来讲,任何写作都离不开材料,写一篇文章不仅应当做到言之有理、言之有序、言之有文,而且更应该做到言之有物。

三、材料的来源

材料的来源主要有三条途径：

（一）社会生活是我们获取直接经验的本源

著名作家孙犁说："你们在写文章时，感到很困难，感到没话可说，或是只能喊口号，那是因为你的生活还不够丰富，不能由一点东西联想到许多东西，不能触类旁通。我想，你们现在写文章遇到一些困难，不要害怕。因为你们还没有很多的准备。"别林斯基也曾说过："哪里有生活，哪里就有诗，从而也有诗的内容。"因此，我们在搜集材料时首先应从"生活"入手，走进生活，抚摸生活，品味生活，把自己的身心、感情完全融进生活的海洋中去。只有这样，我们才能源源不断地获得鲜活的、亲切的、富有魅力的材料。比如鲁迅先生的小说与杂文，其材料主要来源于他所生活得像"铁屋子"一样的黑暗社会；而巴金的《随想录》，材料来源于十年浩劫的亲历与痛苦反思。可我们不少人虽说置身于现实生活，却总感觉手头没有材料，每逢写文章，总觉得笔下枯竭。何也？ 就是欠缺从社会生活中搜集材料的能力。为此，我们必须做到以下几点：

1. 要学会体察。即要做生活的有心人。鲁迅说："要留心各样的事情。"而在现实生活中，我们往往对周围的事物熟视无睹，根本原因就是我们没有静下心来，仔细去观察、去体验。爱默生也说："生活就是我们的字典。"如果我们缺少对这本"字典"的仔细体察，写作的时候一定会发生"断电"。

2. 要增加阅历。古人写作特别讲究"阅历"——"壮游长才"，所谓"壮游长才"，就是指祖国的壮丽山河对作家、艺术家人格形成的重大作用。同时，在壮游中也可以获取丰富的材料。诗仙李白"一生好入名山游"，而诗圣杜甫更是"放荡齐赵间，裘马颇清狂""东下姑苏台，已具浮海航。到今有遗恨，不得穷扶桑"更是以不能出国作为人生的遗恨。因此，要想增加自己的阅历，首先要有一颗热爱生活的心。艾青在《诗论》中写道："我生活着，故我歌唱。"唯有此，方能走出去领略大自然的美，写出感动人心的文章。其次要重知识。唯有此，才能在游览之时唤起你的联想，从而更深刻地理解事物。最后要养成自觉性的习惯。唯有此，才能在搜集材料中占有主动。

3. 要善于捕捉。在现实生活中，我们往往是看了、听了，但由于我们没有及时地捕捉，所以我们在写作时往往感到无话可说。因此，我们要善于从纷繁的自然、社会中捕捉对写作有用的东西。同时，更要善于捕捉客观事物的特征。所谓特征，就是指人的个性、事的差别、物的不同。毛泽东说："一棵树的叶子，看上去大体相同,但仔细一看,每片叶子都有不同。有共性,也有个性,有相同的方面,也有相异的方面。这是自然法则,也是马克思主义的法则。"所以,对于写作者而言,若能更多地了解外面的世界,拥有全新的社会信息,把握时代发展的脉搏,那么"捕捉"材料的本领就愈高。

(二)大众媒体是我们获取间接材料的来源

大众媒体主要指书本、报纸、杂志、广播、电视、网络等媒体。因为我们在实践中得到的直接经验总是有限的,而写作需要充足的知识储备。书本等知识是前人经验的总结,是人类文化的结晶,正好可以弥补我们直接经验的不足。荀子《劝学》中言:"登高而招,臂非加长也,而见者远;顺风而呼,声非加疾也,而闻者彰。假舆马者,非利足也,而致千里;假舟楫者,非能水也,而绝江河。君子生非异也,善假于物也。"而学习写作,要想占有丰富的材料,也要学会借助"大众媒体"这个"物"。因此,所有从事写作的人无不是博览群书的。宋代的欧阳修,有人问他文章怎样才能写得好,他答道:"无他术,惟勤读而为之,自工。"

(三)思想感情是我们情感经验的来源

在生活中或在阅读时,我们都会有思想或者情感的触动,也就是说我们观察到的事物或者阅读到的东西一旦被思想与情感浸泡或者过滤,那么这样的材料就会成为"最有个性色彩""最有价值""最独特"的情感材料。如杜甫的"感时花溅泪,恨别鸟惊心"。如徐志摩的"那河畔的金柳,是夕阳中的新娘"等。

四、材料的积累

(一)要养成意识和习惯

即养成做摘要、写日记的习惯,定期翻检、整理贮存材料的习惯。俗话说"不动笔墨不读书",读书时,我们要随时做好摘要,以便有效地积累间接经验。而日记是再现个人历史的录像机,是陶冶高尚情操的良师益友,是观察思考现实生活的成果体现,是写作素材的积累仓库。写日记可写所见所闻所感,自然景物,人物肖像、动作、语言片段素描,生活小事,社会新闻等,而这些都可成为我们写作的材料。但对于这些材料,我们不能一记了之,而应该定期翻检、整理,随时归纳总结,然后写出文章。

(二)有计划地搜集材料

这是一种定向搜集材料的方法。是指写作者在一定写作方向和写作目标的引导下,通过观察、调查、采访、阅读等方式来聚集材料。比如写学术性的文章,你要研究某一个专题,就必须依据检索的引导,多方面地搜集从古到今研究这个专题所需的各类资料,书籍的、报刊的、网络的,文字的、图片的、影像的。研究者们已经取得哪些成果,在哪些方面有分歧意见,有哪些环节还很少或没人研究,然后你才能够确定自己主攻的方向。如果你没有积累这方面的材料,就很难在别人已经取得的成果的基础上去提高,你就很可能搞重复而无价值的研究。

(三)学会制作资料卡片

制作资料卡片的方式主要有三种:

1.摘录式。即将书中的精彩观点、新颖材料及名言警句等摘抄下来,以备将来选用。做摘抄笔记时,最好让每段摘录自成一段。后面还应写清书名、页码、作者、出版社等信息,以备将来查验、核对。两段摘录之间要留下较大空白,这样做,一是使摘录的眉目清楚,二是留下空白便于将来翻阅、运用时可以随时作批记。

2.评述式。一是在阅读后将自己的心得、体会、感想等写出来,这种也叫读后感。二是对读物中的人物、事件加以评论,以肯定其思想艺术价值如何。可分为书名、主要内容、评论意见等。

3.比较式。就是把阅读到同一题材的材料集中于一起进行比较。例如,见到"花"后,但丁在《神曲》中这样说:"我向前走去,但我一看到花,我的脚步就慢下来了。"而泰戈尔在《飞鸟集》中则这样写:"只管走过去,不必逗留着去采了花朵来保存,因为一路上,花朵自会继续开放的。"由此可以看出二人不同的生活态度。

【思考与练习】

一、什么是素材？什么是题材？二者有何区别？

二、获取材料的途径是什么？

三、你是如何积累材料的？

四、阅读下列文章,看看文中用了唐代诗人哪些关于"除夕"的诗歌作品？

唐代诗人笔下的"除夕"

文 锐

除夕是农历一年中最后一天的晚上。这一晚,人们阖家团聚、喜气洋洋;这一晚,人们通宵不眠,"守岁"天亮;这一晚,鞭炮的噼噼啪啪成了动人的"交响乐";这一晚,大红大红的灯笼绚烂了大街小巷。

据孟元老《东京梦华录》"除夕"条记载:"是夜,禁中爆竹山呼,声闻于外。士庶之家,围炉团坐,达旦不寐,谓之守岁。"

就让我们穿越时空,梦回唐朝,看看当时的人们是如何度过除夕的?

"畴昔通家好,相知无间然。续明催画烛,守岁接长筵。旧曲梅花唱,新正柏酒传。客行随处乐,不见度年年。"(孟浩然《岁除夜会乐城张少府宅》)"夜风吹醉舞,庭户对酣歌。愁逐前年少,欢迎今岁多。"(张说《岳州守岁》)这是官宦之家的除夕:画烛长筵、醉舞酣歌。

"燎火委虚烬,儿童衔彩衣。"(刘禹锡《元日感怀》)"新历才将半纸开,小庭犹聚爆竿灰。"(来鹄《早春》)这又是小户人家的除夕:孩子穿新衣、院中燃爆竹。

"旅馆寒灯独不眠,客心何事转凄然? 故乡今夜思千里,霜鬓明朝又一年。"(高适《除夜作》)"事关休戚已成空,万里相思一夜中。愁到晓鸡声绝后,又将憔悴见春风。"(来鹄《除夜》)这是那些出门于外游子们的除夕:思乡情切、愁绪满怀。

"病眼少眠非守岁,老心多感又临春。火销灯尽天明后,便是平头六十人。"(白居易《除夜》)"铜龙看却送春来,莫惜颠狂酒百杯。吟鬓就中专拟白,那堪更被二更催。"(成彦雄《除夜》)这是老年人眼中的除夕:时光逝水、鬓白老迈。

"官历行将尽,村醪强自倾。厌寒思暖律,畏老惜残更。岁月已如此,寇戎犹未平。儿童不谙事,歌吹待天明。"(罗隐《岁除夜》)这又是心怀天下人眼中的"除夕":忧国忧民、普世情怀。

有人在除夕追忆爱妻,寄托思念之情:"忆昔岁除夜,见君花烛前。今宵祝文上,重叠叙新年。闲处低声哭,空堂背月眠。伤心小儿女,撩乱火堆边。"(元稹《除夜》);有人则在除夕许下心愿、祝福明天:"残腊即又尽,东风应渐闻。一宵犹几许,两岁欲平分。燎暗倾时斗,春通绽处芬。明朝遥捧酒,先合祝尧君。"

唐代的诗人们就是这样深情地写着属于自己的"除夕",不同的经历、别样的心情成就了独具一格的除夕诗,也正是这些色彩斑斓的除夕诗装点了中国文学浩瀚的星空。

第二节　观察,寻找直接经验的慧眼

一、观察的内涵

谈到观察,我们可以从三个方面来理解:

（一）观察不等同于"观看"

虽说我们在观察事物时，眼睛接受的外界信息量最大，约占 80%，但同时还有 20% 来自其他感觉器官。因此写作意义上的观察必须调动"五官"去观去察，应该对观察对象"看一看、听一听、嗅一嗅、尝一尝、摸一摸"，唯有此，才能获得生动的、立体的、活生生的写作材料。契诃夫说："真正的作家好比古代的先知，他比平常人看得清楚些。"而看得清楚些，主要得益于调动"五官"去观察。

（二）观察不等同于"精确的反映"

精确的反映是科学意义上的观察，强调准确、客观，不掺杂个人的主观色彩；而写作意义上的观察有情感、想象、思维的参与，具有很强的主观色彩。"登山则情满于山，观海则意溢于海。"《西厢记》中"晓来谁染霜林醉？总是离人泪"正是有了情感的参与，观察才如此绝妙、独特，完全不带感情的"纯客观"观察是不存在的。歌德说的"如果和一个人谈过一刻钟的话，我（在作品中）就能让他说上两个钟头"，正说明了"想象"的参与；而高尔基、安德烈耶夫和布宁三人在饭馆进行的那次经典的观察比赛，布宁观察出"骗子"，可以看出是"思维"的参与。

（三）观察必须"集中注意力"

因为只有集中注意力，才会"入静""出神"，才能产生"思绪"，有"联想"。俄罗斯教育家乌申斯基说："注意是一座门，凡是从外界进入心灵的东西都要通过它。"郭沫若也指出："注意力不集中，我们的耳目五官是死的，心思也是散漫的，所谓心不在焉，视而不见，听而不闻。"因此，那种走马观花式的观望，漫不经心的浏览，都不是真正写作意义上的观察。注意力将为写作主体观察能力的培养打下坚实的基础。

由此可见，所谓观察，就是写作者通过感官仔细了解并体味客观事物和现象，以获取直接经验的认知过程。它是一种有意识的行为，因而又被称为"思维的知觉"。

二、观察的作用

（一）观察是积累写作材料的重要途径

主要适用于记叙类文体材料的搜集。我们知道，要想使自己的文章"言之有物"，必须通过观察。因为只有观察，我们才能了解社会上人、事、物、景及其形态、色彩、声响、性状、特征、细节、画面等，就能从生活中获得第一手最鲜明、最活泼、最具有感染力的材料。因此，鲁迅在《给董永舒》的信中说："如要创作，第一须观察。""对于任何事物,必须观察准确、透彻,才好下笔。"契诃夫也说:"我们作家的本分就在于观察一切、注意一切。"

如英国小说家狄更斯年轻时常在伦敦的街头闲逛,与各类穷苦的市民攀谈,倾听他们的心声;有时还深入监狱,与罪犯聊天。就是这座社会大学,使得他日后成为一位伟大的小说家。法国短篇小说大师莫泊桑初学写作时,拜福楼拜为师。福楼拜先让他到外面观察生活一年,并把所看到的记录下来。莫泊桑由此养成了认真观察生活,勤奋写作的良好习惯。现代作家老舍说:"明白了马车夫的生活,才发现马车夫的品质、思想、感情,这可就找到了语言的泉源。"

这些都说明,观察是认识客观事物的重要方法,也是采集材料的重要途径。无论作家或艺术家,首先应该学会关注生活、观察生活。很难想象,一个对生活麻木不仁的人,能够写出生动的文字来。

(二)观察是引发写作欲望的动因

古人云:"情动于中而行于言"。人们在观察的过程中,由于受到外界的刺激、触发,往往产生强烈的写作欲望,有位作者曾把这种情况比作一团带电的云:"与生活相撞击,一霎间雷电轰鸣,逼得你非写出来不可。"高尔基曾把此称作"经验过于饱和"。如艾青创作的《大堰河——我的保姆》就是在国民党的看守所中的一个冬日早晨,一个狭小的看守所窗口、一片茫茫的雪景触发了诗人对自己已去世的保姆的怀念之情,从而写出了这首自传性的抒情诗。王蒙的《夜的眼》,就是由于他外出办事,在迷宫一样的住宅区里,突然一盏昏黄的路灯引发了他的联想,从而创作出这篇小说。再如屠格涅夫乘船游览莱茵河,因看到岸边楼上眺望的老夫和少女,产生联想和想象,由此写成了《阿霞》;而雪莱在谈到他的诗剧《解放了的普罗米修斯》的写作时说:"我的这首诗大部分是在万山丛中的卡拉古浴场残留的遗址上写作的。广大的平台,高巍的穹门,迷魂阵一般的曲径小道,到处是鲜艳的花草和馥郁的树木。罗马城明朗的晴天,温和的气候,空气中活跃的春意,还有那种令人神醉的新生命的力量,这些都是鼓励我撰写这部诗剧的灵感。"

(三)观察是增强文章表现力的手段

在生活中,我们常常会遇到这样的情形:出外游览,看到一处风景,当时心情很是激动,回来后想写一篇文章,可拿起笔来,那风景却成了"啊,风景如画,多么优美动人呀!"再往下写,写得具体一点,就怎么也写不出来。原来满以为可洋洋洒洒写几千字,到头来却空空如也。为什么?这就是文章的表现力欠缺。而文章的表现力源于对事物、生活具体细致而生动的叙述和描写,这样的叙述和描写又必须以敏锐、细致的观察为前提。清代的袁枚曾在《随园诗话》中说:"余尝谓:一切诗人,总须字立纸上,不可字卧纸上。人活则立,人死则卧,用笔亦然。”所谓“字立纸上”,就是指“绘声绘色、栩栩如生”,也就是具有超强的表现力。因此,只有观察得细,才会写得细,文章才能有超人的表现力。古今中外的大作家,无不具有非凡的观察力。如韩愈笔下的“早春”:“天街小雨润如酥,草色遥看近却无。”孟浩然笔下的“树”与“月”:“野旷天低树,江清月近人。”杨巨源笔下的“初春柳色”:“诗家清景在新春,绿柳半黄半未匀”。朱自清笔下的“月下荷塘”:“曲曲折折的荷塘上面,弥望的是田田的叶子。叶子出水很高,像亭亭的舞女的裙。层层的叶子中间,零星地点缀着些白花,有袅娜地开着,有羞涩地打着朵儿的;正如一粒粒的明珠,又如碧天里的星星,又如刚出浴的美人。微风过处,送来缕缕清香,仿佛远处高楼上渺茫的歌声似的……”等等,无不体现出作家独特的观察力与卓越的表现力。

三、观察的步骤

(一)选好观察对象、确定观察重点

从作者的写作目的出发,在一定范围内,选好观察的对象,同时确立相应的重点,然后一步步仔细去观察,努力捕捉观察对象所独具的特点。这种有选择、有重点的观察可以提高观察的质量。如观察一个人,重点观察他(她)吃饭的情形,或者唱歌的情形,或者思考的情形等。

(二)调动五种感官,占有丰富意象

“五官生五觉,五觉生文章。”事物的表象都是以感性形态存在,具有可见、可闻、可触的直观性特点。人们通过感官便可占有事物表象,心理学研究表明,感觉反映的仅仅是客观事物的个别属性,知觉才能反映事物的整体,也就是只有综合不同感官感觉才能形成知觉。在观察过程中要积极开动所有感官,产生多种感觉的心理效应,让众多表象进入大脑,形成完整的印象,为文章写作提供丰富的材料。例如沈从文就特别注意“各处去看,各处去听,还各处去嗅闻”,注意分辨“死蛇的气味,腐草的气味,屠户身上的气味,烧碗处土窑淋雨以后放出的气味”,也注意聆听“蝙蝠的声音,一只黄牛当屠户把刀刳进它喉中时叹息的声音,藏在田塍土穴中大黄喉蛇的鸣声,黑暗中鱼在水面拔刺的微声”。正是因为他充分调动了五官,才占有了许多新鲜、独特的意象,获得了丰富的感性材料,从而使沈从文的小说别具一格、风情万种。同样,朱自清的《春》也把“五官”调动起来,使“五觉”活了。所以我们每当读《春》,都有一种置身其境之感,宛然看到了“万紫千红”、嗅到了“鸟鸣笛奏”、触到了“杨柳和风”、感到了“温润清爽”,再加上“仿佛已经满是

桃儿、杏儿、梨儿"的主观幻化,真让人陶醉不已、不由神往。

(三)进行分析比较,掌握细微差别

世界上没有完全相同的两片树叶。同样,每个人在不同的环境中、心境下所呈现的也各不相同,因此,观察就要进行比较分析,善于从比较中分辨"同中之异"或者"异中之同",从而找出其中细微的差别。例如,每个人都有不同于其他人的特征,我们观察人物就要找出"他"这个人不同于其他人的特征,这些特征主要反映在人物的语言、行动、外貌、心理、表情等方面。比如打哈欠:在公共场合打哈欠,张开血盆大口朝前打的,是不拘小节的人;舒展两臂仰天打的,是目无他人的人;手帕掩脸偷偷打的,是害羞、扭捏的人;手捂嘴巴轻轻打的,是讲究文明礼貌的人。再如,达·芬奇很小的时候学画画。开始,老师费罗基俄一直让他画鸡蛋,他大感不解,老师告诉他:"要做一个伟大的画家,就要有扎实的基本功。画蛋就是锻炼你的基本功啊。你看,1000 个蛋中没有两个蛋是完全一样的。同一个蛋,从不同的角度看,它的形态也不一样。通过画蛋,就能提高你的观察能力,就能发现每个蛋之间的微小的差别,就能锻炼你的手眼的协调,做到得心应手。"同样,福楼拜在指导莫泊桑观察时也要他注意细微差别。有一次,他俩在街上散步,迎面来了一辆牛车。福楼拜让莫泊桑以牛车为对象,写出 7 篇内容不相同的文章来。见莫泊桑很为难,就启发他说:"拉车的牛早晨和晚上不一样;赶车的人喝醉了和没有吃饱的,对牛的态度不一样;牛饿着肚子上山冈和饱着肚子走平路,又有明显的不同……这些不同的细节举不胜举,再写多些也没困难。"后来莫泊桑深有感触地说:"对你所要表现的东西,要长时间地注意观察,以便发现别人没有发现过的特点。任何事物里,都有未被发现的东西……"

(四)积累观察结果,撰写观察日记

对于观察所得,单靠大脑记忆是非常有限的,而且依据心理学研究的"遗忘曲线"表明,时间愈久,遗忘愈多。茅盾曾说过,在开始写作的时候或以前,就应当时时刻刻在身边有一支铅笔盒一本草簿,无论到哪里,你要竖起耳朵,睁开眼睛,像哨兵似的警觉,把你的所见所闻随时记下来。因此,许多优秀的作家都有一大堆的读书笔记。如列夫·托尔斯泰的身边永远要带着铅笔和笔记本,读书和谈话时碰到的一切美妙的地方和话语,都把它记下来。托尔斯泰从 19 岁开始,就养成了写日记的习惯,一共写了 51 年,一直坚持到他逝世的前四天。他的有些小说,如《昨天的故事》等,就完全是从日记里脱胎出来的。而长达一千五百页的《战争与和平》写成后,他回忆说:"我这本历史小说中人物的一言一行,一举一动,都是有根据的,都不是虚构的。"同样,美国作家杰克·伦敦的房间里,到处都挂着一串串的小纸片,那是他随时想到而记下的见闻和感受。每次外出,他的衣袋里也装着许多小纸片,随时记下有用的素材。他的行为酷似我国唐代诗人李贺。李贺年轻时外出都带有一个"诗囊",随时记下自己以为精彩的"素材",这成了他外出归来写诗的主要来源。因此,对于我们来说,要时时刻刻记录下自己在观察中的一点一滴,写好自己的观察日记。

四、观察的要求

(一)全面细致

所谓"全面",就是要注意观察客观事物的全貌,即对客观对象作不同距离、不同角度的观察,又要作不同季节、不同天气的观察,还要把对象放到它所处的背景中去,与其他事物联系起来观察。也就是说观察客观事物要前后左右多角度地看,上下高低全方位地看,里里外外仔细地看,过去现在反复地看。如果观察不全面,就可能以偏概全,闹"盲人摸象"的笑话;而"知道全海,再写一岛"(老舍语),就能更容易把这一岛写活写好。如观察一个人,不仅要观察他的外表(如面貌、眼神、身姿、服饰等),也要观察他的行为(如举止、风度、做法等)、言语(如音调、用语、习惯的语言结构等),同时更应该了解他的身世、地位、职业、文化、志向、生活环境等,真正做到不仅知人知面更要知心。所谓"细致",则是指观察要抓住事物的细节,抓住它各个方面隐蔽的特征。就是说观察要细致入微,不可粗心大意,走马观花。如飞鸟缩颈则展足;酣斗的牛尾巴夹在两股之间;一般人看见一幅《牡丹图》,仅只牡丹而已,而画家却能从花瓣的干燥、猫眼眯成一条线看出那是一幅"正午牡丹"。因此,观察越细致,描写就越可能丰富、真实、生动。

(二)捕捉特征

特征是事物的特殊性、差异性,是事物之间相互区别的标志。捕捉住事物特征就能够观察出事物最突出、最具特色、与众不同的一点,从而把它与其他事物区分开来,把事物描绘得形象鲜明、生动传神。在全面观察的基础上抓住事物的特征是观察的基本要求,也只有抓住事物的特征才能认识事物的本质特点。鲁迅笔下的孔乙己,那"穿长衫而站着喝酒"的神态,那"多乎哉?不多也"的语言,无不是孔乙己独具的个性特征。柳宗元的《小石潭记》,正由于抓住了潭水清冽和环境幽深凄冷的特征,刻画入微,才让人过目不忘。福楼拜曾经教导莫泊桑说:"当你走过一个坐在自己店门前的杂货商面前,走过一个吸着烟斗的守门人面前,走过一个马车站面前时,请你给我描绘一下这个杂货商和这个守门人,他们的姿态,他们整个的身体外貌,要用画家那样的手腕传达出他们全部的精神本质,使我不至于把他们同任何别的杂货商人、任何别的守门人混同起来。还请你只用一句话就让我知道马车站有一匹马同它前前后后五十来匹是不一样的。"可见,在福楼拜看来,观察的目的就在于找出同类事物之间的不同点,即特征。

(三)全身心投入

观察不仅仅是去看,还应是全身心地投入。在观察过程中,真正做到注意力的高度集中,做到人到、眼到、心到、神到。否则,就很难立体地再现缤纷的生活。如古诗"春风又绿江南岸""红杏枝头春意闹""踏花归来马蹄香""暖风熏得游人醉""吹面不寒杨柳风"。这五句古诗分别写出了视觉、听觉、嗅觉、味觉、触觉的自然景色,给人以生动、真实、新鲜的感受。再如,观察"酒",不仅仅去看,去嗅,更要去尝,这样才能真正"品"出酒的滋味。如果你仅仅"观察"了眼睛看到的景象,那将会丢失多少美丽、生动的记忆。

(四)加强情感体验

刘勰在《文心雕龙》中云:"登山则情满于山,观海则情溢于海。"在观察中要加强观察者的情感体验。不仅要用自己的眼、耳、鼻、舌、身认真地看、听、嗅、味、触,而且要用自己的"心"认真体会种种真实情感,就是"见物思情"。文艺心理学中也说:"情感是态度的体验。"没有体验就没有情感,也就没有创作。写作意义上的观察者,既是观察的主体,又是观察的客体——即观察者在观察外在对象的同时,还应该捕捉观察者本人的生理感觉和心理感受。反复地体验这种感受,并且把它与外在对象联系起来,把内心体验投射到外在对象身上,这是观察取得良好效果的重要保证,同时也使观察到的事物由原来无生命的死气沉沉的东西,变成了灌注着作者情感的活生生的生命体。例如,一般人眼里的柳树总是绿柳、碧柳,而在诗人徐志摩看来却成了"夕阳中的新娘"。而一棵平平常常的枣树,在鲁迅的眼中则成了"坚定的直刺天空"的战士!再如,当一个生物学家,在他的实验室里侍弄着花时,他只是"经验"着花,而不会动什么情感,最终也不会有情感上的收获和深刻意义上的收获。但是当列夫·托尔斯泰有一次看到牛蒡花而想起生命的意义时,他就"体验"着花了。列夫·托尔斯泰是这样记载他的这次体验的:"昨日我在翻犁过的黑土休耕地上走着,放眼望去,但见连绵不断的黑土,看不见一根青草。啊!一兜鞑靼花(牛蒡)长在尘土飞扬的灰色大道旁。它有三个枝丫:一枝被折断,上头吊着一朵沾满泥浆的小白花;另一枝也被折断,溅满污泥,断茎压在泥里;第三枝奄拉一旁,也因落满尘土而发黑,但它依旧顽强地活下去,枝叶间开了一朵小花,火红耀眼。我想起了哈吉·穆拉特。想写他。这朵小花捍卫自己的生命直到最后一息,孤零零地在这辽阔的田野上,好好歹歹一个劲地捍卫了自己的生命。"托尔斯泰如此细致地观察花,不是因为他要认知这朵花的客观属性,而是因为他发现了花与生命之间的内在联系;他的兴趣不是生物学的,而是美学的、哲学的。他对花倾注了自己的情感,发现花的顽强不屈,这样一来,他的体验也就超越了花本身,他的收获是关于他准备描写的一个坚强的人的生命意义的思考。在这个过程中,托尔斯泰从情感出发,并以新的意义生成作为结束。托尔斯泰的出发点是情感,他发现的是这朵小花的生命意义。当然,如果这次体验缺乏深意,那么这次体验也就不能称为真正的体验。

（五）养成以内部言语描述观察对象的习惯

内部言语是一种自问自答或不出声的言语活动,它不起交际作用,是个人思考时的言语活动。敏锐的观察力要通过良好的表达来体现,而用内部言语去描述对象,就是锻炼语言表达的一个方便而有效的方法,因为内部言语随时可转化为外部语言。更为重要的是,观察所得往往是事物某一阶段、某一环境中在特定角度的几个片段,为了获得对该事物的整体性认识,就有必要把通过观察得来的几个不同片段和属性,与以前对该事物的观察认识,以及该事物以后的变化趋势联系起来,而这些又取决于内部言语的中介作用。

五、观察的方法

（一）顺序观察法

客观世界纷繁复杂,但又都是处在有"序"的运动之中,任何事物的发展变化都有自身的顺序。我们若在观察中不注意顺序,那么我们所写的文章就会杂乱无章。顺序观察可以分为四种:

1. 按空间转换顺序观察事物。从远到近,从上到下,从左到右,取一个观察点观察,有时也可以变化立足点。如观察景物时的仰瞻俯视,远望近看都不同。所谓"横看成岭侧成峰,远近高低各不同"就是这个道理。如杜甫的《绝句》:"两个黄鹂鸣翠柳,一行白鹭上青天。窗含西岭千秋雪,门泊东吴万里船。"这是诗人独立草堂之内,透过门窗遥望草堂四周之景,足不出户,却看到了四幅景色各异的花鸟山水风景图。而陶渊明的《桃花源记》中的一段:"林尽水源,便得一山。山有小口,仿佛若有光。便舍船,从口入。初极狭,才通人。复行数十步,豁然开朗。土地平旷,屋舍俨然,有良田美池桑竹之属。"这就是移步换景,景物随人的观察点的移动而变换。

2. 按时令或时间顺序观察事物。事物的发展与时间的推移有密不可分的联系,对事物进行跟踪观察,多半以时令或时间为顺序。运用这种方法观察,目的大多在于捕捉事物在不同时间里的风貌或事物的发展变化,更全面地感受事物的整体美与动态美。观察天气的变化情况,动植物的生长发育情况等可按时令或时间顺序观察。如《美丽的小兴安岭》就是运用了这种方法。前者把小兴安岭一年当中春、夏、秋、冬各季节呈现的各具特色的景色写得淋漓尽致,后者则按时间的先后有意识地观察了"昨天"早晨、中午、傍晚和"今天"清晨的不同情景,使读者身临其境,给人以美的享受。

3.按整体和局部的关系为顺序观察事物。这是运用分析综合的方法对事物进行观察。有时先把对象作为一个整体看,然后一部分一部分地细看,最后认识它的全貌。运用这种方法可以准确、细致、完整地认识事物。例如,观察一处风景,可按由整体到局部的顺序进行观察,先从整体把握景物的外观,然后观察它的局部的特色,同时注重抓住主要景物,认识景物的特点。

4.按内容的顺序进行观察。如从景物到人物,从主要到次要,从整体到局部等。如《绿色的办公室》的作者就是先观察了周围的环境:"人"字形草棚,高高的草垛,"一截树桩","一口用旧了的锅"和"一把黑铁壶"。然后,再观察人物活动:"列宁坐在树桩上写文章,他埋头握笔,全神贯注,忘记了周围的一切。"再如《小守门员》的作者,对画面上"留平头""戴皮手套""膝盖磕破了也毫不在意"的小守门员和"腆着肚子的小男孩",以及"大个子叔叔"三个主要人物观察得十分详细,写得很具体,而对"戴红领巾的男孩"和"扎蝴蝶结的女孩"等次要人物只做了简单的观察和描写。

(二)比较观察法

单独观察某一事物往往不易发现事物的特点,但如果把它与其他事物放在一起观察,有个参照物做对比,那么它的特点就会比较突出。比较观察法就是在过程中,把相近或相反的事物放在一起,比较异同,从而找出事物特征的一种观察方法。通过比较可以更有利于事物本质属性的体现。比较观察有纵比和横比之分。所谓纵比,就是为了掌握同一事物在不同发展阶段的特点。例如,同一座山,在春雨里和秋风中不同;同一个人,在喜悦时和发怒时神情各异。法国作家福楼拜指导莫泊桑观察牛车,用的就是纵比观察。他说:"拉车的牛早上和晚上神态不一样;赶车的人喝醉了酒和没有吃饱,对牛的态度不一样;牛饿着肚子上山冈和饱着肚子走平路,又有明显的不同……"而所谓横比,则是为了在不同的事物间异中求同或同中求异。如朱自清在《绿》中拿北京什刹海的"绿杨"、杭州虎跑寺近旁的"绿壁""西湖的波""秦淮河的(波)"与梅雨潭的"绿"相比较,就是"同中求异"的横比。

(三)提纲观察法

这是一种有目的、有计划的观察方法,适用于观察比较复杂的事物。这种方法要求在观察之前先制定观察提纲,列出观察的目的要求、观察的顺序和内容等,然后按照提纲逐项进行观察。这样可以使观察更加有条理,更加全面。在实际观察中,还可以对提纲内容进行调整,补充提纲中遗漏的项目。

六、观察的原则

(一)循序渐进原则

培养观察能力要由易到难。例如,观察一个人,要从外貌向言行、心理逐步过渡,由观察个人向观察群体过渡;观察事物,要从观察一件简单的事开始,逐步学会观察多种复杂事件,由观察熟悉的、简单的、外向的、静态的向复杂的、内向的、动态的过渡。

(二)主动性原则

培养观察能力,懒惰是大敌,要随时随地地看,随时随地地记,观察需要勤奋。在观察中要注意和思考结合,尽可能地调动已有经验和有关知识,进行多向思考。

(三)专一性原则

这是就观察者的精神状态而言。每次观察都要凝神集思,全神贯注,专心致志,做到目不斜视,耳不旁听,心无他想。要排除外来干扰,千万不可三心二意、见异思迁。

(四)持久性原则

这里包含两方面的内容:一是要认识到培养观察能力需要一个相当长的过程,不能急于求成,不能幻想"一锹挖个井";二是指要长期坚持观察活动,不能"三天打鱼两天晒网",要有恒心有毅力,坚持到底。

附录一:

关于观察

文 锐

写作有三只眼睛,观察便是其中很重要的一只。它是一个沉重的话题,虽则我们生就了五官,对周围事物有了些许的感觉,但由于它们长期处于冬眠状态,其敏感度远远没有充分发挥出来。我们可以扪心自问:我们真切地观察过我们的生身父母吗？我们细致地观察过风中、雨中的那一片树叶吗？

施耐庵为写老虎，多次到山中观察老虎动静，故《水浒传》写老虎虎虎生威；曹禺为写《日出》，曾到三等妓院，差点遭打，故写妓女之悲之惨，跃然纸上。

同时，观察应与思考结合起来，因为只有思考才能引发联想和想象，而联想和想象是写作的翅膀，因为事物只有通过联想与想象才能被激活，才会灵动起来。

看到下雪，雪的洁白无瑕，纯得直透你的眼，这时你是否想到：如果在人的心田中，下场大雪该多好啊！郭老写《石榴》，把花与果的奇妙、微妙变化写得妙不可言，用的比喻与之考古学家的身份息息相关。

所以说，写作之秘诀在于善于观察、善于思考！

附录二：

临雨看雨

邢思洁

这是夏天的第六场暴雨。

雨下得很大，昨日离巢的小鸟还没飞回村庄。风刮得猛急，蝴蝶的翅膀都差点儿被折断了。立在窗口观雨，听一听由天而降的曲子，似读百年的诗卷。雨从屋檐落下，翻着美丽的花，花脚着地，悬起三叠圆环。

一只蝉游过遍地的水洼，在花椒树上脱了土衣裳，然后舞蹈。很多年后的夏天，小窗变成了回忆。但现在观雨，听一听自然母亲的心语，会有多种情愫。看雨，听一听处处都响的滋味，听一听真正的天籁。沿着窗棂，一群小蚂蚁形成排列有序的队伍，爬向墙壁高处，它们在重建家园。一棵槐树下，黄雀用翅作被遮掩三只小雀，雨很大，它的目光充满对阳光的祈求。鸭在雨中，随着流水游荡，它身后是迷离的桑园与青纱帐。

脸盆又满了，才十分钟。雨很大，小屋像一把老伞——叮冬叮冬溅起一桌雨花，小小的儿子在叹息。用幼儿特殊的语言与天公对话，翻译者是窗外高树上的轻吟的蝉。我愣了半天，突然感到自己是多么多么微小，这种微小在雨天又是多么有趣！

一双"神奇的手"

（奥地利）茨威格

这两只手像被浪潮掀上海滩的水母似的，在绿呢台面上死寂地平躺了一会。

然后,其中的一只,右边那一只,从指尖开始又慢慢儿倦乏无力地抬起来了,它颤抖着,闪缩了一下,转动了一下,颤颤悠悠,摸索回旋,最后神经震栗地抓起一个筹码,用拇指和食指捏着,迟疑不决地捻着,像是玩弄一个小轮子。

忽然,这只手猛一下拱起背部活像一头野豹,接着飞快地一弹,仿佛啐了一口吐沫,把那个一百法郎的筹码掷到下注的黑圈里面。那只静卧不动的左手这时如闻警声,马上也惊惶不宁了;它直竖起来,慢慢滑动,真像是在偷偷爬行,挨拢那只瑟瑟发抖、仿佛已被刚才的一掷耗尽了精力的右手,于是,两只手惶悚悚地靠在一处,两只肘腕在台面上无声地连连碰击,恰像上下牙齿打寒战一样。

六张不同的脸

【白皙的脸】这时她已经长成了一个颀长、俊美的少女。她的脸庞是椭圆的、白皙的,晶莹得好像透明的玉石。眉毛很长、很黑,浓秀地渗入了鬓角。而最漂亮的还是她那双忧郁的嫣然动人的眼睛。她从小不爱讲话,不爱笑,孤独,不爱理人。

—— 杨沫:《青春之歌》

【提示】林道静俊美、清秀的脸庞所透出的忧郁的神情,是和她不幸的身世分不开的。

【结实的脸】他没有什么模样,使他可爱的是脸上的精神。头不很大,圆眼,肉鼻子,两条眉很短很粗,头上永远剃得发亮。腮上没有多余的肉,脖子可是几乎与头一般儿粗;脸上永远红扑扑的,特别亮的是颧骨与右耳之间一块不小的疤——小时候在树下睡觉,被驴啃了一口。他不甚注意他的模样,他爱自己的脸正如同他爱自己身体,都那么结实硬棒;他把脸仿佛算在四肢之内,只要硬棒就好。是的,到城里以后,他还能头朝下,倒着立半天。这样立着,他觉得,他就很像一棵树,上下没有一个地方不挺脱的。

—— 老舍:《骆驼祥子》

【提示】人力车夫骆驼祥子像一棵挺拔的树,结实硬棒的身体是他赖以谋生的基础,作者在刻画他的脸部特征时,也突出了这一点。

【粗犷的脸】这是一张有着矿石般颜色和猎人般粗犷特征的脸:石岸般突出的眉弓,饿虎般深藏的双睛,颧骨略高的双颊,肌厚肉重的润脸;这一切简直就是力量的化身。他是机电局电器公司经理乔光朴,正从副局长徐进亭的烟盒里抽出一支香烟在手里摆弄着。

—— 蒋子龙:《乔厂长上任记》

【提示】乔光朴在立"军令状",去担任瘫痪的机电厂厂长前,思想斗争剧烈,从其粗犷脸部的神情,反映了他是一个刚毅、果断、顽强,并且有能力和自信心的干部。

【风韵的脸】在一张流露着难以描绘其风韵的鹅蛋脸上,嵌着两只乌黑的大眼睛,上面两道弯弯细长的眉毛,纯净得犹如人工画就的一般,眼睛上盖着浓密的睫毛,当眼帘垂时,给玫瑰色的脸颊投去一抹淡淡的阴影;俏皮的小鼻子细巧而挺秀,鼻翼微鼓,像是对情欲生活的强烈渴望;一张端正的小嘴轮廓分明,柔唇微启,露出一口洁白如奶的牙齿;皮肤颜色就像未经人手触摸过的蜜桃上的绒衣:这些就是这张美丽的脸蛋给你的大致印象。

——【法】小仲马:《茶花女》

【提示】这是"绝色女子"玛格丽特秀丽的容貌。

【干瘪的脸】阿娜的老妈子年纪四十开外,名叫巴比:高大,结实,太阳穴和脑门部分的肉已经瘪缩,脸盘很窄,下半部却很宽很长,牙床骨底下的肉往两边摊开去,像一只干瘪的梨。她永远挂着笑容,眼睛跟钻子一样的尖,陷得很深,拼命往里边缩,眼皮红红的,看不见睫毛。

——【法】罗曼·罗兰:《约翰·克利斯朵夫》

【提示】巴比是一个老处女,孤寂的生活将她煎熬成早衰的形象:瘪缩的脸皮,松弛的下颌。而寄人篱下的生涯,养成了她"永远挂着笑"的习惯;嫉恨的烈焰,又在红眼皮下赤裸裸地燃烧。处处显得健壮威武,如若凝神不动,真正可以说是"一尊青铜像"。

【懒散的脸】伊里亚·伊里奇的脸色既不绯红,又不黝黑,也不真正苍白,而是分辨不出这是什么颜色,说不定是因为他发胖得和年龄不相称,才显得如此吧;他发胖,也许是因为缺少新鲜空气或者缺少活动,再不就是两者兼而有之。总之,他的身体,就那过分苍白毫无光泽的脖子、两只肥胖的小手以及软绵绵的肩膀来说,都显得缺乏男子的气概。他的动作,哪怕着了慌,仍不失其温和和他特有的优雅的懒散。万一有一片愁云从他的心头涌到了脸上,他的眼睛就模糊起来,额头显出皱纹,疑惑、悲哀和恐惧开始交织在一起;可是这不安难得形成明确的念头,更难得变成一种主意。它不过化作一声叹息,便消逝在冷淡或者瞌睡中。

——【俄】冈察洛夫:《奥勃洛摩夫》

【提示】奥勃摩洛夫是一个懒惰成性的地主的典型,是懒汉的代名词。他的脸部特征反映了这个饱食终日、无所事事,腐朽、没落者的灵魂。

附录三：

任伯年画猫真"用力"

文　锐

任伯年是晚清著名的画家。有一次，他的一位朋友求他画一幅《狸猫图》，任伯年画了一幅又一幅，都不甚满意，始终没有敢拿出来。朋友要得急，催得紧，他又不肯随便画一幅去敷衍了事，弄得他整日焦躁不安。一天夜里，明月高悬，万籁俱寂。任伯年坐于桌前，推开纸张，手握画笔，凝思默想，正在构思。忽然间，他听到了屋顶上有猫叫的声音。他连忙站起来，走到外边，看到猫趴在檐头正用一对绿莹莹的眼睛朝他看呢，啧，多有特色呀。他推开窗子，想看个究竟，谁知响声把猫惊跑了。任伯年不忍失掉这个绝好的机会，于是爬上邻居家的房顶，哟，猫还在房顶上，弓腰拖尾，扭头看人，那又惊又怒的情态，格外生动。任伯年越观察越觉得有趣，便轻轻地朝猫那边爬去，这下好了，不料竟落到了邻居家的院子里。他不顾疼痛，跑进屋里，立即挥毫泼墨，一幅栩栩如生的《狸猫图》就这样诞生了。

我们进行写作岂不应该也是如此，只要你用心观察，一定能够写出感动人的好文章。

米芾也有"看走眼"的时候

文　锐

米芾是宋代著名书画家，并且很喜欢收藏书画。他在涟水做官的时候，有一个商人拿了唐代画家戴嵩的《牧牛图》沿街叫卖，米芾见了，忙让人把卖画人叫进衙门，对着《牧牛图》爱不释手。他对卖画人说，要带回家好好研究研究。岂不知他只是想借此自己临摹一幅。他临摹的手段极高，简直达到了可以乱真的程度。他常常借别人的画临摹，然后把两幅画同时拿出来，让别人自己去拿一幅。结果呢，人们往往看不出哪幅是真的，哪幅是米芾临摹的，反倒把真的留下，把米芾的临摹画拿走了。别人知道米芾这样，由于怕丢了真本，就不敢借画给他了。这次，米芾看了《牧牛图》，越看越爱，起了私心，于是，把自己的临摹本还给了卖画人。米芾得了真本，甭提多高兴了，没想到第二天卖画人找来了，说请他把那幅真本给自己。米芾大吃一惊，连忙问："你怎么看出来的？""我那真本的牛眼珠中有牧童的影子。"卖画人指了指临摹本说："这幅画里没有，一定是您临摹的了。"米芾恍然大悟，只好乖乖地把真本还给了人家。

米芾这时真的认输了,是的,他应该认输!一个再高明的画家,如果不走进生活,细致地去观察生活,那么也只有像米芾一样只会"照猫画虎"了。

附录四:

观察四季

文　锐

一　春景

(一)

依然是双山,依然是下午,依然是用双脚去丈量那熟悉的一切。春风习习,春意盈怀,伴着城市民谣《成都》的旋律,再次踏进了双山。

虽说双山中"枯草""枯枝"撞眼,但却无法阻挡那"蓬勃"的萌动,那嫩芽、那绿意,那不经意间的"传递",让我看到了一种"生机",一种"活力",一种生命的"绽放"。难道说这就是春的昭示?

突然间,有一只土灰色的野兔从我眼前跃过,它也仿佛被这春意惊醒。我匆忙拿出手机,刚想为之"定格",但刹那间野兔便消匿于山林草丛之中。

多想能裁一缕春光把它装进相框,挂于家中客厅的墙上,让家中一年四季"春光明媚"!

多想能下一场浪漫的春雨,不大,密密渐渐,好去细细品味"天街小雨润如酥"的诗意!

(二)

春和日丽,垂柳依依,宛如羞涩、妩媚的新娘。

古人有诗云:"柳条百尺拂银塘,且莫深青只浅黄。未必柳条能蘸水,水中柳影引他长。"

这里的柳条"浅黄"倒是有了,只可惜不临水,所以也就没有"水中柳影引他长"的动人景象了。

一只土黄色的狐狸犬,伴着春光悠闲于山路上,与主人保持着五米左右的距离;几个学生模样的女生嬉笑着、追逐着,点点汗珠浸红了青春的脸,有时停下来用手机努力把山中的春色留存。

今天是周末,逛山的人多了,他们试图抓住"休息的尾巴"来好好放松一把!

二　夏景

（一）

天真得热了，夏天的热浪终于要来了。看了近两小时的书，倦了，看表——四点，于是又惯性般向双山"进发"。

此时的双山被浓浓的绿意掩映着，虽是艳阳高照，但却山风萦怀，并不热。

路旁不知名的黄花在风中摇曳，双山深处的鸟鸣声清脆悦耳，渐渐长大的桃儿挂满了枝头，蝴蝶突见人来，不觉得活跃起来，忽左忽右，忽上忽下，在炫耀着自己美丽的翅膀，时而栖息于草上，时而在你眼前晃悠。

一切都那么生机盎然，那么自然天成，大自然的"天分"仿佛刹那间被充分展现。

这难道就是"造化"？！

（二）

今天这雨下得，下午1点多下了一大阵后，像喘了一大口气，晚上8点多又啪啪啪地下了起来。

家里好是凉爽，这几日的闷热就这样被迟来的雨意驱散。

突然想独自一个人出去撑伞穿梭于这雨雾中，聆听吧嗒吧嗒的雨点击打伞面的妙响，让整个身体沐浴在风里、雨中，像一棵植物般任性疯长……

"飘忽回风起，差池高鸟翔。云攘千岭碧，雨献一天凉"，宋代罗与之这样描写夏日之雨。"风雨潇潇似晚秋，鸦归门掩伴僧幽。云深不见千岩秀，水涨初闻万壑流"，而宋代吕本中如此描摹夏日之雨。

一个婉约似小家碧玉，一个豪放如大家闺秀……

三　秋景

（一）

下午3点50分，秋风习习，凉意满怀。

依然是双山，依然是那满山的树，依然是一级级的台阶，依然是追随着音乐节拍的步伐。山路旁，那些曾经娇艳过的花儿枯了；山坡上，那些红红的酸枣散落了一地，而固守枝头的孤独着宛如一枚枚可爱的小樱桃。

就在山路的中央，静静地伏着一只螳螂，忙用手拿起，但见它拼命用前面的"双钳"刺击我，极力想挣脱我。看那副可怜兮兮的模样，我刚想把它放生，可怕的一幕出现了：它竟用自己一个钳的尖狠狠地刺入了自己鼓鼓的肚腹……

我心头不由一痛,想到了日本的武士道精神,难道说它也在"殉道"?!

(二)

还是那山,还是那路,还是那景,还是一遍又一遍的"温习",还是一次又一次的"心动"。

习惯了从大路逛山,而当从崎岖小路上山时,不免有点小紧张,因为少有人走。

虽说只有十余分钟的路程,但山内却格外的静,只有匆匆的脚步声,以及树上偶尔鸟的躁动和松鼠上爬的窸窣声,不免惊起了我额头的冷汗。

返回的路上,但见学校的一女教师手中采摘了一束淡黄色的小花,宛然是想把秋天的美丽带回家。

是呀,时光飞逝,秋天就这样在不知不觉间一点点溜走,我不禁要问:时间都去哪了?

四　冬景

(一)

终于下雪了。不大,没有想象中纷纷扬扬的漫天飞舞,倒显得有点稀疏。

雪花悄无声息地落在校园的水泥地上,潮湿了地面,瞬间也浪漫了我的情怀。

是呀,有雪的冬天那才叫冬天!

雪花是冬的眼,冬的魂!

(二)

没想到昨天下午停了的雪,竟又下了整整一夜。

出门一看,天地之间瞬间清亮了许多,一切都被洁白所覆盖——就连停在路旁的车也穿上了厚厚的雪衣。

雪花仍在飘,整个校园银装素裹,整个双山白茫茫一片。

顶着雪花我独自走进了双山。上山的路已被大雪掩埋,只能小心翼翼往上攀登,脚下是吱嘎吱嘎的响声,两边的树枝上挂满了雪花,像一树树玉雕。山顶之上,空无一人,我想这样的天整座山也难寻人迹。环顾四周,白茫茫一片,静悄悄得似进入洪荒时代,用力大喊一声:"我来了!"全山回响。

返回的路上,与山中看雪的一位女教师擦肩而过,她嫣然而笑,宛然一片飞舞的雪花,我想她应该也是趁着这纷纷扬扬的雪花去寻觅诗意,去欣赏这难得的双山雪景!

是呀,凝视飘舞的雪花,我们不仅看到"千树万树梨花开"的丽景;更会拥有一份盎然诗意的好心情。此时的你,行于皑皑白雪之中,灵魂也净化了;处在茫茫山野之下,一切都释然了。

【思考与练习】

一、如何理解写作意义上的"观察"?

二、观察的基本要求是什么?

三、观察应遵循什么样的原则?

四、观察你的一位同班同学,然后写一则观察笔记,要写出这位同学的个性与特点。

五、仿照诗人徐志摩的《再别康桥》尝试着写一首诗歌,注意观察事物的特征,并充分发挥自己的想象力。

第三节　阅读,寻找间接材料的千里眼

一、阅读的内涵

古人云:"行万里路,读万卷书。""他山之石,可以攻玉。"写作除了通过观察获取直接经验外,还需要通过阅读获取间接经验。因为人的精力与经验总是有限的,而且往往受着时间、空间的限制,不可能任何生活都直接参与、直接体验。这样,就有必要通过阅读体验他从没有体验过的经历,获取他在现实生活中不可能直接获取的知识。从这个意义上说,通过阅读,知天地、通古今,获取前人的经验,感受他人的丰富人生,就是在很大程度上扩展了自己的生存空间。鲁迅曾说:"作者写出创作来,对于其中的事情,虽然不必亲历过,最好是经历过。诘难者问:那么写杀人最好是自己杀过人,写妓女还得去卖淫吗? 答曰:不然。我所谓经历,是所遇、所见、所闻,并不一定所做,但所做自然也可以包括在里面。""如要创作,第一需观察,第二是要看别人的作品。"作家沈从文一生一直在读两本书:一本大书——大自然;一本小书——书本。知识浅薄、孤陋寡闻,必定下笔滞,文思枯;而学贯古今,文通八方,才能下笔如注,应付自如,写出锦绣篇章。那么什么是阅读呢?

所谓阅读,就是从四种媒体(即纸媒、广播、电视、网络)中获取知识以及生活间接经验的智力活动。阅读是一种主动的过程,是由阅读者根据不同的目的加以调节控制的。阅读要积极思考,正如歌德所说:"经验丰富的人读书用两只眼睛,一只眼睛看到纸面上的话,另一只眼睛看到纸背面的话。"英国的波尔克也说:"读书而不思考,等于吃饭而不消化。"

二、阅读的作用

阅读不仅可以获得思想的启迪,感情的熏陶,而且可以引发写作的冲动、感悟文章的技法,提高写作的能力。具体说来:

（一）阅读可以积累写作材料

作为一种积累材料的途径,应该说,从事每种文体写作的人都在运用阅读这种手段,而运用最频繁、最自觉的当属传记文学、历史小说、历史著作、科学小品、理论文章的作者们。因为只有通过阅读,从各种媒体中获取丰富的知识、信息和材料,才能具有扎实的知识基础;只有通过阅读,了解更多人的生活形态、思想认识和情感态度,见识人情世故、社会万象,才能具有深厚的生活基础。唯有此,写作才可能有话可说,有情可表。例如,列夫·托尔斯泰写《战争与和平》,查阅了700多种历史著作;罗贯中写《三国演义》就是从陈寿的《三国志》和裴松之的注中,吸取了大量材料创作而成的;而鲁迅的一篇短文《魏晋风度及文章与药及酒的关系》,就从古代三十多种著作中引证了材料;一部《红楼梦》,除了涉及诗文写作之外,还写了有关酒、茶、饮食、建筑、风俗、礼仪等多方面的知识,仅医药、疾病方面的知识就多达291处。这些丰富的知识,没有广泛的阅读、博闻强记的能力,不可能具备。

（二）阅读可以引发写作冲动

杜甫曾说:"读书破万卷,下笔如有神。"作家王蒙也认为:"读书也可以触发你的写作冲动,'书'使你感悟,在潜移默化中改变情趣。"如果胸藏万汇,那么你就会吞吐自如,下笔有神。因为书读得多了,写作者的智力背景丰富了,学识渊博了,就容易从深远的历史背景和广泛的现实联系上,去对某个事物进行联想和想象,使人浮想联翩。陆游也说:"恨渠生来不读书,江山如此一句无。"是的,如果没有足量的阅读,就无法产生强烈的写作冲动或强烈的写作欲望。写作的诸多灵感来自阅读中取得的经验和顿悟。阅读过程中获得的经验,往往会引发读者对当下的反思,从而产生写作的冲动。很多写作的契机,就是在阅读中发现并抓住的。鲁迅在创作《狂人日记》时,直接受到了果戈理和尼采的影响,尤其在小说的形式上借鉴了果戈理《狂人日记》的表现手法,而主题的获得则是"后以偶读《通鉴》,乃悟中国人尚是食人民族,因此成篇"。当代作家王蒙创作小说《蝴蝶》就是在新疆观看某个话剧演出的过程中,突然对干部的"升迁和变异"有所感悟,才确定了主题。因此,读得越多,对生活的关注能力就越强,写作的冲动就越强烈。从这个意义上讲,阅读的意义,不在于吸收和借鉴语言,不在于领悟表达技巧,而在于激活表达的欲望。

(三)阅读可以提高写作素养

古人云:"劳于读书,逸于作文。"叶圣陶也说:"阅读的基础训练不行,写作能力是不会提高的……写作基于阅读。""阅读与写作是一贯的,阅读得其法,阅读程度提高了,写作程度没有不提高的。"经典的阅读储藏于我们的记忆库里,潜藏着写作需要学习的方方面面,诸如审题立意、选材剪材、谋篇布局、语言修辞等。我们可以从契诃夫《变色龙》中学到一波三折的情节结构,从孙犁《芦花荡》中体味到诗般美丽的语言,从魏巍《我的老师》中知道选材、剪材的重要……因此,阅读可以提高我们整体的写作素养。具体来说,体现在以下三个方面:

1. 阅读可提高感受能力。感受是写作的基础,也是写作的动力。文章大多是"有感而发"之作。所谓感受能力,就是每个人对事物独特的个性体验。感受的基础是感觉,也就是外物的刺激,但感觉并不一定产生感受。要想产生感受必须经过个性心理结构的折射,即每个人独特的认知结构,而认知结构主要来源于遗传、生活实践、阅读。其中阅读在丰富认知结构方面起着重要作用。作家、艺术家大都"多愁善感",这和他们博览群书不无关系。如月到中秋,中国人会马上想到赏月、月饼,想到悲欢离合,产生思乡、思亲之情;而西方人,并不觉得中秋的月亮跟往日有什么不同。这和中国人独特文化背景有关,而这主要来源于对中国传统诗文的阅读。在《红楼梦》中,林黛玉的"多愁善感"的性格与之阅读《西厢记》等息息相关。

2. 阅读可提高思维能力。阅读可以使人站得高、看得远、写得深刻。在写作中,常常会出现这样的情况:一个极好的材料,到了某些人的手中,会变成苍白无力的东西;而一件极其平常的小事,在大师的笔下,却熠熠生辉,具有震撼人心的动人力量。虽说造成这种差距的原因很多,也很复杂,但作者知识修养方面的差距,无疑是一个很重要的因素。可以这样说,一个伟大的作家一定是一个知识渊博的学问家,如歌德、巴尔扎克、雨果、列夫·托尔斯泰、鲁迅等都是百科全书式的作家。也正因为这些大作家们的知识渊博,所以他们在认识把握现实时高瞻远瞩,可以从更加深远的历史背景和广泛的现实联系上,去挖掘事物的本质和规律。唯其如此,歌德的浮士德,巴尔扎克的葛朗台,雨果的卡西莫多,列夫·托尔斯泰的安娜,鲁迅的阿Q等形象,其意义不仅是个别的,也是普遍的,不仅是历史的,也是现实的,不仅是民族的,更是全人类的。据英国《每日电讯报》报道,最新研究发现,阅读莎士比亚等作家的严肃文学作品,有助于提高大脑的思维能力,引发读者反思。而对于中国人来说,多阅读四大名著等古典作品,也许更能让你转变思维,拓展思路。

3. 阅读可提高表达能力。阅读可以对我们在语言、文字、词汇、句式、修辞、结构等方面起到潜移默化的作用,从而提高我们的表达能力。有一种很有意思的现象:如果一个人在一段时间内阅读的翻译作品比较多,他就会在自己的写作中,不自觉地使用很多带有较多修饰语的长句;如果他在另一段时间读的中国古代文学作品特别是文言文章比较多,那么他在自己的写作中,就会不自觉地力求写出言简意赅的简洁短句。这就是说,阅读可以影响一个人的表达习惯,其中最重要的是语感。书读得越多,对语言文字的感受能力就越敏锐,对不同语言表达方式的驾驭能力就越强,从而形成自己独特的语言风格和表达技巧。此外,阅读还能够让我们有更多的语言、词汇、句式和修辞等方面的积累。写作时我们常常"苦于无词"或者"词不尽意",而古今中外的经典名著就是我们取之不尽、用之不竭的语言宝库,阅读就是从这个宝库中获取珍宝的最好途径。阅读还可以帮助我们掌握丰富的写作技巧。读先秦诸子散文可以学习他们的思辨方式,读司马迁的《史记》则能学到叙事的技法和写人的妙招,读钱钟书的《围城》则能学到各种各样的修辞方法。高尔基说:"一切伟大作家的作品都向我们显示或告诉我们应该怎样写和不应该怎样写。"从阅读中学习谋篇、学习词汇、学习写作技巧,从而提高我们的表达能力。

（四）阅读使人快乐、让人感动

英国的毛姆曾说:"阅读应当是一种享受。"他年轻时非常贫困,曾犹豫了几个星期而终于买下了自己喜欢的一本好书,其喜悦和激动之情无以言表,对着书自吟道:"做个穷人难道就没有快乐吗?"而中国宋代的李清照买到好书,连夜赏玩,言"乐在声色犬马之上"。这就是书的魅力,这就是阅读的快乐!林语堂说,人不读书等于是把自己幽闭在一个牢房里,即令活动,也只能接触周遭有限的人和事;而读起书来,就如逃离了牢狱出门旅行。而梁启超说得更为绝妙,他说,人都追求趣味,可是赌钱有趣味吗? 赌输了怎么办! 吃酒有趣味吗? 吃病了怎么办! 做官有趣味吗? 没官做的时候怎么办! 唯有读书,才是以趣味始又以趣味终。

同时,阅读还让我们感动,读李密的《陈情表》时,会被他的孝心所感动;读诸葛亮的《出师表》时,会被他的忠心所感动;读巴金的《随想录》时,会被他的真心所感动。阅读的感动有时会影响我们一生。

三、阅读的类型与方法

（一）阅读的类型

人生有限而书海无涯，因此，每个人都应该为自己划定一个明确的阅读范围。在此基础上，阅读可分为两种类型：

一种是专题性阅读。又称为"功利阅读"。就是指带有明确目的性的阅读。也就是说，在阅读之前就知道自己想要从阅读中得到什么，或者读思想、读理论，或者读文采、读趣味，或者读结构、读人物。阅读的目的越明确，阅读对象就会越清晰，阅读中的收获也就越具体和切实。对于专题性阅读，一定要舍得花时间，力求取得全面、详细的材料。但专题性阅读也有其不足之处，常常因为目的太明确，只注意自己想要的东西而忽略了不应该忽略的内容，而且往往容易造成先入为主，对阅读对象不能做出更客观更准确地把握。

一种是日常性阅读。又称为"自由阅读"。也就是不抱任何功利目的的阅读。其态度较为从容。因为事先并不对阅读的内容、形式和收获做出任何预期，完全以纯粹自然的状态进入阅读，阅读的过程更是顺其自然。这种阅读状态松弛，容易有意想不到的收获，而且常常在不经意间激发灵感和顿悟，从而领会、把握到作品的真意。它的主要意义在于扩展作者的知识面，有时，也可以为专题性阅读发现线索。但日常性阅读也往往不求甚解，过于随心所欲，漫不经心，浅尝辄止，从而影响阅读的效果。

（二）阅读的方法

为了在有限的时间内，获取最大的阅读效果，就必须讲究阅读的方法。

1. 精读、略读、浏览相结合

朱熹在《读书之要》中说："大抵读书，须先熟读，使其言皆若出于吾之口；继以精思，使其意皆若出于吾之心，然后可以有得尔。"精读是一种充分理解、记忆的阅读，是指对文章做全面、精细、深入的理解，是一个不断斟酌、继续提高、持续升华的过程，要求读者对作品的思想内容、人物事件、结构方法等完全烂熟于心，属于整体性阅读。略读是不完全的阅读，也称"跳读"，是指舍去无关紧要部分，省略了逐章逐句的阅读过程，快速阅读文章以了解其内容大意的阅读方法。其目的在于求快求多。浏览，即粗略地看一遍。这是一种"一目十行""行云流水"式的阅读。

专题性阅读一般可采用"精读法"和"略读法"。以学习为唯一目的的专题性阅读自然采用精读,而以采集材料为目的的专题性阅读则宜采用略读。日常性阅读多采用浏览法。如对报纸、杂志等,可采用浏览的方法,只需寻找感兴趣的、有关的内容读就行,不需反复斟酌仔细研读。由于阅读的目的、对象、场合的复杂性,各种阅读方法通常是交叉运用互为补充的,阅读者应该善于把精读、略读、浏览结合起来。

2. 手脑并用,在理解基础上做好读书笔记

因为一面阅读,一面写笔记有助于思想专一。梁启超说,阅读时应"善疑、求真、创获",读者应该在阅读时敢于发疑,在理解原文的基础上,充分运用比较(和其他材料)和联系(包括上下文联系和相关的材料和观点的联系)的方法,发现原文的疏漏乃至悖谬之处,随后,调动自己全部的知识和思维能力去分析、判断、推理,努力搜寻正确的答案。事实真相找到了,自然就有了收获,有了创见。

动脑之后,还应该动手写出阅读笔记。法国作家让·科克托曾说"对速度的崇拜使手工业灭亡。手工业所代表的耐心和手的灵巧,都不存在了……阅读是一种手工业。它已经被废除。人们那么匆忙,他们跳行阅读。他们寻找故事的结局。这也使得人们喜欢交谈甚于文本,因为交谈可以用一只耳朵有心无心地倾听,不需要任何努力。"笔记可以是摘录原文,也可以是思考所得,或者两者兼而有之。夏承焘曾提出"小""少""了"三字之法。小,指笔记本要小,这样便于随身携带;少,指记录的文字要精练;了,是指透彻理解原文,而不是盲目的摘抄。

四、阅读的要求

(一)阅读时,要有计划

我们知道,阅读的目的或是为了认识世界、丰富知识,或是为了工作的需要和自己专业水平的提高,因此,都应该有一个长期和短期的读书计划。近期读什么书,达到什么目的,事先有一个具体的安排。这就要求充分利用图书馆,学会使用工具书,查阅各种目录索引。它们就像一把把钥匙,引领你打开知识的宝库,大大缩短查找所需资料的时间。

(二)阅读时,要有疑问

古人言:"学而不思则罔。"阅读时我们要善于思考,善于提出问题。学问学问,就是要勤学善问。阅读中会遇到几种问题:书中比较难懂的概念和道理;书中有些提法前后不统一甚至互相矛盾;书中的描写不真实或者讲的道理不合实际,等等。遇到这类情况千万不要轻易放过,或查找资料,或请教别人,一定要通过认真思考,力求加深理解,真正解决问题。古人言,"尽信书不如无书"。即便是经

典著作,也要多思善疑,多问几个为什么。比如,这本书好在何处? 为何这样去写? 哪些描写最有感染力或者说服力? 它运用了什么样的写作技法? 等等。

(三)阅读时,要有笔记

俗语言:"不动笔墨不读书。""眼过千遍,不如手过一遍。""好记性不如烂笔头。"鲁迅先生也提出,读书要"眼到、口到、心到、手到、脑到"。勤做笔记,不仅可以帮助记忆,而且可以锻炼思维,引发新的思考和创见。富兰克林说:"读书之时,宜备笔记与小册子,遇新奇有用之典故词句,即用简短之语摘抄在上面。这个办法有三点好处:一番手抄,凝神酌句,记忆更牢;日后行为演说,可以引用;即使没有实在效用,也可增加社交趣味。"

五、通过阅读提高写作能力

(一)阅读要"入乎其内",要"进"得去

接受美学认为,阅读就是一场作品和读者的对话,阅读中的对话,不是传统认识论中的主体与客体关系,而是你与我的平等关系。因此,要理解作品,获得应有的欣赏目标,走进作品是前提条件。刘勰在《文心雕龙·知音》中说过:"夫缀文者,情动而辞发;观文者,披文以入情。"在文学作品欣赏中,读者只有亲自接受作品,全身心投入进去,将作品中的"此情此景"变成"我情我景",进入"他我同一""情景交融"的艺术境界中,才能缩短作品与读者之间的距离,使艺术的"陌生化"变为"熟悉化"。这样,欣赏才可能进行,欣赏的目的才得以实现。从这个意义上说,"入乎其内"就是使阅读者沉浸于作品整体的逻辑性或感染性之中,获得感性认识。

(二)阅读更"出乎其外",要"出"得来

即对作品进行理性的反思,就是把作品分析成一个个的元素,考虑各个元素之间的联系是"怎样的"和"为什么这样"。主要解决三个方面的问题:第一,作品的立意(或观点)是怎样产生的? 这里说的是关于材料的选择、提炼。当我们在阅读中赞叹文章观点新颖、深刻、鲜明时,我们更应去追问产生这种观点的物质基础:有哪些材料支撑着这个观点? 如果你占有这些材料,会得出什么样的观点? 是否可从这些材料中提炼出更多别的观点? 如果可以,那么,与文章中的观点相比较又有什么差距和超越? 文章中的材料充分吗? 典型吗? 它们的详略是怎样处理的? 等等。第二,作品的结构是怎样为主题服务的? 这里考虑的是文章的结构。文章的结构多种多样、千变万化,但目标却只有一个:为表达主题服务。因此,阅读时就应该仔细考察作品的结构是怎样的? 是不是有助于主题的表现? 能不能换一种结构(如开头或结尾)? 怎么换? 换了以后在表现主题上跟原文相比有什么不同? 等等。第三,作品的语言是怎样表达出作者的思想感情的? 这里强调的是语言和表达。阅读时,应把对语言的注意力重点放在语言的使用方法(如修辞、句式、声韵等)、语言的风格上面。对一些关键段落、句子要反复朗读玩味,体察作者在遣词造句上的匠心,并尽可能地尝试用你自己的语言去替换,看看在表情达意上跟原文有什么不同。经过这样反复的实践,读者的思维能力、语言运用能力,都会有较快的提高。

(三)增强名著意识,读自己最需要的书

古人言:"取法于上,仅得其中;取法于中,不免为下。"阅读也是这样。一个整日与三流作品打交道的人和一个每天与经典名著作伴的人,不可同日而语!

歌德说:"读一本好书,就是和许多高尚的人谈话。"名著就是一个天才的头脑,阅读名著就是与一个天才对话交流。读经典著作的目的就是要学生感受和体悟那些不朽的情感,思考和追求那些普遍适用的意义和永恒的价值。只有阅读经典,才有可能对现实有真知灼见,对人生有领悟,对历史有深知,对宇宙有认识;才可能树立起生活的自信。

余秋雨说:"名著和其他作品在文化方位上是不平等的,它们好像军事上的制高点,占领了它们,很大一片土地就不在话下了。对于专业之外的文化领地,我们没有时间去一寸一寸占领,收取几个制高点就可以了。"杰克·伦敦曾经感慨道:"你宁愿去读拜伦的一行诗,也不要去读一百多本现在的杂志。"同时阅读名著还可以学到写作的技巧,鲁迅说:"凡是已有定评的大作家,他的作品全部注明着'应该怎样写'"。郭沫若也说:"多读名人的著作,而且对于某几种作品还要熟读、烂读,便能于无法之求得法,有法之中求其他。"但古今中外的经典名著也汗牛充栋,有些名著并不一定适合于你,因此我们要学会选择。正如余秋雨所说:"茫茫书海,真正与你有缘的只是一小角。名著如林,真正属于你的也只是不多的几十本。"别林斯基也说:"阅读一本不适合自己阅读的书,比不阅读还要坏。我们必须会这样一种本领,选择最有价值、最适合自己所需要的读物。"例如,有一天,年轻的爱迪生正在台脱罗市最大的图书馆里专心的读书。有一位陌生的人问他:"我常常遇见你在这里阅读,你已经读过多少书了?"爱迪生回答道:"如果把我读的书堆积起来,要有十尺以上了。"陌生人听了十分惊奇,追问道:"那你究竟是怎么读的呢?"爱迪生微微一笑,十分认真地回答:"我是按照书架上的次序来读书的。因为,我想把图书馆里所有的书都读完。"陌生人听后哈哈一笑:"你的目标我很佩服,但是孩子我得给你一个忠告,如果你想将来有所成就,你就必须有选择地来读,因为一个人的容量是有限的。"说完,陌生人就走了。爱迪生看着陌生人的背影,陷入了沉思。以后,爱迪生将更多的时间用来专门读化学、物理等自然科学的图书,终于有所成就。

附录一:

关于阅读(外一篇)

文 锐

如果说观察是一个沉重的话题,那么,阅读则显得相对轻松与愉快。

阅读是获取写作资料的千里眼。阅读必须投入,必须用情感去浸泡所面对的每一个字、每一段话、每一篇文章。在阅读中,我们是在和生命对话;在阅读中,我们咀嚼哀伤,品味欢乐;在阅读中,我们会把我们的思绪放飞得很高、很高;在阅读中,我们会找到一块属于自己的情感宿营地;在阅读中,我们会发现一片有文字编织而成的湛蓝的星空……

在当今电脑普及的时代,我们不应拒绝阅读,因为在阅读中我们会看到很多、很多,想得很远、很远……

读书吧,书中自有情感万千;

读书吧,书中自有智慧万千;

读一本好书,会使你一生受益;

读一本好书,定让你身心双健。

心中默默自语:

去买一本好书,

去做一次精神的旅行。

喜欢静读

喜欢一个人在家时的"静";喜欢书房中弥漫着的"香";喜欢翻动书页时手指传递出的"快感";喜欢穿越文字后目光流淌出的"缠绵"。

就这样随意在书房中拿起一本书赏玩,试图从孤寂的文字中寻找点心灵慰藉的"毒药"。一个一个的字,从我眼前掠过,一段一段的情不时温暖我心怀。仿佛间,一个个鲜活的身影从书中慢慢走出,或欣喜,或伤感;或激昂,或愤懑……

就这样独自一个人在静静的书房里,心是静的,世间所有的喧闹与我无关。这时的自己完全如婴儿般纯净,摆脱了诱惑、利益、物质,让肉身充溢着精神之气。

　　我们常常抱怨生活的压力"山大";时时后悔没有空余的时间;回回埋怨自己缺少毅力。而我们有时间去玩手机,有空闲去逛大街,有机会去闲聊,有能力去嗨歌。却不会静下心来去捧读一本书,慢慢地品,细细地悟。原因何在? 就是因为我们太过"功利",因为我们太过"物质",而忽略了情感与灵魂。而什么可使我们的情感丰盈、灵魂高贵? 我以为唯有"静读"!

　　静读《我们仨》,我不由喜欢起杨绛先生的深情。喜欢书中散发出的浓浓亲情:锺书"痴"得可爱,阿圆"童心"盎然;喜欢书中的特有欢笑、伤感、乐观与幽默;喜欢那一家子人独有的交流方式;喜欢活泼的文字背后潜潜的温情。锺书"去"了,阿圆"走"了,《我们仨》成了最好的追念!

　　静读《妞妞——一个父亲的札记》,我突然对周国平心存感念。一个父亲对女儿的无限深情被写"尽",从出生到离去,妞妞只在世上停留了五百六十二个日日夜夜便被招去了"天国",她甜甜的笑意;她娇嫩的声音;她随着音乐轻盈地舞蹈;她剧痛时忍无可忍时才发出的哭叫;她生命即将落幕时发出的微弱的"开开(音乐)"……所有的所有都诠释着一个小小生命的顽强,妞妞就如同被海浪无情推至沙滩上的那枚贝壳,可怜、可痛、可爱、可人!

　　如今旧著重温,激情犹在。那些不死的文字,那些动人的画面,那些久远的记忆,依然鲜活、蓬勃、动人心魂!

附录二:

名人与读书

一　鲁迅谈读书

　　鲁迅先生读书是极为讲求精深的,同时他又非常强调博览,主张不要对自己的阅读范围作过狭的限制。他年轻时,在规定的功课之外,天文地理,花鸟虫鱼,无一不读。连《释草小记》《释虫小记》《南方草木状》《广群芳谱》《毛诗草木鸟兽虫疏》《花镜》这样谈花草虫兽的古书,他也在闲时拿来翻看。鲁迅在《读书杂谈》一文中说过:"爱看书的青年,大可以看看本分以外的书……即使和本业毫不相干的,也要泛览。譬如学理科的,偏看看文学书,学文科的,偏看看理科书,看看别个在那里研究的,究竟是怎么一回事。这样子,对于别人,别事,可以有更深的了解。"他在《致颜黎民》一文中说:"先前的文学青年,往往厌恶数学、理化、史地、生物学,以为这些无足轻重,后来做起文章来也胡涂。"鲁迅博大精深的知识和他的巨大成就,是与他的博览有着直接关系的。当然,博览不是随心所欲地乱看一气。在博的基础上,要逐渐"抉择而入于自己所爱的较专一的一门或几门",这一门学通了,就能起到触类旁通的作用,对掌握其他方面的知识也是有用的。

二　汪曾祺论读书

汪曾祺,江苏高邮人,作家。少时常到位于高邮北市口其家所开的万全堂中药店廊下的书摊借阅唱本。生平喜读风物民俗、方志游记、草木虫鱼、书论画论、笔记野史之类的闲杂图书。他说:"我看杂书所用的时间比看文学作品和评论要多得多。"认为读书至少有以下几种好处:"第一,这是很好的休息。泡一杯茶懒懒地靠在沙发里,看杂书一册,这比打扑克要舒服得多。第二,可以增长知识,认识世界……第三,可以学习语言。杂书的文字都写得比较随便,比较自然,不是正襟危坐,刻意为文,但自有情致,而且接近口语。一个现代作家从古人学语言,与其苦读《昭明文选》、'唐宋八家',不如多看杂书。这样较易融入自己的笔下。这是我的一点经验之谈……第四,从杂书里可以悟出一些写小说、写散文的道理,尤其是书论和画论……"

三　秦牧谈读书

当代著名作家秦牧,每天都要阅读大量的书报杂志,广博地积累知识。结果,他写出的作品宛如由知识的珠宝串成,闪耀着独特的光彩。秦牧在谈到读书时,主张采取牛和鲸的吃法,即"牛嚼"与"鲸吞"。

什么叫"牛嚼"呢?他说:"老牛白日吃草之后,到深夜十一二点,还动着嘴巴,把白天吞咽下去的东西再次'反刍',嚼烂嚼细。我们对需要精读的东西,也应该这样反复多次,嚼得极细再吞下。有的书,刚开始先大体吞下去,然后分段细细研读体味。这样,再难消化的东西也容易消化了。"这就是"牛嚼"式的精读。

那什么叫"鲸吞"呢?他说,鲸类中的庞然大物——须鲸,游动时俨然是一座漂浮的小岛。但它却是以海里的小鱼小虾为主食的。这些小玩意儿怎么填满它的巨胃呢?原来,须鲸游起来一直张着大口,小鱼小虾随着海水流入它的口中,它把嘴巴一合,海水就从齿缝中哗哗漏掉,而大量的小鱼小虾被筛留下来。如此一大口一大口地吃,整吨整吨的小鱼小虾就进入鲸的胃袋了。人们泛读也应该学习鲸的吃法,一个想要学点知识的人,如果只有精读,没有泛读,如果每天不能"吞食"它几万字的话,知识是很难丰富起来的。单靠精致的点心和维生素丸来养生,是肯定健壮不起来的。

"牛嚼"与"鲸吞",二者不可偏废。既要"鲸吞",要大量地广泛地阅读各种书籍,又要对其中少量经典著作反复钻研,细细品味。如此这般,精读和泛读就能有机地结合起来了。

四   苏轼谈读书

宋代著名文学家苏轼有一种读书的绝妙之法——"八面受敌"法。"每次作一意求之","勿生余念",意思是说读书分数次来读,每次确定一个视角,有意识地掌握某一方面内容,不要涉及旁的问题。这样一次又一次地读,书中各方面的内容都精通了,应对起来,便能够得心应手。如他读《汉书》时列出治道、人物、地理、官制、兵法、财货等若干方面,每读一遍研究一个方面的问题,几遍读下来,对这几个方面都有了比较深刻的理解。这显然比那种盲目读书,随意涉猎的方法要好得多。

五   爱因斯坦谈读书

伟大的物理学家爱因斯坦总结出的"一总、二分、三合"读书法。具体为:

一总:先浏览书的前言、后记、序等总述性部分,然后认真地读目录,以便概括地了解全书的结构、内容、要点和体系等,这样便可对全书有个总体印象。

二分:在读了目录后,先略读正文,这不需要逐字读,要着重对那些大小标题、画线、加点、黑体字或有特殊标记的句段进行阅读,这些往往是每节的关键所在。你可以根据这些来选择自己所需的内容来细读。

三合:就是在翻阅略读全书的基础上,头脑对这本书已有个具体印象,这样再回过头来细读一遍目录和全书内容,并加以思考、综合,使其条理化、系统化,以弄清其内在联系,达到深化、提高的目的,进一步深入领会初读时所不能领会的许多东西。这一步很重要。人们往往在这一步做得较差,看过书一扔,便算了事。

附录三:

大学生必读书目100本(教育部高等教育司指定)

1.《语言问题》赵元任著,商务印书馆1980年版

2.《语言与文化》罗常培著,语文出版社1989年版

3.《汉语语法分析问题》吕叔湘著,商务印书馆1979年版

4.《修辞学发凡》陈望道著,上海教育出版社1979年版

5.《汉语方言概要》袁家骅等著,文字改革出版社1983年版

6.《马氏文通》马建忠著,商务印书馆1983年版

7.《汉语音韵》王力著,中华书局1980年版

8.《训诂简论》陆宗达著,北京出版社1980年版

9.《中国语言学史》王力著,山西人民出版社1981年版

10.《中国文字学》唐兰著,上海古籍出版社1979年版

11.《中国历代语言学论文选注》吴文祺、张世禄主编,上海教育出版社1986年版

12.《普通语言学教程》(瑞士)索绪尔著,高名凯译,岑麒祥、叶蜚声校注,商务印书馆1982年版

13.《语言论》高名凯著,商务印书馆1995年版

14.《西方语言学名著选读》胡明扬主编,中国人民大学出版社1988年版

15.《应用语言学》刘涌泉、乔毅编者,上海外语教育出版社1991年版

16.《马克思恩格斯论文学与艺术》陆梅林辑注,人民文学出版社1982年版

17.《在延安文艺座谈会上的讲话》毛泽东著,见《毛泽东选集》第3卷,人民出版社1991年版

18.《邓小平论文艺》中共中央宣传部文艺局编,人民文学出版社1989年版

19.《中国历代文论选》郭绍虞主编,上海古籍出版社1979年版

20.《文心雕龙选译》刘勰著,周振甫译注,中华书局1980年版

21.《诗学》亚里斯多德著,罗念生译,人民文学出版社1986年版

22.《西方文艺理论史精读文献》章安祺编,中国人民大学出版社1996年版

23.《20世纪西方美学名著选》蒋孔阳主编,复旦大学出版社1987年版

24.《西方美学史》朱光潜著,人民文学出版社2002年版

25.《文学理论》(美)韦勒克、沃伦著,刘象愚等译,三联书店1984年版

26.《比较文学与文学理论》(美)韦斯坦因著,刘象愚译,辽宁人民出版社1987年版

27.《诗经选》余冠英选注,人民文学出版社1979年版

28.《楚辞选》马茂元选注,人民文学出版社1980年版

29.《论语译注》杨伯峻译注,中华书局1980年版

30.《孟子译注》杨伯峻译注,中华书局1960年版

31.《庄子今注今译》陈鼓应译注,中华书局1983年版

32.《乐府诗选》余冠英选,人民文学出版社 1959 年版

33.《史记选》王伯祥选,人民文学出版社 1957 年版

34.《陶渊明集》逯钦立校注,中华书局 1979 年版

35.《李白诗选》复旦大学中文系古典文学教研组选注,人民文学出版社 1977 年版

36.《杜甫诗选》山东大学中文系古典文学教研室,人民文学出版社 1980 年版

37.《李商隐选集》周振甫选注,上海古籍出版社 1986 年版

38.《唐宋八大家文选》牛宝彤选,甘肃人民出版社 1984 版

39.《唐人小说》汪辟疆校录,上海古籍出版社 1978 年版

40.《唐诗选》中国社会科学院文学所编,人民文学出版社 2002 年版

41.《唐宋词选》中国社科院文学所编,人民文学出版社 1981 年版

42.《宋诗选注》钱钟书选注,人民文学出版社 1989 年版

43.《苏轼选集》王水照选注,上海古籍出版社 1984 年版

44.《元人杂剧选》顾肇仓选注,人民文学出版社 1956 年版

45.《辛弃疾词选》朱德才选注,人民文学出版社 1988 年版

46.《西厢记》王实甫著,辽宁教育出版社 1997 年版

47.《三国演义》罗贯中著,人民文学出版社 1973 年版

48.《水浒传》施耐庵著,人民文学出版社 1975 年版

49.《西游记》吴承恩著,人民文学出版社 1980 年版

50.《今古奇观》抱瓮老人辑,人民文学出版社 1957 年版

51.《牡丹亭》汤显祖著,人民文学出版社 1963 年版

52.《聊斋志异选》张友鹤选注,人民文学出版社 1978 年版

53.《儒林外史》吴敬梓著,人民文学出版社 1977 年版

54.《红楼梦》曹雪芹著,人民文学出版社 1982 年版

55.《长生殿》洪昇著,人民文学出版社 2002 年版

56.《桃花扇》孔尚任著,人民文学出版社 1958 年版

57.《老残游记》刘鹗著,人民文学出版社 1982 年版

58.《鲁迅小说集》鲁迅著,人民文学出版社 1990 年版

59.《野草》鲁迅著,人民文学出版社 1979 年版

60.《女神》郭沫若著,人民文学出版社 1958 年版

61.《郁达夫小说集》郁达夫著,浙江人民出版社 1982 年版

62.《新月诗选》陈梦家编,上海书店复印 1985 年

63.《子夜》茅盾著,人民文学出版社 1994 年版

64.《家》巴金著,人民文学出版社 1953 年版

65.《沈从文小说选集》沈从文著,人民文学出版社 1982 年版

66.《骆驼祥子》老舍著,人民文学出版社 1999 年版

67.《曹禺选集》曹禺著,人民文学出版社 2002 年版

68.《艾青诗选》艾青著,人民文学出版社 1979 年版

69.《围城》钱钟书著,人民文学出版社 1980 年版

70.《赵树理选集》赵树理著,人民文学出版社 2002 年版

71.《现代派诗选》蓝棣之编选,人民文学出版社 1986 年版

72.《创业史》(第一部)柳青著,中国青年出版社 1979 年版

73.《茶馆》老舍著,人民文学出版社 1994 年版

74.《王蒙代表作》张学正编,人民文学出版社 2002 年版

75.《白鹿原》陈忠实著,人民文学出版社 1993 年版

76.《余光中精品文集》余光中著,安徽人民出版社 1999 年版

77.《台湾小说选》《台湾小说选》编辑委员会选编,人民文学出版社 1983 年版

78.《中国当代文学作品选》王庆生主编,华中师范大学出版社 1997 年版

79.《希腊的神话和传说》(德)斯威布著,楚图南译,人民文学出版社 2002 年版

80.《俄狄浦斯王》(《索福克勒斯悲剧二种》)罗念生译,人民文学出版社 1961 年版

81.《神曲》(意)但丁著,王维克译,人民文学出版社 1980 年版

82.《哈姆莱特》(《莎士比亚悲剧四》)朱生豪译,人民出版社 1988 年版

83.《伪君子》莫里哀著,人民文学出版社 1955 年版

84.《浮士德》歌德著,译林出版社 1999 年版

85.《悲惨世界》(法)雨果著,郑克鲁译,上海译文出版社 2006 年版

86.《红与黑》(法)司汤达著,郝运译,上海译文出版社 1986 年版

87.《高老头》(法)巴尔扎克著,傅雷译,安徽文艺出版社 1998 年版

88.《双城记》(英)狄更斯著,石永礼、赵文娟译,人民文学出版社 1993 年版

89.《德伯家的苔丝》(英)哈代著,张谷若译,人民文学出版社 1957 年版

90.《卡拉马佐夫兄弟》(俄)陀思妥耶夫斯基著,耿济之译,人民文学出版社

1981 年版

91.《安娜·卡列尼娜》（俄）托尔斯泰著，周扬、谢索台译，人民文学出版社 1956 年版

92.《母亲》（俄）高尔基著，人民文学出版社 2002 年版

93.《百年孤独》（哥伦比亚）加西亚·马尔克斯著，黄锦炎等译，上海译文出版社 1989 年版

94.《喧哗与骚动》（美）福克纳著，李文俊译，上海译文出版社 1984 年版

95.《等待戈多》（法）萨缪埃尔·贝克特著，人民文学出版社 2002 年版

96.《沙恭达罗》（印）迦梨陀娑著，季羡林译，人民文学出版社 2002 年版

97.《泰戈尔诗选》（印）泰戈尔著，冰心译，湖南人民出版社 1981 年版

98.《雪国》（日）川端康成著，上海译文出版社 1981 版

99.《一千零一夜》（阿拉伯）纳训译，人民文学出版社 1957 年版

100.《外国文学作品选》刘象愚、吴宇华主编，中国人民大学出版社 2000 年版

中国历届茅盾文学奖获奖名单(截至 2020 年)

第一届茅盾文学奖(1982 年)获奖名单：

1. 姚雪垠：《李自成》

2. 古华：《芙蓉镇》

3. 魏巍：《东方》

4. 莫应丰：《将军吟》

5. 李国文：《冬天里的春天》

6. 周克芹：《许茂和他的女儿们》

第二届茅盾文学奖(1985 年)获奖名单：

1. 刘心武：《钟鼓楼》

2. 张洁：《沉重的翅膀》

3. 李准：《黄河东流去》

第三届茅盾文学奖(1988 年)获奖名单：

1. 路遥：《平凡的世界》

2. 凌力：《少年天子》

3. 刘白羽：《第二个太阳》

4. 霍达：《穆斯林的葬礼》

5.孙力、余小惠:《都市风流》

荣誉奖

1.萧克:《浴血罗霄》

2.徐兴业:《金瓯缺》

第四届茅盾文学奖(1994年)获奖名单:

1.陈忠实:《白鹿原》

2.刘斯奋:《白门柳》

3.刘玉明:《骚动之秋》

4.王火:《战争和人》

第五届茅盾文学奖(2000年)获奖名单:

1.阿来:《尘埃落定》

2.王安忆:《长恨歌》

3.张平:《抉择》

4.王旭烽:《茶人三部曲》

第六届茅盾文学奖(2005年)获奖名单:

1.熊召政:《张居正》

2.张洁:《无字》

3.徐贵祥:《历史的天空》

4.柳建伟:《英雄时代》

5.宗璞:《东藏记》

第七届茅盾文学奖(2008年)获奖名单:

1.麦加:《暗算》

2.贾平凹:《秦腔》

3.迟子建:《额尔古纳河右岸》

4.周大新:《湖光山色》

第八届茅盾文学奖(2011年)获奖名单:

1.张炜:《你在高原》

2.刘醒龙:《天行者》

3.莫言:《蛙》

4.毕飞宇:《推拿》

5.刘震云:《一句顶一万句》

第九届茅盾文学奖(2015年)获奖名单:

1.格非:《江南三部曲》

2.王蒙:《这边风景》

3.李佩甫:《生命册》

4.金宇澄:《繁华》

5.苏童:《黄雀记》

第十届茅盾文学奖(2019年)获奖名单:

1.梁晓声:《人世间》

2.徐怀中:《牵风记》

3.徐则臣:《北上》

4.陈彦:《主角》

5.李洱:《应物兄》

【思考与练习】

一、阅读与写作有什么关系?

二、如何通过阅读提高你的写作能力?

三、阅读分专题性阅读与日常性阅读,请看下面短文:

古人论知耻

知耻就是有羞耻之心。孔子曾赞赏"行己有耻"的士大夫精神,他还说,"知耻近乎勇"。一个人有了羞耻之心,才能临财不贪、临难不屈,才能谦和退让、取舍有度。无论是个人修养,还是民族气节,知耻都是良知的先导。

孔子说"行己有耻"(《论语·子路》),即用羞耻之心来约束自己的行为。孔子还说"知耻近乎勇"(《礼记·中庸》),大意是有羞耻之心就接近勇敢了。一个人懂的羞耻,才能自省自勉。有羞耻之心的人,才能勇敢地面对自己的错误,战胜自我,这是"勇"的突出表现。

孟子说"无羞恶之心,非人也"(《孟子·公孙丑上》),大意是一个人没有羞耻之心,就不能算作是人。

孟子主张性善论,他认为人生来就有恻隐之心、羞耻之心、辞让之心、是非之心,这是仁、义、礼、智的萌动,只有禽兽才不具备人类的这些天然的善性。人有"羞恶之心",才会在名利面前表现出高风亮节。

孟子还说"人不可以无耻,无耻之耻,无耻矣"(《孟子·尽心上》),大意是一个人不可以没有羞耻感,不知羞耻的那种羞耻,才真的是不知羞耻呀!

勇于承认自己的不足不是很容易的事。一个人知道自己的不足会觉得羞耻，能够有勇气改正，那还为时不晚。如果安于羞耻，或者不觉得是羞耻，反以为是荣耀，那就不可救药了。

朱熹说"人有耻，则能有所不为"（《朱子语类》），意思是一个人有了羞耻心，就不能做那些不该做的事。

人有了羞耻心，才能意志坚定，于贫富、得失、义利之间有所取舍，而不是任凭欲望的驱使。否则，人没有了羞耻心，就什么事情都能做得出来。

明朝学者吕坤在《呻吟语·治道》中说："五刑不如一耻。"即再严酷的刑罚，也不如让百姓懂得一个"耻"字。吕坤认为，教育人懂得廉耻要比重刑更重要。人的道德提高了，知道了什么叫羞耻，什么事该做，什么事不该做，就能明辨是非，这比犯了法再来处罚更有效。因此，儒家一贯主张教化为先，惩罚在后。

作者打算把"知耻"问题做专题研究，便有意从众多的书籍中摘录了孔子、孟子、朱熹、吕坤等这些可用的资料。

请你也选择一个以为有价值的"问题"作为专题研究，查阅相关书籍，搜集相关资料，只列出资料即可，注意资料的作者与出处。

四、解读下列小诗：

相　思

冰　心

躲出相思
披上裘儿
走出灯明人静的屋子。
小径里明月相窥
枯枝——
在雪地上
又纵横地写遍了相思。

第四节　感受，启动观察、阅读的心目

在积累材料的过程中，要想使观察和阅读这两只眼睛真正发挥"作用"，必须先把写作者情感的眼睛"点亮"，而写作者"情感"的眼睛就是"感受"。

一、感受的内涵

感受又称"体验",是指主体的感官受到外界的刺激所产生的感觉,经个性心理结构的折射后以知觉的形式呈现出的一种内心体验。

首先,感受以感觉为基础。感觉是指人脑对直接作用于感官的客观事物个别属性的反映。这种个别属性就是客观事物某一方面的物理或化学特征,如形状、颜色、声音、气味等。人在受到这些外界的刺激,就会产生相应的感觉。它是一种极简单的心理过程。例如当菠萝作用于我们的感觉器官时,我们通过视觉可以反映它的颜色,通过味觉可以反映它的酸甜味,通过嗅觉可以反映它的清香气味,同时,通过触觉可以反映它粗糙的凸起。

其次,感觉不等于感受。感觉是本能的、共性的。比如,气温低会感觉"冷"。感受则要复杂得多。它必须经过个性心理结构(即每个人独有的文化背景与生活阅历)的折射,是一种包含了一定认识和理解因素的情感体验,具有个体性、独特性、丰富性的特点。例如,老舍对济南冬天的感受:"微黄的阳光斜射在山腰上,那点薄雪忽然好像害了羞,微微露出点粉色。"(《济南的冬天》)就很独特、很个性。再如,同是看到一头老黄牛,印度教徒觉得它是神明,得赶紧顶礼膜拜;老农民觉得它不过是农闲时要人照看,农忙时可以拉犁的好帮手;而到了文人的眼中,它又变成了勤勤恳恳、任劳任怨、埋头苦干的象征。这种感受的差异性,正是感受者不同的个性心理结构折射的结果。

最后,感受以知觉的形式表现出来。知觉是人脑对直接作用于感觉器官的客观物体的整体反映,是不同类型的感觉相互联系和综合作用的结果。例如,我们感觉桃子的颜色、气味、滋味、温度、硬度之后,便会在头脑中生成一个关于桃子的总体印象。感觉通过感官来获得,而知觉则通过心理能力产生。屠格涅夫在《猎人笔记》中有一段描绘夏日森林的景象:

夏日七月里的早晨!除了猎人之外,有谁曾经体会到黎明时候在灌木丛中散步的乐趣呢?你的脚印在白露沾湿的草上留下绿色的痕迹。你用手拨开濡湿的树枝,夜里蕴蓄着一股暖气立刻向你袭来;空气中到处充满着苦艾的新鲜苦味、荞麦和三叶草的甘香;远处一片茂密的橡树林,在阳光底下发出闪闪的红光;天气还凉爽,但已经觉得炎热逼近了。过多的芬芳之气使你头晕目眩。灌木丛没有尽头。……只是远处某些地方有一片黄橙橙的成熟了的黑麦,一条条狭长的粉红色的荞麦田。这时候一辆马车轧轧响出;一个农人缓步走来,把他的马预先牵到荫凉的地方去。……你同他打个招呼,就走开了;你后面传来镰刀的响亮的铿锵声。

太阳越升越高。草立刻干燥了。天气炎热起来。过了一个钟头，又一个钟头……天边黑暗起来，静止的空气中发散出火辣辣的热气。

这段文字中，作者调用了多方面的感觉功能：视觉、听觉、嗅觉、触觉等，多种感觉又复合成一个整体：作者内心感受到的"森林"。

二、观察、阅读、感受间的关系

这三者都是写作必要的准备阶段，它们之间既有联系，又有区别。

首先，观察和阅读自然意味着外界的刺激，因而必然要产生感觉，但观察和阅读并不一定必然产生感受，因为感受是更高一层的内心体验。只有在观察和阅读过程中有意识地去加强内心体验，才会有可能产生感受，从而使观察和阅读更为有效。

其次，观察着眼于现实中的客观存在，以获得关于事物的直接信息为目的；阅读着眼于反映客观世界的经验，以获得知识和现实社会的间接信息为目的；而感受，侧重于作者自身，着眼于表现主题的感情层次和情绪变化。只有把观察、阅读、感受有机结合起来，才能在物、知、情三方面为写作打下坚实的基础。

三、感受对写作的作用

感受同写作存在着极其密切的关系，尤其是记叙类文体和文学作品的写作，自始至终都离不开对事物的感知和对生活的感受。具体说来主要有：

(一)感受可以触发写作冲动

古人云："心有所感，方能行之于文。"通过观察和阅读，作者积累了大量的可用的写作材料，但这不过是为写作提供了"物质"上的可能性而已，最终能否进入写作还涉及写作动机问题。心理学研究表明，任何有意识的行为都存在着简单或复杂的动机。写作活动，当然也离不开写作动机，而感受正是激活和触发写作动机的最重要因素。正如所有文章都是"有感而发"的产物。

感受触发写作动机，往往是从强烈地打动作者心灵的某一个"点"上开始的。一片风景，一个形象，一句话语，一首歌曲，一则新闻，一段故事，都可能引发人们的某种感受，迅速使写作者进入一个"精骛八极，心游万仞"的想象世界，这时平时积累、储藏在记忆深处的与该感受相关联的对象便会纷至沓来，连绵不绝涌上笔端，成了写作中常说的"灵感"现象。

(二)感受是立意的前提

主题是文章的灵魂，而主题的确立往往和作者的感受分不开。感受总是和特定的情感体验联系在一起,不同的感受会伴随着不同的情感和情绪,决定了作品的情感基调。所谓"愤怒出诗人"就形象地说明了感受和立意的关系。例如,面对同一轮圆月,有人感受到的是思乡之情,有人感受到的是祖国的统一,有人体味到的是爱情的甜蜜;有人想到的是"古",有人想到的是"今"。如果激发你的感受是愉悦的,那么你写出的作品就是乐观的;如果激发你的感受是沉重的,那么你写出的作品的氛围往往是低沉的。

一般说来,"感受"和"立意"的关系在写作中具体表现为两种情况:一种是感受直接进入作品,成为作品的主题;一种则是感受成为立意的雏形,或者与当初的感受相背离。

(三)感受是文章富有感染力的基础

一部作品最大的魅力就是其表现出的感染力,这种感染力能打动读者的心灵,引起读者的共鸣,而作品富有感染力的前提就在于作品所表现出的丰富、真切、细腻的感受。要做到这一点,除了需要高超的语言表达能力之外,最重要的是写作者对所写的东西有过深切动人的体验,经自己的情感浸泡过,也就是说,只有先感动了自己,才有可能去感动别人,引起共鸣。例如,有一天,福楼拜的一个朋友去看望他,发现他正坐在地板上号啕大哭,看到有人进来,也不打招呼。这位朋友感到很奇怪,上前一问,才知道是福楼拜正在创作的小说——《包法利夫人》中的女主人公死了。他松了一口气,劝福楼拜说:"你不愿包法利夫人死,就把她写活嘛!"福楼拜伤心地回答:"不,她非死不可,她已经无法再活下去了。她不得不死了。"说完后,又接着哭去了。从这个故事中,我们不难看出,福楼拜把自己完全融入作品中了,他与作品中的人物忧喜与共,休戚相关,心心相印。据有关资料显示,福楼拜写包法利夫人之死时,融入了他妹妹去世时的情感。正因为用情之深,所以读来才感人肺腑。

(四)感受是积累情感材料的好帮手

在写作过程中,我们把观察或阅读到的东西认真去用情感体验而形成情感材料,这些独特的、丰富的、带有鲜明个性特色的材料往往可以直接进入我们的文章中,成为文章的"题材"。例如,丰子恺曾回忆他过去住在上海的弄堂屋子里时,每天傍晚,他的妻子总是领着孩子到弄堂口去等他回家。孩子在弄堂口认出他时,他们就突然欢呼舞蹈起来,而他则笑着喝骂他们。此时,丰子恺的感受是:"我觉得自己应该化身为二人。其一人做了他们的父亲和丈夫,体验着小别重逢时的家庭团圆之乐,另一个呢,远远站了出来,从旁观察这一幕悲欢离合的惨剧,看到一种可悲可喜的世间相。"这就是丰子恺在观察基础上而生发出来的"情感材料"。

四、有助于写作的感受的基本特点

感受是写作活动的基础,但不是所有的感受都能在作品中得到体现。从写作实践来看,能引起写作冲动,并在作品中得到表现的感受,都具有这样几个特点:

(一)感受的强烈性

强烈,是指外界的刺激,除引起人的普通感觉外,继而引起心灵的极度震撼。这种震撼主要源于作者生活的"落差"和情感的"落差"。史书记载:伯牙曾拜师于成连学习奏琴,成连谱成一曲《高山流水》的乐曲让伯牙演奏。伯牙演奏虽然音调很准,但表现不出高山流水的气魄。于是,成连将伯牙带到一个荒岛上,伯牙面前只有浩瀚的大河,身后是幽密的山林,耳中充满着大自然深邃美妙的音响。于是,他面对大河,弹琴而歌。十天后,再听伯牙弹奏《高山流水》,那真是"耸高如激荡,如江水奔腾无羁"。正是这种强烈的生活体验,使伯牙完全沉浸到了一个别有洞天的艺术境地之中。因此,可以这样说,正是由于鲁迅先生的"出离愤怒"才有了"显示最大哀痛的"的《记念刘和珍君》;正是有了对祖国深深的眷恋与思念,郭沫若才写了《炉中煤》;正是有了对祖国的炽爱与对日寇践踏祖国土地的刻骨仇恨,艾青才有了《我爱这土地》……几乎所有优秀的文学作品都是作者感受"强烈性"的结晶。

(二)感受的深刻性

深刻,是指外界的刺激引起的不是情感上的震撼,而是对事物本质的理性把握。一般来说,客体对作者的刺激愈尖锐、愈强烈,那么感受就愈深刻;同时,感受的深刻性还取决于作者的主观能动性。如王蒙的《春之声》就是作者在 20 世纪80 年代在乘坐闷罐车时,突然听到录音机中播放的施特劳斯的《春之声》圆舞曲后深刻感受的结晶。而雨果小说中散发的"人文主义"情怀主要源于其年轻时一次强烈的刺激,他曾在巴黎广场上目睹一位姑娘因所谓的"仆役盗窃罪"而遭火刑的惨景:一个男子从那姑娘的背后走上刑台,把那姑娘背上的带子解开,让她的背一直祖露到腰部,拿起烧红的烙铁往赤裸的肩头上一放,深深地往下按……他晚年曾这样回忆说:"虽然隔了四十多年之久,在我的耳朵里仍然回响着那被折磨的妇女惨痛的呼喊,在我的心灵上永远不能磨灭的呼喊……我从人群中走出来,下决心——那时我十六岁——要永远和法律的恶劣行为作斗争。"正是有了这种强刺激,使雨果时时鞭策和警醒着自己:捍卫人性的尊严;也正是这种强刺激,才为他后来创作《巴黎圣母院》《悲惨世界》等经典名著提供了深刻的现实基础。

（三）感受的新鲜性

新鲜，是指外界事物对感官的首先刺激，或作者从新的角度去体味已有过的刺激而获得的崭新的感受。感受的新鲜性往往决定了作品的独特性。如同样写"蝉"：虞世南"居高声自远，非是藉秋风"是清华人语，写出了作者居高自傲的得意感；骆宾王"露重飞难进，风多响易沉"是患难人语，写出了作者身陷囹圄的重压感；李商隐"本以高难饱，徒劳恨费声"是牢骚人语，写出了作者怀才不遇的失意感。所有这些都体现出了对蝉的不同的感受，被后人誉为"咏蝉三绝"。再如，"一年四季何时最美"，不同作家因感受不同而呈现出不同的色彩：韩愈以为在早春："天街小雨润如酥，草色遥看近却无。最是一年春好处，绝胜烟柳满皇都。"（《早春呈水部张十八员外》）杜甫认为是暮春、落花时节："岐王宅里寻常见，崔九堂前几度闻。正是江南好风景，落花时节又逢君。"（《江南逢李龟年》）杜牧感觉是深秋："远上寒山石径斜，白云生处有人家。停车坐爱枫林晚，霜叶红于二月花。"（《山行》）苏轼却独辟蹊径说在初冬："荷尽已无擎雨盖，菊残犹有傲霜枝。一年好景君须记，正是橙黄橘绿时。"（《初冬》）由此看来，诗人眼中各有个人的审美情趣，这主要与诗人当时的"心境"密切相关，因此，我们可以这样说，美长在了诗人们的心情里。

（四）感受的持久性

持久，是指外来刺激所引起的感受在写作者内心保持的时间长度。感受越强烈、深刻、新鲜，就越能持久，而持久的感受如涌动的潮水，不断冲击着写作者，使写作者不吐不快。如艾青曾经有过短暂的狱中生活，所以他总有一种对"光明"的渴望，而这种对"光明"渴望的感受几乎持续了一生，也伴随着他的创作——《火把》《向太阳》《灯》《黎明的通知》《光的赞歌》等；而巴金《家》的创作，其实也是其持久感受的"结晶"。再如，朱自清先生看到父亲为他送行买橘子那个特别镜头——发胖的父亲、吃力地"穿过铁道，须跳下去又爬上来"。这个饱含着父爱的背影，深深地烙在了作家的眼里和心里，作者这个当时已经 20 岁的自负的青年，在那一瞬间心灵受到了巨大的震撼，忍不住流下了百感交集的泪水，以至于多年后提笔写作时，那个背影依然历历在目，挥之不去。

（五）感受的细腻性

细腻，是指主体的感官对外界轻微刺激的敏感度。细腻的感受有助于创造出富有感染力的场面。主要体现为：其一，体物入微。即对细小的事物，把握容易被人们忽略的个性特征；对较巨大的事物，摄取有个性特征的某一点或某一细节。如朱自清笔下父亲的那个"背影"，方纪笔下毛泽东那定格于舷梯口的"挥手之间",无不是"体物人微"、生动传神。其二,细中传"神"。即在细腻的观察、体验中传达出一种"精神"。如许地山的《落花生》,就是从"花生"的身上看到了一种质朴无华的品质。其三,细中传"情"。即通过细腻的观察体验更多地传达出的是一种情调、情味、情趣。如沈从文在《辰河小船上的水手》中这样描写辰河的"静":"船停时,真静! 一切声音皆为大雪以前的寒气凝结了。只有船底的水声,轻轻地轻轻地流过去,——使人感觉到它的声音,几乎不是耳朵,却只是想象。"

(六)感受的丰富性

丰富,是指各种感官的开放程度和自身经历的丰富性。沈从文在其自传中说,他自小就"各处去看,各处去听,还各处去嗅闻",也正因为这样,他的小说中才充满了浓郁的湘西乡土风情。因此,那些只会用眼睛去"看"的人,他的感受肯定不会丰富的,因而也就成不了作家。此外,人生经历的丰富多彩也有助于提高写作者感受的丰富程度。古今中外的大作家,如司马迁、李白、杜甫、苏轼、曹雪芹、巴尔扎克、海明威等,其经历无不曲折坎坷或充满了传奇色彩。

五、培养感受能力的基本途径

从感受的内涵我们知道,感受的产生要经过以下几个层次:外界刺激——感觉和知觉——个性心理结构——感受。因此,感受能力的培养也必须而且只能从这三方面入手。

(一)要"身入生活"

所谓"身入生活",就是要走进生活,积极参加社会生活,扩大生活范围,丰富生活阅历,这样才会"身临其境"。散文家吴伯箫曾说:"我写过《记一辆纺车》,因为我纺过线;我写过《菜园小记》,因为我种过菜。"诗人臧克家也说:"如果你不能深刻体会慈母的爱,你也就不能深刻体会'临行密密缝,意恐迟迟归'的深意;如果你不了解一个妻子对丈夫的关切,你就不了解'一行书信千行泪,寒到君边衣到无'的深情;'烽火连三月,家书抵万金',身经战乱的人才能感同身受得体验诗中的味道;'劝君更尽一杯酒,西出阳关无故人',久客他乡的游子才觉出它的深长意义;没有丧失甘苦共尝的爱人经验的人,不会对元稹的'落叶添薪仰古槐''贫贱夫妻百事哀'的悼念诗感到痛彻的哀伤;没有恋爱经验的人,对'爱而不见,搔首踟蹰'的滋味就不能体味。"如果离开了五彩缤纷的现实生活,那么也就谈不上提高感受能力,正如元好问所说:"眼处心生句自神,暗中摸索总非真。画图临出秦川景,来到长安有几人?"

（二）要"心入生活"

所谓"心入生活"就是要加强自己的情感体验，开放自己的所有感官，做生活的有心人。具体说来：其一，要增强五官反应的灵敏度。即通过五官把握外物基本特征，辨析外物属性变化的层次。正如巴尔扎克所言，作者要有"蜗牛般眼观四方的目力，狗一般的嗅觉，田鼠般的耳朵"。其二，要感知形象的情化。即发掘出事物的情感意义或者象征意义。如茅盾的散文《白杨礼赞》，许地山的散文《落花生》等。其三，要五觉相通，即"通感"。就是指人们的视觉、听觉、嗅觉、味觉、肤觉等各种不同的感受器官的"暂时联系"或"接通"。这时，在作者的感觉中，颜色似乎有温度，声音仿佛有形象，冷暖宛如有色彩和重量。例如在朱自清散文《荷塘月色》中："微风过处，送来缕缕清香，仿佛远处高楼上渺茫的歌声似的。"这里作者用优美的语句写出了他的感受：由嗅觉感受到荷花的清香，其幽远缥缈却好像是由听觉感受到远处的歌声。再如，"逝去的钟声／结成蛛网，在柱子的裂缝里／扩散成一圈圈年轮"（北岛《古寺》）则是一种从听觉到视觉的"相通"。

（三）要充实并完善独特的个性心理结构

个性心理结构的内容非常复杂，它涉及遗传、感觉、知觉、意志、兴趣、文化修养、审美情趣等，它是导致感受差异性的主要原因。虽说个性心理结构与遗传有关，但它更是在实践中丰富和发展起来的。人的生活环境、生活经历、文化教育等都起着重大作用。简言之，观察体验生活和博览群书，仍然是充实并完善独特的个性心理结构的最主要的途径。

写作材料部分终于讲完了，下面的工作需要大家沉静下来，来好好想一想，虽说理论很重要，但千万不要成为理论的奴隶。材料中最重要的寻找材料的"眼睛"，把握住它就把握住了根本。

写作很累，写作很苦。

因为它体现出一种创造，写作不需要复印，更不是留声机，要唱自己的歌，哼自己的调。

什么是真正意义上的写作？就是充分发挥创造力、联想力、想象力，用文字构建属于自己的精神王国。

可能因为我们已习惯了接受，我们的思维已生了锈，结了冰，一遇到自己发挥的东西便发怵，缺少激动，缺少临界状态。故写作成了"炼狱"，拼命似挤牙膏般去挤，而非努力激活自己的头脑，让材料自然而然地流到你的笔尖。材料有了，才好去组织文章，才会笔下生情、生意、生志，才会有一种释放情感与思想的愉悦。

有些同学思维启动得太慢,而另一些同学启动之后因"油料"不足而中途抛锚。写作状态是一条长流的河,不应轻易让其断流。心神不定、浮躁不安是写作之大忌,因为它不利于联想、想象与表达。静下心来,让思绪随文字飞翔,去编织自己的梦想:情感的、思想的。

我们习惯用别人的话与思维去表述,而不愿或不会用自己的头脑去思去想!何也?惰性也。希望在你们每一次的写作中,通过你们的文字,让我听到一点属于你们自己的声音,哪怕还很微弱;看到闪烁的三只眼睛,哪怕还很隐约!

最后,悄悄告诉你们一句话:思考是克服惰性的利刃。相信通过我们的共同努力,一定会使我们的思维活跃起来,使情感激越成锦绣篇章。

附录:

关于感受

文 锐

在获取材料的过程中,观察与阅读必不可少,但要想让其"灵动"起来,必须把"感受"这盏心灯点亮,这样写作才会真正进入"状态"。

感受与感觉有关,但由于有了"个性心理结构"的折射,而变得独特、个性与丰富。

感受与经历、阅读相联,感受就是瞬间对它们的"激活",就是对它们别样的呈现。

感受更和心理相通,是一种情感,是一种对人、对事、对景、对物的敏感。

阅历广的人、读书多的人,往往感受能力强,因为他们在冲动时,"见识"与"知识"会从记忆深处纷至沓来,会让你眼花缭乱,会使你心潮汹涌。

感受能力对于写作者而言是一种必须的"潜力",缺了它就如同缺少了"灵气"。

让自己走出去,去沐浴自然,去交汇社会;让自己读起来,去接触经典,去遨游书海。如此,你的感受能力定会爆燃,你的思绪准会飞扬,你的写作肯定会进入一种"迷人"的境界!

【思考与练习】

一、如何理解写作意义上的"感受"?

二、谈谈观察、阅读、感受之间的关系。

三、结合具体事例谈谈感受的深刻性与细腻性。

四、结合下面趣闻,谈谈你对提高感官灵敏度的认识。

大自然有许多奇妙的声音,会引起人们听觉的兴趣。如水手喜欢听涛声,猎人喜欢听兽鸣,牧童喜欢听黄雀的歌唱,庄稼人喜欢听田禾的拔节,至于从宋玉作《风赋》、欧阳修作《秋声赋》以来,喜欢听风雨鸟鸣的人就更多了。

五、下面是宋代一位诗人在欣赏画梅后写的诗,分析其中的通感手法,并谈谈你的看法。

眼明三伏见此画,便觉冰霜抵随寒。

唤起生香来不断,故应不作墨花看。

【阅读推荐】

1. 老舍. 老舍论创作. 上海:上海文艺出版社,1980.

2. 唐弢. 文章修养. 北京:三联书店,1983.

3. 黄侯兴. 茅盾——"人生派"大师. 济南:山东人民出版社,1996.

4. 曹文轩. 小说门. 北京:作家出版社,2002.

5. 程帆主编. 我听鲁迅讲文学. 北京:中国致公出版社,2002.

6. 臧克家. 臧克家回忆录. 北京:中国工人出版社,2004.

7. 周楠本编著. 鲁迅文学书简. 天津:天津人民出版社,2006.

8. 沈从文. 从文自传. 北京:北京十月文艺出版社,2013.

第二章　构思——写作的关键

◎ **内容导读** ◎

当我们占有了材料之后,下一步该怎么办?那就是写作的"孕育"阶段,即谋划期——构思,也称作"脑中写作",就是对所占有的材料进行"去粗取精、去伪存真、由此及彼、由表及里"的加工、整理、改造、升华。这是一个艰难、痛苦、煎熬的思维过程,是文章"表达"的前奏。

无论立意、剪裁,还是结构,都必须体现"个性"与创造性,这是构思最"迷人"的特性。静下心来,让你的思绪飞扬,慢慢领略"构思"的过程。

第一节　认识构思

有了材料的积累与感受,要想挥笔成文,中间还必须经过一个沉思默想的构思阶段。构思实际上就是一个在充分感受的基础上对材料进行加工的思维活动过程,也是一个苦思冥想的过程。

一、什么是构思

所谓构思就是写作者在充分把握材料并对材料有了一定的感受和理解之后,从思想内容和表现形式两方面来孕育文章的一系列定向的创造性的思维活动。茅盾说:"生活经验的素材要经过综合、改造、发展这样一系列的加工,然后成为作品的题材。这一过程,我们称为'构思'。"简单地说,构思就是写作者确定我要写什么以及打算怎么写的思维过程。确定"我要写什么"就是"提炼主题",而确定"怎么写"则包括"如何剪裁"和"安排结构"两个方面。

二、构思的作用

写作从本质上说就是写思维,即用语言文字来表现写作者的思维活动与结果。不进行构思,就无法写作;不善于构思,就不善于写作。构思处于积累材料和文字表达这两个阶段的中间环节,处于承上启下的阶段,起着"桥梁"的作用。具体说来,从承上的角度说,构思是写作的"发酵"阶段,在积累材料的量与质都达到一定的限度后,要想进入写作状态,就必须进行构思;从启下的角度讲,不进行构思或者构思不成,便无法进入表达阶段。正如清代的李渔所言:"袖手于前,方能疾书于后。"所以要想写好文章必须做到"意在笔先""凝神结想""惨淡经营""心营意造"。

三、构思的特点

构思有以下几个特点:

(一)整体性

写作中的构思特别讲究整体性。也就是说在构思中,任何一个局部的、个别的、具体的问题,无论其多么精彩、生动、吸引人,但如果与整体不协调,喧宾夺主,甚至相互矛盾,那么构思中就要"忍痛割爱",学会放弃。如法国著名雕塑家罗丹毅然决然地用斧头砍掉其雕塑"巴尔扎克"那双特别完美的手,随后对其学生说了一番别有意味的话:"这双手太突出了!它们已经有了自己的生命,已不属于这个雕像的整体了。你们记住:一个真正完美的艺术品,任何一个部分,都不应该比整体更重要、更突出。"就是如此。

(二)综合性

构思不是以单一思维方式进行的,而是一个多种思维方式综合活动的过程。在构思中,直觉、想象、联想、灵感、判断、推理、分析、综合等思维方式都在积极推进着构思的进程;而且,意识、下意识、潜意识、无意识、梦幻等非思维因素也参与其中。因此,在构思中自觉运用多种思维方式,并充分发挥各种非思维方式的作用,以便保证构思的顺利进行。如李白"斗酒诗百篇",他"醉中操纸,兴来走笔",他"一醉累月轻王侯""兴酣染翰姿狂逸"。他醉酒之后之所以才气倍增,就是因为酒能够麻痹意识,激发幻觉,使情绪亢奋,从而诱发无意识在构思活动中发挥作用。

(三)创新性

写作是创造性的思维活动,创新就是构思的目标,创新性就是写作者求新求异的独特性。古今中外善于写作的人都非常强调这个特点。李渔也在《闲情偶寄》中写道："人惟求旧,物惟求新,新也者,天下事物之美称也。而文章之道,较之他物,尤加倍焉。"因此,构思追求的是"脱套去陈""自标灵采"。构思的创新可以体现为思想的创新、形象的创新、语言的创新、结构的创新、表现手法的创新等几个方面。

(四)灵活性

构思中的思维活动常常不是线性的、连贯的,而是跳跃的、多变的,具有灵活性的特点。写作者沿着某一思路进行构思,当受到阻塞时,可以继续思考,冲破阻碍;也可以改变方向,从另一思路去构思。在构思中,思维的触角时时伸向四面八方,选择最佳的构思角度,以便保证思维沿着正确的路线进行。例如,茅盾的长篇小说《子夜》的构思。茅盾曾经表示,他在《子夜》的构思过程中,便"有了大规模地描写中国社会现象的企图"。按照作者最初的计划,是"打算通过农村(那是革命力量正在蓬勃发展的)与城市(那是敌人力量比较集中因而也是比较强大的)两者的情况的对比,反映出那时候的中国革命的整个面貌"。然而,由于作者个人的生活环境的变化,更主要的是由于他对当时党领导的农民革命运动毕竟缺乏实际接触的机会,因此在写作开始后不久,便改动了原定计划,只写了城市部分。用作者自己的话说:"这一部小说写的是三个方面:买办金融资本家,反动的工业资本家,革命运动者及工人群众。"

(五)贯通性

构思的贯通性是指不论写什么文章,都要使思维的脉络连贯、畅通。这就是古代论文时强调的"文气""文脉"必须贯通、"首尾一体"。所谓"文气",它包含两个因素:其一是思路,即内在的逻辑力量;其二是语气,即外在的表现形式。夏丏尊和叶圣陶合著的《文章讲话》认为,文气的贯通,表现在思路上,就是要合理、有序、连贯、周严;表现在语气上,则是要力求自然、连贯、流畅、通达。

四、构思三部曲

文章的构思是一项极为复杂的精神活动,虽然因人而异,但构思过程一般要经历三个阶段:生活触发、构思孕育、构思定型。

(一)生活触发

当代著名作家李准曾向人们这样描述自己构思《大河奔流》时的情形:"到了海岗大队住下来,自己激动得几个晚上睡不着觉,思路忽然洞开,多年来积累的素材,一下子找到了一条线,找到了一个'灵魂'。所有的素材都像生了腿似的活起来,它们自觉地排好了队。"在现实生活中,写作者直接或者间接接触了许多活生生的客观材料,心灵往往受到极大地震动,于是涌动起"我要写"的强烈愿望与激情。但还不是文章的构思,要使这种"我要写"的冲动进而上升到"怎么写"的思考,还需要对某个具体事物的触发,才算真正进入构思阶段。而构思的触发点是具体鲜明而又多种多样的,有时是一封书信(如朱自清的《背影》),有时则是一段乐曲(如王蒙的《如歌的行板》),有时是"一低头"(徐志摩的《沙扬娜拉》),有时则是一段生活场景(如冯骥才《高女人和她的矮丈夫》)……不论何种情况,对于写作者而言都具有启发性,都包含着写作者对于生活的新鲜发现和独特感受。

(二)构思孕育

有了创作的冲动和生活的触发之后,写作者就进入了对作品的孕育阶段。即在具体地把握了对象和构思趋向以后,对映现在头脑中的信息材料做进一步的扩展、补充,并进行再体验、再认识的想象活动、思维活动。由此可见,这一阶段的构思活动主要在两个方向上同时展开,即横向的扩展和纵向的掘进。一方面联想展开,另一方面又深入本质。二者相互影响、相互作用,最终实现辛弃疾《青玉案》所说"众里寻他千百度,蓦然回首,那人却在灯火阑珊处"的境界。而构思的孕育过程并非易事,往往是艰难、痛苦的。英国女作家弗吉尼亚·伍尔芙曾自述构思《海浪》时,自己的思维所产生的一系列变化:"我的头脑发生变化。它不再继续接纳印象了。它把自己关闭起来了。它变成了一只蛹。我躺着,处于相当麻木的状态,尽管肉体常常剧烈地疼痛着——接着,突然什么东西涌了出来……于是,所有的门都在打开,而我相信是那只飞蛾在我内心展翅飞舞。"再如峻青写《乡音》,他曾这样描述其构思过程:1953 年,他回乡体验生活,在火车站外听到老乡说话的"乡音",也听到家乡独轮车吱吱呀呀的"乡音",心情特别激动,但当时并未联想到什么。直到 1962 年国家困难时期,作者再次回到家乡,又听到那亲切的乡音,就在那个特定的环境下,才联想"这声音是故乡人民坚强不屈、高举旗帜、奋勇前进的声音",于是"像流水似的一个早晨就把它写了出来"。构思的孕育莫过如此。

(三)构思的定型

构思的定型阶段主要包括以下几个方面:

1.有序化。是指构思中对文章结构的安排,包括开头、结尾、过渡、照应、衔接,以及层次与段落,看其是否条理、清晰。

2.凝聚化。是指构思中解决主题是否集中,形象是否鲜明,材料的选择是否典型等问题。

3. 优化。是着眼于未来作品的"物态化"程度及艺术表达效果而考虑的,包括作品的基调或风格,展示形象或展开问题时所运用的具有美学功能或逻辑功能的说法、技巧,叙述语言的风格、风味等。这是构思呈现出的写作者鲜明的"个性风格",是写作成熟的表现。

五、构思的方法

(一) 自由构思

是指写作者不受任何预定的路线、目标的限制,而是自由自在地进行。从感知开始,写作的思维机制就无拘无束地运行起来,各种思绪会纷至沓来,各种记忆中的表象会不断呈现,既有形象思维在起作用,又有抽象思维在活动。在这种自由构思中,写作者的思想与情感都是自然而然出现的,就像从心中流出一般。著名美学家宗白华在写文章时就喜欢四面八方地去想:"不拘大小,不问次序,想得一点意思,就用三五个字的小标题写在纸条上,如此一直想下去,一直记下去,到当时所能想到的意思都记下来了为止。"

(二) 命题构思

又称限定思维。其方法是,首先对作文的命题及要求进行思考,也即审题,弄清题目的含义、要求的文体以及写作的范围,然后根据命题的要求去选择材料、确立主题、布局谋篇、遣词造句等。

(三) 创造构思

这是构思中创造性思维方法的运用。创造性思维,是一种具有开创意义的思维活动,以感知、记忆、思考、联想、理解等能力为基础,以综合性、探索性和求新性为特征的高级心理活动。这种思维方式,遇到问题时,能从多角度、多侧面、多层次、多结构去思考,去寻找答案。既不受现有知识的限制,也不受传统方法的束缚,思维路线是开放性、扩散性的。它解决问题的方法不是单一的,而是在多种方案、多种途径中去探索,去选择。只有这样才能对事物有更全面、更透彻了解,才能抓住事物的本质,发现他人不曾发现的规律。

(四) 形象构思

这是写作构思中的形象思维方法。所谓形象思维,也就是艺术家在创作过程中始终伴随着形象、情感以及联想和想象,通过事物的个别特征去把握一般规律,从而创作出艺术美的思维方式。形象思维能力的大小往往决定一个人的审美水平。形象思维始终伴随着形象,是通过"象"来构成思维流程的,就是所谓的神与物游。著名语言文字学家黄侃说:"不限于身观,或感物而造端,或凭心而构象。"

（五）抽象构思

抽象思维是由抽象的概念,进行逻辑推理,得出抽象的结论,即写作者通过抽象思维,运用概念、判断、推理的方式来反映事物的本质。在抽象构思中,要掌握历史唯物主义和唯物辩证法,这是进行良好的有效思维的保证。抽象构思主要运用于议论文、杂文、评论及学术论文的写作中。

附录:

关于构思

文　锐

在写作过程中,最难的莫过于"构思",而"构思"却往往被我们所忽视。

构思的前提是"写的冲动",写作者只要有了"冲动"的欲望,"构思"之门方能徐徐打开。

构思的关键是"孕育"。构思就如同一个女人的十月怀胎,是痛苦的,也是甜蜜的。无论是"联想展开",还是"深化升华";无论是"王勃腹稿",还是"无己卧榻";孕育中常常失魂落魄,辗转反侧。而当构思的触角渐渐逼近"终点"时,你会发现眼前"光芒万丈"——文字四溅,思绪飞舞。这是上天的眷顾,这也是所谓"灵感"的迸发!

构思的结果则是"理性"的梳理。梳理主题,梳理材料,梳理结构,通过梳理,使我们的构思更趋完美。

构思重"思",若没有"思",写作所有的一切都将成为"浮云"……

【思考与练习】

一、什么是构思? 在写作中构思有什么作用?

二、构思有什么特点? 应该如何理解这些特点?

三、如果以"广告"为触发点,如"古代人与广告""广告与现代生活""广告与名人""广告与女人""广告与作假""公益广告好处多""电视直销广告利与弊""恼人的门缝广告""广告与修辞"等,如果把你的思路打开,那么各种材料便会纷至沓来,这时只要你选择一个自己熟悉并且有独特见解的"点"来写,便会写得舒心顺手。不妨试一试构思一篇与"广告"有关的文章。

四、阅读下面材料,回答问题。

福楼拜在构思《包法利夫人》时,几乎绝望地说:"艺术! 艺术! 你究竟是什么恶魔,要咀嚼我的心呢,为了什么呢!"列夫·托尔斯泰在谈到《安娜·卡列尼娜》的构思,也发出过同样的感慨:"我感到悲哀,什么也没有写,痛苦地工作着。您简直想象不到我在这不得不播种的田野上进行深耕的准备工作,这对于我是多么困难,考虑,反复地考虑我目前这部篇幅巨大的作品的未来人物可能遭遇到的一切,为了选择其中的万分之一,要考虑几百万分个可能的际遇,真是极端困难。"

上述两位著名作家对构思的感慨,说明了什么问题?

第二节 主题,构思的灵魂

构思者,重在"思"也。思者,沉思也。就是写作者在动笔之前头脑之中总会有一个"意图""宗旨"或"目的",即有所想法——思想的、情感的,这是构思的第一步。

一、主题的内涵

"主题"一词属于舶来品,其叫法最初源于德国,本是一个音乐术语,意思为乐曲中最具特征并处于优越地位的那一段旋律——主旋律。它表现一个完整的音乐思想,是乐曲的核心。后来这一术语被广泛用于一切文学艺术的创作之中。日本将这个概念翻译为"主题",我国在近代从日本翻译它时就借用了过来。

而在我国的古代文论中,与之相对应的说法是"意""旨"或者"主脑"等。

在现代写作学中,所谓主题,就是指写作者在反映生活、说明问题、发表主张时,通过其全部文章内容所表现出的中心思想、情感和基本观点。可以这样说,主题是作者对现实的观察、体验、分析、研究以及对材料的处理、提炼而得出的思想结晶。它既包含反映的现实生活本身蕴含的客观意义,又集中体现了作者对客观事物的主观认识、理解和评价,它决定着文章的基调和主旋律。

在不同文体的文章中,主题呈现出不同的形态:在议论性文体中就是"中心论点"或"基本观点";在一般记叙类文体以及小说、戏剧、散文、诗歌等文学体裁中,主题则暗示出写作者对待自然、社会及世界的某种思想认识和情感态度;在应用类文体中,主题更表现为某种政治意图、具体事务或者个人目的。

二、主题的作用

(一)从内容上看,主题是文章的灵魂

王夫之曾说文章"寓意则灵"。古代人论写作,历来强调主题的重要性、决定作用。如"以意为主""文贵立意""意在笔先",宋代的苏东坡在《东坡文谈录》中曾言:"天下之事散在经、子、史中,不可徒使,必得一物以摄之,然后为已用。所谓一物者,意是也。不得钱不可以取物,不得意不可以明事。此作文之要也。"而清人刘熙载在《艺概》中也说:"古人意在笔先,故得举止闲暇;后人意在笔后,故至手脚忙乱。"所以,主题作为文章的灵魂与生命,首先表现于其渗透于文章的字里行间,达到"无往而不在"的境地。其次,主题是否真实、新颖、深刻、集中,也成为衡量文章价值高低的主要标尺,正所谓"文高则格高"。

(二)从形式上说,主题是文章的统帅

唐代的杜牧曾言:"意能遣辞。"明末清初的王夫之也曾在《姜斋诗话》说:"无论诗歌与长行文字,俱以意为主。意犹帅也,无帅之兵,谓之乌合。"因此,从这个意义上说,主题决定着材料的取舍、结构的措置、详略的处理、表达手法的运用、语言的锤炼,以至标题的确定、文章的修改,乃至审美价值等等,正所谓"提领而顿,百毛而顺",拿不住事物的"领"也就不能顺文章的"毛"。

总之,在一篇文章或者一部作品中,能够贯穿始终、点化全文、统摄全篇的,只有主题。正如列夫·托尔斯泰所言:"艺术品中最重要的东西,是它应当有一个焦点才成。就是说,应当有这样一个点,所有的光集中在这一点上,或者从这一点放射出去。"而这一"焦点",便是主题。

三、主题的特点

(一)凝聚性

这是主题最突出的特点。我们知道,主题反映了文章的本质与核心,而本质是"最简单的",故无论多长的作品,主题都可以用一句话来概括,即刘熙载所言:"凡作一篇文,其用意俱要可以一言以蔽之。扩之则为千万言,约之则为一言。"正所谓"嫩绿枝头红一点,动人春色不须多"。

(二)唯一性

一般情况下,一篇文章只有一个主题,一篇文章的主题只能以一个方面的思想、情感、问题、看法等为重点。

（三）鲜明性

文章所表达的主题一定要格外清晰,赞成什么、反对什么,爱什么、恨什么,要态度鲜明,一目了然,而绝不能遮遮掩掩、吞吞吐吐、模棱两可。

四、主题提炼的基本要求

文章主题的提炼,应该符合以下的要求:

（一）主题的提炼要真实

主题的真实是指写作者在文章中要反映出自己真实的思想感情,能够抓住真相,突出事物的本质,这是一篇文章的生命之所在,也是文章有说服力与感染力的前提。主题的真实一般有两条标准:一是符合社会发展的方向;二是符合客观实际,合情合理。正如《汉书》中这样称赞《史记》:"其文直,其事核,不虚美,不隐恶。谓之'实录'。"而要想做到主题的真实,对写作者来说很不容易。必须做到以下三点:其一,要有直面现实与自我的勇气和胆量。其二,要努力摆脱庸俗的利害考量和人情纠缠。其三,要有透过现象见本质的辨析力。

（二）主题的提炼要新颖

刘勰曾说:"夫立意之士,务欲造奇。"因此,所谓新颖,就是写作者要有所创造,"言前人之所未言,发前人之所未发",就是要使自己所提出的见解、所抒发的感受,不落俗套,给人一种新鲜感,正如歌德所说的:"独创性的一个最好的标志就是在选择题材之后,能把它加以充分地发挥,从而使大家承认压根儿想不到会在这个题材里发现那么多的东西。"而曹雪芹曾借薛宝钗之口说出立意创新之可贵:"作诗不论何题,只要善翻古人之意,若要随人脚踪走去,纵使字句精工,已落第二义,究竟算不得好诗。"

要想主题新颖,必须做到以下三点:

第一,材料要新。因为只有使用的材料新颖,文章的主题才会新颖,内容才会生动活泼、引人入胜。古人所说:"人弃我取,人取我与。"就是主要强调材料的出新。

第二,角度要新。因为现实生活丰富多彩,客观事物纷繁错杂,人物也千姿百态,即使是同一生活景象,同一人事景物,也都具有多面性,正所谓"横看成岭侧成峰,远近高低各不同"。所以,只要从不同的角度去分析、提炼,文章就会呈现不同的思想与情感。例如,一些成语、谚语是古人生活的经验之谈,但是有时也不免带有历史的局限性,如果我们"反其道而用之"便会出新意。像这样一些文章标题:《不知足者常乐》《响鼓也用重锤敲》《久在河边走,一定会湿鞋吗?》等。再如,古代重阳节(老人节)有插茱萸的习俗,在唐代有三位诗人写插茱萸,但他们根据自己的生活感受,从不同的角度出发,各异其趣,写出了各自不同的立意,可谓新颖。

杜甫《九日蓝田崔氏庄》:"老去悲秋强自宽,兴来今日尽君欢。羞将短发还吹帽,笑倩旁人为正冠。蓝水远从千涧落,玉山高并两峰寒。明年此会知谁健?醉把茱萸仔细看。"

王维《九月九日忆山东兄弟》:"独在异乡为异客,每逢佳节倍思亲。遥知兄弟登高处,遍插茱萸少一人。"

朱放《九日与杨凝、崔淑期登江上山有故不得往因赠之》:"欲从携手登高去,一到门前意已无。那得更将头上发,学他年少插茱萸。"

对于以上的三首诗,《苕溪渔隐》中这样评说:"此三人,类各有感而作,用事则一,命意不同。"三首诗中,杜甫从一年一度的重阳节插茱萸的活动看到了时间的流逝,由时间的流逝联想到人的寿命,抒发了伤离、悲秋、叹老的感情;而王维则从重阳节插茱萸的活动中,来怀念亲人,表达了节日思亲的眷念之情;朱放在诗中则慨叹自己青春已过,年老体衰,再像年轻人那样参加重阳节插茱萸的活动,已经力不从心,无能为力。

第三,写法要新。同样的题材如果你采用了比较新颖的写作手法,那么同样也可以给人耳目一新的感觉。

(三)主题的提炼要深刻

所谓主题的深刻,就是指写作者提炼的主题要有一定的思想深度,能够抓住问题的关键和要害,揭示出客观事物的本质和特点,挖掘出生活的底蕴,阐明了事物发展的必然规律。这就要求言理一定是至理,发人深思;言情必须是至情,感人至深。要想做到主题的深刻,写作者必须做到对生活观察得更细,对问题研究得更深,对事物善于深思熟虑,穷根究底,绝不能道听途说,浅尝辄止。为此必须完成两种超越:一是要超越写作对象的自然形态;二是要超越一般人对于特定对象的惯常思维。例如,贾平凹通过一块丑石的种种遭遇,阐述了"丑到极处便成了美"的深邃之见。再如,余秋雨的文化散文系列,不仅仅写景物、写古迹,更写背后的"人",写隐藏于其中的文化内涵,感悟中国文化的博大精深。像《都江堰》不仅仅写了都江堰工程之伟大,更写了背后的人——"李冰父子",同时挖掘出为官者的一种大情怀——民本思想,"只要把人民放于心,那么人民将永远记着你,赞美你"这样比较深刻的主题。所以说只要写作者的目光不只是停留于某些事物的表层,不只是看到事物本身所具有的特征,还能够由物及人,由物推及社会人生的诸多方面,就会触类旁通,生发出许多隐藏在生活深处的远见卓识。

（四）主题的提炼要集中

所谓主题集中，就是指提炼出的主题要做到一文一意，单一明确，不枝不蔓，重点突出。因此在提炼主题时，必须突出一个重点，围绕一个中心，而不能多重点、多中心。正如小林多喜二在《小说写作法》中所说的："在一篇作品里，写'什么'必须独一无二，高度集中。"唯有此，方能使问题明朗化、尖锐化，便于说深说透，增强文章的表达效果。如果主题不集中，将会使读者理不出头绪，觉得混淆不清。主题的集中却并非易事。著名作家魏巍在谈到《谁是最可爱的人》的创作经验时曾这样说过："一篇东西的目的性，要简单明确。一篇短东西，能把一个意思说透，的确不是一件很容易的事。可是，动起笔来，又总爱面面俱到，想告诉人家这个，又想告诉人家那个。结果呢，问题提得不尖锐、不明确。更别说深入地解决问题。因为哪个意思也没有说透，怎么能给人以深刻的印象呢？我写这篇东西之初，原也想说好几个意思，最后没有那样做。"在《谁是最可爱的人》中，尽管魏巍写了互不相连的三个故事片段，但立意却非常集中，即通过三个故事，从三个侧面，表现了志愿军战士崇高思想和革命精神，阐明了我们的战士是最可爱的人的主题。这样立意集中的文章，自然带给读者强烈的印象和深刻的教育。

五、主题提炼的方法

写作过程中，立意之后，还要用一定的方法和技巧对主题进行提炼。炼意的方法，不同类型的文章也各不相同。归纳起来，常用的方法主要有以下几种：

（一）比较筛选法

主题的产生首先得益于写作者占有丰富的材料，而客观世界、社会生活的复杂多变使得同样的材料具有了多方面的含义。尤其那些内涵丰富、与时代变化联系密切、容易引起争论的材料，更是如此，因此，究竟应从材料的哪个方面立意，比较难以确定。这时，我们可运用"比较筛选法"来进行立意。在运用此法时，写作者首先要对占有的材料进行全面、深入地思考，把其多方面的意义挖掘出来，然后进行比较、筛选，最后把最精辟、最独到、最鲜明的"意"表达出来。同时，在比较筛选过程中，写作者尤其要注意材料与各种"意"的密切程度、与"意"相联系材料的丰富程度以及"意"的现实意义等。只有这样，提炼出的主题，既有较强的现实意义，又不会在写作时无"材料"可写。

（二）归纳概括法

所谓归纳概括，就是写作者围绕着一个问题、一种情感、一件事情搜集到一大堆材料后，从个别的、特殊的事物出发，经过写作者分析、比较和综合，最后得出有关事物一般性的结论。例如,"时间就是金钱,效率就是生命",这是中国的改革者对深圳特区众多发展经验的准确概括;而魏巍的《谁是最可爱的人》写的三个故事,其主题指向都是对"谁是最可爱的人"这一问题的回答。这种提炼主题的方法要求写作者要具有一种异中见同的高远眼光,同时多用于处理人多、事多、材料复杂的题材。

（三）追根溯源法

写作者对事物的认识不能浮光掠影,而对主题的提炼也不能浅尝辄止。因此,写作者应该抓住一些异常现象或问题穷追不舍、步步紧逼。所谓追根溯源,就是对特殊现象多问几个"为什么"。追根溯源,就是使文章主题深刻直达本质的重要方法。其关键就在多问多思。正如元代的陈绎曾在他的《文说》中引戴师初所说:"凡作文发意,第一番来者,陈言也,扫去不用;第二番来者,正语也,停止不可用;第三番来者,精语也,方可用之。"这三番意思代表了认识逐步深化、文章渐次深刻的一个过程。

（四）逆向思维法

文章的立意讲究新颖,真正做到"意必己出",言为心声,必须独辟蹊径、立异标新,而逆向思维法不失为立意出新的好方法。逆向思维是与习惯思维对立的,是一种"以反求正"或"以正求反"的方法。面对同一事物,写作者看到大家都这样想,这么写,于是自己在炼意时,故意"反其道而行之",从而收到"人不敢道,我则道之;人不可为,我则为之"的独特效果,从而成就一番新意。如一些成语、谚语都是古人千百年积累的经验之谈,但随着时代的发展,会出现一些明显的局限性。因此有些文章就运用"逆向思维法"以出新意。如《酒好也怕巷子深》《开卷未必有益》等。

六、主题提炼的原则

写作者要想提炼出好的主题,就必须遵循以下几个基本原则:

（一）必须以丰富的材料为基础

主题是写作者对全部材料思想意义的深入开掘和高度概括的结果。材料是立意的基础,离开材料,不能凭空主观想象出一个"主题"来。因此,要想提炼出深刻意义的主题,写作者就必须首先占有详细的、真实的、准确的材料。例如,著名作家姚雪垠为了写好《李自成》,他不仅阅读了大量与之相关的史书,而且还通过亲身阅历、实地考察,搜集了大量的生活素材。也正是由于占有了这些丰富的材料,从而形成了《李自成》的主题。正如姚雪垠在谈到自己的创作体会时所说:

"一部长篇小说的主题思想不是产生于作者有了写作动念之后的凭空构思,而是产生于他对历史作了认真的研究之后。"

(二)必须以正确的思想观点为指导

写作者的立场观点、世界观对主题的提炼具有决定作用。"文如其人","意高则格高",因此,写作者要树立正确的人生观与世界观,用辩证唯物主义和历史唯物主义的观点来分析问题,从而得出正确、深刻的主题。对此,恩格斯曾说:"情节大致相同的同样题材,在海涅的笔下会变成对德国人的极辛辣的讽刺,而在倍克那里仅仅成了对于把自己和无力地沉溺于幻想的青年人看作同一个人的诗人本身的讽刺。……前者以自己的大胆激起了市民的愤怒,后者则因自己和市民意气相投而使市民感到慰藉。"例如,欧阳修的《秋声赋》与峻青的《秋色赋》,同样写秋天,主题却完全不同,一个"悲秋",一个"颂秋",这充分说明由于时代不同、写作者的感受不同,即使同一题材,所提炼的主题也会大相径庭。

(三)必须善于发掘事物的本质

刘白羽曾说过:"生活五花八门,色彩斑斓,可是你要是从中理不出一个清晰的线索,得不出明确的概念,就无法概括、无法结构,也就不能用具体形象地把生活中真正深刻的东西表达出来。"这里所说的"线索""概念"就是事物的"本质"。因此,我们在提炼主题时,要对客观存在的模糊杂乱的各种现象,进行认真的思考、分析、比较、鉴别,通过去粗取精、去伪存真、由此及彼、由表及里的加工改造,从而由感性认识提高到理性认识,发掘出事物内部的规律性,揭示出它的本质。例如,冯骥才写的《珍珠鸟》,作者就是从珍珠鸟的身上看到了一种人与动物和谐相处的美好境界——信赖。

(四)必须注意反映事物的特点

世界上的每一种事物,都有细微的差别,都有其特殊性。因此,我们在提炼主题时,要注意反映事物的特殊性——个性,只有这样,才能透过这些特殊点,更深刻、更突出地反映出其本质特点——共性。为此,我们要善于运用比较的方法,把一件事物与其他同类事物相比较,把事物自身的现状与它的历史相比较,把一件事物的多个特点相比较,通过比较找出最能体现事物的"个性特征",从而提炼出新意来。比如,同样写蜜蜂,鲁迅从蜜蜂的"博采百花"的个性,想到一个人读书要博览;杨朔从"蜜蜂酿的蜜很多而自己吃得很少"的个性,想到了对别人要求甚少,而贡献甚多;秦牧却从"蜜蜂采花只摘取'顶儿尖儿'"的个性,想到一个人要善于汲取别人的长处,才能发展。

（五）必须体现时代精神，具有现实针对性

文章的主题，应该是时代生活的产物，能不能提炼出反映时代特征的主题，是决定文章社会价值的关键。所谓时代精神，就是指在一定的历史时期人民群众的情绪、愿望，推动着时代前进的思想、意志。因此，我们要提炼出具有深远意义的主题，就必须站在时代的前列，敏锐地感应时代的气息，体现时代的精神。这就要求我们时刻关注时代所面临的重大社会问题，回答时代所提出的最尖锐、最迫切的现实课题，从而使写的文章具有"针对性"与"现实性"。如高晓声写的《陈奂生上城》，就是反映了当时三中全会后农村生活的新气象，具有浓郁的时代特色。

七、主题的形成过程

文章是客观事物和主观意识融合转化的产物。因此，从根本上来说主题来源于生活而形成于作者。而由于写作对象及作者素质、经历、写作环境、写作习惯、写作形式诸方面存在着种种差异，主题的产生和形成过程也是很不相同的。高尔基曾说："主题是从作者的经验中产生，由生活暗示给他的一种思想，可是它蓄积在他的印象里还未形成，当它要求用形象来体现时，它会在作者的心中唤起一种欲望——赋予它一个形式。"因此，不同文体的主题，有着不同的形成过程，主要有：

（一）长期积累，逐渐形成

一些文章或作品选材范围较广，所写内容也比较复杂，主题往往需要长时期的酝酿才能获得。开始作者的感受是个别的、零乱的、模糊的；随着时间的推移和作者体验的深入，素材在作者的头脑里不断积聚、撞击，慢慢地就会产生一些成熟的想法，文章的主题也就逐渐明确起来了。这种情况主要指长篇著作，如小说、学术论著等。例如，达尔文《物种起源》中的基本观点："自然界里生物的进化是以存优汰劣的自然选择为基础的。"而这一发现和认识是他苦心钻研了 23 年才得到的，可谓"长期"也。老舍在谈到《龙须沟》的创作时，也十分强调长期生活积累的重要性。他说："我写《龙须沟》，如果从动笔写第一幕算起自然不长，要是从程疯子那件大褂、丁四那件短袄算起，那该是几十年了。"

（二）偶尔触动，突然获得

写作者在平时积累了一些材料，产生了一定的感受，有时有强烈的表达的欲望，但由于没有形成明确的主题，一直无从动笔成篇。后来偶然受到某一生活、自然现象或某篇文章的启迪，触发了灵感，思想豁然明朗，平时散乱存在于记忆中的原始材料如感知的表象、闪光的思绪甚至某些潜意识的东西，都从四面八方纷至沓来,从而产生联系与沟通,这时一个明确的主题就产生了。这种情况主要指散文、诗歌、杂感、随笔等短小文章,巴金曾说:"我有好些散文和小说都是读了别人的文章受到'启发'后才拿起笔写的。"例如,《边城》的创作,沈从文一次去崂山游玩,在一条小溪边,看见对岸有一位十五六岁的少女,身穿一身孝服,先是在岸边焚烧了一堆纸钱,然后从溪里拎起一桶水向远处走去。看到这个少女孤单的背影,沈从文很有感触,马上对同行的夫人张兆和说:"要以她写一个故事,写出她的美。"

(三)短期采集,随时产生

在有些情况下,写作者是带着具体的写作任务去进行专门的调查、采访,然后才进行写作的。这就要求写作者对临时采集的材料,进行分析、研究,从中发掘出文章的主题。新闻文体、调查报告、总结及某些评论的主题都是这样产生的。这类文体的主题,常常具有很强的现实性和针对性。

八、主题的呈现方式

主题在文章中会有不同的呈现方式,主要有:

(一)直接显现

主要有:题中见"意";开宗明"意";文中点"意";卒章结"意"。

(二)含蓄暗示

主要有:寓意于"事";寓意于"景";托物寓意;通过形象塑造来表现主题;将主题渗透于细节描写中。

(三)藏露结合

借用宋人一句诗歌便是:"春色满园关不住,一枝红杏出墙来。"如中国新时期出现的"朦胧诗"的主题便是"藏露结合"。

【思考与练习】

一、什么是主题? 主题在文章的作用是什么?

二、主题有什么特点? 主题提炼的基本要求是什么?

三、阅读下面语句,从每句中提炼出不同的主题:

(一)蝙蝠善于在黑暗中飞行。

(二)哪里有光明,哪里就有阴影。

(三)树欲静而风不止。

四、阅读下列文章,归纳它的主题,并谈谈这篇文章在主题的表达上有什么特点。

牵牛花

叶圣陶

手种牵牛花,接连有三四年了。水门汀地没法下种,种在十来个瓦盆里,泥是今年又明年反复着用的,无从取得新的来加入。曾与铁路轨道旁边种地的那个北方人商量,愿出钱向他买一点儿,他不肯。

从城隍庙的花店里买了一包过磷酸骨粉,掺和在每一盆泥里,这算代替了新泥。

瓦盆排列在墙脚,从墙头垂下十条麻线,每两条距离七八寸,让牵牛的藤蔓缠绕上去。这是今年的新计划,往年是把瓦盆摆在三尺光景高的木架子上的。这样,藤蔓很容易爬到了墙头;随后长出来的互相纠缠着,因自身的重量倒垂下来,但末梢的嫩条便又蛇头一般仰起,向上伸,与别组的嫩条纠缠,待不胜重量时便重演那老把戏;因此,墙头往往堆积着繁密的叶和花,与墙腰的部分不相称,今年从墙脚爬起,沿墙多了三尺光景的路程,或者会好一点儿;而且,这就将有一垛完全是叶和花的墙。

藤蔓从两瓣子叶中间引申出来以后,不到一个月功夫,爬得最快的几株将要齐墙头了。每一个叶柄处生一个花蕾,像谷粒那么大便转黄萎去。据几年来的经验,知道起头的一批花苞是开不出来的;到后来发育更见旺盛,新的叶蔓比近根部的肥大,那时的花苞才开得成。

今年的叶格外绿,绿得鲜明;又格外厚,仿佛丝绒剪成的。这自然是过磷酸骨粉的功效。他日花开,可以推知将比往年的盛大。

但兴趣并不专在看花,种了这小东西,庭中就成为系人心情的所在,早上才起,工毕回来,不觉总要在那里小立一会儿。那藤蔓缠着麻线卷上去,嫩绿的头看似静止的,并不动弹;实际却无时不回旋向上,在先朝这边,停一歇再看,它便朝那边了。前一晚只是绿豆般大一粒的嫩头,早起看时,便已透出二三寸长的新条,缀着一两张,满披细白绒毛的小叶子,叶柄处是仅能辨认形状的花苞,而末梢又有了绿豆般大一粒的嫩头。有时认着墙上的斑剥痕想,明天未必便爬到那里吧?但出乎意外,明晨竟爬到了斑剥痕之上;好努力的一夜功夫!"生之力"不可得见;在这样小立静观的当儿,却默契了"生之力"了。渐渐地,浑忘意想,复何言说,只呆对这一墙绿叶。

即使没有花,兴趣未尝短少;何况他日花开,将比往年盛大呢。

五、对蜡烛与向日葵,赞美者居多,你能否翻出新意? 分别写两篇短文指出它们的不完美之处。

六、以《"杀鸡给猴看"之我见》为题,从五个不同的角度进行思考,然后写下你的想法,进行课堂讨论。

提示:1. 从"杀"的角度;2. 从"给"的角度;3. 从"猴"的角度;4. 从"鸡"的角度;5. 从"看"的角度。

第三节 剪裁,精选合主题的材料

当我们确立了主题之后,返回头来重新对占有的材料进行审视,这项工作称为剪裁。

一、剪裁的内涵

在写作中,写作者为了充分、鲜明地把主题表现出来,需要把手头的材料做一番取舍、增删的加工,这项处理材料的工作,被称为剪裁。它包括两个方面的内容:一是对材料的取舍,一是对材料的增删。

二、剪裁的原则

没有材料或者材料不足,自然写不出好文章。但有了材料如果不精心选择或选择不当,同样写不出好的文章。鲁迅说:"选材要严,开掘要深。"茅盾也说:"一篇作品应当是一个完整的有机体……应当精心计划。该有的就必须有,该去的就必须去;该长的就必须长,该短的就必须短。""选用的时候,可就要像关卡的税吏似的百般挑剔了;整整一卡车的'货',全要翻过身来。硬的要敲一敲;软的要扪一把;薄而成片的,还要对着阳光照一照———一句话,要尽心尽力,总想找个把柄,扣下来,不让过卡。"因此,在动笔之前,剪裁是一个非常重要的工作。要选好材料,必须遵循一定的原则。一般说来,剪裁的原则具体有以下五个方面:

(一)围绕主题选取材料

在文章中,主题与材料之间是统帅与被统帅的关系。动笔之前,材料是形成主题的前提;写作之际,材料又成为表现主题的支柱。但材料的唯一使命就是围绕主题、表现主题、服务主题。选材的目的就是把主题集中、深刻地表现出来,因此,和主题有关并能有力地说明、烘托、突出主题的材料就请它留下,否则则"扣下来"。为此,要学会放弃。歌德说:"一个作家的才能不是看他写了什么,而是看他丢掉了什么。"契诃夫也说:"要知道在大理石上刻出人脸来,无非是把这块石头上不是脸的地方剔掉罢了。""一般地说,多余的东西是一点也不需要的,是啊,凡是跟小说没有直接关系的东西,一概得毫不留情地删掉。要是您在头一章里提到墙上挂着枪,那么在第二章或者第三章里就一定得开枪。如果不开枪,那管枪就不必挂在那儿。"例如,龚自珍的《病梅馆记》,作者要表现对个性解放的追求这样的"言志"目的,本来可以选取的事物和事件是非常多的,但作者却独具慧眼选择了当时人们对于"病梅"的态度和行为这一材料,因为借助"病梅"现象的展示及其产生根源的挖掘,可以形象地揭示出那一时代人才被束缚的处境,而借助"疗梅"则恰当地表达了作者一贯的"我劝天公重抖擞,不拘一格降人才"的张扬个性的思想和精神追求。而当沈从文将溪边看到的戴孝的少女想把她写成一个故事后,他的脑海里一定调集了许许多多关于"边城"的材料,家乡"起水"的风俗,家乡日夜奔流的沱江,沱江边摆渡的人家,家乡的吊脚楼、山歌、赛龙舟等。调集的过程也是一个对材料筛选的过程,但筛选的标准必须与主题相关。

（二）选取真实、准确的材料

真实是文章的生命,也是文章选材的首要条件。所以我们在写作时,一定要选择真实准确的材料,力戒虚妄,如实地反映客观事物和生活的本质。如果文章的材料失真,那么主题的正确和深刻就成为一句空话,文章的生命也就此完结。所谓真实,有两层意思:其一是"现象的真实",是指材料所反映的内容是现实生活中确实发生过的客观事实;其二是"本质的真实",是指材料所代表的生活不是个别的、偶然的,而是反映了客观事物的本质。所谓"材料的真实",意味着现象真实与本质真实的有机统一。但不同文体的写作中,对材料的真实呈现出不同的特点。在新闻类、纪实类、应用类文章的选材中,强调"现象真实",讲究言必有据,绝对真实;在议论为主的理论文章、科研论文中,选材既要求"现象真实",又要求"本质真实";而对于文学作品,是指生活真实与艺术真实的统一,写的东西"不必是曾有的实事,但必须是会有的实情"。为了保证选取材料的真实、准确,我们应该有一个实事求是、严肃负责的态度,千万不能凭想当然。马克思写《资本论》,"为了证实一个不重要的事实,他也要特意到大英博物馆去一趟"。因此,他所引的任何一件事、任何一个数字,都是得到最有威信的权威人士证实的,这就使得那些反对他的人也不得不承认其严谨。

（三）选取典型的材料

所谓典型材料,是指能够深刻揭示事物本质,具有广泛代表性与强大表现力、说服力、概括力及感染力的材料,它可以获得以一斑而窥全豹、以一目尽传精神、以一当十的效果,正如刘勰所言:"以少总多,情貌无遗。"也似王安石诗句中所说:"动人春色无需多。"因此写作者要以百里挑一的严格态度去筛选材料。典型的材料,可能是一个典型人物,一个典型场面,一个典型故事;也可能是人物的典型话语、典型动作等。如鲁迅小说《孔乙己》中孔乙己的"窃书不能算偷""不多不多! 多乎哉? 不多也",《祝福》中祥林嫂的"我真傻,真的",都是表现人物性格的典型话语。而巴尔扎克笔下的葛朗台临死忏悔时拼命抢夺神父手中的镀金十字架,以及吴敬梓笔下严监生弥留之际面对燃着两根灯草的油灯伸出两根手指头,这两个动作细节用来表现守财奴的贪婪与吝啬,就显得非常典型。但我们还应注意,在选择典型材料时,不同文体的文章对典型材料的要求不尽相同,写作时,要选择与之相应的典型材料。

（四）选取新颖、生动的材料

陆游说:"文章最忌百家衣。"材料新,文章的主题才会新,内容才能生动活泼,引人入胜。所谓新颖,就是指新鲜、活泼、别人尚未发现或使用的材料。具体而言:一是指新发现、新产生、别人尚未写过的现实材料;二是指虽非新近发生的事实,但不被大多数读者所知,很少被引用又很能说明问题的历史资料;三是有了新的认识与感受的材料;四是能写出事物新的发展的即角度新的材料。所谓生动,是指材料本身以及作者对材料的表述都非常活泼、富有感染力,因而能够增加读者的阅读兴趣和文章的可读性。生动的材料一般具有以下特征:具象性——这种材料显示着鲜明的感性色彩,有形有色有声;带有曲折的情节与悬念——这类材料不但曲折生动,而且能够唤起期待心理,有很强的吸引力,使读者心理上产生一种"似曾相识"的亲切感。比如季羡林在回忆性散文《我的中学时代》中,回忆了自己"幼无大志"和高中六次考得甲等第一,写了自己脚踏实地和奋发向上的求学历程,写了自己老师的教诲、知识的积累、人格的培养等,就是这些娓娓道来的平淡无奇的小事,却是季羡林先生的独特经历,对于读者来说属于新颖、生动的材料。因此,写作者只要处处留心观察世界,一定会发现新颖、生动的材料。

（五）选取自己最熟悉、感受最深的材料

我们知道,每个作家都有自己写作的势力范围,都有其局限性。因此,选材最好从写作者自己亲身经历的生活中选取,特别是那些自己认识最深刻、感受最强烈的事情。对于自己熟悉的材料往往能找到最佳的反映角度,写起来也就会得心应手、左右逢源,从而写出别人看不见、想不到、没有体会到的东西。这样,文章才显出鲜明的个性特点,而且深刻动人,才最有可能富有新意和独创性。正如俄罗斯的冈察洛夫在《迟做总比不做好》中所说:"在我本人心目中没有诞生和没有成熟的东西,我没有看见,没有观察到,没有深切关怀的东西,是我的笔杆接近不了的啊!我有(或者曾经有)自己的园地,自己的土壤,就像我有自己的祖国,自己家乡的空气、朋友和仇人,自己的观察、印象和回忆的世界——我只能写我体验过的东西,我思考过和感觉过的东西,我爱过的东西,我清楚地看见过和知道的东西,总而言之,我写我自己的生活和与之常在一起的东西。"列夫·托尔斯泰也曾说:"真正的艺术作品只偶尔在艺术家的心灵中产生,那是从他所经历过的生活得来的果实,正像母亲的怀胎一样。"果戈理更认为:"只有被我从现实中提取,并且熟悉的那些东西,才是我写出的好东西。"于是我们知道为什么老舍喜欢写北平,沈从文为何钟情于湘西,蒲松龄笔下的举子与莫泊桑笔下的小职员为何如此动人心魄、感人至深,原因只有一个,就是对此他们最熟悉,感受最深!

三、剪裁的方法

剪裁不仅要遵循一定的原则,而且还要讲究方法,掌握要领。

(一)要精于鉴别,讲究质量

鉴别是选用材料的基础,是对材料的一种理性认识和明智判断。这是一项非常细致的工作,与写作者的才、识、胆、学密切相关。鉴别材料,首先要鉴别材料的客观存在性。不真实或者不完全真实的材料,无论怎样生动,也不能写到文章中去。一般来说,文章中所涉及的人物、时间、地点、事件(缘由、经过、结果)、引语、数据以及反映在文章中的写作者的立场、观点、态度、情感等,都必须是"铁一般的事实"。鉴别材料,还必须进而剖析、研究材料是否具有本质的真实性。因为社会生活中有些偶然发生的现象,并不是社会生活某一本质的反映。

(二)要区别文体,有的放矢

一般说来,文体不同,选择材料的标准也不尽相同。可以这样说,不同文体对选材有着不同要求。(1)新闻性文体:这一类文体主要指消息、通讯、报告文学等,在选择材料时,要侧重"真"与"新"。真实是新闻性文体的生命。如果新闻不是写生活真实的事实,那就不会取得人们的信任,就失去意义与价值。"新"是指材料的时效性,就是要求及时快捷地反映生活中发生的事件,做到及时地捕捉,及时地采写,及时地报道。新闻的价值很大程度上取决于迅速及时地采写与报道,可以说新闻是今天生活的快摄。(2)文学性文体:这一类文体主要指散文、诗歌、小说、戏剧等,选材应主要侧重于材料的形象性及蕴含的审美价值。而文学类文体的不同种类,他们对材料的要求也各有特殊性:小说侧重于材料的故事情节性;戏剧则侧重于材料是否具有矛盾冲突;诗歌侧重于材料的抒情性;散文则侧重于材料的思想情趣。(3)理论性文体:这类文章包括一般性的议论文和各类学术论文等。选材主要侧重于材料的可靠性与权威性。只有用可靠的材料,才能得出正确的结论;只有用权威的材料,文章才有说服力。(4)应用性文体:这类文体的选材一般侧重两点:其一是实用性。要求材料可以直接为应用的目的服务。其二是针对性。即针对读者对象的不同来选择和确定材料。

(三)要巧于剪裁,学会增删

做衣服要讲究量体裁衣,同样写文章也要讲究剪裁。剪裁,就是要剪掉文章中次要的、非本质的材料,保留主要的、本质的材料;删掉与写作意图无关的材料,突出与写作意图相关联的内容。具体来说:第一,应以主题的表达为准。对表现主题有用的材料就保留,对表现主题无用的材料就坚决舍弃。第二,应确定好主次。一般来说,骨干材料、核心材料,剪裁时要注意详尽;而过渡材料、交代性材料或者意义有所重复的材料,就要适当简略。同样,推动结构展开的材料要详,而调整结构的材料要略。

【思考与练习】

一、什么是剪裁?剪裁应遵循什么原则?

二、谈谈不同文体对选材的不同要求。

三、阅读冰心的散文《笑》,看它选取了哪些材料。把它们组合在一起对表现文章的主题有何作用?

笑

雨声渐渐地住了,窗帘后隐隐的透进清光来。推开窗户一看,呀!凉云散了,树叶上的残滴,映着月儿,好似荧光千点,闪闪烁烁的动着。——真没想到苦雨孤灯之后,会有这么一幅美的图画!

凭窗站了一会儿,微微的觉得凉意侵人。转过身来,忽然眼花缭乱,屋子里的别的东西,都隐在光云里;一片幽辉,只浸着墙上画中的安琪儿。——这白衣的安琪儿,抱着花儿,扬着翅儿,向着我微微地笑。

"这笑容仿佛在哪儿看见过似的,什么时候,我曾……"我不知不觉的便坐在窗口下想,——默默地想。

严闭的心幕,慢慢的拉开了,涌出五年前的一个印象。——一条很长的古道。驴脚下的泥,兀自滑滑的。田沟里的水,潺潺的流着。近村的绿树,都笼在湿烟里。弓儿似的新月,挂在树梢。一边走着,似乎道旁有一个孩子,抱着一堆灿白的东西。驴儿过去了,无意中回头一看。——他抱着花儿,赤着脚儿,向着我微微的笑。

"这笑容又仿佛是哪儿看见过似的!"我仍是想——默默的想。

又现出一重心幕来,也慢慢的拉开了,涌出十年前的一个印象。——茅檐下的雨水,一滴一滴的落到衣上来。土阶边的水泡儿,泛来泛去的乱转。门前的麦垄和葡萄架子,都濯得新黄嫩绿的非常鲜丽。——一会儿好容易雨晴了,连忙走下坡儿去。迎头看见月儿从海面上来了,猛然记得有件东西忘下了,站住了,回过头来。这茅屋里的老妇人——她倚着门儿,抱着花儿,向着我微微的笑。

这同样微妙的神情,好似游丝一般,飘飘漾漾的合了拢来,绾在一起。

这时心下光明澄静,如登仙界,如归故乡。眼前浮现的三个笑容,一时融化在爱的调和里看不分明了。

四、很多同学在写作文时会发出这样的疑问:哪有那么多值得写的事情? 总觉得无话可说。台湾作家林清玄讲了这样一个故事:

林清玄小的时候,曾和四个要好的同学到山上去玩,看到一个很大的四合院,围墙很高。围墙里面长了一棵非常高大的芒果树,树上的芒果密密麻麻,非常诱人。他们想:如果爬墙进去偷吃人家的芒果,那该多好。五个人商量后,猜拳决定输的先进去。第一个同学跳进去以后就没声音了。第二个就是林清玄。他"咚"的一声跳进去,发现自己掉进了一个大粪坑,臭粪淹到了脖子。他回过神来,想赶快告诉外面的同学别进来,刚要大声叫,第一个还站在粪坑边上的同学冲他做了个手势,让他别出声。林清玄马上心领神会。三分钟后,第三个同学跳进粪坑,十分钟后,五个同学都站到粪坑里了。当然,他们也顾不上吃芒果了,赶快逃回家,用刷子刷了一个多小时才刷干净。晚上,这五个人开了个秘密会议,共同做了个决定:第二天到学校,在同学中间散布消息,就说那个山上有个四合院,院里有棵芒果树,树上的芒果特别好吃。结果,两个星期以后,他们班上有一半的同学都掉进过臭粪坑。

读完林清玄的故事,你有什么想法? 请自拟题目,写一篇文章,谈谈对写作选材的看法。

第四节 结构，梳理文章的方式

一、结构的含义

所谓结构，也称作"布局谋篇"，原是建筑学中的术语，它指的是建筑物的内部构造，整体布局。后借用于文章的写作过程中，是指从表现主题需要出发，按照一定的思路将所剪裁的材料组合连缀成有机统一的整体。对于文章的结构，清代学者李渔曾这样形象地说："工师之建宅亦然。基址初平，间架未立，先筹何处建厅，何方开户，栋需何木，梁用何材，必俟成局了然，始可挥斤运斧。倘造成一架，而后再筹一架，则便于前者，不便于后，势必改而就之，未成先毁，犹之筑舍道旁，兼数宅之匠、资，不足供一厅一堂之用矣。"结构主要包括两个方面的内容：一是文章各部分的先后顺序，如文章的总体布局及如何开头、如何结尾这样一些具体的操作问题；二是文章各部分之间的内在联系，如文章的完整性、条理性及层次与组合方式等问题。

二、结构的作用

在写作中，结构是一项艰苦而富有创造性的劳动。结构的作用是非常重要的，一篇文章，如果结构安排妥帖适当，就会使文章的主题鲜明突出，内容层次清楚，衔接自然，前后照应得当，整篇文章就显得集中、完整、统一、和谐；反之，如果不讲究结构，信笔乱写，文章杂乱无章，即使主题再好，也很难表达，吸引读者。因此，结构的好坏直接关系到文章的高下优劣、成败得失。

三、结构的原则

(一)要符合事物发展的规律

文章是现实生活和客观事物的反映，而现实生活、客观事物不管多么曲折复杂，变化多端，实际上它是有其自身的内在规律和内在联系的，即事物的条理性认识得愈清楚，愈透彻，反映起来也就愈清晰，愈有层次。因此写文章就是要依据这种客观规律和内部联系来安排结构。如记叙文的结构，要反映事件及矛盾冲突的发生、发展和解决的过程，反映出事件及矛盾冲突的阶段性以及各个阶段的联系。议论文的结构就要反映中心论点和分论点以及论点与材料之间的内在关系等。

所以,文章结构要正确反映客观事物、事理的客观规律和内部联系,就要在动笔之前对客观事物下一番分析、研究、综合的功夫,努力做到对事物、事理有着比较透彻的认识,这样思路才会清晰,文章结构才会有条不紊。否则,如果作者的思路缺乏严密的逻辑性,文章的各个部分就会各不相干,甚至互相冲突,不能成为一个严密的有机整体。

(二)要符合表达主题的需要

主题是文章的灵魂、统帅,文章的结构要为主题的表现服务,因此,安排结构就是要把材料恰当地安装到主题的轴心上,把材料组织成一个紧密的统一体。刘勰在《文心雕龙》第二十六卷"神思"中说到,文章的立意构思是"驭文之首术,谋篇之大端"。清人李渔在《闲情偶寄》一书的"立主脑"篇中也说:"古人作文一篇,定有一篇之主脑。主脑非它,即作者立言之本意也。"故刘熙载说:"文固要句句字字受命于主脑。"(《艺概·文概》)因此,考虑文章结构的段落和层次,过渡和照应,开头和结尾,主次和详略等,都要服从表现主题的需要。例如:杨朔的《荔枝蜜》为了赞美"蜜蜂"的勤劳、奉献,利用的是先抑后扬的手法。如果离开表现主题的需要,孤立地去评说一种结构形式,很难分清它的优劣,所以,结构形式多种多样、变化多端。但任何结构形式选用的标准却只有一个,那就是符合主题的需要。

(三)要适合不同文体的特点

文章因体裁不同,所以在表现生活时的角度、容量、表现形式等方面也不尽相同。所以,文章的结构会受文体的制约。如诗歌,其特点在于抒情,其结构特点表现为分行分节,音乐性、节奏感都非常强;而戏剧,其特点在于以对话展开情节,塑造人物,其结构特点表现为分幕分场,必须有贯穿全剧始末的戏剧冲突;电影是立体的表演艺术,其特点在于真实地再现生活,有着直接地诉诸人们视觉的生动形象,其结构特点是以"蒙太奇"连接画面,剪辑巧妙,跳动自如,不受时空限制。

以一般文章而论,文体不同,其结构特点也有区别;同一文体的文章,之所以被划入相同的类型,就是因为它们反映生活、反映客观事物的发展和内部联系有着共同的文体特点。共同的文体特点决定了这类文体的基本结构方式。例如记叙文体以记人叙事为主,一般都根据事件展开矛盾冲突、表现人物性格的需要来谋篇布局,文章结构章节层次的划分,要正确反映矛盾发展的阶段、时间地点的转换、人物性格的发展变化。议论文体以议论说理的方式反映生活,一般按照提出问题、分析问题、解决问题的方式安排文章结构。可见,文体不同,文章结构方式各异。所以安排文章结构要注意适应不同文体的不同要求。总之,结构和文章的文体大有关联,结构文章时应"因体"制宜,要考虑并适应不同文体对文章结构的不同要求。

四、结构的基本要求

(一)完整连贯,首尾圆合

任何事物或事理,总会具有各自发展变化的顺序和规律性。所谓完整,就是指文章的结构布局有头有尾,首尾圆合,通篇一体。所谓连贯,就是通篇一贯。这实际上是要求行文思路保持连贯与清晰。思路的连贯性在写作中的体现,常常是以形式的连贯来体现文意的连贯。文章的部分与部分之间,片段与片段之间,前言与后言之间,都要紧密连接,一以贯之,开头、结尾力求照应,这样文章的结构才能严谨、完美。

(二)严密紧凑,顺理成章

所谓"严密紧凑,顺理成章",就是结构布局要细密周严,层层衔接,无懈可击。即不仅要精心安排层次、段落、过渡、照应、开头、结尾,使之衔接紧凑、前后勾连、节节呼应,更应该注重衔接,注重段落语句之间的过渡,这样才不会造成各部分之间内容的疏散与脱离。茅盾说:"整个架子中的任何部分,不论大小,都是不可缺少的,少了任何一个,便损伤了整体美,好比自然界中的有机整体,砍掉它的任何小部分,便使这有机整体成为畸形的怪物。"

(三)疏密相间,错落有致

即长短要适当搭配,要根据主题表达的需要,有详细,有疏略,读者易于了解的地方布局要疏朗,反之要详密。曹雪芹借用《红楼梦》中人物薛宝钗之口说:"……这园子却是像画儿一般,山石树木,楼阁房屋,远近疏密,也不多,也不少,恰恰的是这样。你若照样儿往纸上一画,是必不能讨好的。这要看纸的地步远近,该多该少,分主分宾,该添的要添,该藏该减的要藏要减,该露的要露。"因此,我们在安排层次和段落时,长短要适当搭配,其密度不要均等,要根据文章主题表达的需要,有详密、有疏落,使全篇布局疏密相间,错落有致。

(四)波澜起伏,曲折变化

古人云:"文似看山不喜平。"袁枚也说:"凡作人贵直,而作诗文贵曲。"文章布局应该崇曲忌直。谋篇布局的波澜起伏和曲折变化,反映了客观事物的错综复杂和发展变化,同时,也能满足读者、听者的审美要求。许多经典名篇如《三国演义》中的"三顾茅庐""草船借箭",《水浒传》中的"武松打虎""智取生辰纲"都是一波三折、无笔不曲的佳构。但是，必须合乎法度，既要出人意料，又要在情理之中，要使开合、起落、曲直、伸缩等，恰到好处。

五、结构的内容

文章的结构包括内部结构和外部结构两种。

（一）内部结构

所谓文章的内部结构，就是指文章思路的内在逻辑结构。在叙述性和抒情性文体里，称之为"线索"；在议论性、说理性文体里，称之为"脉络"。不管什么文体，只要有一贯到底的思路，一脉贯通的逻辑，它就必然有一缕贯穿的线索和脉络。思路是线索和脉络的基础；线索和脉络则是思路的表现形式。

1. 线索

所谓线索，就是贯穿在整篇文章中情节发展和思想感情发展的路线。在记叙和抒情文体中线索有着不同的作用。在记叙文体中，它把一个个彼此相关的生活事件，以及场景、细节等贯穿起来，推进情节和人物性格的发展，连接成一个严谨的整体；在抒情文体中，线索是咏物抒情、托物寓意的凭借，联想的纽带，它使主题突出，结构严谨，形散神聚。

由于文章内容有繁有简，篇幅有长有短，因而线索的设置也可多可少。一般说来，线索有以下几种：第一，单线。有的文章，情节较为简单，头绪较为单纯，只有一条线索，称之为单线。如鲁迅的《故乡》就是只以"搬家"为线索。第二，复线。有的文章，情节比较复杂，头绪较纷繁，可设置两条或两条以上的线索，称为复线。复线又可分为主线和副线，明线和暗线。如鲁迅的《药》设置了明线和暗线两条线索：小栓治病是明线，夏瑜牺牲是暗线。第三，放射线。其多用于意识流作品中，它不同于单线、复线式的结构方式，而呈现出一种放射线的"心理结构"特点。这种结构的内容通常表现为"内心独白""自由联想""象征暗示"等。如王蒙的《春之声》《海的梦》等小说，就是运用放射线的"心理结构"写成的。

线索的安排通常有以下几种形式：其一，以主题为线索。是指文章以主题的步步显示为线索，串连材料，形成一个有机的整体。如朱自清的散文《春》，主题为赞美春天，抒发对春天的深切喜爱之情，表现了作者热爱自然、热爱生活、追求美好、积极进取的生活态度。文章围绕这个主题，先写"盼春"，次写"画春"，再写"赞春"，由情而景，由景而意，步步显示主题。其二，以人物为线索。就是在文章中设置一个线索人物，这个人物在全文中只是穿针引线的次要角色，他的主要作用是串连情节、贯穿全文。如鲁迅《孔乙己》中的小伙计，茹志鹃《百合花》中的

"我",就是作品中的线索人物。其三,以事物为线索。作为线索的事物,往往并不是文章所要表现的主体,但它却贯穿于文章的始终,把不同时空中的材料勾连起来,形成一个有机的整体。如莫泊桑小说《项链》里的"项链",冯骥才散文《书桌》中的"书桌",就是作为组织情节内容的线索出现的。其四,以中心事件为线索。在有完整情节的作品中,往往用中心事件来串联材料、构制篇章。如赵树理的《小二黑结婚》,就是以小二黑和小芹的爱情故事为线索。其五,以"感情"为线索。以作品中的主要人物的思想感情变化为线索,以此贯穿整篇文章。如林清玄散文《桃花心木》,就是以"我"的情感变化为线索:奇怪——越来越奇怪——更奇怪——非常感动。以此来说明在不确定中生活的人,能比较经得起生活的考验,会锻炼出一颗独立自主的心。

2. 脉络

所谓脉络,就是作者观察、认识事物,分析问题时思维过程的线路。议论文体里的思想脉络实际上是写作者思想认识在文章内部构造上的反映,是写作者思路的体现。因此,"提出问题——分析问题——解决问题"就构成了议论文体的脉络形态。同时脉络自身必须要具有条理性、贯通性和严谨性,即:有层次,分清先后顺序,有条不紊地表达思想;合乎逻辑,合乎人们的思维形式,使文章流畅贯通;思想脉络细密周严,没有缝隙,没有漏洞等。

(二)外部结构

所谓外部结构,就是文章的外部存在形式。它的主要内容包括:一是层次和段落;二是过渡和照应;三是开头和结尾。

1. 层次和段落

层次是指文章各部分内容表达的次序,是事物发展的阶段性与人的思维发展的阶段性在文章中的反映,它着眼于思想内容的划分,体现作者思想展开的步骤。段落是指文章内容在表达时,由于转折、间歇、强调等情况所造成的分隔、停顿,这是行文时自然形成的基本单位,它侧重于文字表达的需要。层次和段落既有区别,又有联系:层次着眼于思想内容的划分,段落侧重于文字表达的需要;一般来讲,层次大于段落,即几个段落表达一个层次,但也有时段落的划分恰好与层次一致,二者相等。

层次安排方式因文体而有所不同。记叙文体安排层次的方式主要有六种:第一,以时间的推移为顺序安排层次,又称纵式结构。如刘白羽的《长江三日》。第二,以空间的变换为顺序安排层次,又称横式结构。如碧野的《天山景物记》。第三,以时、空交叉为顺序安排结构,又称交叉结构。如曹靖华的《小米的回忆》。

第四,以材料性质的分类安排层次。如茅盾的《风景谈》。第五,以作者的认识和感情发展为顺序安排结构,又称情感结构。如杨朔的《荔枝蜜》。第六,以人物的意识流为顺序安排结构,又称心理结构。如王蒙的《春之声》。而议论文体安排层次的方式,主要有四种:总分式、并列式、递进式和对比式。

而段落的划分要求有三点:一是集中。一段文字要集中表达一个意思,即刘勰所言的"章总一义"。二是完整。就是说一个段落里要完整地表达一个意思,不能在一个段落中,这个意思没有说完,又去说另外的意思。三是匀称。就是指段落的长短、大小要适度,要符合内容表达的需要,做到长短适度、缓急相当。

2. 过渡和照应

过渡和照应是使文章内容前后连贯的一种重要结构手段。所谓过渡,就是文章的层次和段落之间的连接和转换。它在文中起着承上启下的作用,使文中前后相关的两个段落或层次上下连贯,文脉贯通。照应则是文章前后内容关照呼应,又称作伏应。它能使结构显得更加紧凑、层次更为分明、关键内容得以强化,从而给读者以深刻印象和某种启示。

过渡的安排主要有两种情况:一是内容转换处要安排过渡。写记叙文,地点转换、时间转换或事件转换的交接转折处,要安排过渡;写议论文,论述问题转换时,要安排过渡。二是表达方式和表现方法变动时要安排过渡。由叙述转为议论,或由议论转为叙述,由描写转为抒情,或由抒情转为描写时,需要安排过渡;记叙事件采用倒叙、插叙的交换处安排过渡;议论问题,由总到分,或由分到总时,也要安排过渡。过渡的方式主要有三种:一是用过渡词语表示过渡。诸如"因此""由此观之""然而""但是""此外""不仅如此""总之""综上所述""简言之",等等。它们通常被置于段首或句首。二是用过渡句表示过渡。即承上启下、搭桥过渡的句子,一般将其置于前段之末或后段之首。三是用过渡段表示过渡。其作用略同于过渡句,只是它们自身也是相对独立的段落,置于两段或两层之间。

照应的方式主要有三种:一是结尾和开头的照应。如鲁迅的《一件小事》。从篇法上说,开头用反证法,突出小事的重要意义;结尾也用反证法,对比出小事的深刻意义,突出了作品的主题。二是前伏和后应相照应。如茹志鹃的《百合花》中,就用了许多前后照应的细节描写,如树枝和野菊花、两个馒头、通讯员肩上的破洞等。这些前后照应的细节描写,不仅表现了人物的性格,突出了主题,而且使作品各部分的内在联系更为严谨缜密,曲折委婉。三是正文和标题的照应。这种照应,其目的在于点明主旨,突出中心。如魏巍的《谁是最可爱的人》,正文与标题有四次照应,即讲完三个故事,都要安排一段文字与标题照应。

3. 开头和结尾

所谓开头,古人称之为"起笔",就是文章所叙写的事物的开端,或者是议论问题的提出。它的位置比较特殊且又带有"奠基性"。唐彪在《读书作文谱》中说:"通篇之纲领在首段,首段得势,则全篇皆佳。"开头对全文起着控制、引导和领起的作用。所谓结尾,就是所叙写文章的结局,或是议论问题的解决。精心制作一个生动有力、深刻隽永的结尾,可使文章首尾圆合,通篇灵动,完好达意。古人语:"起句当如爆竹,骤响易彻;结句当如撞钟,清音有余。"所以"虎头龙尾"是好文章的半壁江山。当然,怎样开头和结尾,应从文章的整体出发,有利于主题的表达和全文各部分的和谐。

常见的开头方式主要有两种类型:开篇点题式和形象导入式。先说开篇点题式,即开头不凭借其他手段,直接触及题目所要叙述描写的人物、事件、景物或论述的问题,又称"开门见山"。形象导入式,又叫"间接开头",即首先凭借其他手段作引子,然后逐步接触题目所要描写的人物、事件、景物或者论述的问题。开篇点题式主要有四种:第一,开门见山,起句发意,直接揭示主旨。如《背影》,"我与父亲不相见已二年余了,我最不能忘记的是他的背影",不用什么发端,就直接触及"背影"的本题。第二,奇句夺目,先声诱人,让人一见钟情。如杜牧《阿房宫赋》开首:"六王毕,四海一。蜀山兀,阿房出。"大笔挥洒,恢宏博大。前六个字囊括秦灭六国、天下统一的大势;后六字则写出阿房宫的建筑规模,文辞精劲,先声夺人。第三,落笔入题,说明缘由,使人一目了然。如鲁迅《为了忘却的记念》的开头:"我早已想写一点文字,来纪念几个青年的作家……照直说,就是我倒要将他们忘却了。"这个开头,点明题意,表明作者写作动机和感情基调。第四,开头总说,提摄全文,揭示文章中心。即先总说,再详说。如碧野的《天山景物记》的开头:"朋友,你到过天山吗? 天山是我们祖国西北边疆的一条大山脉……如果你愿意,我陪你进天山去看一看。"文章开头对天山作了概括介绍,提摄了全文,给人总的印象,使人受到感染。而形象导入式主要有五种:第一,描绘环境,引入人物。这里所说的环境,包括时间、地点、景物、气氛等。开头描绘景物,其意在于引出人物。如鲁迅《药》的开头:"秋天的后半夜,月亮下去了,太阳还没有出,只剩下一片乌蓝的天;除了夜游的东西,什么都睡着。华老栓忽然坐起身,擦着火柴,点上遍身油腻的灯盏,茶馆的两间屋子里,便弥满了青白的光。"这个开头,交代了时间、地点,描写了环境,引出了华老栓这个人物。第二,抒发感情,渲染气氛。以抒情的笔调,渲染气氛,这是一些抒情散文和小说的开头。如吴伯箫的《歌声》的开头:"感人的歌声留给人的记忆是长远的。无论哪一首激动人心的歌,最初在哪里听过,哪里的情景就会深深地留在记忆里。环境,天气,人物,色彩,甚至连听歌时的感触,都会烙印在记忆的深处,像在记忆里摄下了声音的影片一样。……"这样的开头一下子把读者的感情带入了歌声的海洋,不仅点明了全篇的主旨,也渲染了气氛。第三,回忆联想,引入下文。这种开头方式,不直接触及中心内容,而用联想作为手段,由泛指到专指,然后落在中心内容上。如秦牧的《土地》的开头:"我们生活在一个开辟人类新历史的光辉时代。在这样的时代,人们对许许多多的自然景物也都产生了新的联想、新的感情。不是有无数人在讴歌那光芒四射的朝阳、四季常青的松柏、庄严屹立的山峰、澎湃翻腾的海洋吗? 不是有好些人在赞美挺拔的白杨、明亮的灯火、奔驰的列车、崭新的日历吗? 睹物思人,这些东西引起人们多少丰富和充满感情的想象! 这里我想来谈谈大地,谈谈泥土。"作者运用联想由远及近,由泛指到专指,把许多材料统一到全篇的中心"土地"上来,从而引起下文对土地意义的描述。第四,突兀而起,倒戟而入。即记叙文体中常用的"倒叙"手法。如鲁迅的小说《祝福》就是用这种方式开头的。第五,借用相关事物,引入正题。有的借用故事传说、诗词谚谣,有的从相关、相似或相反的事物谈起。如杨朔的散文《海市》,本来是写山东沿海人民建设社会主义新生活的情景,开头却写了一段海市蜃楼,这种自然变幻的美,渲染了人民现实生活之美。

　　结尾方式一般有五种类型:第一,自然式结尾。是指文章结尾随着记叙或事件发展的自然结束而自然收笔,这种结尾特点是简洁明快,轻快自如。如鲁迅的《从百草园到三味书屋》。第二,含蓄式结尾。指结尾的语言委婉含蓄,让人回味无穷。如鲁迅的《故乡》的结尾:"我想:希望本是无所谓有,无所谓无的。这正如地上的路;其实地上本没有路,走的人多了,也便成了路。"这个结尾写得十分含蓄,蕴藉着人生的深刻哲理,只有细细去品味,才能悟到真谛。第三,抒情式结尾。即结尾时作者对描述的事物抒发真情实感,饱含赞美之情,以此激发读者共鸣。如《金色的鱼钩》一文的结尾:"擦干了眼泪,我把老班长留下的鱼钩小心地包起来,放在贴身的衣兜里,我想,等革命胜利以后,一定要把它送到革命烈士纪念馆去,让我们的子子孙孙都瞻仰它,在这个长满了红锈的鱼钩上,闪烁着金色的光芒!"这样的结尾,老班长那种关心同志、舍己救人、忠于革命的品质便跃然纸上,引起读者强烈的共鸣。第四,余音缭绕式结尾。文章结尾没有完全明白清楚交代事情的最后结果,而是戛然而止,留给读者想象空间,让人回味无穷。如莫泊桑的小说《项链》的结尾。这样的结尾令人惊叹,引人深思,认人回味无穷。第五,展望未来式结尾。即在叙述现状之后结尾展望未来,鼓舞人心,激励斗志。如郭沫若《科学的春天》一文的结尾:"春分刚刚过去,清明即将到来。'日出江花红胜火,春来江水绿如蓝'。这是革命的春天,这是人民的春天,这是科学的春天!让我们张开双臂,热烈地拥抱这个春天吧!"这个结尾充满激情,给人以巨大的鼓舞。

【思考与练习】

一、什么是结构?结构的基本要求是什么?

二、谈谈"间接开头"和结尾方式的类型。

三、仔细阅读台湾著名作家陈启佑先生的微型小说《永远的蝴蝶》,把文章中所有的几组照应都找出来,加以分类,并指出它们在本文中对表现主题、刻画人物、渲染氛围和展开情节的具体作用。

永远的蝴蝶

陈启佑

那时候刚好下着雨,柏油路面湿冷冷的,还闪烁着青、黄、红颜色的灯火。我们就在骑楼下躲雨,看绿色的邮筒孤独地站在街的对面。我白色风衣的大口袋里有一封要寄给南部的母亲的信。樱子说她可以撑伞过去帮我寄信。我默默点头。

"谁叫我们只带来一把小伞哪。"她微笑着说,一面撑起伞,准备过马路帮我寄信。从她伞骨渗下来的小雨点,溅在我的眼镜玻璃上。

随着一阵拔尖的煞车声,樱子的一生轻轻地飞了起来。缓缓地,飘落在湿冷的街面上,好像一只夜晚的蝴蝶。

虽然是春天,好像已是秋深了。

她只是过马路去帮我寄信。这简单的行动,却要叫我终生难忘了。我缓缓睁开眼,茫然站在骑楼下,眼里裹着滚烫的泪水。世上所有的车子都停了下来,人潮涌向马路中央。没有人知道那躺在街面的,就是我的,蝴蝶。这时她只离我五公尺,竟是那么遥远。更大的雨点溅在我的眼镜上,溅到我的生命里来。

为什么呢?只带一把雨伞?

然而我又看到樱子穿着白色的风衣,撑着伞,静静地过马路了。她是要帮我寄信的。那,那是一封写给南部母亲的信。我茫然站在骑楼下,我又看到永远的樱子走到街心。其实雨下得并不大,却是一生一世中最大的一场雨。而那封信是这样写的,年轻的樱子知不知道呢?

"妈:我打算在下个月和樱子结婚。"

四、根据下面两个题目,用不同的方式各拟两个开头:

（一）秋雨

（二）学与思

五、阅读下面短文，分析其结构特点。

关于散文

文　锐

在文学王国里，有一位俏丽、多情、自由的女郎，她便是散文。

她是俏丽的。俏丽如一朵鲜花，俏丽如一湾潋水。俏丽似一乡间村姑，真纯；俏丽似一大家闺秀，好雅。她从不知做作，她属于天然。

她是多情的。有时她是一阵清风，有时她似一股狂澜，有时她会悄悄走进你的心田，有时她会凶猛地叩击你的心扉。一个背影、一张照片、一轮明月、一束鲜花，都会因她而熠熠生辉、光彩无限。巴金曾言："我不靠驾驭文字的本领，因为我没有本领，我靠的是感情。"悄悄打开你的情感之门，感受自然界的万千气象，散文真谛可得矣。

她是自由的。"宇宙之大，苍蝇之微"均可进入她的视线；"古今中外，人事物景"都可成为她的成员。她缘人缘物，可庄可谐；她随情随意，涉笔成趣。有人说，一个人平平常常走于路——这便是散文。

散文因情而生，散文因意而成，散文因言而丽，散文因散而达。有人说，散文是悟出来的。是的，她是一艘承载一切的巨轮，永远停泊在你情感的港湾，静待你心中那一声深情的呼唤：起航！

六、阅读鲁迅的小说《风波》的开头，分析这一开头的方式及所达到的艺术效果；阅读叶圣陶的小说《多收了三五斗》，评论一下小说结尾的妙处。

临河的土场上，太阳渐渐地收了它通黄的光线了。场边靠河的乌桕树叶，干巴巴的才喘过气来，几个花脚蚊子在下面哼着飞舞。面河的农家的烟突里，逐渐减少了炊烟，女人孩子们都在自己门口的土场上泼些水，放下小桌子和矮凳；人知道，这已经是晚饭的时候了。

——鲁迅《风波》开头

第二天又有一批敞口船来到这里停泊，镇上便表演着同样的故事。这种故事也正在各处市镇上表演着，真是平常而又平常的。

——叶圣陶《多收了三五斗》结尾

【阅读推荐】

1. 于冰.写作构思技巧.北京：中国青年出版社，1991.

2. 赵磊等选编. 艺术情思录. 长春:长春出版社,1996.

3. 韩作荣. 诗之魅惑. 北京:华文出版社,2001.

4. 艾克曼辑录,朱光潜译. 歌德谈话录. 北京:人民文学出版社,2003.

5. 宋生贵. 诗之魅性:艺术美学新论. 呼和浩特:内蒙古大学出版社,2006.

6. 陈莲春. 笔尖上的成长:人大附中陈老师教你写立体作文. 北京:华文出版社,2012.

7. 丹·格斯基. 微电影创作:从构思到制作. 上海:上海文汇出版社,2013.

8. 孙绍振. 孙绍振论高考语文与作文之道. 福州:福建人民出版社,2013.

第三章　表达——写作的核心

◎ **内容导读** ◎

表达是写作过程的第三个阶段,即文章的呈现阶段,也就是写作者经过构思孕育而形成的文章意象借助语言文字这一物质载体变为可阅读的物质形态。

表达是文章写作的关键一环。如果说,"构思"是对一篇文章从思想到形式谋划于心的总体设计,那么,"表达"就是将这个总体设计付诸实施,变"蓝图"为"工程",化"思维"为"文章"的过程。表达,具体而言就是表达方式、表达技巧以及语言的运用。

同学们,在通过口语进行"交流"之外,不妨拿起你的笔用文字来与自己、与别人、与自然、与社会进行深情地对谈。

相信自己,能行!

第一节　表达方式

表达方式是文章构成的一种形式要素,是表述特定内容所使用的特定的语言方法、手段。它随语言表达的产生发展而逐步形成。文章的表达方式主要有五种:叙述、描写、抒情、议论、说明。

一、叙述

叙述是写作中最基本、最常见的一种表达方式,它是作者对人物的经历和事件的发展变化过程以及场景、空间的转换所作的叙说和交代。它具有整体性、概括性、独立性、客观性的特点。叙述是记叙性文章的主要表达方式,作者用它来展开情节,交代人物活动和事件经过。一般包括时间、地点、人物、事件、原因、结果六个要素,要求头绪清楚、交代明白、详略得当、波澜起伏。在叙述中,第三人称使用范围最广,其次是第一人称,而第二人称比较特殊,有人以为以第二人称出现的叙述,实际上是由"我"在向"你"说话,所用的还是第一人称。从反映事物变化的时间次序上说,叙述主要分为顺叙、倒叙、插叙、补叙、平叙五种不同的形态。

（一）顺叙

顺叙是指按时间的推移、空间的自然序列来介绍、交代事物变化的方式。这是一种最基本、最常用的叙述方法。由于它循着事物发展的程序,符合人们的接受心理和阅读习惯,因此,便于把叙述内容表述得条理清楚,自然顺畅。但运用顺叙要区分主次,讲究详略,注意疏密相间,防止平铺直叙。如张丽钧的文章《安妥那片蔚蓝》便是以时间为序,写海伦在年轻时便萌发了横渡大西洋的梦想,但父亲和丈夫都没有帮助她实现夙愿,一直等到她89岁才独自完成了那勇敢的壮举。文章在顺叙的过程中,特别注意了详略得当,将概括叙述与详细叙述有机地结合起来,生动地再现了事情的经过,写出了海伦不凡的经历,以及由此自然生发的人生感悟。

（二）倒叙

倒叙是指打破自然时序,先把叙述事件的结局或事件发展过程中某个突出片段提到前边来写,然后再按事件的发生发展顺序展开叙述,传统上被称为"倒插笔"。倒叙因为强调了事件结果或高潮,容易造成悬念,形成波澜,引人入胜;同时,使读者思考该部分所蕴含的思想意义,从而突出主题。但采用这种方法一定要注意起笔的"倒叙"与后文的"顺叙"部分的衔接,使之连接紧密,过渡自然。如鲁迅的小说《祝福》就是采用了倒叙的方法。

（三）插叙

插叙是指在叙述过程中,根据表达内容的需要,暂时中断主线,插入相关的事情或必要的解说。插叙结束后,仍回到叙述主线上来。插叙的内容可以是对往事的回忆联想,也可以是对某些情况的诠释说明,还可以是对人物、事件、背景的介绍。插叙的运用,补充丰富了人物、事件及背景,使文章内容得以充实,叙述曲折,形成断续变化,使行文错落有致。但插叙时要注意:第一,不要喧宾夺主,肆意铺陈。第二,要注意插叙部分与主线的衔接自然。如茹志鹃的小说《百合花》中"我"对拖毛竹情景的想象,是由"我"与通讯员的谈话引起的,并且又以"我立刻对这位同乡亲热起来"一句回到主线,一离一合之间水到渠成,无一雕琢之痕。鲁迅的《故乡》中有两处插叙。一处是当"我"的母亲谈到闰土时,作者用"这时候,我的脑海里忽然闪出一幅神异的图画来"引出对少年闰土形象的插叙。另一处是对杨二嫂形象的回忆。这两处插叙使闰土、杨二嫂过去与现在的不同形象及不同生活境况形成鲜明对比,充实了文章内容,深入开掘了主题思想。

(四)补叙

补叙是在叙述过程中对前文涉及的某些事物和情况做必要的补充、交代、解释或说明。它的作用在于对前文所设伏笔作出回应,使内容完整充实,情节结构完善,更加真实可信;同时使行文跌宕起伏,收到出人意料的效果。如《水浒传》第十六回《智取生辰纲》一节,叙述在黄泥岗松林内七个贩枣的客商劫走了生辰纲。看到这里,读者自然生疑:同一桶酒,贩枣客商喝得,为什么杨志等人就喝不得?这时,作者不慌不忙地交代了吴用、晁盖等七人的姓名,并介绍了使用障眼法、当面吃酒以瓢下药的经过。这样,通过补叙使得事件真相大白。由此可见,补叙实际上是在叙述时,故意"藏"去若干片段,到后面适当的地方再把这些片段"亮"出来,使读者恍然大悟。通过这一"藏"一"亮",造成叙事的波澜。再如王安石《游褒禅山游记》最后一段交代一同出游的人及写作时间,也是一种补叙。

(五)平叙

平叙也叫分叙,是指对同一时间内发生在不同地点的两件或多件事情所作的平行叙述或交叉叙述。中国古典小说中常说的"花开两朵,各表一枝"或"这头按下不表,先说那头"就是典型的平叙形式。对那些紧系于同一主干事件中的分支进行叙述时,多采用交叉叙述,这可以把头绪纷繁的人与事表现得有条不紊,并且突出了紧张气氛,增强了表达效果;对那些联系不甚紧密,而又由同一主线贯穿的几个人、事、物进行叙述时,则多采用齐头并进的平行叙述,这可以把平行发展的事件交代得眉目清楚,显得从容不迫,而读者则可以同时看到平行的各个事件,从而获得立体的感受。一般来说,平叙只有在写较长的文章时才用得上。如长篇通讯《为了六十一个阶级兄弟》叙述二月二日夜晚同时发生的两件事和二月三日下午五点同时发生的三件事,就采用平叙的方法,既突出了紧张气氛,又使文章层次井然。其他如在《水浒传》《林海雪原》《烈火金刚》《铁道游击队》等长篇小说中都有精彩的运用。

二、描写

描写就是用生动形象的语言,把人物或景物的状态具体地描绘出来,再现给读者的一种表达方式。这是一般记叙文和文学写作常用的表达方式。它具有局部性、细致性、辅助性、主观性的特点,要求有的放矢、捕捉特征、真实可信、形象生动。叙述与描写方式相近,但却有本质的区别。叙述的着眼点是交代、介绍,是对事物的总体概括和过程的反映,其作用在于使广大读者明白了解某个客观事实;描写则着眼于刻画、描摹,重在表现事物的细微之处或侧面局部。描写的作用在于使读者感受客观对象,得到情感的体验。描写的手法若运用得好,能逼真传神、生动形象,使读者如见其人、如闻其声、如临其境,从中受到强烈的艺术感染。叙述完成的是记叙事件的过程;描写完成的任务是塑造形象。描写按对象分,有人物描写、环境描写、场面描写和细节描写;从描写的详略分,有细描和白描;从描写对象的状态分,有动态描写和静态描写等。这里,我们只从描写对象出发,介绍几种常见的描写方式:

（一）人物描写

主要包括肖像、心理、行动、语言的描写。

1. 肖像描写。肖像描写是指对人物的容貌、体态、衣着、神情、姿态等外形的描绘。以揭示人物的思想性格,表达作者的爱憎,加深读者对人物的印象,侧面反映人物的品行。我们知道,外形是理解人物的钥匙,生动的肖像描写可以做到"以形传神",通过外形特征的描写可以在一定程度上看到这个人的内心世界、性格特征、精神面貌、身份境遇等。外貌描写的要求是:根据需要,抓住特征,绘形传神,刻画性格,显示灵魂。如鲁迅笔下的孔乙己身上的一件旧长衫,阿Q头上的癞疮疤,祥林嫂的"花白的头发"等,无不表现他们的身份、地位、思想性格及生活境遇。再如小说《儒林外史》第三回对范进出场时的肖像描写:"落后点进一个童生来,面黄肌瘦,花白胡须,头上戴一顶破毡帽……穿着麻布直裰,冻得乞乞缩缩。"作者通过周进的眼睛,以极俭省的笔墨勾勒出考秀才时范进的形象,不仅描出其外形,还点出了一个科场乞丐的典型特征——物质上的困顿与精神上的猥琐。

2. 心理描写。心理描写是指在文章中,对人物在一定环境中的心理状态、精神面貌和内心活动进行的描写。它包括人物的思想、情感、精神、梦幻等方面的描述。心理描写可以直接表现人物的内心世界,使人物富有"立体感",它是打开人物心灵奥妙的钥匙,也是刻画人物性格、表现主题的重要手段。最常用的是描写人物的内心独白,写出人物的所思所想,让人物毫无遮掩地吐露自己的心声,说出他（她）的欢乐和悲伤、矛盾和愁郁、忧虑和希望,使读者穿透人物外表,看到人物的内心世界。同时也突出文章的主题或表明人物的品质或情感。它是反映人物性格、表达主题的重要手段。心理描写的方法主要有直接描写式、抒情独白式、梦幻描绘式、心理分析式、神态显示式、幻觉展示式等。如鲁迅《阿Q正传》:"阿Q在形式上打败了,被人揪住黄辫子,在壁上碰了四五个响头,闲人这才心满意足的得胜的走了,阿Q站了一刻,心里想,'我总算被儿子打了,现在的世界真不像样……'于是也心满意足的得胜的走了。"这段心理描写为直接描写式,虽很简洁,但很好地揭示了人物的性格特征,将阿Q的精神胜利法"活化"了出来。再如,曹雪芹《红楼梦》之"宝玉挨打"中:"这里宝玉昏昏默默,只见蒋玉菡走了进来,诉说忠顺府拿他之事;又见金钏儿进来哭说为他投井之情。宝玉半梦半醒,都不在意。忽又觉有人推他,恍恍惚惚听得有人悲戚之声。宝玉从梦中惊醒,睁眼一看,不是别人,却是林黛玉。"这段文字,曹雪芹就描写了梦境,属于梦幻描绘式。它既揭示出了宝玉关心体贴少女,思想叛逆,具有民主思想的性格特征,又反映出当时社会中,处于下层地位的人任人宰割的不合理的黑暗现实。在描写人物的心理活动时,应注意三点:第一,要描写特定的人物在特定的环境中必然产生的心理活动,而不能为心理描写而进行心理描写。第二,描写心理活动,要防止左一个心理活动,右一个心理活动。只有在关键的情节、动作、表情出现时,才伴之以心理描写。第三,描写心理活动,要努力写出人物细微的感情波澜和复杂的心理变化过程。

3. 行动描写。是指对人物行为、动作的描写,是让人物自己表现自己,从而展示人物的性格特征和精神面貌的描写。恩格斯曾说:"人物的性格不仅表现在他做什么,而且表现在他怎样做。"而"怎样做"就是行动。行动描写是刻画人物的性格特征,表现人物的精神品质,即塑造人物的主要手段之一。如施耐庵要塑造武松的性格,就安排了一回"景阳冈武松打虎",全是写武松怎样"打",从行动上描写出武松的英雄本色和武艺高强。书中写他采取先防御、后进攻的策略,又显示出他的谋略与机智。作者正是通过对武松打虎全过程的生动细致描写,表现了他多方面的性格特征。再如鲁迅的小说《故乡》中对"豆腐西施"杨二嫂的行动描写:"圆规一面愤愤的回转身,一面絮絮地说,慢慢向外走,顺便将我母亲的一副手套塞到裤腰里,出去了。"作家用简练的笔墨,抓住了人物富有特征的动作,反映了人物的精神面貌。

4. 语言描写。是指对人物的对话和独白的描写。"言为心声",人物语言是思想的直接体现。通过人物语言这个窗户可窥见人物的心灵,可了解人物的思想和性格特征。成功的人物语言描写总是鲜明地展示人物的性格,生动地表现人物的思想感情,深刻地反映人物的内心世界,使读者"如闻其声,如见其人",获得深刻的印象。在描写人物对话时一定要适合于他的身份、阶层、年龄、籍贯、性别,也就是说,要做到对话个性化。如在司马迁的《史记》中,项羽一句:"彼可取而代之!"言语坦率直露,毫无顾忌,表现了他勇而少谋的性格特点;刘邦则说:"嗟乎!大丈夫当如此也!"说得委婉曲折,含而不露,表现出他谨慎而多忌的性格特点。再如鲁迅笔下的孔乙己"多乎哉? 不多也!"显示出孔乙己的迂腐与穷酸;祥林搜的"我真傻,真的!"则表露出祥林嫂的悲苦与麻木。

（二）环境描写

指对人物生活环境中的自然景物和社会环境的描写。自然环境描写,又称景物描写,是对人物活动环境中的自然景物进行的描写,主要包括人物活动和故事发生的时间、地点、气候、季节、风景等。社会环境,从狭义上说,是指人物活动的处所、背景、氛围等;而从广义上说,是指一定历史时期的社会生活、人际关系的总和。不管是自然景物还是社会环境的描写,都必须有明确的目的,或借以交代背景,渲染气氛,或借以映衬人物的心情,烘托人物的性格,总之,都应该为表现主题服务。例如鲁迅小说《风波》的开头,所写的江南农村晚饭时的情景,就是一幅颇具特色的风俗画。而契诃夫小说《变色龙》中的环境描写:"警官奥楚蔑洛夫穿着新的军大衣,手里拿着个小包,穿过市集的广场。……四下里一片寂静。广场上连人影也没有。小铺和酒店敞开大门,无精打采地面对着上帝创造的这个世界,像是一张张饥饿的嘴巴。店门附近连一个乞丐都没有。"则是军警宪兵当道的沙皇统治下的俄罗斯社会的真实写照,它巧妙地交代了狗咬人案子发生的社会背景。

（三）场面描写

是指对在一定时间和环境中,以人物为中心的画面描写。它往往是叙述、描写、抒情等表达方式的综合运用,是自然景色、社会环境、人物活动等描写对象的集中表现。常见的有劳动场面、战斗场面、运动场面以及各种会议场面等。场面描写要表现出一种特定的气氛,单一的表达方式和写作手法是不够的,要综合运用记叙、描写、抒情、议论等表达手段,以及映衬、象征等多种手法,这样才能使场面变成一幅生动而充满感染力的图画。场面描写与环境描写不同,环境描写是描写人物活动的客观环境,是"静态"的描写;而场面描写是以人物活动为中心,是"动态"的描写,它能为人物展示出具有生活气息的场景,使读者如临其境,如见其人。如林嗣环在《口技》中对"口技艺人精彩表演"场面的描写,薛福成在《观巴黎油画记》中对"普法交战"的场面描写,魏巍在《谁是最可爱的人》中对"松骨峰战斗"的场面描写等,都是十分成功的场面描写。

（四）细节描写

是指对人物语言、动作、服饰、心理活动等细小环节或细微事件的描写。写好人物一举手、一投足、一颦一笑的"细微末节",可以撩开人物心灵的帷幕,使人物生动丰满,更有感染力。例如,鲁迅描写孔乙己:"穿的虽然是长衫,可是又脏又破,似乎十多年没有补,也没有洗。"这个服饰细节描写,既说明孔乙己穷,也说明他懒,更表现了他死爱面子的特征,把孔乙己的社会地位、思想性格和所受的封建教育毒害之深揭示得十分深刻。而孙犁在《荷花淀》中这样描写水生嫂:"女人的手指震动了一下,想是叫苇眉子划破了手,她把一个手指放在嘴里吮了一下。"作者用"震动""吮"两个动词,准确、细致而生动地写出了水生嫂得知丈夫明天就要去大部队的消息之后丰富、复杂、细腻的情感世界极其微妙的心理变化,一个关心丈夫、体贴丈夫,但又深明大义、顾全大局的思想进步的青年妇女形象跃然纸上。

三、抒情

刘勰在《文心雕龙》中说:"五情发而为辞章。"狄德罗也说:"没有感情这个品质,任何笔调都不可能打动人心。"抒情就是抒发和表现作者的感情。具体指以形式化的话语组织,象征性地表现个人内心情感的一类文学活动。它与叙事相对,具有主观性、个性化和诗意化等特征。作为一种特殊的文学反映方式,抒情主要反映社会生活的精神方面,并通过在意识中对现实的审美改造,达到心灵的自由。它是抒情文体中的主要表达方式,在一般的文学作品和记叙文中,也常常把它作为重要的辅助表达手段。在叙事性的作品中,它常常与叙述、描写、议论等结合运用。在议论说理的文章中,作者一般很少直抒感情,而是通过对某种观点的论证,体现作者的爱憎感情。概括来说,抒情的方式主要有两种:

（一）直接抒情

直接抒情也叫直抒胸臆,是直接对有关人物和事件表明爱憎态度的抒情方式。其特点是:不要任何"附着物",而是思想感情直截了当地宣泄;不讲究含蓄委婉,而是思想感情毫无遮掩地袒露。这种直陈肺腑的抒情方式,往往显得坦率真挚,朴质诚恳,很能打动人心。如魏巍《谁是最可爱的人》,在介绍志愿军战士的几个英雄事例后,作者写下了这样一段抒情文字:"朋友们,用不着多举例。你已经可以了解我们的战士是怎样的一种人,这种人是什么一种品质,他们的灵魂是多么地美丽和宽广。他们是历史上、世界上第一流的战士,第一流的人！他们是世界上一切伟大人民的优秀之花！是我们值得骄傲的祖国之花！我们以我们的祖国有这样的英雄而骄傲,我们以生在这个英雄的国度而自豪！"作者饱含深情,直抒胸臆,表达了对志愿军战士的无比崇敬和热爱之情。再如余秋雨在《白发苏州》的第三部分中先叙述了关于西施姑娘的种种传说,然后写道:"可怜的西施姑娘,到今天,终于被当作一个人,一个女性,一个妻子和母亲,让后人细细体谅。"

（二）间接抒情

间接抒情是指把感情融于形象之中,借助具体的人、事、物、景,使抽象的主观感情客观化、形象化,使其成为可以被观赏者再体验的对象的写作方法。间接抒情的特点是:要依靠媒介,具有依附性;含蓄委婉,耐人咀嚼,引人联想。它是叙事性、议论性文章表情达意的主要方式和重要方法。运用间接抒情法抒情,可收到含蓄隽永、余味无穷的效果。常见的有即事抒情、借景抒情、咏物寓情等。比如杜甫由自己居住的茅屋被秋风吹破,而想到天下忍饥受冻的百姓,不禁心生焦虑和担忧,借求取“广厦千万间”来抒发自己的忧国忧民情怀:“安得广厦千万间,大庇天下寒士俱欢颜! 风雨不动安如山。呜呼! 何时眼前突兀见此屋,吾庐独破受冻死亦足!”再如巴金的《怀念萧珊》就运用了间接抒情法。他在文中写道:“开刀之后她只活了五天,谁也想不到她会去得这么快! 五天中间我整天守在病床前,默默地望着她在受苦(我是设身处地感觉到这样的),可是她除了两三次要求搬开床前巨大的氧气筒,三四次表示输血较多付不出医药费之外,并没有抱怨什么。见到熟人她常有这样一种表情:请原谅我麻烦了你们。她非常安静,但并未昏睡,始终睁大两只眼睛。眼睛很大,很美,很亮。我望着,望着,好像在望快要燃尽的烛火。我多么想让这对眼睛永远亮下去! 我多么害怕她离开我! 我甚至愿意为我那十四卷‘邪书’受到千刀万剐,只求她能安静地活下去。”这里,作者运用间接抒情法,通过叙述萧珊去世前的情景以及自己的希冀和愿望,抒发了对妻子的深切怀念之情。

不论直接抒情,还是间接抒情,都应当自然而然,深切真挚,从心底流出,切不可“为文造情”,虚情假意,无病呻吟。

四、议论

议论就是作者对某个议论对象发表见解,以表明自己的观点和态度。它的作用在于使文章鲜明、深刻,具有较强的哲理性和理论深度。在议论文体中,它是主要表达方式;在一般记叙文体、说明文体或文学作品中,也常被当作辅助表达手段。在论辩性文章的写作中,议论作为一种主要的行文方式,一篇或一段完整的议论,通常由论点、论据和论证三要素组成。它要求论点明确,论据充分,论证周密。论点是文章的灵魂,是选择材料的依据,是论证的出发点和落脚点,在全文中起统帅作用。写作时注意:论点应正确、鲜明、有现实意义;论点一经确立,在写作时就必须紧紧把握住中心论点来选择结构,不能缩小、扩大或者转移论点;对提出论点的方法进行恰当的选择。论据是论点的基础。论点是在论据的基础上推论出来的,没有充分可靠的论据,论点只是一个空洞的口号。因此论据在议论中十分重要。写论据首先要考虑:用什么作论据? 论据的选择要确凿、权威、典型、充分和生动。可以是事实(事实论据),如可靠的事例、历史性资料、人证、物证、统计数字等。也可以是理论(理论论据),如社会科学理论、自然科学理论,权威人士的言论,还有格言、寓言、谚语等。论证是组织论据证明论点的方法,它好像一条线,把论点和论据有机结合起来。论证要周密、合乎逻辑。论证方式有归纳法、演绎法、类比法、引证法、分析法、例证法、归谬法等。议论分两大类,即"立论"和"驳论"。立论称"证明"式文章,是一种正面阐述自己的观点,运用论据证明论点的真实性与合理性的一种方式。证明常用的方法有:例证、引证、考证和喻证等。驳论称"反驳"式文章,这是一种反证法,作者通过议论,设法证明对方论点是错误的,从而驳倒对方,树立起自己的正确论点。反驳通常有反驳论点、反驳论据、反驳论证三种方法。无论是"立论"或者"驳论",都要"以理服人"。

五、说明

说明是用简明扼要的文字,把事物的形状、性质、特征、成因、关系、功用等解说清楚的表达方式。这种被解说的对象,有的是实体的事物,如山川、江河、花草、树木、建筑、器物等;有的是抽象的道理,如思想、意识、修养、观点、概念、原理、技术等。说明运用广泛,教材讲义、科学报告、字典辞书、类书方志、著作注释、文物介绍、产品说明等都离不开说明。

说明文体语言的根本要求是科学性、严谨性、准确性、真实性、周密性、简练明确;文学性说明文体还要求生动性、形象性。恰当地运用说明方法,能提高说明语言的科学性和准确性,使说明对象更具体、更生动,让读者更明白、更清楚作者的意思,更能增强说服力,有时也能增强读者的阅读兴趣,更突出主题。但应用"说明"这种表达方式时,应重视客观性,不能掺杂个人的主观好恶。常见的说明方法有举例子、分类别、列数字、做比较、列图表、下定义、引用(引资料、引神话、引诗句、引名人名言)、做诠释、打比方、摹状貌、作假设等。

【思考与练习】

一、什么是倒叙?什么是插叙?什么是补叙?什么是平叙?

二、谈谈叙述与描写之间的关系和异同点。

三、什么是直接抒情?什么是间接抒情?

四、论点、论据、论证之间的关系是什么?

五、先阅读下边一段文字,然后回答问题。

在那短促的一瞥中,渥伦斯基已经注意到了安娜有一股压抑着的生气流露在她的脸上,在她那亮晶晶的眼睛和她的朱唇弯曲了的隐隐约约的微笑之间掠过。仿佛有一种过剩的生命力洋溢在她整个的身心,违反她的意志,时而在她的眼睛的闪光里,时而在她的微笑中显现出来。她故意地竭力隐藏住她眼睛里的光辉,但它却违反她的意志在隐约可辨的微笑里闪烁着。

(节选自列夫·托尔斯泰《安娜·卡列尼娜》)

1.这是一段非常精彩的肖像描写。安娜的内在美是通过哪些外形的具体描写表现出来的?

2.安娜的内在美表明她是一位什么样的女性形象?

六、阅读下面文字,谈谈作者运用了哪些说明方法。

台风,是一种灾害性天气,是人类的一大祸害。但是倘若没有台风,人类将有更多灾祸。

目前,全世界水荒严重,工农业生产和生活用水都感不足。而台风这一热带风暴却是重要的淡水资源。台风给日本海、印度、东南亚和美国中南部都带来了大量的雨水,占这些地区总降水量的四分之一。

赤道地区受日照最多,干热难耐,如果没有台风驱散这一地区的热量,热带会更热,寒带也会更冷,温带将会消失。没有台风,我们将没有昆明这样的春城,也没有四季常青的广州。

台风最大时速为200公里左右,其能量相当于400颗2000吨级氢弹爆炸时所释放出的能量。过去、现在和将来都凭借这个能量使地球保持热平衡。

第二节 表达技法

表达技法就是运用语言文字表达文章意思内容的带有特殊艺术规律的技巧、手段、方法的总称。掌握一定的表达技法对自己写文章有极大的帮助。表达技法种类很多,这里我们重点介绍五种:

一、烘云托月法

烘云托月法原是国画的一种画法,指用水墨或较淡的色彩,点染轮廓外部,使物象鲜明,集中突出,加强表现效果。后借用于写作之中,指对作品所描写的主要对象不作正面的刻画,而是通过写周围的人物和环境,使其鲜明突出的写作技法。

元代王实甫《西厢记》第一本第一折金圣叹批:"而先写张生者,所谓画家烘云托月之秘法。"烘云托月法在写作中的运用广泛而多样,最常见的主要有两种:一是通过与所描绘的形象相关联的人物来烘托,多用于人物形象的塑造。二是通过与作品所描绘的形象相关联的环境来烘托,既可用于烘托气氛和景物,也可用于刻画人物。运用烘云托月法要注意处理好"云"和"月"的关系。其中"月"为主,"云"为次,"烘"是手段,"托"是目的。因此,铺陈写"云",须"意在月处";虽笔笔绘"云",实为字字画"月",不能反客为主。同时,为了更准确、传神地画"月",必须着力于绘"云","云"写得愈是美丽,"月"才愈是动人。

例如,乐府民歌《陌上桑》描写罗敷的形象,就是运用"烘云托月法"生动地表现了罗敷惊人的美丽与勤劳的品质。她一出现就牵引着"行者""少年""耕者""锄者"的视线,他们一个个被她的美丽吸引而发呆。作者没有正面写她的容貌,让罗敷的美在旁观者的眼中、反应中虚摹,使读者充分去发挥自己的想象,让人更感到罗敷的美貌真是达到了极致,难以用笔墨形容,增强了艺术感染力。再如鲁迅《社戏》中写"我"因看戏等得不耐烦而兴味全无,没有正面写"我"扫兴,而是写舞台上演员的脸在自己眼中变得模糊了来表现。又如白居易的《琵琶行》在正面描写琵琶女的精彩弹奏后,用了"东船西舫悄无言,唯见江心秋月白"从外部环境上加以烘托,侧面表现琵琶女弹奏的魅力。

二、红花绿叶法

俗话说:"红花需要绿叶扶。"红花绿叶法就是利用事物间相似或相反的条件,以某些事物作陪衬,来突出要描述和要表达思想的一种写作技法,也称作"衬托"。古诗曰"五岳归来不看山,黄山归来不看岳",就是用五岳来衬托黄山。衬托分正衬、反衬。利用事物间相似条件来衬托某一事物,称正衬。如杨朔《茶花赋》,先赞美梅花、玉兰、迎春,但"其实这不是最深的春色",茶花才是"春深似海"。作者用梅花、玉兰、迎春等正面衬托茶花的美。《老残游记》中写白妞说书,作者为了突出白妞说书的技艺高超,先用琴师弹琴的动听、黑妞说书赢得人们的喝彩来做衬托。这是写人的正衬。而反衬是利用事物间相反的条件来衬托的。如要突出一个人物或事物的特点,就用具有相反特点的人物或事物来衬托所要表现的人物或事物。《三国演义》中写诸葛亮"草船借箭",如果只写诸葛亮如何承诺造箭、借箭,他的性格特点不一定会表现得那么鲜明,而加进了鲁肃这个人物就不同了。作者极力表现了鲁肃的纳闷、疑虑、焦急、紧张,从而突出了诸葛亮的胸有成竹、智慧过人和镇定自若。这是"以人衬人"。另外,还可以以物衬人或以景衬人。比如杜甫的"感时花溅泪,恨别鸟惊心"的诗句,就是以美好的事物花、鸟来反衬自己的伤乱之情。

三、欲扬先抑法

欲扬先抑法是指行文中根据生活的真实性和艺术的辩证法,使情节的安排、事件的发展等呈起伏变化的写作技法。如作者想褒扬某个人物,却不从褒扬处落笔,而先是按下,从相反的贬抑处落笔。用这种方法,使情节多变,形成波澜起伏,造成鲜明对比,容易使读者在阅读过程中,产生恍然大悟的感觉,留下比较深刻的印象。此法实际运用起来,有时欲扬先抑,有时欲抑先扬,有时抑扬交错,有时几抑几扬等。《战国策》中有一段"冯谖客孟尝君"的故事,文章的开头写冯谖既无爱好,又无能耐,有时还爱闹待遇、发牢骚,简直是成事不足,败事有余,作者把他贬抑到最低处。然后却笔锋一转,写他如何为孟尝君经营"三窟",写出了他非凡的才能。开头的"抑"是为了衬托后面的"扬"。再如贾平凹的《丑石》中的那块石头,"我"和乡亲开始是嫌弃、讨厌,但等到天文学家发现并搬走以后,人们惊奇之余,最后才认识到丑石的价值。这也是欲扬先抑,抑是假,扬才是真。运用欲扬先抑法,需要注意三点:第一,要明确抑扬的辩证关系。无论是欲扬先抑,还是欲抑先扬,或者抑扬交错,总有一个主次之分,写作时要把重心放在抑或扬的行文意图上,不可平均用力。第二,应有较强的"落差"。抑要抑得足,扬要扬得高。只有抑够,才能扬高;只有扬重,才能抑狠。第三,要找出抑与扬的内在联系。不论是先抑还是先扬,"抑"与"扬"都是现象,因此必须找出事物的内在联系,找到二者相通的桥梁,才能完成由抑到扬或由扬到抑的艺术转化。

四、张弛相间法

张弛相间法是作者为了真实地反映现实生活的丰富多彩和发展变化,使行文有起有落,不给人以呆板单调的感觉,有意将紧张激烈、快节奏的描述与轻松舒缓、慢节奏的描述结合起来。运用恰当,可使文章节奏有快有慢,情节开展有紧有松,读者心理有张有弛,从而获得独特的艺术魅力和感人的效果。但要注意:第一,要在张弛之间拉开距离,形成反差,以紧张激烈来映衬松弛舒缓。第二,要转换自然,张弛有度,张中有弛,弛中有张,紧密结合。如《史记·项羽本纪》中的"鸿门宴",范增欲杀刘邦,"数目项王,举所佩玉以示之者三",是"张"之始;范增又"召项庄",令其"剑舞""以击沛公",乃"张"之中;樊哙"带剑拥盾入军门""披帷西向立,瞋目视项王,头发上指,目眦尽裂"。项王亦"按剑",此时剑拔弩张,一触即发,乃"张"之至;项王赐酒与樊哙,节奏趋"缓",乃"张"之末;后来"沛公起如厕""令张良留谢""脱身独骑""间至军中",情节由"疾"变"徐",由"张"而"驰",惊心动魄的情节在张弛之间展开,扣人心弦。再如孙犁《荷花淀》中的"水上遇敌"一段,先是"轻轻划着船,船两旁的水哗,哗,哗。顺手从水里捞出一棵菱角来……"写出了妇女们愉快的心境,节奏是舒缓的。日本船一出现,节奏加快:"小船拼命向前摇""大船紧紧追过来了",就连水声也由平和变得急促,"哗哗,哗哗,哗哗哗"的。这就是先弛后张。

五、画面剪接法

画面剪接法又称作"蒙太奇"。法语 montage 的音译,有剪辑与组合之义,是电影创作的主要叙述手段和表现手段之一,也就是把许多镜头剪辑组织起来,使之成为一部前后连贯、首尾完整、主题统一的影片。这种电影手法,后来运用到写作中,变成一种简便易行的写作技法,就是把不同时间、不同地点的生活画面或片段巧妙地"剪辑组合"起来,产生一种不同于各部分相加之和的艺术效果,用以表现某一主题的手法。

这种手法,不仅不受时空限制,取材广泛自由,而且可以省去承上启下的过渡句、段,使材料更充实、更集中;它使用片段或标题式的排列方式,这些片段或画面之间,不一定要衔接,而是各自有各自独立的起讫,每个小版块都有各自的相对完整性和相对独立性,只是所有的片段或画面必须围绕着一个主题或中心,使文章思路更清晰、更有条理;每个画面或片段,不能是同一个层面或同一个角度的内容,应该是多角度、多侧面、全方位、立体地表现主题;另外,片段或画面的排列也必须要有一定的逻辑性,或纵或横或层层深入,不能混乱无序。比如写初春的景物,一般的写法是边叙述、边形容,而用镜头描写的方式可以这样写:

初春。田野。

大块大块的新绿随意地铺着,有的浓,有的淡;树上的嫩芽也密了;田里的冬水也咕咕地起着水泡。这一切都使人想着一样东西——生命。

暮春。小河。

河水清澈见底,缓缓流动。两岸绿柳成荫,倒映水中。水面一群鸭子,逆流而上。远处一只渔船,停泊在岸边。

在这里,新芽、嫩绿、春水,春天的气息,生命的召唤,画面层次感强,饶有诗意,而河水、绿柳、鸭子、渔船四种景物构成了一幅生动的暮春图,给我们一种视觉的美感。

总的来说,蒙太奇技法只是写作技法之一。用这种手法时,要正确理解"剪辑组合"的含义,防止断章取义、随意拼凑的现象。学习写作是一个长期积累的过程,只有平时加强综合训练,练好基本功,寻求真正适合自己的写作技法,才能应对各种类型的写作需求。

写作技法种类很多,但都是为表现文章思想内容服务的,不应故弄玄虚。技法运用妙在"有心"与"无心"之间,达到出神入化的地步,其最高境界正如巴金所说的"技巧是在无技巧之中"。写作技法本身也是不断发展、充实与完善的,要努力做到创造性地运用。

【思考与联系】

一、什么是烘云托月法?什么是画面剪接法?

二、阅读贾平凹的散文《丑石》,看它用了什么写作技法,有什么好处。

丑 石

我常常遗憾我家门前的那块丑石呢:它黑黝黝地卧在那里,牛似的模样;谁也不知道是什么时候留在这里的,谁也不去理会它。只是麦收时节,门前摊了麦子,奶奶总是要说:这块丑石,多碍地面哟,多时把它搬走吧。于是,伯父家盖房,想以它垒山墙,但苦于它极不规则,没棱角儿,也没平面儿;用錾破开吧,又懒得花那么大气力,因为河滩并不甚远,随便去掮一块回来,哪一块也比它强。房盖起来,压铺台阶,伯父也没有看上它。有一年,来了一个石匠,为我家洗一台石磨,奶奶又说:用这块丑石吧,省得从远处搬动。石匠看了看,摇着头,嫌它石质太细,也不采用。

它不像汉白玉那样的细腻,可以凿下刻字雕花,也不像大青石那样的光滑,可以供来浣纱捶布;它静静地卧在那里,院边的槐荫没有庇覆它,花儿也不再在它身边生长。荒草便繁衍出来,枝蔓上下,慢慢地,竟锈上了绿苔、黑斑。我们这些做孩子的,也讨厌起它来,曾合伙要搬走它,但力气又不足;虽时时咒骂它,嫌弃它,也无可奈何,只好任它留在那里去了。

稍稍能安慰我们的,是在那石上有一个不大不小的坑凹儿,雨天就盛满了水。常常雨过三天了,地上已经干燥,那石凹里水儿还有,鸡儿便去那里渴饮。每每到了十五的夜晚,我们盼着满月出来,就爬到其上,翘望天边;奶奶总是要骂的,害怕我们摔下来。果然那一次就摔了下来,磕破了我的膝盖呢。

人都骂它是丑石,它真是丑得不能再丑的丑石了。

终有一日,村子里来了一个天文学家。他在我家门前路过,突然发现了这块石头,眼光立即就拉直了。他再没有走去,就住了下来;以后又来了好些人,说这是一块陨石,从天上落下来已经有二三百年了,是一件了不起的东西。不久便来了车,小心翼翼地将它运走了。

这使我们都很惊奇!这又怪又丑的石头,原来是天上的呢!它补过天,在天上发过热,闪过光,我们的先祖或许仰望过它,它给了他们光明,向往,憧憬;而它落下来了,在污土里,荒草里,一躺就是几百年了?!

奶奶说:"真看不出!它那么不一般,却怎么连墙也垒不成,台阶也垒不成呢?"

"它是太丑了。"天文学家说。

"真的,是太丑了。"

"可这正是它的美!"天文学家说,"它是以丑为美的。"

"以丑为美?"

"是的,丑到极处,便是美到极处。正因为它不是一般的顽石,当然不能去做墙,做台阶,不能去雕刻,捶布。它不是做这些玩意儿的,所以常常就遭到一般世俗的讥讽。"

奶奶脸红了,我也脸红了。

我感到自己的可耻,也感到了丑石的伟大;我甚至怨恨它这么多年竟会默默地忍受着这一切,而我又立即深深地感到它那种不屈于误解、寂寞的生存的伟大。

三、阅读下面这一段汤姆·克兰西关于写作技法的论述,结合自己的写作实践,谈谈你对写作技法学习和运用的体会。

我从来没有看过任何一本讲述如何写作的书。真正的写作技巧绝不是看来的,这正如打高尔夫球一样,透过看书去学会打高尔夫球是不可思议的,真正学会高尔夫球是在不断打球的过程中最终掌握技巧,学会要领。同理,写作也是这样,学习写作的唯一方法就是去写,只有坚持不断地写下去,写到你最后真正学会写作。

第三节　表达载体

一、语言在写作的作用

写作从根本上说就是要表达自己的所思所想,也就是要写出自己的思维。那么如何把自己的思维化为实实在在的东西呢?主要靠一种载体,即语言。

　　文章是客观事物在人们头脑中能动反映的产物,语言则是思维的直接现实,是文章最直接、最实在的表现形式,是载体,也是表达思想、抒发情感,构成文章的物质手段。因为文章就是由字、词、句这些语言的基本单位组成的。文章的内容和形式,都要靠语言来充实和装饰。语言表达若不行,即便你遇到了再好的素材,萌发了再好的想法,激荡起再好的情感,到头来也只会是"竹篮打水一场空"。

　　语言作为人类最重要的交际工具,人们利用它来传递信息、交流思想,以达到相互了解的目的,能否运用语言文字去恰当表达思想内容,这不仅是一个人是否具有写作能力的重要标志,更是一篇文章成功与否的关键之所在。唐朝诗人杜牧曾言:"凡为文以意为主,以气为辅,以辞采章句为兵卫。"可见,丰富多彩的语言,是使文章优美感人的重要条件。俗话说:"人靠衣服马靠鞍。"同样,文章要靠语言去"装扮",尽可能用你强悍的语言双臂支撑起崇高的思想与深厚的感情,创作出锦绣篇章。

二、写作语言的基本要求

(一)达意的整体性

　　所谓"达意的整体性",一是指语言的声、色、势、态与文章的主题浑然一体,有机统一。如诗句"春风又绿江南岸"的"绿"字,既有色彩的静态美,又有春风化雨的动态美,写出了诗人赞美故乡、思念故乡的感情。二是指围绕文章的主题而形成的语言本身的逻辑性。即文章的"字、词、句、段、篇、章"之间应该做到逻辑严密、浑然一体。

(二)风格的鲜明性

　　语言风格指的是写作者在写作实践中语言运用的个性特点。不同的写作者、不同的作品都有不同的语言个性,这就是语言风格的鲜明性。语言风格是多种多样的:有的准确,有的模糊;有的简洁,有的丰繁;有的平实,有的华美;有的明快,有的含蓄;有的风趣,有的庄重;有的雄健,有的婉约,等等。在具体的写作中,该用何种风格,要根据内容进行选择。前人这样评价韩愈、柳宗元、欧阳修和苏轼的散文风格:"韩如海,柳如泉,欧如澜,苏如潮。"而现代著名作家的作品也大都体现了自己的语言风格,如鲁迅的犀利、深刻,冰心的婉柔清新,叶圣陶的严谨切实,刘白羽的热情奔放等,都体现出不同的美感特征。

(三)符合文体特征

　　不同文体的文章写作,对语言的运用有不同的要求。例如,新闻文体,这类文体使用的词语基本用原义,主要运用陈述句。它所表达的内容带有不可抗拒的客观、同一的趋势,不同的读者阅读此类文字会得到大致相同的结果。它不太重视藻饰,不讲究句式的跳跃、变化,具有准确鲜明、简洁精练的特点。文学文体,这类文体的语言是艺术语言,常常使用词语的变义、喻义、象征义等,带有强烈的主观性。其特点是形象性、表情性、口语性和独创性。表现在词句上则是大量运用描绘性、表情性词语。句式灵活多样,运用多种修辞方法,并尽量使叙述语向"口语"靠拢。理论文体,这类文体常运用概念、判断、推理的方式来表达观点和见解。其词语具有单一性、透彻性,句式多用陈述句和判断句,且多用术语,概括性、逻辑性强,论辩浓厚。具有准确严密、鲜明犀利的特点。应用文体:这类文体要求用词造句要符合规范,合乎事实,语义要单一,句式要完整。力求通俗,能说明问题,少用疑问句和感叹句,少用描述性、表情性词语,多用陈述句、判断句,注重客观实际,讲究实效,具有简明性、模式化的特点。

三、如何提高语言表达能力

(一)在思想上要"重视"语言

这是对语言的一个态度问题,这是提高语言表达能力的前提。

古人云:"情欲信,辞欲巧。"就是说文章所表达的感情要真实可信,所用的文辞(即语言)一定要精巧,要讲究。高尔基说:'文学的第一要素是语言。……文艺作品必须运用明确的语言和精选的字眼。古典作家们正是用这样的语言来写作的。"布瓦格也说:"一句漂亮话之所以漂亮,就在于说的东西是每个人都想过的,而所说的方式却是生动的、精妙的、新颖的。"因此要想使自己的语言散发光彩,必须要讲究语言。中国古代的文人特讲究语言。且不说卢延让的"吟安一个字,捻断数根须",也不说杜甫的"为人性僻耽佳句,语不惊人死不休""新诗改罢自长吟",更不用说曹雪芹的"字字看来皆是血,十年辛苦不寻常",单单说说讲究语言到了"走火入魔"的唐代诗人贾岛。据《刘公嘉话》载,说有一次贾岛去访问李凝幽居,于驴背上得"鸟宿池边树,僧敲月下门"之句。但对其中是用"敲"字还是用"推"字,一时拿不定主意。就在他神思恍惚中,撞上了"大官"韩愈的车马仪仗。而韩愈呢,并没有因此而去责怪他,告诉他还是用"敲"字,于是"推敲"成了讲究语言的一个专用名词。还是这个贾岛,为了《送无可上人》中"独行潭底影,数息树边身"这两句诗,整整"写"了三年,为此他写道:"两句三年得,一吟双泪流。知音如不赏,归卧故山秋。"真可谓是在思想上重视语言的"典范"。为此,作家孙犁说:"从事写作的人,应当像追求真理一样去追求语言。"只有这样,才能写出千古流传的篇章。

（二）要学会"积累"语言

这是提高语言表达能力的基础。主要包括积累语言的途径与方法。

1. 积累语言的途径

（1）走进生活，向社会各阶层学"活"的"流动"的语言。

曹植在《与杨祖德书》中曾说："街谈巷说，必有可采；击辕之歌，有应风雅。"社会生活是丰富多彩的，同样，社会各阶层群众的语言也是丰富多彩的，正如作家老舍所说："从生活中找语言，语言就有了根。"因此我们要积累、学习语言，首先要到群众中去学习。因为群众的口语，包括俗语、谚语、歇后语等，具有新鲜活泼的特点。

毛泽东说："要向人民群众学习语言，人民的语汇是很丰富的、生动活泼的、表现实际生活的。"鲁迅也主张写文章要"将活人的唇舌作为源泉，使文章更接近语言，更加有生气"，并表示自己要"博采口语，来改革我的文章"。因此，许多成功的作家都是从群众中学习积累语言。比如，在司马迁《史记》中就用了当时的口语："夥颐！涉之为王者沈沈者。"（《陈涉世家》）儿歌："颍水清，灌氏宁；颍水浊，灌氏族。"（《魏其武安侯列传》）谚语："桃李不言，下自成蹊。"（《李将军列传》）再如，（俄）犹太作家肖洛姆·阿莱汉姆书信体小说《美纳汉·曼德尔》，受到了伟大作家高尔基的高度称赞，说这是"一本绝妙的好书"。其"绝妙"很大程度上取决于书中的"骂语"，而这和他的继母有关。13岁时肖洛姆·阿莱汉姆就失去了母亲，他的继母为人很凶，经常打骂他。他习以为常以后，慢慢觉得继母骂人的话虽尖酸刻薄，但很有特点，于是，他就偷偷地拿个本子把后妈咒骂他的话记录下来，并把这些词汇编成一部小词典，命名为《后母娘的词汇》。后来，他更是有意识地把"后母娘的词汇"用到所写的作品中去，使其笔下人物的语言千姿百态，妙趣横生。骂语如"吃——让蛆虫把你吃掉！""叫——让你牙疼得叫起来！""缝——给你缝寿衣！""所有——让你患上所有的溃疡烂肉！""写——给你写药方，把你写入死人的名册里！"简直称得上是"骂人专家"。

俗语道："话须通俗方传远。"这"通俗"来源于生活，来自民间，来自社会各阶层的人民群众。但向群众学习语言，不能"照抄"，要加工、提炼，使之更精炼，更生动，更规范。因为有些方言土语，虽很生动，但别处的人看不懂，因而就必须对它进行提炼、加工，使之更加民族化、大众化，从而更好地发挥传播信息的媒介作用。

（2）走进书本，向经典学习规范化语言。

经典包括中国经典和外国经典。经典著作的作者都是语言艺术家。古人曾说:"《文选》烂,秀才半。"同时也说:"熟读唐诗三百首,不会作诗也会吟。"因此对某些经典名著要读熟、读烂。如郑振铎背诵《左传》,巴金背诵《古文观止》,范文澜背诵《文心雕龙》,茅盾背诵《红楼梦》等,这些都对其写作产生了巨大的影响。对此,巴金曾深有体会地说:"我背得较熟的几部书中间有一部《古文观止》。这是200多篇散文的选集;从周代到明代,有传、有记、有赋、有论、有祭文。里面有一部分我背得出却讲不清楚,有一部分我不但懂而且喜欢,像《桃花源记》《祭十二郎文》《赤壁赋》《报刘一丈书》等等。读多了,读熟了,常常可以顺口背出来,也就能慢慢地体会到它们的好处,也就能慢慢地摸到文章的调子。但是当时也只能说是似懂非懂。可是我有200多篇文章储蓄在脑子里面了。虽然我任何一篇都没有好好地研究过,但是这么多的具体的东西至少可以使我明白写文章并非神秘不可思议,它也是有条有理、顺着我们的思路连下来的。……我得感谢我那位强迫我硬背《古文观止》的私塾老师。这两百多篇古文可以说是我真正的启蒙老师。……读得多,即使记不住,也有好处。"

但学习书本语言,要有创造性,不应依样画葫芦,重在一个"化"字。叶圣陶说:"模仿不是好方法,抄袭是自己骗自己",练习写作时"要说真话,说实在话,说自己的话"。例如,高尔基初学写作时,曾在阅读了大量的意大利和英国诗歌的基础上写了一首长诗《老橡树之歌》。为了使这首诗更"美"一些,他从读过的意大利和英国诗歌中挑选了许多诗句,写进了这首长诗中。高尔基看着自己的作品,十分满意,于是就拿它求教于著名作家柯罗连科。可是,出乎意料的是,柯罗连科读了诗之后,只有一句话:"请您用自己的话,写您自己看到的东西吧!"柯罗连科的话,对高尔基无疑是当头的一盆凉水,使高尔基清醒过来,他终于明白了写文章应该用自己的话的道理。于是,高尔基毅然决然地一把火烧掉了这首长诗,只留下了两句:"我到世界上来,就是为了不妥协!"而这两句话正是他自己的语言,更是他性格的写照。

2. 积累语言的方法

(1)要多去听。

所谓"多听",就是要随时随地用听觉器官去捕捉语言信息,要"张开"耳朵听生活。要广泛地听,在多渠道的听中积累语言。不但要在课堂上听,学校里听,还要在社会上听;不但要面对面听人讲话,还要听广播、电影、电视的语言;不但要利用条件听,还要创造条件听。据说陈望道先生的专著《修辞学发凡》就是他在北京的茶馆中听出来的。

(2)要多去读。

所谓"多读"，就是指多读书面的著作。书籍是古今思想家、政治家、科学家、文学家运用经过提炼、加工的语言写成的，它们的语言具有规范性、经验型、严谨性的特点。读书要"博"，要"杂"，如读历史，不仅要读正史，也要读野史。正如杜甫所说的"男儿须读五车书"。

（3）要多去记。

所谓"多记"，就是听到或读到好的词语、句子，要随时把它记下来，以便复习、使用。据有人统计，英国小说家萨克雷掌握的词汇量大约有五千个；诗人拜伦、雪莱掌握的词汇大约有八九千个；最多的当属戏剧家莎士比亚，他使用的词汇竟高达一万八千个之多。所以他剧中人物的对话，总是多姿多彩，妙趣横生。为此，有人经常翻看《现代汉语词典》，有人爱做卡片，有人爱做笔记。文学家高尔基就有一大堆记录与别人谈话的本子，他说："从十六岁起，我作为一个别人私语的旁听者，一直活到现在。"

（4）要多去用。

所谓"多用"，就是要通过多次的写作实践来积累词汇，加深对词汇的理解，在写作中学习语言规律，从而提高语言的运用能力。写作课学习语言与语言学科研究语言不同。语言学科研究语言是学习语言知识、掌握语言学理论。而写作课学习语言不能仅仅停留于语言知识和理论的掌握上，更要重视运用语言的艺术，将知识转化为技能技巧。俗话说"熟能生巧"，只有多写多练，才能运用自如，使语言成为自己表情达意的得心应手的工具。

（三）要学会"锤炼"语言

这是提高语言表达能力的关键与核心。

1. 语言要准确

准确，就是恰如其分地表情达意。讲究语言的准确性，是语言运用最起码的要求。无论是吕不韦《吕氏春秋》的"一字千金"，僧齐己《早梅》的"一字师"，还是福楼拜提出的"一词说"："不论一个作家所要描写的东西是什么，只有一个名词可供他使用，用一个动词要使对象生动，一个形容词使对象的性质鲜明。因此就得去寻找，直到找到这个名词，这个动词和形容词，而决不能满足于差不多，决不能利用蒙混手法，即使是高明的蒙混手法。"都表明要求我们写作时要精选最准确的语言来叙事、状物、表情、达意。

那么，如何做到语言的准确呢？

（1）用语要认真推敲。

在现代汉语中，可用于表现同一事物的同类词汇往往是很多的。但是，最准确、妥帖、生动的词却只有一个。因此在使用词语时,就要认真推敲斟酌,精选最恰当的词语,准确地表达事物的概念、作者的思想情感,生动地再现事物的状貌。正如散文家秦牧所言:"优美的语言艺术家……总是像卓越的射手似的,要使他的语言的箭精确地射中'意义的靶心';总是像一具精密的天平似的,能够称出各个意义仿佛相似的词儿细微的区分……"如王安石《泊船瓜洲》中"春风又绿江南岸"的"绿"字,就是在斟酌了"过""入""满""到""来"等之后而选定的;再如,鲁迅先生在《阿Q正传》中不同人物对阿Q的"骂语"——赵太爷:"阿Q,你这混小子,你哪里配姓赵!"一副土财主的"霸气"跃然纸上;秀才:"王八蛋!"这是当时上层人士流行的"官骂";王胡:"癞皮狗,你骂谁?你骨头痒了吗?"隐含着倚强凌弱的味道;小尼姑:"这断子绝孙的阿Q!"表现了小尼姑孤苦无依的心理;阿Q与小D对骂:"'记着罢,妈妈的。'阿Q回过头来说。'妈妈的,记着罢。'小D也回过头来说。"极具情趣,因二人势均力敌,故骂得也旗鼓相当。所有这些都体现出人物的身份、地位及性格,真可谓"妙笔落处、分毫无爽"。就让我们记住福楼拜的一句话:"我为了选择一个形容词,常常累得出一身汗!"

(2)精心辨析词义。

首先,要辨别意义的轻重,做到轻重得当。如"希望""盼望""渴望","损坏""毁坏""破坏"。虽然每组词意思相似,但由于轻重有别,所以在使用时要注意把握分寸。其次,要区别范围的大小,做到大小相宜。如"事情""事件""事故",三词虽说意思相近,但范围大小却不同,"事情"最大,而"事故"最小。因此在使用这类词时,一定要避免大词小用或小词大用。最后,要分辨具体、概括之不同,做到具体、概括适宜。例如"树"与"柳树",二者指的都是树木,但前者是概括的、一般的,而后者却是具体的、个别的。

(3)仔细区别词的感情色彩。

首先,要区分词的褒贬。褒义词是体现喜爱、赞许、敬仰之情,如顽强、鼓动、团结等;贬义词则体现为憎恶、斥责、鄙视之情,如顽固、煽动、勾结等。其次,要注意"反语"及词的"弱化"现象。

(4)注意词的语体特点。

语体是指语言在不同体裁的文章中长期形成的体式特征。语体由于运用场合的不同,会逐渐形成其语体色彩。因此,选用时要特别注意,否则会造成用词不当的错误,甚至会闹出笑话。

按语言的来源分,语体可分为:口头语体(听觉语言,具有通俗性、生动性、灵活性的特点,但不够严谨周密);书面语体(视觉语言,具有系统性、严密性、稳定性的特点）。

按语言的文学性分，语体可分为：文章语体（指向性：要求语言与其所指称的对象基本吻合，使人一看就能了解写作者所说的人、景、事、物）；文学语体（审美性：要求语言借助特定的人、景、事、物与写作者特定的意念情思结合在一起，虚构成一个艺术世界，并引起人们的感情共鸣）。

按表达方式分，语体可分为：叙述型（文从字顺，通达质朴）；描写型（语句中饱含作者情感，常以有情的文字去打动读者，具有生动性、形象性）；议论型（语言鲜明、犀利，论辩色彩浓厚，有规范性的特点）；说明型（注重客观实效，排除主观情感，朴实、晓畅）；实用型（讲究实效，具有简洁性和模式性的特点）。

运用何种语体应从三方面考虑：①要从文章的具体内容出发。②要注意发挥个人特长。③要灵活。

（5）句子的结构要合乎语法。

语法是遣词造句的法则。具体说来，主要有四点：

①结构要完整。就是指主语不苟简，谓语不疏漏，宾语不残缺，附加成分要恰当。

②搭配要得当。就是指主宾要相配，动宾要相合，偏正要相应，联合要相当。

③语序要合理。就是指词的位置先后，要遵循一定的规则，不能随意更动。

④关系要明确。就是指分句之间要有内在联系，或者并列关系，或者因果关系，或者条件关系，等等。并且要注意正确运用表示关系的连词。

（6）文章的内容要合乎逻辑。

逻辑是人们思维的规律。要合乎逻辑，就是要符合思维的规律，符合事物的情理，做到概念明确，判断恰当，推理严密。常见的不合逻辑的毛病主要有：

①混淆概念。例如："今年的粮食与玉米又获得大丰收。"这里"粮食"与"玉米"为两个概念：前者是种概念，后者为属概念。它们之间的关系是包容与被包容的关系。把它们并列起来，就犯了混淆概念的错误。

②自相矛盾。例如："我敢肯定，检查团今天下午可能要离开。"在这里，既说"肯定"，又说"可能"，前后矛盾。

③因果无据。例如："他父亲因偷窃被捕入狱，所以他也应该喜欢偷东西。"认为他父亲偷窃，所以断定他也偷东西，这种认识明显不够全面，因为前后之间没有必然的因果关系。

④主客倒置。例如："他的父亲长得和他差不多。"这里应该是他与他的父亲相比，而不应该他父亲与他相比，这里的主客关系是不容倒置的。

⑤逻辑跳跃。例如:"我们要善于找出自己的缺点,把各项工作做得更好。"这句话中间存在跳跃,即只有"要善于找出自己的缺点",缺少"要努力克服自己的缺点"这一步,正确的说法是在句子中间补上"并努力改正"这层意思。

2.语言要精练、简约。

古人言:"用意十分,下语三分。"唐代刘知己也说:"文约而事丰,此述作之尤美者也。"也就是精练、简约,就是以尽可能少的文字表述尽可能丰富的内容,正如孔子所言:"辞达而已矣。"古代人特别注重语言的精练、简约,正所谓"文贵精,不贵多"。例如,杜牧在《阿房宫赋》中这样评价秦始皇的功过:"六王毕,四海一;蜀山兀,阿房出。"只有12字,可谓简洁至极。如东晋陶渊明的短文《阆盗》:"蔡裔有勇气,声若雷震。尝有二偷儿入室,裔拊床一呼,二盗俱阆。"全文25个字,真正做到了言简义丰。再如,在《聊斋志异》的"红玉"篇中,写冯相如和红玉初次相见的情景:"一夜,相如坐月下,忽见东邻女自墙上来窥。视之,美;近之,微笑;招以手,不来亦不去。固请之,乃梯而过。"这里只用了39字就介绍了相如读书的时间,红玉在何方、何处,如何出现,以及他们互相认识的一段过程,何等精练,简约!那么,如何做到语言的精练、简约呢?

(1)思想深刻,认识深刻。

文字的简洁与否,不单纯是个技巧问题,更是个思想和认识问题。所以,要做到语言简洁,不应只在技巧上着力,而应首先要培养观察事物、认识事物、剖析事物的能力,善于在纷纭复杂的社会现实中,把要反映的事物看清想透,并能深入地、准确地抓住事物的本质,唯有此,才能一针见血、一语中的,把话说到点子上,方能用最节约的语言表达丰富的内容。如刘邦,因为对成就霸业后有了深刻认识,所以他的《大风歌》:"大风起兮云飞扬,威加海内兮归故乡,安得猛士兮守四方。"仅用23个字,就表达出成就天下霸业、衣锦还乡以及求贤纳士的迫切心情。毛泽东也擅长用简洁的语言表达方式。他用"夺取全国胜利,这只是万里长征走完了第一步"来比喻社会主义建设道路艰巨而漫长;用"早上八九点钟的太阳"来赞美朝气蓬勃的青少年;用"妇女能顶半边天"来说明妇女在建设中的巨大力量。这和他是一位伟大的思想家的身份不无关系。

(2)大胆删减。

古人云:"篇中不可有冗章,章中不可有冗句,句中不可有冗字。"鲁迅也说说:"写完后至少看两遍。竭力将可有可无的字、句、段删去,毫不可惜。"删减主要包括字、句、段删减,内容的删减,以及关联词的删减。如欧阳修《醉翁亭记》的开头就是因为删除了这山、那山,而用"环滁皆山矣",真可谓清晰明了,恰到好处。

（3）适当运用文言词语。

我国古代的语言，经过千百年的演变与磨砺，经过无数人的加工和锤炼，创造了许多凝练的形式，留下了大量至今生命力极强的词语。因此，我们在写作时，如果适当选用一些有生气的、表现力强的文言词语，可以有效地增强语言的表现力，使文章产生简约而又凝练的效果。如在毛泽东的著作中就很注意吸收古代语言中有生命力的东西，像"知无不言，言无不尽""有则改之，无则加勉"等有益的格言，"胸有成竹""守株待兔""刻舟求剑"等生动形象的成语，以及"鞠躬尽瘁，死而后已""日薄西山""气息奄奄"等被赋予了新义的词语。

（4）必须做到繁简合度。

苏轼有诗云："若把西湖比西子，淡妆浓抹总相宜。"其实语言的繁与简也是这样，要适合内容需要，该繁则繁，当简则简。《红楼梦》长达"一百二十回"不嫌其长，北岛的诗《生活》"网"一个字而不感到其短，鲁迅的《秋夜》"在我的后园，可以看见墙外有两株树，一株是枣树，还有一株也是枣树"并不嫌啰唆。所有这些都是为了内容表达的需要。

精练、简约的文字都有一种美感。车尔尼雪夫斯基说："紧凑——是作品美学价值的第一个条件，一切其他优点都是由它表现出来。"语言紧凑一点，意义才会显豁，思想才会宽敞，形象才会鲜明。

3.语言要形象、生动

亚里士多德说："修辞艺术的大忌，就是一般化，就是模糊笼统。"古人云："言之无文，行而不远。"文章有文采，语言生动活泼，才能起到广泛的传播效应。所以，增强语言的形象感应成为各类文章写作的共同要求。所谓语言的形象、生动，就是有声响、有色彩，能唤起读者的想象，给读者以具体可感的画面。写人，呼之欲出；写物，状态逼真；写事，活灵活现；写景，历历在目；写情，淋漓尽致。如朱自清的《背影》之所以能够打动人，就在于作者刻画了极富形象感的"父亲蹒跚的背影"。

那么，怎么做到语言的形象、生动呢？

（1）从人的各种感觉方面去描绘事物。

只有调动起五官去描绘事物，就会使人获得如临其境、如见其人、如闻其声、如睹其物的真切感受，才会使事物有立体感，具有丰富性。如朱自清笔下的《春》，不仅我们看得见，听得到，还闻得着，触得了，一个丰富多彩的春天展现于我们的面前。

（2）多用"新鲜""具体"的语言。

文章的立意不能拾人牙慧,使用的语言也应该有自己的个性,不能人云亦云。若是文章中,颠来倒去总是那么几个词,没有一点生动活泼的语言,这样的文章自然无人愿意看。好文章,其语言都是新颖别致的。如沈从文《边城》中这样写道:

老船夫怯怯地望了年青人一眼,一个微笑在脸上漾开。

这个"漾"字使画面活了起来,给人以新鲜之感。

如叶倾城的《老来多健忘》中的一句话:

他从来没有想过,会在十八岁的一个夏夜,与祖父的少年时光劈面相遇。

这里,作者表达的内容是"他"没有想到会在十八岁的一个夏夜,知道了祖父少年时的往事,但作者通过"与祖父的少年时光劈面相遇。"这样一个新鲜的句子,生动地表达出了"他"没有想到的"突然",写出了"他"惊讶与欣喜之情。新鲜的语句,令读者眼前也陡然一亮。

再如邓康延的《天下风光在读书》中的一段话:

爱读书的人拥有两个世界。当你清冷寂寞时,或许在彼方邂逅于温馨欢快;当你心浮气躁时,或许在彼方感悟于天高雁小;当你渐疏于自己的年轮时,或许惊省于彼方的林深叶茂。掀开那一掌大小,五颜六色的封皮大门,即有风雨扑来,星光涌来,让你在夏日里读出雪意,于山坳处闻到海涛。

这里,作者运用了引人浮想联翩的新鲜具体的语言,生动地表达出了读书对于人生的种种益处。

（3）多用群众口语。

群众的口语,生动活泼,表现现实生活。多用群众口语,是使语言形象、生动的重要方法。许多优秀的作家都十分重视采集群众的口语,并经过提炼加工,使之用在文章中朴素精练,生动流畅,念来顺口,听来明白。如赵树理、峻青等的作品,都有这样的特点。群众的口语,还包括俗语、谚语、歇后语等。如"好了伤疤忘了疼"（俗语）、"前人栽树,后人乘凉"（谚语）、"懒婆娘的裹脚——又臭又长"（歇后语）等。

（4）适当运用修辞方法。

在文章中适当运用修辞方法,能够使文章语言表达化未知为已知,化抽象为具体,化深奥为浅显,化平淡为生动,可以增强语言的生动性和感染力。且不说曹雪芹就是运用生动而新颖的比喻,使《红楼梦》中的人物个性鲜明、栩栩如生;也不说鲁迅运用形象而妥帖的比喻塑造了许多的反面形象:"媚态的猫""比它主人更厉害的狗""耸身一摇,将水点洒得人们一身一脸"的落水狗等;单说李白、岑参、毛泽东笔下的"雪":"燕山雪花大如席"（李白）、"忽如一夜春风来,千树万树梨花开"（岑参）、"千里冰封,万里雪飘。望长城内外,惟余莽莽;大河上下,顿失滔滔……"（毛泽东）三位诗人运用了比喻、拟人、夸张等修辞手法,使"雪景"生动形象、异彩纷呈。

（5）句式要富于变化。

主要有四种情况:

①语气句式的变化。在现代汉语里,有陈述句、疑问句、祈使句、感叹句,这些句式在表达上都有一定的作用。如果文章的句式单一,就会显得呆板,读来令人厌倦;如果句式多变,就能给人以生动的感觉。因此,恰当选择运用句式,可以更准确、更全面地表达文章的内容。例如,郭沫若的历史剧《屈原》中,有一句婵娟斥责宋玉的话:

原句:你是没有骨气的文人。

改句:你这没有骨气的文人!

原句为陈述句式,虽也表现了婵娟对宋玉背叛屈原的不满情绪,但语气比较平缓。改句则为感叹句式,语气就加重了,憎恨之情也表达得更充分了。故郭沫若说,这一改"就够味了"。

②长短句式的变化。句子有长有短。长句,是指词语多、结构复杂的句子;短句,则是指词语少,结构简单的句子。一般来说,政论文章多用长句,文艺作品多用短句。虽说写文章多以短句为宜,但在较多的情况下,都是长短句配合使用的。长短交替,可以收到更好的表达效果。例如,鲁迅的《从百草园到三味书屋》中长妈妈讲故事的一段:

先前,有一个读书人住在古庙里用功,晚间,在院子里纳凉的时候,突然听到有人在叫他。答应着,四面看时,却见一个美女的脸露在墙头上,向他一笑,隐去了。他很高兴;但竟给那走来夜谈的老和尚识破了机关。说他脸上有些妖气,一定遇见"美女蛇"了;这是人首蛇身的怪物,能唤人名,倘一答应,夜间便要来吃这人的肉的。他自然吓得要死,而那老和尚却道无妨,给他一个小盒子,说只要放在枕边,便可高枕而卧。他虽然照样办,却总是睡不着,——当然睡不着的。到半夜,果然来了,沙沙沙!门外像是风雨声。他正抖作一团时,却听得豁的一声,一道金光从枕边飞出,外面便什么声音也没有了,那金光也就飞回来,敛在盒子里。后来呢?后来,老和尚说,这是飞蜈蚣,它能吸蛇的脑髓,美女蛇就被它治死了。

这段话,有两三个字一句的,也有十五六字一句的,长短交替,错落有致,形成了语言的参差美,表现了故事的起伏,感情的跌宕。

③整散句式的变化。句子有整句和散句。整句是指结构相同或相近,形式整齐的句子。散句是指结构不一致,形式参差的句子。两种句式具有不同的风格,使用整句有整齐之美,使用散句则有错落之美。整句的形式整齐,音节匀称,气势贯通,念起来朗朗上口,给人印象深刻。创作整句的修辞手段主要是对偶、排比、叠字、回环、层递、反复等方法,常用于铺陈,渲染气氛,增强文势。散句的结构各不相同,表达的意思不像整句集中,也没有整句那么强烈的语气,但是散句由于形式灵活多变,用好了也非常生动,因此有人把散句比喻为自由体操。整句和散句一般是交错运用,这样才能使语言波澜起伏,既整齐和谐,又富于变化,引人入胜。例如《走进四季》中的一段:

我不愿迷恋"秋天漠漠向昏黑"的黯淡情调,也不愿感叹"夕阳无限好,只是近黄昏"的凄清无奈,更不愿"为赋新词强说愁"让金秋笼罩愁绪。正如陶渊明偏爱菊,我独爱那一片火红的枫林。秋风萧瑟,枫叶随风轻摆。那红是激情,是斗志,是积蓄力量抵御寒冬的准备,是走向成熟的韵味。品味金秋,品尝硕果,这是怎样的一种喜悦!

这段文字句式灵活多变,长短句相间,整散句结合,读起来朗朗上口,听起来流畅悦耳,令人拊掌击节。

④声音要悦耳动听。写文章时,要注意词句的声调变化,讲究平仄相间,使语言具有抑扬顿挫之美。我们知道,汉字的读音,分平声和仄声,平声字响亮、高昂,仄声字低沉,短促。平声字为"扬",仄声字为"抑"。平仄相间,声音有长有短,有起有落,这便产生了语言的和谐优美、悦耳动听。如杜甫的五律《春望》:

国破山河在,城春草木深。(仄仄平平仄,平平仄仄平)

感时花溅泪,恨别鸟惊心。(平平平仄仄,仄仄仄平平)

烽火连三月,家书抵万金。(仄仄平平仄,平平仄仄平)

白头搔更短,浑欲不胜簪。(平平平仄仄,仄仄仄平平)

4.语言要平易、朴实

所谓平易、朴实,就是指用语要朴素自然,浅显易懂。就像鲁迅先生所说:"有真意,去粉饰,少做作,勿卖弄。"朴素自然并非不讲文采,而是质朴无华,没有故意雕琢的痕迹;浅显易懂并非浅薄平淡,而是深入浅出,含义隽永。正如苏轼所言:"凡文字,少小时须令气象峥嵘,彩色绚烂。渐老渐熟,乃造平淡。其实不是平淡,绚烂之极也。"这是经验之谈。那么怎样做到语言的平易、朴实呢?

(1)有真意,发真情。

孔子曾说:"辞达而已矣。"意思是说,用真切的语言,准确地表达自己的思想感情,就可以了。作者的真情实感,往往是平易、自然的语言来表达的。正如老舍所言:"文字不怕朴实,朴实也会生动,也会有光彩。"

(2)去粉饰,弃雕琢。

传统的文学艺术往往以"天真、自然"为最美,浑然天成,去粉饰、去雕琢,这样才具有珍贵之美,老子说:"信言不美,美言不信。"认为未经雕饰的朴素语言才是真美。李白也有诗云:"清水出芙蓉,天然去雕饰。"文章主要是靠深刻的思想内容来打动读者的,如果因为追求文辞艳美,乃至堆砌辞藻,却给人以肤浅、卖弄之感,不仅不能使文章产生醇厚的魅力,反而会使人望之生厌。如朱自清《背影》,字里行间不见雕琢之痕,特别是对父亲为"我"买橘子时背影的详尽描写,让我们看到了一个父亲对儿子深沉的爱!这个镜头,不知引发了多少人潸然泪下——因为天底下有太多的父亲都有过类似的举动!而描写"背影"并未靠什么华丽的辞藻,而是用了最质朴无华的语言!作家麦家在谈到小说《刀尖》时说:"当我放弃雕琢和粉饰的文字,完全甩开膀子使用口语,笔下的世界、人物和故事,立刻变得丰满和生动起来,写作成了一次有惊无险、充满愉悦的冒险之旅。"

文章写得华丽,相对来说比较容易,但写得朴实自然往往较难。初学写作者,大都故意雕琢,华而不实。并不是说华丽不好,清人吴德旋在《初月楼古文绪论》中说:"作文岂可废雕琢?但须是清雕琢耳。功夫成就之后,信笔写出,无一字一句吃力,却无一字一句率易;清气澄澈中,自然古雅有风神,乃是一家数也。"可见,自然与雕琢,都不可偏废,且自然从雕琢而来,以雕琢为基。

附录:

关于语言

文 锐

语言是魔术师手中的道具。语言有长、有短,亦大、亦小,有轻、有重,亦庄、亦谐。语言有味:有时咸,有时苦,有时酸,有时甜。语言有气:霸气、英气、凡气、火气。

触摸语言,有时冷冰冰,有时火辣辣;有时心中一颤,有时面上一展。语言能穿越时空,语言能穿透记忆;语言沉积了昨天,语言复制了今天。语言让相距遥远的人,心彼此靠得很近、很近。

语言本无情,语言本无意,但因你而升腾,而精彩,而魅力千千,灵性万万。有些人怕语言,把它看得很高贵,不敢接近它,渐渐便疏远了它,陌生了它。其实,语言就是你身边的奴仆,任你驱赶;语言就是你手下的跟班,听你调遣。

　　美的语言如仙乐,绕梁三日,美妙无限;妙的语言似处子,秀目一举,牵走魂魄。鲁迅之冷峻,茅公之冷静,郭老之热烈,巴金之热情,巨人大师的语言如是也。

　　曾几何时,我们曾在语言中沐浴;曾几何时,我们曾把语言发酵……

　　一代伟人毛公曰:"语言这东西,不是随便可以学好的,非下苦功不可。"

　　一介书生鄙人说:"运用语言要在嘴中嚼三遍再吐出。"

　　俗语有:"曲子好听口难开。"

　　常言道:"樱桃好吃树难栽。"

　　鄙人言:"语言能用文自来。"

　　为了学语言,我们应摇头晃脑学"推敲";为了学语言,我们更应走进社会看"民谣"。

　　语言啊,语言,让我喜来,使我忧。

【思考与练习】

　　一、谈谈语言在写作中的作用和写作语言的基本要求。

　　二、如何提高语言的表达能力?

　　三、下面是一些作家精心遣词造句的例子,请说明修改后的句子为什么比原来的好。

　　1. 原句:眼看朋辈成新鬼,怒向刀边觅小诗。

　　改句:忍看朋辈成新鬼,怒向刀丛觅小诗。(鲁迅《七律·惯于长夜过春时》)

　　2. 原句:不过我的心境也很复杂,我虽然不高兴他们(指人民)的愚蠢,但我又爱他们的愚蠢。

　　改句:不过我的心境也很复杂,我虽然不高兴他们的厚道,但我又爱他们的厚道。(郭沫若《屈原》)

　　3. 原句:说这话的是一本没有封面并且前后脱落了好些页的破书,纸色已转成灰黑,字迹是若有若无的了……

　　改句:说这些话的是破书,没有封面,前后都脱落了好些页,纸色转成灰黑,字迹若有若无。(叶圣陶《书的夜话》)

　　四、阅读老舍的散文《济南的冬天》,指出它在运用语言方面的突出特点。

济南的冬天

　　对于一个在北平住惯的人,像我,冬天要是不刮风,便觉得是奇迹;济南的冬天是没有风声的。对于一个刚由伦敦回来的人,像我,冬天要能看得见日光,便觉得是怪事;济南的冬天是响晴的。自然,在热带的地方,日光是永远那么毒,响亮的天气,反有点叫人害怕。可是,在北中国的冬天,而能有温晴的天气,济南真得算个宝地。

设若单单是有阳光,那也算不了出奇。请闭上眼睛想:一个老城,有山有水,全在天底下晒着阳光,暖和安适地睡着,只等春风来把它们唤醒,这是不是个理想的境界?小山把济南围了个圈儿,只有北边缺着点口儿。这一圈小山在冬天特别可爱,好像是把济南放在一个小摇篮里,它们安静不动地低声地说:"你们放心吧,这儿准保暖和。"真的,济南的人们在冬天是面上含笑的。他们一看那些小山,心中便觉得有了着落,有了依靠。他们由天上看到山上,便不知不觉地想起:"明天也许就是春天了吧?这样的温暖,今天夜里山草也许就绿起来了吧?"就是这点幻想不能一时实现,他们也并不着急,因为这样慈善的冬天,干啥还希望别的呢!

最妙的是下点小雪呀。看吧,山上的矮松越发的青黑,树尖上顶着一髻儿白花,好像日本看护妇。山尖全白了,给蓝天镶上一道银边。山坡上,有的地方雪厚点,有的地方草色还露着,这样,一道儿白,一道儿暗黄,给山们穿上一件带水纹的花衣;看着看着,这件花衣好像被风儿吹动,叫你希望看见一点更美的山的肌肤。等到快日落的时候,微黄的阳光斜射在山腰上,那点薄雪好像忽然害了羞,微微露出点粉色。就是下小雪吧,济南是受不住大雪的,那些小山太秀气!

古老的济南,城里那么狭窄,城外又那么宽敞,山坡上卧着些小村庄,小村庄的房顶上卧着点雪,对,这是张小水墨画,也许是唐代的名手画的吧。

那水呢,不但不结冰,倒反在绿萍上冒着点热气,水藻真绿,把终年贮蓄的绿色全拿出来了。天儿越晴,水藻越绿,就凭这些绿的精神,水也不忍得冻上,况且那些长枝的垂柳还要在水里照个影儿呢!看吧,由澄清的河水慢慢往上看吧,空中,半空中,天上,自上而下全是那么清亮,那么蓝汪汪的,整个的是块空灵的蓝水晶。这块水晶里,包着红屋顶,黄草山,像地毯上的小团花的灰色树影。

这就是冬天的济南。

五、走出教室,选择某一景物作为描写对象,写一篇短文,看谁的语言准确、简练、生动、得体。

【阅读推荐】

1.秦牧.艺海拾贝.上海:上海文艺出版社,1978.

2.阎银夫等.作文技法大全.太原:山西教育出版社,1993.

3.温湲主编.艺林妙语.上海:上海文艺出版社,1996.

4.(法)巴什拉著,刘自强译.梦想的诗学.北京:三联书店,1996.

5. 朱明雄等编著. 文学写作大全. 天津:南开大学出版社,1999.

6. 李春青. 诗与意识形态. 北京:北京大学出版社,2005.

7. 苏冠群,李秀兰主编. 新编语言罐头. 呼和浩特:内蒙古人民出版社,2006.

8. 静涛编著. 写作技法大全. 北京:新世界出版社,2012.

第四章　修改——写作的完善

◎ 内容导读 ◎

对于材料,我们努力找寻;对于构思,我们苦苦思索;对于表达,我们颤抖不已、释放快感。但当我们感性的亢奋过去之后,慢慢走上理性的堤岸。修改便成为我们对文章进行全面加工、润色,最后定稿的关键环节。其实,修改主要是属于写作者本人的自我调节。即在文章成型之后,写作者要重新审视构思的实现程度,对文章中不尽如人意的地方进行调整和改动,使文章最大限度地符合自己的写作意图。因此,修改除了对文章的内容与形式进行必要的修正之外,还应当遵循一定的原则,掌握有效的方法与恰当的符号,如此,文章才会变得更加完美、更富"表现力"、更有"说服力"、更具"感染力"。

同学们,不妨互相之间对自己的"大作"进行修改、品评一番如何?

第一节　修改的意义与原则

修改是写作过程中的一个必不可少的重要环节,也是文章写作过程的最后一道"工序",它类似于物质生产过程中产品的精修、检查、验收。因此,文章修改要求写作者有更高、更全面的技能技巧,写作目标的实现、文章质量的提高、写作能力的提升等,都离不开修改。

一、修改是深化认识的重要环节

文章是客观事物的反映。而客观事物是纷繁复杂的,要想全面、深入地认识它,必须经历一个多次往复、不断深化的过程。在社会实践中,人们对客观事物的认识往往不是一次就能完成的,常常是螺旋形的上升状态。这种认识过程反映在写作中,文章的初稿很有可能带有认识不深入、不够全面的毛病。要想改变它,就只能通过修改,再次甚至数次展开思维活动,促进认识的深化,最终把握事物的本质特征并予以集中反映,从而使文章更加完美。反之,就会浅尝辄止、一叶障目,既不能发现文章中的错误,也不能修正错误。因此,文章的修改就是对反映的客观事物反复研究、不断认识和对表现形式精心选择、改进的过程。从人们认识世界的过程来看,修改是十分必要的。

二、修改是提高文章质量的基本措施

"文章不厌百回改""多改出华章"。从古至今,中外的写作名家都非常重视文章的修改,把它当作提高文章质量的重要前提。中国古人讲究炼字炼句,有"日锻月炼"之说。古人云:"安能落笔便好? 能改则瑕可为瑜,瓦砾可为珠玉。"清代学者梁章钜也说:"百工治器,必几经转换而后器成。我辈作文,亦必几经删润而成,其理一也。"大名鼎鼎的欧阳修,传说他应北宋名宰相韩琦之请,为韩琦作了《昼锦堂记》,开篇云:"仕宦至将相,富贵归故乡。"内容雍容,文字典重。韩琦读完全篇,大加赞赏。可是没过几天,欧阳修就派人送来另一篇,说前一篇不妥。韩琦拿前后两篇对比,几乎完全相同,只是后一篇开头换成"仕宦而至将相,富贵而归故乡",加了两个"而"字。前后意义无别,只是后一篇,读起来显得更顿挫,更凝重。英国唯美主义的代表作家王尔德,一个上午为自己的一首诗加了一个标点,第二天上午又在默默地思考后把这个标点拿去了! 因此美国作家柯德威尔曾深有感触地说:"作品不是写出来的,而是改出来的。"所谓"精益求精""千锤百炼",从写作角度来说,主要就是通过反复、认真的修改,不断提高文章的质量。

三、修改是培养写作能力的有效途径

我们知道,修改的主要任务就是要不断发现问题并解决问题,使文章最终尽善尽美。从这一角度说,修改的过程就是不断提高写作者发现问题、解决问题的能力的过程,而发现问题、解决问题的能力,又是写作能力的一个重要方面。所以,修改是培养写作能力的有效途径。有写作经验的人都知道:作十篇,不如改一篇。法国作家福楼拜说过:"涂改和难产是天才的标志",从某种意义上说,修改能力是高一级的写作能力,能把文章改到什么水平,就可以说其写作达到了什么样的水平。对此,清代文章家唐彪说得更为具体清晰:"盖作文如攻玉然,今日攻去石一层,而玉微见;明日又攻去石一层,而玉更见;再攻不已,石尽而玉全出矣。作文亦然,改窜旧文,重作旧题,始能深造。"在修改的过程中,写作者不仅思路得

到了有效的锻炼,思维方式进一步改善,而且能对文字进行锤炼,字斟句酌,从而提高了写作能力。

四、修改是对读者负责的具体表现

从文章具有广泛社会影响来看,修改也具有重要意义。文章是社会交流的一种工具,是写给别人看的。文章一旦发表,它不仅仅属于作者,更是属于社会,在社会上产生一定的影响。文章的社会效果、社会功利是客观存在的。如果写作者不认真修改自己的文章,就会有害于社会,甚至贻误读者。所以,写作者不仅动笔前要深思熟虑,在行文时要小心谨慎,严肃认真对读者负责;就是在文章写完,在呈现给读者之前,还要一丝不苟地进行推敲斟酌,查缺补漏、认真完善,以求得精益求精、尽善尽美。曹丕曾把文章称为"经国之大业,不朽之盛事";杜甫也称"文章千古事";老舍曾说:"写完了,狠心地改,不厌烦地改。字要改,句要改,连标点都要改,毫不留情。对自己宽大便是对读者不负责任。"于是郭沫若将他的第一部诗集《女神》改得面目全非;曹禺的《雷雨》也是几经修改,目前的通行本和最初的发表稿也早已大异其趣了;19世纪俄国最伟大的作家列夫·托尔斯泰,他写作《安娜·卡列尼娜》竟然也修改了十二次之多,从而完成了他第二部里程碑式的巨著;而据说海明威的《老人与海》的结尾修改次数竟达二十次之多;果戈理更因为不满意自己的作品,居然把《死魂灵》第二部无情地付之一炬。所有这些,都体现了作家强烈的社会责任感。

修改文章,就是力求以最完美的形式表现最完美的内容,因此应遵循以下原则:

（一）要有全局观念

修改文章要通观全局,从全篇着眼,从大处入手。首先要考虑主题、结构等文章的重大问题;然后再斟酌用字、用词、用语是否简明、准确,语言是否流畅,标点符号是否规范,书写是否工整等方面的局部问题。例如,一个段落的语言再好,如果从全局来看是多余的,最后还是要删掉,那对这段语言的加工润饰岂不白费力气? 因此刘勰在《文心雕龙》中这样说:"总文理,统首尾,定与夺,合涯际,弥纶一篇,使杂而不越者也。"意思是要使文章的各部分组成一个严密的整体,就要综合全文的条理,统一文章的首尾。从全局出发决定哪些该写,哪些不该写,将文章的各个部分之间融汇成一个统一的艺术整体,从而使内容上虽繁杂但却是有条不紊地表达出来。

（二）要突出作者个性

所谓作者个性，主要针对文章的风格与语言而言，修改时要注意保留原来的个性特点，谨慎修改。个性因人而异，正如刘勰所言；"各师成心，其异如面。"因此，文章修改时如果只强调了规范性，而忽视了每个写作者独有的个性，那读者阅读时就会觉得味同嚼蜡。虽说文章的各个部分都合乎了写作的要求，但却丢失了神韵与风采。因此，修改文章时，要尽力保留自己的新颖、独特的构思立意、结构布局、表达技巧、语言风格等。由此看来，修改文章一定从文章的具体个性出发，千万不能把文章改成千篇一律、千人一面的模式，对于"主观主义"与"教条主义"的修改万万要不得。

（三）要强调文体意识

文体是文章体裁、语体及风格的有机统一，是文章长期以来所形成的体式规范。文章的修改要强调自觉的文体意识，合乎文体的基本规范，写什么样的文体就要符合它的文体特点。文体意识是指写作者在长期写作实践与欣赏中，对不同文体模式的自觉理解、熟练把握及独特感受，是对读写实践的一种能动的再认识。"得体"，可以说是写作者进入写作成熟阶段，具有独特风格的一种标志。

（四）要留出回旋余地

一篇文章的价值，常常是作者的创造与读者的接受共同来完成的。文章只是提供了一个空筐，留出了大量的空白，而读者往往根据自己的社会经历、文化背景、知识结构、审美情趣等，往文章这个筐和空白中充填属于自己的理解和想象。因此，在修改文章的过程中，要注意留出读者思考、想象和回味的宽广空间。

【思考与练习】

一、联系个人写作实际，谈谈文章修改的重要意义。

二、修改文章应遵循的原则是什么？

三、鲁迅先生在临终前一个月，写下绝笔之作《死》，但初稿刚写完，却立即作了修改，其中一段是这样改的：

原文：大约我们看待生死都有些随随便便，不像欧洲人的认真了。

改文：大约我们的生死久已被人们随意处置，认为无足轻重，所以自己也看得随随便便，不像欧洲人那样认真了。

试分析鲁迅先生这样改的好处。

第二节 修改的内容、方法与符号

修改文章,既要着眼于内容,又要关注形式。内容主要包括主题与材料,形式则主要包括结构和表达等。具体说来:

一、完善主题

主题是写作构思时已经确立的要在文章中表达的核心内容,是文章的灵魂,也是贯穿全文的一条红线。考虑修改文章时,首先要看主题把握得准不准,提炼的深度够不够,是否集中,是否新颖。那些不正确的、片面的、模糊的、肤浅的主题,要进行完善与修改,使之更正确地、鲜明地反映客观规律,深刻揭示事物的本质。如歌剧《白毛女》的主题,原来只是反封建、反迷信,但定稿时,却改为"旧社会把人变成鬼,新社会把鬼变成人",使主题更揭示了事物最内在的本质,从而大大往前推进了一步。再如,列夫·托尔斯泰创作《复活》前后历经十余年,数次修改作品的主题,最后将原来设想的道德批判主旨改为社会批判主旨,由主题的变化引发了故事情节和人物性格的变化,使作品具有了更加深广的社会意义,成为了一部批判现实主义的经典之作。但要注意,主题的修改和完善,是一项复杂的工作,往往会牵一发而动全身。因此,在修改与完善时,要从全局出发,通盘考虑,慎重对待。

二、增删材料

指的是文章材料的改变,是解决"言有据"的问题。在文章中,观点统帅材料,材料说明观点。优秀的文章往往是观点与材料有机统一的。如果一篇文章因材料不足,致使内容不充实时,就要增补材料;材料过多,比较臃肿,淹没了观点时,就要进行删减;而材料不够典型、真实时,则要进行检查修正。列夫·托尔斯泰说:"没有任何天才的增添可以像删节那样使作品更加完美。"在《复活》中,他为了塑造饱经忧患、受尽折磨的妇女玛斯洛娃,仅是她受审出场时的肖像描写就改了二十次。第一稿出场时的肖像是这样的:"她是一个瘦削而丑陋的长发女人,她所以丑陋,是因为她那个扁塌的鼻子。"这里主要突出了"丑陋"的"扁塌的鼻子",显得面目可憎,完全不符合她原来的本质。后来又改为:"她的一头黑发梳成一条光滑的大辫子。有一对不大的,但黑得异乎寻常的发亮的眼睛,颊上一片红晕,主要的是,她浑身烙上了一个纯洁无辜的印记。"这次改写,虽然显示了她原来的纯洁的本质,但却不符合她当时的囚犯身份。最后则改为:"一个小小的、胸部丰满的年轻女人,贴身穿一套白色的布衣布裙,外面套一件灰色的囚大衣,活泼地走出来,站在看守的身旁。她脚上穿着布袜和囚鞋。她头上扎着头巾,明明故意地让一两绺头发从头巾里面溜出来,披在额头。这女人的面色显出长久受着监禁的人的那种苍白,叫人联想到地窖里储藏着的番薯所发的芽。她那短而宽的手,和大衣的宽松领口里露出来的丰满的脖子,也是那种颜色。两只眼睛又黑又亮,虽然浮肿,却仍然放光(其中有一只眼睛稍稍有点斜睨),跟她那惨白的脸儿恰好成了有力的对照。"就这样经过大幅度的增删材料后,一个被公子哥侮辱和伤害的牺牲者形象,跃然纸上。再如,魏巍在谈到《谁是最可爱的人》的创作体会时说:"在朝鲜时,我曾写过一篇《自豪吧,母亲》的通讯,里面写了二十多个我认为最生动的例子。带回来给同志们看了看,感到不好,就没有拿出去发表。因为例子堆得太多了,好像记账,哪一个也说得不清楚、不充分。以后写《谁是最可爱的人》,就只选择了几个例子,在写完后又删掉两个。事实告诉我:用最能代表一般的典型例子,来说明本质的东西,给人的印象是清楚明白的,也会是突出的。"

三、调整结构

结构是文章的骨架。调整结构就是改动文章的结构布局。文章写作讲究篇章结构的精巧布局,做到"言之有序"。如果文章的结构混乱、层次不清,就会严重影响文章的表达效果,乃至主题。结构的调整包括六个方面:层次、段落、开头、结尾、过渡、照应。其中尤其以层次、段落的划分和安排,能够正确地体现事物之间的内在联系和事物发展、变化的客观规律为要。例如,当年叶紫小说《夜哨线》,请鲁迅修改,鲁迅在信中告诉他说:"大约预计是要写赵得胜,以他为中心,展开他内心的和周围的事件来。然而第一段所写的赵公,并不活跃,从第二段起以下的事件,倒是紧张、生动的。于是倒映上来,更显得第一段的不行。我看这很容易补救,只要反过来,以写事件为主,而不以赵公为主要角色,就成。那办法,是将第一段中描写及解释赵得胜的文章,再缩短一些,就是减少竭力在写他个人的痕迹,便好。不过所谓'减少',是减少字数,也就是用几句较简的话,来包括了几行的原文。"在信中,鲁迅不仅指出了《夜哨线》的不足,而且还提出了具体修改的办法,即调整结构。再如,徐迟在撰写报告文学《在湍流的漩涡中》初稿时,采用了纵断面的结构,写周培源的一生重要的经历和成就,从20世纪30年代写到70年代,内容冗长,但人物性格并不鲜明。后来,诗人臧克家建议他借鉴方苞的《左忠毅公逸事》的结构方式,改用横断面结构,截取 1976 年 10 月初的一个晚上,周培源在家中思想活动这一段,因为这一段是周培源一生经历中最激动人心、最有意义、处于最高潮的一部分,是"一个时代结束,一个时代开了端"的社会重大转折关头,因此也最宜于鲜明地表现周培源的思想性格。然后,通过周培源的回忆,把他所经历的重要历史画面穿插进来,使之浓缩在这个晚上的横断面上,从而实现了写作意图。由于作家这一结构调整,使文章的主线清晰,布局缜密,人物性格更加鲜明、突出。因此,我们在调整结构时,要充分注意文章内容与形式之间的联系,努力做到既要结构形式更为新颖、独特,更为严谨、合理,又使文章内容更为生动、具体,更为明白、畅达。只有同时兼顾了这两个方面,文章才会进一步增强其艺术感染力。

四、润色语言

"润色"是对语言文字进行加工修饰,是增加表达艺术性的手段,也是文章修改中最重要的一环。即先看词句的表达是否准确,想要表达的意思是否得到了恰如其分的表达;然后是在表达准确的基础上,增添文采、强化风格、突出特色。古今中外的成功作家,无不在语言的润色、加工、锤炼上下苦功夫的。无论是唐代贾岛为"推""敲"两字的苦苦选择,还是宋代王安石为用一个"绿"字,曾几易其稿。因此,一篇文章要想做到字字响亮,文采斐然,在修改的时候,就必须重视语言的加工、润色。

润色语言,概括起来就是删、增、理、换四个字。所谓"删",就是删去文章中多余的字、词、句与语段。与主题无关的闲文应该删去;空洞的议论,也应该删去;内容重复,字句啰唆的,更应毫不可惜地删去。如欧阳修的《醉翁亭记》,原来开头写了四周有这个山,那个山,有几十个字。后来欧阳修感到有些离题和累赘,修改时就统统删掉,只留下"环滁皆山也"五个字。所谓"增",就是适当加字、词、句,使内容有所扩展,使文章更加紧凑。比如,鲁迅的《藤野先生》,对藤野先生讲课的神态,原稿是这样描写的:"一将书放到讲台上,便向学生介绍自己道……"而修改时,则增加上了"便用缓慢而很有顿挫的声调,向学生……"如此一改,使藤野先生的音容笑貌更显逼真,又和结尾处的一段文字形成鲜明的对应,使人觉得他可敬可亲。所谓"理",就是指调整词的次序,使语言通顺、表意准确。有些文章的语词,就是因为次序安排不当,而影响表达效果。如钱钟书《围城》中有这样一段话:"好几个拿了介绍信来见的人,履历上写着在外国'讲学'多次。高松年自己在欧洲一个小国里读过书,知道往往自以为讲学,听众认为他在学讲——

讲不来外国话借此学学。"变动"讲学"字序,语意恰成相反。再如,侯宝林大师的一句相声:"什么'文化大革命',实际上是'大革文化命!'"词语一调换颠倒,内容发生了质变,同时颇含幽默味,增强了表达效果。所谓"换",就是换个词,换个句子,使原来的语句更合理,更准确,更有力。如鲁迅的《自嘲》诗,在未定稿中有"横眉冷看千夫指"一句,但最后定稿时,将"冷看"改为"冷对",一个字的改动,充分表现了鲁迅临危不惧、大义凛然的战斗精神,也体现出鲁迅锤炼语言的功力。

五、检查文面

文面,即文章的外表面貌。文面整洁、美观、大方,让人一看就爽心悦目,因而也就愿意读下去。古人云:"妙笔润纸增文采,文面俊美显文意。"检查文面,主要看三个方面:

(一)文字书写

文字书写是文面最直观的内容,它要求规范、工整、美观大方。所谓"规范",就是指不能写错字、别字、生造字,也不能在标准简化汉字中夹杂繁体字,或使用已经废弃的"二简字";所谓"工整",即如叶圣陶先生说的那样,做到"个个字笔画清楚,间架匀称,整幅字行款整齐";所谓"美观大方",就是说写字要有一定的基本功,尽量在楷书和行书的基础上,把字写得匀称、协调、秀丽或刚劲些,不要忽大忽小,忽肥忽瘦,左右倾斜,歪歪扭扭。

(二)标点符号

标点符号是书面语言的有机组成部分,它包括标号九种:引号("")、括号(( )[ ] ‖)、破折号(——)、省略号(……)、着重号(.)、书名号(《 》〈 〉)、间隔号(·)、连接号(-)、专名号(___)。其作用在于表示书面语言里词语的性质或作用。点号七种:句号(。)、问号(?)、感叹号(!)、逗号(,)、顿号(、)、分号(;)、冒号(:)。其作用在于表示口语中不同长短的停顿。符号八种:注释号(*)、隐讳号(×)、虚缺号(□)、斜线号(/)、标识号(▲或●)、代替号(~)、连珠号(……)、箭头号(→)。标点符号的使用,一要正确,二要规范。所谓"正确",就是标点符号的使用要根据内容表达的需要来确定,该用什么标点符号就用什么标点符号,不可随意乱点,信手乱标,否则内容和表达都会受到影响,甚至产生歧义或造成相反的意义。所谓"规范",指的是标点符号使用位置正确,书写方式标准。如"点号"单占一格,写在左下角,不能写在行首,等等。

(三)行款格式

行款格式是文字书写的行列款式,主要包括以下几个方面:

1.标题。应居中书写，通常上、下各空一行。标题只有两字的，两字之间可空一格。如果有副标题，则应在副标题加破折号，并在主标题文字下缩进二格。

2.署名。在标题下面空一行居中或文前右上方书写，也可写在文末右下方。

3.每段开头空两格。

4.序码。一般按章节目，逐级排列，切忌使用混乱。具体为：一、（一）、1、（1）、①。

5.引文。较短的引文，可写在段中，直接加引号；间接引用不加引号。如果较长的引文，可另起一段，开头空四格，引文段左缩进两格，右缩进两格或不缩，不用引号。

6.附注。附注就是对文字的附加的解释和说明，目的是让别人和自己很容易看懂。注有三种：夹注，即夹在正文中间的注解。它紧接在所注字、词、句后面，注文用圆括号括起。脚注，就是指附在文章页面的最底端的，对某些东西加以说明，印在书页下端的注文。注文写在正文当页下方，注文与正文之间用一横线隔开。尾注，在文章末尾（或每章节之后）依次作注。脚注和尾注在加注之处需用注码①……标出。注码单占一格，写在格子的左上方。附注的内容和顺序是：（著作）作者：书名，××出版社，××××年第×版，第××页。或（论文）作者：论文题目，杂志名称，××××年第×期，第××页。

文章的修改要讲究一定的方法，较为常用的方法有以下几种：

（一）读改法

这是在修改过程中进行修改的一种特殊方式，也就是文章初稿写成后，通过大声朗读后将拗口、不通顺之处改过来的方法。"读"指读出声音，而不是默读。正如杜甫所言："新诗改罢自长吟。"因此，凡读起来非常通畅、响亮的文章，一般来说没有大的文字上的毛病；反之，读起来别别扭扭、疙疙瘩瘩的东西，多半有毛病。老舍说："文章写完之后，可以念给别人听听。念一念，那些不恰当的字句，不顺口的地方，就显露出来了，才可以一一修改，文章叫人念着舒服顺口，要花很多心思和功夫。"在世界著名作家中，应用这种方式修改作品成绩最为显著的当属海明威。在他近四十年的创作生涯中，每天都要把写成的草稿从头至尾读一遍，读到不满意的地方则大刀阔斧地修改，有的重要地方他要反复吟咏修改，然后接着写下去，他将著名的中篇小说《老人与海》反复读了200余遍，修改了200余次，最后才付印。海明威就是用朗诵推敲法，从感觉、视觉、触觉上去刻画形象，用最简洁精练的语言将作者、形象和读者的距离缩短到最低限度,从而形成了独特的"海明威风格"。因此,读,可以使人充分体会文章的节奏感和语言韵味,品味出何处"通",何处"堵",最后通过修改,最后"理气化瘀"。

(二)冷却法

冷却法是一种文章初稿完成后,先放一放,写作者对文章的思路作必要的调整,使自己的头脑清醒一些,然后再作修改的方法。俗话说:"字怕挂,文怕放。"文章刚写成,有些毛病不容易很快被发现,只有放置一段时间才能看出文章的问题所在。这是因为人们在思考问题时,每采取一种特定的思路,相隔时间越短而重复同样思路的可能性就越大,这时候的思考就会受到已有思路的局限,一时难以较客观地评判其成败得失。这就需要我们对写好的作文做一番"冷却"处理,即采用鲁迅所提倡的"等到成后,搁它几天,然后再来复看,删去若干,改换几字"的修改方法。只有这样,旧的思路会减弱和淡薄,才有可能采用新的思路,克服习惯性思路的消极影响,从而发现存在的毛病,初稿上的问题就会一目了然。文学史上的佳作,大都是作家反复"冷却",不断修改的结晶。古人写作后把初稿贴在墙上,不断看,不断改,就是这种冷却法。俄国著名作家富尔曼诺夫就是这样"时时地抚弄"自己的作品,"看一看,摸一摸",每一回冷却之后,"都会发现缺点",反复修改到"问心无愧"的境地,才送出去发表,他的代表作《夏伯阳》就是这样诞生的。当然,冷却的时间不宜过长,应当适度,同时因人而异,没有固定的标准。但不管怎样,搁置的目的,是调整情绪,转换心态,以便更加客观、冷静地对待文章,少一些特殊情绪对文章修改的影响。搁置冷却,反复修改,就会使文章步步提高。

(三)求助法

求助法是指在自己修改有困难,或者修改效果不太理想的情况下,主动将文章初稿示人,虚心听取别人意见,求得别人帮助与指点的方法。俗话说:"当局者迷,旁观者清。"一篇文章刚写成,我们不妨趁热打铁,采取"加热"处理的修改方法。即将自己的习作拿出来与大家交流切磋,广泛听取"旁观者"的意见和反映。这不但有利于启发作者站在读者的立场上客观地评价文章,而且能够集思广益,在较短的时间内收到拓宽思路、提高认识的实效。俄国作家果戈理曾把《死魂灵》的某些章节读给一个对文学一窍不通,甚至抱有成见的大官吏听。他是这样解释自己的做法的:"我是根据我的著作对不大读小说的人所产生的印象来判断它们的价值的。如果他们发笑了,那就是说真正感人……"著名作家老舍,在作品写成之后,总要挑一些章节念给"老北京"们听,根据他们的反应来评判修改自己的作品。"加热"处理集思广益,是中外作家修改文章的经验,很值得初学者借鉴。但在虚心听取别人的意见时,也要注意保持自己独立的见解和立场,不能毫无原则地人云亦云,特别是对于读者指正的问题,要以严谨的态度进行调查核实,要考证读者意见的正误,不要轻易地听信某些看法。例如朱自清的《荷塘月色》发表后,有读者来信说,蝉在北平的夜晚是不叫的,朱自清并没有马上对文章进行修改,而是请教昆虫学家并进行实地考察,最后得出了"蝉在北平的月夜是鸣叫的"结论。所以,写作者在对待读者的反馈意见时一定要审慎。

(四)自改法

自改法就是由写作者自己去修改自己文章初稿的方法,因为"改"的最终执行者还应是写作者自己。对于小学生来说,教师不能把你的一切强加给小学生,因为你不能代表他,同时小学生的"天真""幼稚"你永远改不出。教育家叶圣陶先生就曾多次提到让学生自己修改的问题:"作文是要自己改,这样就处于主动地位。'改'与'作'的关系非常密切,'改'的优先权应属于写作的人,所以更要着重培养学生自己改的能力。""文章要自己改,学生只有学会了自己改的本领,才能把文章写好。"通过老师的指导,学生知道了自己作文的缺点,也就明确了修改的重点,这时可趁热打铁,让学生自己来修改,改什么,怎么改,全由学生自己做出判断、自己进行修改。学生的兴趣较浓,都会精心地把自己的作文"打扮"得更完美,这对提高学生写作水平可起到事半功倍的效果。

(五)师生共改法

师生共改法就是指师生共同讨论、一同修改的方法。叶圣陶先生说:"修改非语言文字之事,实为思想认识之事。"学生初次学习修改作文,修改的大部分是字、词、句,而对明摆着的"思想认识之事",却看不出来。针对这种情况,教师可拟定出有代表性的"病例",组织指导学生"诊断病情"、分析"病因",从而开出"药方"。研讨时不但要联系写作训练重点,还要指导学生从选材、立意、篇章结构、遣词造句诸方面去考虑,从而培养学生全面修改作文的能力和习惯。

(六)电脑修改法

现代信息社会对文章的修改提出了新的要求。文章修改既要求严肃认真、精修细改,又要求高效快速、善于应变,只有这样才能适应现代信息社会瞬息万变、以快制胜的要求。随着书写工具的改进发展,尤其是电脑的普及应用,用电脑对文章进行修改应成为日趋普及的重要手段。电脑修改法指运用电脑软件所提供的手段和技巧来修改文章的方法。电脑修改具有灵活性、快速性和规范性的特点。所谓"灵活性",是指电脑对文章进行修改更加灵活方便。不仅可以不留任何痕迹,而且文句段落的增补、删除、插入、更换等都在电脑屏幕上进行,往往只需按几个键就可以轻松完成。此外,使用电脑还可以对文章的字体、字号及标题的位置进行修改和调整,而这是用笔修改难以进行的。所谓"快速性",是指使用电脑的工作效率要远远高于用笔修改。一般人一旦学会汉字的输入技术,将大大超过用笔的书写速度,加之电脑修改的灵活性等特点,其修改效率也是用笔无法比拟的。所谓"规范性",是指电脑对文章进行修改时,在格式、文字、标点符号等方面完全符合规范化要求。如文字,电脑只按国家标准接受和处理规范化的汉字信息。正因为电脑具有以上特点,所以文句段落的增删更为容易,文章结构的调整更为便利,文稿外观更为整洁清晰,誊写打印更为快速高效,从而避免了许多用笔修改的种种弊端。

对于以上几种方法的使用,要突出一个"活"字,即可选择其中一种,也可几种并用。同时,还可以另外选择或者创造其他一些方法,目的都是为了有效地提高文章的质量。

修改还需要运用一些修改符号,通常有这么几种:

1. 删除号:用来删除字、标点符号、词、短语及长句或段落。

2. 恢复号:又称保留号,用于恢复被删除的文字或符号。如果恢复多个文字,最好在每个要恢复的字下面标上恢复号。

3. 对调号:用于相邻的字、词或短句调换位置。

4. 改正号:把错误的文字或符号更正为正确的。

5. 增添号:在文字或句、段间增添新的文字或符号。

6. 重点号:专用于赞美写得好的词、句。

7. 提示号:专用于有问题的字、词、句、段,提示作者自行分析错误并改正。

8. 调遣号:用于远距离调移字、标点符号、词、句、段。

9. 起段号:把一段文字分成两段,表示另起一段。

10. 并段号:把下段文字接在上文后,表示不应该分段。

11. 缩位号:把一行的顶格文字缩两格,表示另起段,文字顺延后移。

12. 前移号:文字前移或顶格。

修改符号图示:

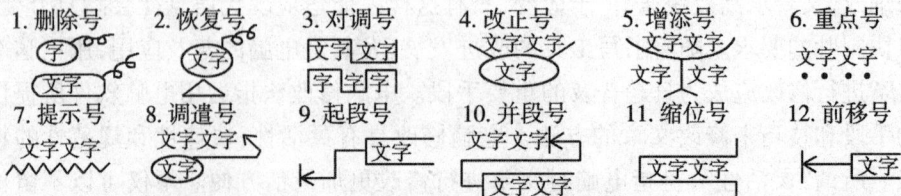

附录一:

批改作文十步走

第一步,看格式是否正确。第二步,看卷面是否整洁。第三步,看错别字有几个。第四步,看有无病句。第五步,看标点有无明显错误。第六步,看文章的主题。其一看主题是否正确;其二看主题是否鲜明;其三看主题是否集中。第七步,看文章的选材。其一看是否围绕主题;其二看是否符合生活实际;其三看是否具有典型性。第八步,看文章的结构。其一看层次段落是否清晰;其二看过渡是否自然;其三看开头结尾是否照应。第九步,看文章的表达方式是否符合作文指导的要求。第十步,看文章的语言是否简洁。

附录二:

作文的评分标准

等次 分数 项目	优秀 一等 90~100分	良好 二等 70~89分	及格 三等 60~69分	较差 四等 50~59分	差 五等 0~49分
语言 (45分)	准确得体	语句通顺	语句基本通顺	语句不够通顺,语病较多。	文理不通
内容 (35分)	立意深刻,中心突出	中心明确	中心基本明确	中心不明	偏离主题
结构 (15分)	层次分明,结构严谨	条理清楚,结构完整	条理基本清楚,结构基本完整	条理不清楚,结构不完整	没有层次,结构混乱
书写 (5分)	行款格式正确,卷面整洁,字体美观	行款格式正确,卷面干净,字体端正	行款格式正确,卷面一般,字体清楚	行款格式不正确,卷面不干净,错别字较多,字体潦草	不懂行款格式,卷面不干净,错别字多,字体难看

【思考与练习】

一、文章修改主要修改什么?

二、介绍两种文章修改的方法。

三、下面一段文字,毛病很多,请你找出来分析一下,并进行修改。

春日清晨,阳光明媚。

……万籁俱静,只听得到林间鸟鸣和蜜蜂在花丛中飞翔的营营声。

……蟋蟀在叫。小兰喊说:"爸爸,我要蛐蛐,给我逮蛐蛐。"

四、下面这段话,看了使人头疼,不易弄清其意义。请你调整一下,使之清晰明白。

当我走进那展览会的挂着将近百十幅国画的宽大的厅堂时,我首先被齐白石先生的神态生动、壮丽清新、令人感到我们中华民族的磅礴气魄和伟大的创造精神,而使旁边的幅面很大、颜色浓重的作品,相形之下显得灰暗的一些作品吸引住。

五、阅读下面一段近七十字的文字,分析它的毛病所在,并将它删削修改成三四十字的短话。

最近,省教委在研究工作时,决定把抓好师范教育工作作为工作的重点,经省政府批准,省教委已设立师范教育处,专门抓师范教育和对现有教师队伍的业余培养提高工作。

六、写作训练:

(一)文章不厌改

(二)要为读者负责

可任选一题,作文后先由同学互改,然后再由教师指导讲评。从中挑选修改较好的几篇作业互相传阅或组织讨论,并进行一次讲评。

【阅读推荐】

1. 天津师范学院,曲阜师范学院中文系写作教研室编. 写作知识丛书:怎样修改文章. 长春:吉林人民出版社,1980.

2. 顾仪寿. 文章修改艺术. 福州:福建教育出版社,1983.

3. 张寿康. 文章修饰论. 北京:商务印书馆,1994.

4. 金锡谟. 语病求医——文章语病的评析与修改. 北京:书目文献出版社,1995.

5. 石耿立,杨智. 写作技能与文章修改. 天津:天津社会科学院出版社,1995.

6. 叶圣陶. 文章例话. 沈阳:辽宁教育出版社,2005.

第二编

文体写作

第五章 记叙类文体

◎ **内容导读** ◎

　　记叙类文体是最常见、运用最广泛的一种文体,它是指以人、事、物、景为反映对象,以叙述和描写为主要表达方式,来反映社会生活、表达思想感情的一种文章类型。一般来说,学习掌握记叙类文体的表达方式和写作技巧,写好记叙类文体,是学习和写好其他各类文体的基础和前提。

　　记叙类文体包罗了以叙述和描写为主要表达方式而又有自己特定的写作目的、用途和题材内容的一些文体。一般而言,记叙类文体常是按其性质、功用和写作目的等几方面综合起来进行分类的。采用这种方法,记叙类文体一般可分为:新闻型(如消息、通讯、特写、报告文学等);史实型(如人物传记、回忆录等);文学型(如小说、故事、童话、游记、记叙性的散文等)。在本章中,我们仅选最常用的消息、通讯、报告文学、记叙散文、微型小说五种文体来进行阐释和训练。

第一节 消 息

　　消息是新近发生的、有社会价值的、能引起广大读者兴趣的报道,它是报刊、广播、电视、网络最基本、最常用的一种文体样式。

　　消息是最常见的新闻题材,因而通常消息也称为新闻。"新闻"的概念有广义与狭义之分。广义的"新闻",泛指及时报道新近发生的重要事件或生活现象的各种文章,包括消息、通讯和兼有新闻、文学双重特征的报告文学等。狭义的"新闻"则专指消息。

一、消息的特点

（一）真实

真实是新闻的生命和新闻写作铁的原则。在记叙类文体中，消息对真实性的要求尤为严格。消息以客观事实为本源，它要求所写的人物、事件、地点、时间、数字、情节等都必须真实，甚至连细节也要真实。它既不容许凭空想象和联想，也不容许合理夸张，更不容许随意编造、以假乱真。同时，它还要求在确保事实准确的前提下，做到真实地反映事物的本质。失真是新闻的大忌，离开了真实性，就根本谈不上新闻价值。

（二）迅速

消息总是承担着首次报道各种社会信息的任务，因此，它特别讲究时效。尤其是随着广播、电视、网络等新闻媒体日新月异的发展，消息的传播更加迅速。唯其迅速及时，才能赢得最广大的读者与听众。任何延宕迟缓，都会削弱甚至失掉消息的新闻价值，并可能造成无法弥补的损失和遗憾。当然，强调报道迅速要以报道的准确、真实为前提，如果只图快而造成失真，也是徒劳无功甚至有害的。

（三）新鲜

消息以"新"夺人，以"新"取胜。唯其新鲜，才能引起别人的兴趣，使人以争睹为快。"新"与"快"是紧连在一起的：只有"快"了，才能"新"；为了"新"，就必须做到"快"。消息的"新"并非专指刚发生或刚发现的事实，有时从另外的角度会发现旧事物中的新发展、新问题，这些都具有新鲜性，因此也都是"新"的。

（四）简短

消息篇幅短，文字少，这是有别于其他记叙类文体的一个特点。消息多在几百字以内，它要求用最简洁的语言，写清事实，显出精神。消息只有文约而意丰，篇幅短小，简练明白，准确生动，才便于以最快的速度把新闻传播给读者。

二、消息的分类

消息可以从不同的角度进行分类。如按报道的对象分，可分为人物消息、事件消息、会议消息、经验消息等；按报道的地域分，可分为国际新闻、国内新闻、地方新闻等；按报道的内容范围分，可分为政治消息、军事消息、科技消息、工业消息、体育消息、文教消息等。兼顾内容和写作特点，消息通常分为以下四种：

（一）动态消息

它是对已经发生或正在发生的具体事实的报道，其内容，可以是国内外重大事件,也可以是某个地区、某个单位或社会生活中出现的新事物、新情况、新成就、新动向。它一事一报,只报道动态,一般不加评论,所以又称为"纯新闻"。动态消息在报刊消息中占很大比重。比如,各种重要会议新闻、国家领导人和名人行踪、新产品问世、展览会开幕、重要体育比赛、重大工程的开工或建成等,都属于动态消息。报纸上集锦式的"祖国各地""国际短波""文教动态""体育之窗""市场花絮""科技走廊"等专栏中的各则消息,都属此类。

(二)综合消息

综合消息也称综合新闻,它不是报道发生在一时一地的事件,而是综合反映带有全局性的情况、动向、成就或问题,是一种涉及面广、时空跨度大的鸟瞰式消息。在内容上常常是一地多事或多地一事,既有全面情况,又有典型事例,还有精当的分析和揭示本质意义的概括。它是对某个时期内,某个地区、某个领域、某条战线全局情况的综合报道。

(三)经验消息

经验消息是对某一地区、部门或单位取得的成功经验的集中报道。在经验消息中,往往要交代情况、介绍做法、反映变化、总结经验,从事实中得出结论,从典型中引出规律。因此,它所报道的内容,一般都具有典型性,有较强的针对性、指导性和说服力。

(四)述评消息

述评消息又称新闻述评或记者述评。这是一种以夹叙夹议、边叙边评的方式写成的消息。它在报道新闻事实的同时,还要作一针见血的分析、画龙点睛的议论,揭示新闻事件的本质意义,是兼有新闻和评论两种功能的一种体裁。按其内容,述评消息可以分为形势述评、事态述评、工作述评、思想述评等。

三、消息的写作

写消息首先应了解新闻的五要素,即何时、何地、何人、何事、何故,简称"五何"或"五 W"(这五个要素的英文单词的第一个字母都是 W)。一则消息不管写什么内容,只有具备了以上五个要素,才能让读者对所报道的事情有清楚的了解。写消息既要注意新闻性,符合消息的真实、迅速、新鲜、简短的特点,又要重视思想性,将二者有机地结合起来,才能充分发挥消息"以正确的舆论引导人"的作用。除此之外,消息写作的重点便是正确地把握其结构形式,一般消息的结构形式主要由以下五个部分组成:

（一）标题

消息的标题，不但是全文的眉目，还是消息内容的提要，它往往本身就是一句话新闻。消息的标题有三个样式：三组合式、双组合式、单体式。

1. 三组合式

此式由引题、正题、副题组成。正题居中，字号最大，特别醒目。引题和副题分别在正题的上下。此类标题信息量丰富，宣传声势大，常用来报道比较重大的事件。比如第23届奥运会的报道题目：

背了半个多世纪的"0"甩进了太平洋

<h3 align="center">奥运会第一枚金牌为我所得</h3>

许海峰百步穿杨居魁首　曾国强力举千钧占鳌头

引题，又称眉题、肩题、领题、上辅题。引题的主要作用是交代背景，烘托气氛，引出正题，并与正题相互补充。它不是消息必备的标题，只有与正题配合才能存在。正题，又称主标题、母题，是标题的主体，消息的本题，它担负着揭示新闻的中心内容和主要问题的任务，是消息必具的标题。副题，又称子题、下辅题，它多是消息内容的提要，或是对正题的补充说明，以扩大消息效果。副题只能依附正题而存在，也不是消息必具的标题。

2. 双组合式

此式有两种情况，其一是正题上面加引题，例如：

郭罗恩，十四年撑船接送村里孩子

<h3 align="center">摆渡，摆渡，伴你求学路</h3>

（2019年《人民日报》获奖标题）

其二是正题下面加副题，例如：

<h3 align="center">造势新国货，燕京啤酒借神话人物打造国潮风</h3>

天猫510新国货大赏活动期间，燕京啤酒借力四大神话人物带来"能量加持"

（2020年5月9日《新京报》）

双组合式标题，有的采用虚实结合的方式。实题是对消息事实的概括，虚题是对气氛的渲染和意义的阐发。

3. 单题式

此式只有一个总题，即正题。它醒目、易记，也是常见的一种新闻标题。例如：

战"疫"信心,"火神山"燃旺

(2020 年 2 月 3 号《人民日报》)

美州长写信向中国求援

(2020 年 5 月 28 号《环球时报》)

消息标题的上述三种样式,有人分别称作为多行标题、双行标题、单行标题。但报纸上经常见的消息的题目字数较多。单行式标题也有分两行排印的,三组合式或双组合式标题的副题也有多行排印的。因此,称三组合式、双组合式、单题式较为合适。

标题是文章的眼睛,好的题目是对读者的"第一引力",因此,写消息首先要拟好标题。标题应概括全文的主要内容和意义,突出新闻的最有特色之处,还要准确鲜明,新颖别致,醒目易记,虚实结合,富于魅力。

(二)导语

导语是消息正文的开头,它是紧接电头(即"某某通讯社某地某日电"或"本报讯"等字样)之后的第一句或第一段话。导语是消息内容的精华,一般用精粹的文字揭示消息的主要事实或意义,吸引读者读完全文。

导语的写法比较灵活,方式也多种多样。常见的方式有概括式、描写式、评论式、设问式、引用式、对比式、引语式、诗词式等。写作时无论采用何种写法,都应做到:(1)要根据新闻内容的不同来选择使用不同的方法,并注意全篇的统一、完整与和谐。(2)要在提炼上下功夫,一定要将最主要、最新鲜的事实写出来,并注意不要与主体重复。(3)要讲究语言表达技巧,做到凝练醒目、生动明快、引人入胜,避免空洞抽象、模棱两可。

(三)主体

主体承接导语,是消息的主干和中心。主体中具体地展开消息的事实与内容,回答消息提出的问题,表达和深化消息的主题,与导语内容相呼应。主体部分安排层次通常采用以下几种形式:

1. 层次式结构

这种结构形式是主体中的事实材料依照其重要性按递减顺序进行安排,先写最重要的材料,接着写次重要的材料,最后写次要的材料。如《人民日报》曾刊登的一则消息《柴达木盆地发现储量丰富的新油田》,就是采用层次式结构安排主体部分的层次的。整个主体的材料以重轻主次逐步递减,层次分明,重点突出,符合读者的阅读心理。

2. 顺序式结构

这种结构形式是按照新闻事实发展的先后顺序来安排层次的。如著名消息《我三十万大军胜利南渡长江》，就是采用顺序式结构安排主体部分的层次的。在百余字的篇幅中，主体部分按时间顺序逐步推进，读者对事件发展的全过程获得既完整又清晰的了解。

3. 逻辑式结构

这种结构形式是根据事物的内在联系和逻辑关系来组织材料、安排层次的。事物之间存在着主从、因果、并列等不同关系，主体写作也随之作不同的变化。

4. 交叉式结构

这种结构形式是顺序式结构和逻辑式结构的交叉使用、巧妙结合。如著名消息《人民解放军百万雄师横渡长江》，既按时间顺序叙述了人民解放军横渡长江的英勇壮举，又用逻辑顺序说明我胜敌败的因果关系，二者结合紧凑，浑然一体。

（四）背景

背景是指有关新闻事实的历史条件、现实环境以及同其他事物之间的联系等材料。背景是消息的从属部分，它有时穿插在主体的叙述之中，有时糅合于导语或结语之中。它虽不属于消息事实本身，但它可以用来解释、说明新闻事实，烘托、深化主题，使主体内容更加充实。

背景一般可分为对比性背景、说明性背景和注释性背景。对比性背景用作对比，旨在突出所报道事实的特点和重要意义。说明性背景主要用于介绍有关的知识和情况，以帮助读者认识新闻事件发生发展的必然性和重要意义。注释性背景主要用于解释有关问题或词语，便于读者理解。

背景写作应注意以下几点：一是选择背景材料为主题服务，不要把和主题无关或关系不大的材料写进去。二是简明扼要，避免喧宾夺主。三是不要形成固定的"背景地位""背景段落"。背景材料用或不用以及用在何处，都要根据表达主题的需要而定。它可以穿插在主体、结尾中，也可以穿插在导语里；可以分散在几个地方，也可以集中在一处交代；如无必要，也可不写。

（五）结尾

结尾是消息的结束语，在文中起着总收全文的作用。它或者阐明新闻事实的意义，或者指出事件发展的趋势，以加深读者的理解。它常与导语呼应，最后升华主题。结尾应是消息内容发展的必然结果，要自然收束，切不可画蛇添足。有的消息内容简短，事件的精华或结论已经在前面叙述清楚，则可戛然而止，不必另加结尾。此外,简讯一般不另加结尾。

结尾的写法多种多样,有的以概括性的小结结尾(小结式),有的在结尾发出号召(号召式),有的故意不把话说完而给读者留下思考的余地和想象的空间(启发式),有的对所报道的事实作出展望(展望式),有的在肯定成绩的同时指出不足之处和努力方向(分析式)。消息结尾采用什么方式要根据消息的内容和主题而定,其内容尽量不要和导语、主体重复,同时要避免格式化,去掉"八股味"。

附录:

让女人"叫"起来
——谈谈新闻的"新"

文 锐

美国报人爱德华曾给"新闻"下过这样的定义:凡是能让女人喊一声"哎哟,我的天",这就叫新闻。是的,新闻必须让人惊奇,而做到惊奇必须体现一个"新"字。

新闻的"新"首先一个前提,这前提便是一个"快"字,也就是快捷、快速,讲究时效。有人说:"今天的新闻是金子,昨天的新闻是银子,前天的新闻是垃圾。"说得就是这个道理。所以要求新闻工作者要快采、快写、快编、快发。强调"第一时间""第一现场"。

其次,新闻的"新"还体现于新闻报道内容的新鲜、新奇、新颖。这具体表现为:报道的事实要新。我们知道,每天都会有新的事物、现象、人物出现,如果新闻工作者及时抓住它,便会新意叠出;其次报道的角度要新,如果一个事件别人已经用了一个角度报道过了,那么你就可以用另一个角度来写,这也可以产生新意;再次可以以新带旧。本来是旧的事件、人物,但今天如果有了新的线索、新的发现,同样也可以成为吸引人眼球的新闻。所以"新"是新闻的关键,如果不新了,那么也就失去了读者、听众、观众,特别是在当下这个全球化信息社会中,因为人们越来越依赖新闻来了解社会,来安排自己的生活。

最后,新闻的"新"还表现于选择社会事件的不寻常。我们知道,寻常是没有新闻的,新闻的价值在于不同寻常。而这"不同寻常"便是新闻的"新"的真谛。如同"一个平凡的人 + 一个平凡的女人"其新闻价值 = 0,而"一个平凡的人 + 十万美金 + 歌剧女演员" = 头号新闻一样。所以看待新闻的"新"很大程度上取决于这个人或者这件事有没有新闻开发的价值,若有那么就是体现了"新"。

新闻是一种常用文体,也是一种受众最多的一种文体,更是与人们日常生活紧密相连的一种文体。所以,写新闻时一定要把握一个"新"字,只有"新"才会成为真正的新闻!

【思考与练习】

一、你认为真实对消息来说意味着什么?

二、课后到学校的图书馆的报刊室去阅读报纸吧,选出你认为不错的消息的导语,把它记录下来,在小组里传阅、交流,供自己练习消息写作时参考。

三、在校内进行一次采访,写一篇校园新闻。

第二节　通　讯

通讯是以叙述、描写为主要表达方式,对具有新闻价值的人物、事件、经验、成果、工作情况或社会风貌等进行迅速、具体、生动的报道,从而及时地反映现实生活的一种新闻载体。

通讯是新闻中一种重要的文体,为广大读者所喜闻乐见。通讯以其独特的表达方式,能展示更广阔的新闻背景、更详尽的新闻场景和更深邃的新闻内涵,具有强烈的感染力与突出的教育作用,因此被誉为"报纸的明珠"。

通讯与消息同属新闻的范畴,它们有许多共同之处,如内容真实、新鲜,报道及时、迅速,具有一定的现实意义等。但两者相比较,区别还是显而易见的:在内容上,消息通常只要求准确、概括的报道,而通讯一般是作具体、详细的报道,因而它的篇幅比消息长,从某种意义上可以说通讯是消息的扩展与加深;在形式上,消息写作程式性较强,而通讯则灵活自由,富于变化;在表达方式上,消息主要运用叙述手法,通讯则需要调动叙述、描写、抒情、议论等多种手法,有时还可适当运用比喻、拟人、象征等修辞手法,再现新闻事实,力求绘声绘色,生动形象;在时效上,消息比通讯的时效性要求更高。有人说"消息好比电报,通讯好比写信","消息给人以事实,而通讯给人以故事、情趣、实感"。这些话生动形象地说明了消息与通讯的区别。

一、通讯的特点

(一)新闻性

通讯是新闻作品,具有较强的新闻性。它能及时发现现实生活中的具有新闻价值的人、事、场景,并迅速进行具体生动的报道。通讯的新闻性主要表现在报道内容的真实性、报道角度的新颖性、使用材料的新鲜性和新闻主题的深刻性等方面。同时,通讯内容还要有时代感、针对性,能及时地回答人们普遍关心的问题,指导现实生活。

(二)评论性

通讯中,作者可以对他所报道的典型人物和事件直接发表议论,抒发感情,揭示所写内容的思想意义。当然,通讯中的议论,要紧扣人物或事件进行,要善于即事生情,缘情见理,画龙点睛,突出主题。

(三)生动性

通讯要求在叙述真人真事的过程中,形象地刻画人物的思想和活动,生动地描写社会环境和场面,曲折有致地展开故事情节,这就使它具有鲜明的生动性特点。通讯的表现手法灵活多样,既可以运用叙述和描写的手法,还可以运用抒情和议论的手法。通讯的语言生动形象,有一定的文采,因此备受读者的青睐。

二、通讯的分类

通讯一般根据内容分类,常见的大致有以下五种:

(一)人物通讯

人物通讯是以具有典型意义的新闻人物为报道主体的通讯。这类通讯在报纸和广播中数量最多。人物通讯通过详细描述典型人物的感人事迹,展示其思想和襟怀,具有较强的舆论导向作用。人物通讯报道的对象主要是先进人物典型,也可以是一些新闻人物或者是群众所关心的人物。它可以是小传式的,反映人物一生的主要经历和事迹;也可以是一点式的,写人物的一时一事、一个侧面;还可以是组塑式的,一篇通讯中写多个人物。

(二)事件通讯

事件通讯是以典型的新闻事件为报道主体的通讯。它通过对新闻事件来龙去脉的叙写,阐发其所蕴含的深刻意义和时代精神。事件通讯主要是写"事",但事因人生,所以它自然也少不了写人。不过,它是以事带人,写人服从于写事,所写人物大都是雕塑式的人物群像。

（三）工作通讯

工作通讯又称"经验通讯""政策通讯",它是以某个地区、某个单位在完成某项工作任务中的成绩、经验或问题、教训为报道主体的通讯。它通过记叙和分析实际工作的经验或问题,从中提出某些带规律性的东西,用以指导和推动实际工作。报刊上的"观察与思考""采访札记""记者来信"等栏目的文章,也大多属于工作通讯。

（四）概貌通讯

概貌通讯又称"风貌通讯",它是以一条战线、一个地区、一个单位的新面貌为报道主体的通讯。概貌通讯用点面结合的手法,将点上的具体事例和面上的一般情况集合起来表现整体风貌。概貌通讯报道的对象可以是社会风貌,也可以是自然风貌,也可以兼取二者,融物、景、人、事于一体;可以是一厂、一村、一户人家的今昔变迁,也可以是名胜古迹、风土人情等。

报刊上常见的"纪行""巡礼""访问记""散记""见闻""掠影""一瞥""拾趣""记游"之类的通讯,大多数具有概貌通讯的特点。概貌通讯在写作上较多使用背景材料,常用对比手法反映今昔变化,极富于思想性、知识性和趣味性。

（五）新闻故事

新闻故事又叫小通讯,是一种篇幅简短、情节生动、故事性强的小型通讯。新闻故事的容量较小,只写新闻活动的某一片段或新闻事件的某一侧面,但它选材精当,故事情节生动有趣,生活气息浓,可读性较强。

三、通讯的写作

（一）精选材料,以一当十

写好通讯必须重视材料的选择和运用。写通讯时,首先必须熟悉和了解报道对象,搜集有关材料;然后,要通过分析比较,选好角度,找出特点,精选出若干最典型、最有代表性的材料,使其充分发挥"以一当十"的作用。

选材要典型、精当,应注意三个原则:首先,要从政治上考虑,看所选用的材料是否符合党的路线、方针和政策,是否符合人民群众的切身利益,能否经得起社会实践的检验;第二,要看所选用的材料有没有典型性、代表性、普遍性的指导意义;第三,要看所选用的材料有没有具体完整的故事和生动感人的情节。如《当你们熟睡的时候》——写的是一个普普通通的首都之夜,一些普通劳动者在通宵达旦地辛勤劳动。首都有几百万人、成千上万个工作岗位,作者挑选了十几种岗位——保育员、汽车司机、售票员、医生、护士、投递员、营业员、演员、导演、报社编辑、印刷工人、厨师等,勾画出了整个首都宁静而紧张的夜晚,首都人民为创造幸福的生活、创造希望的明天所进行的一幅幅动人的劳动场景。

(二)提炼主题,求深出新

确定了报道对象,选好典型材料后,还必须提炼文章的主题。通讯主题的提炼,最基本的要求是使主题正确。如果主题不正确,即使题材很好,写得很生动,也是无法同读者见面的。通讯主题提炼的进一步要求是求深出新。这里的"新"是指通讯主题要新颖、敏锐,充分体现时代精神。通讯要写的是新近发生的新人、新事、新情况、新问题等新材料,但新材料并不是都能写出新意来。要想写出新意,必须选好报道角度,从新的角度去观察、去分析、去表现。

所谓"深",就是要深刻,有力度,能开掘出事物的本质意义,使读者耳目一新,深受启示。要做到这一点,必须对事物有深入的感受,透辟的认识,站得高、看得远,能以小见大,善于发现事物的本质意义。

如《"一厘钱"精神》一文从三个方面——节省每一厘资金的使用、提高每一分钟时间的效率、消灭每一根火柴废支的浪费入手,说明了一个大道理:为了社会主义建设,必须艰苦奋斗,点滴节约。积少成多,集腋成裘,积沙成塔,在今天依然有着新鲜的现实意义。

(三)安排结构,因文而异

通讯的结构形式多种多样,常见的有以下几种:

1.纵式结构

事件通讯多按时间顺序安排层次,人物通讯和概貌通讯也经常按时间顺序安排层次。这种结构有头有尾,有始有终,循序而进,易于理解。

2.横式结构

工作通讯多用横式结构安排层次,人物通讯也常用横式结构安排层次。这种结构形式,或以空间变换安排层次,或按事物的性质安排层次,或以事物的逻辑关系安排层次。

3.纵横结合式结构

一些大的通讯,反映的事情较多,时间跨度大,涉及的地点广,就以时间顺序为经,空间变换为纬,纵横交叉来安排层次。著名通讯《为了六十一个阶级弟兄》就是纵横结合式结构的典型,文章从总体来看是按时间顺序的纵式结构,但从每个部分看,却是横式结构。

通讯结构一般由三部分组成:一是概述(即开头),二是主体(内容的主要部分),三是结尾。开头概述事情的情况,简介人物,交代中心思想或提出问题等。这部分要紧扣主题,抓住读者,与全文浑然一体。主体是通讯的主要部分,可根据文章的内容篇幅,划分若干层次,还可以给各层次前加小标题或序列词,以使层次分明、醒目。结尾是通讯的收束,要强健有力,耐人寻味,起到深化主题、激发感情、引人深思的作用。通讯结构三部分的写法,是多种多样的,要因文而异,而不应囿于一种模式。

(四)表现手法,灵活多样

通讯的表达形式比消息更灵活多样。通讯应以叙述和描写为主,便于完整地展开情节,生动地描绘人物、景物,也便于刻画细节。通讯也可以在叙述描写的基础上恰当地运用议论和抒情,深化主题,以情感人,加强文章的表达效果。著名通讯《谁是最可爱的人》,就是以叙述为主,将叙述与描写、议论、抒情融合在一起,堪称交织运用的典范。如作者在描述三个典型事例时,有动作描写、语言描写、心理描写,还有场面描写。在每个故事之后,都穿插着一些抒情、议论的文字,及时地把读者的感性认识提到理性认识的高度,同时也把作者自己的革命激情和对战士的赞美之情熔铸在叙述、描写和抒情、议论的字里行间。可见,通讯写人记事,往往是交互运用多种表达方式。当然,通讯中的议论和抒情要少而精,恰到好处,而不能空泛冗长,喧宾夺主。

(五)遣词造句,质朴传神

形象性和感染性是通讯的重要艺术特色,通讯有时也借助语言的音响与色彩来加强效果,但主要是靠事实、形象、思想来打动读者。因而通讯的语言,既要准确、精练、质朴,又要活泼、形象、传神。要恰当地运用一些成语、谚语、歇后语和富有哲理性的人物口头语以及各种修辞手法,把文章写得鲜明生动、形象感人,在写人物通讯和事件通讯时,还应使人物语言个性化,以体现人物的个性特征。通讯的语言应做到读起来亲切,听起来顺耳,品起来有味。

【思考与练习】

一、谈谈通讯与消息的区别。

二、在认真采访的基础上写一篇2000字左右的人物通讯。

三、从大学生的课内外生活中选材,写一篇新闻故事,要求以小见大、寓意深刻,且真实。

第三节　报告文学

报告文学是运用文学手法表现现实生活中具有典型意义的真人真事的一种文体。它兼有新闻和文学的双重特点，是处于新闻和文学之间的一种"边缘"体裁。这一文体，有人称之为"特写""文艺通讯"等。

报告文学大约起源于 19 世纪后半期的欧洲，是近代社会发展的产物。它是忠实记录时代风云的报告，又是富于时代精神的文学。我国的报告文学产生于20 世纪初期。早期作品有瞿秋白的《赤都心史》、叶绍钧的《五月卅一日急雨中》、茅盾的《暴风雨》等。30 年代，夏衍的《包身工》、宋之的的《一九三六春在太原》的发表，标志着我国的报告文学走向成熟。新中国成立以后，报告文学创作呈现出新旺势，出现了许多佳作。尤其引人注目的是 70 年代后期以来，我国报告文学更加蓬勃发展，涌现出徐迟的《哥德巴赫猜想》、黄宗英的《大雁情》、鲁光的《中国姑娘》、钱钢的《唐山大地震》、宏甲的《无极之路》、邢军纪和曹岩的《锦州之恋》等一大批优秀报告文学作品。

一、报告文学的特点

(一)新闻性

同新闻报道一样，报告文学要求真实、敏锐地反映现实生活中具有新闻价值的人物或事件，因而它具有新闻性。

新闻性是报告文学区别于虚构文学的根本属性，它体现在真实性、时效性和直接社会效应等方面。报告文学必须恪守新闻的真实性原则，唯其真实，才能产生特殊的亲切感和使人折服的可信性。它不仅要求生活原型真实，反映事物本质真实，而且要求全部细节真实。真实性是报告文学的生命，是它得以独立存在和发展的条件。它能给读者带来强烈的思想震撼和直接的思想影响，这就使它能在现实生活中发挥更强的直接的社会效应，其作用是某些虚构的文学作品所不可企及和替代的。

(二)文学性

文学性是报告文学的显著特点。所谓文学性，就是要求寓报告于文学之中。报告文学不是对现实生活的简单摹写，而是在真人真事基础上用艺术手法来再现生活中的典型形象。它通过形象思维，运用文学语言，生动传神地写出现场感，造成鲜明的视觉形象,并通过这些典型的形象来感染读者,给人以艺术的美感。除虚构之外,报告文学拥有一切文学手段。如小说的人物刻画,诗歌的意境开拓,电影的"蒙太奇"手法等,报告文学都可以运用。报告文学的文学性从反映我国著名数学家陈景润研究"哥德巴赫猜想"这一课题的通讯和报告文学的比较中,看得尤为明显。

(三)政论性

政论性也是报告文学的显著特征。所谓政论性,就是指报告文学所具有的鲜明的政治色彩和论辩风格。报告文学从诞生之日起,就和时代的脉搏一起跳动。它热情地歌颂新生事物,褒扬真善美,无情地抨击旧事物,鞭挞假恶丑。它在报道现实生活中真人真事的同时,毫不掩饰作者的立场、观点和看法,总要对人物或事件做出明快、尖锐、犀利的剖析和评论,从而帮助读者认清事实的本质,明确事物的发展趋势。

报告文学的政论性,不仅体现在主题和题材的时代性和现实性上,更为明显的还体现在作者对议论的恰当运用上,作者除了通过具体形象来表现自己的政治倾向外,还可以以报告或评论员的身份直接站出来讲话,发表对人物和事件的评价,阐明自己的见解。这些议论,不仅使题材本身的特点和意义更加鲜明、突出,还可以使主题得到升华,更富于哲理性和启示性。

二、报告文学的分类

从作品描述的对象来分,报告文学大体可分为两类:

(一)以写人为主的报告文学

这类报告文学以人物为重点描述对象,以人带事,可褒可贬。它可以着重写一个人,也可以同时写几个人;可以写人物的一生,也可以只写人物的一个阶段、一个片段或一个侧面。茅盾的《忆冼星海》、徐迟的《哥德巴赫猜想》、理由的《扬眉剑出鞘》、柯岩的《船长》等均属以写人为主的报告文学。前三篇都是着重写一个模范人物,最后一篇写了处于改革热流旋涡中心的各级干部。

(二)以记事为主的报告文学

这类报告文学的特点是:以事件为中心,以事带人。它可以写现实生活中的重大事件,也可以写一件有意义的小事。虽然它以写事为主,但是也离不开写人。而它的人物始终是围绕着中心事件的开端、发展、高潮、结局逐渐展开活动的。如周而复的《海上的遭遇》,写的是赴延安的干部队在海上遇到了鬼子的巡逻舰后与鬼子激烈战斗的情况。一支非战斗的干部队,在占绝对优势的敌人的机枪扫射下,顽强地与敌人战斗了一天,充分表现了共产党人的大无畏精神和崇高品质。这篇报告文学以事件为中心,人物活动紧紧围绕事件展开,是一篇很典型的以记事为主的报告文学。

三、报告文学的写作

(一)选好题材,在采访上下硬功

报告文学写的是真人真事,但并不是所有的真人真事都能写成报告文学。报告文学本身具有的性质和特点,决定了它的题材应选择那些反映时代风貌、揭示时代本质和体现时代精神的人物和事件,那些为人民群众普遍关心和寻求解决的重大问题。同时这些题材还应具有独立完整的典型意义,能够构成生动鲜明的文学形象。如徐刚的长篇报告文学《伐木者,醒来!》择取了保护生态平衡、保护森林的题材。这个题材是当今世界普遍关心的重大问题,其材料具有典型意义,而且生动形象。这种抓住大题目,富有文学形象,反映时代精神的选材方法,正体现了报告文学选择典型题材的特点。

报告文学要求写得曲折生动,但又不允许虚构,这就决定了写报告文学必须在采访和捕捉材料上下苦功、硬功。采访所花的功夫越多,掌握的材料也就越多,写作中作者选材的余地也就越大。事实上,许多报告文学名篇,如斯诺的《西行漫记》、夏衍的《包身工》等,都是作者不辞劳苦,不畏艰险,长期深入生活调查研究与实地采访而写出来的。因此,深入地进行采访是写好报告文学的关键一环。报告文学的作者,要做到眼勤、耳勤、腿勤,广泛深入地进行调查访问、现场观察,熟悉了解主人公各方面的情况。同时,还应该做典型人物的知心朋友,深入到典型人物的心灵深处,达到心灵的共振和感情的交流。年逾花甲的黄宗英,为了采访徐凤翔,不远万里,来到西藏的深山老林,与徐凤翔同甘共苦,以心换心。正因为如此,她获得了一般的采访者所得不到的材料和体验,所以她的《小木屋》(《人民文学》1983 年第 6 期)写得格外感人肺腑。

(二)精心安排结构,提炼深刻的主题

一切文学作品都讲究结构的艺术。对报告文学来说,精心地安排结构,更有着重要意义。因为报告文学描述的是真人真事,要受真人真事的制约,不能像写小说那样虚构,所以应通过精心地剪裁、取舍、调度、组合,才能使那些分散的、零乱的生活材料集中起来,完整而连贯地表现出来。许多优秀的报告文学作品,在结构上往往具有独创性,就在于作者善于根据主题的需要和事件的内在联系,对一些场面、环境、事件和人物活动进行相对的集中和必要的调动,把最具有表现力

的场景和细节灵活地联系在一起,使情节更集中,作品更富有艺术魅力。

文学作品都要求提炼深刻的主题,对于具有文学性的报告文学来说当然也不例外。但是,由于报告文学具有政论性的特点,它可以随时随地对人物或事件进行剖析和评论,因此,报告文学主题的深刻性不仅体现在具体形象上,而且体现在作者对这些形象的理性判断和情感评价上。这就要求报告文学的作者要有深厚的思想积累,善于对作品的主题作出恰如其分的评价。如理由的《她有多少孩子》,是一篇报道我国著名妇产科专家林巧稚的报告文学。林巧稚把一生都献给了迎接生命、挽救生命的崇高事业,但她自己却一生没有结婚。作者经过认真的思考挖掘,写出了林大夫伟大的献身精神:

她的一生都在从事迎接生命、保护生命、连接巨大的生命链条的事业,她的工作是卓有成效的。然而,她并不甘于做生命链条上的一个自然的环节。她一生都在追求真理,探索生命的更深刻的意义。而这种探索精神就是她灵魂中的一种美,一种发光的美。她自己虽然没有做过母亲,却无愧是我们可爱的第二代、第三代的母亲,而且是精神上非常富足的一位母亲。

作者这一满怀深情地对作品主人翁做出的情感判断,深刻揭示了作品的内涵,使本文的主题得到深化。

（三）捕捉典型特征,刻画人物形象

报告文学之所以生动感人,就是因为它运用了多种艺术手法,刻画出有血有肉、栩栩如生的人物形象。写报告文学应注意采用以下文学手法刻画人物:

1. 典型的细节描写

典型的细节描写是指作者的思想感情和对人物的理解转化为形象的重要手法。在报告文学中使用典型的细节描写,会使人物形象更加鲜明、丰富和突出。如埃德加·斯诺在《西行漫记》中对毛泽东的许多细节描写,极其生动地表现了毛泽东的高尚品质和情趣,使人难忘。这些细节,对于刻画人物、发展故事情节都起了重要作用。

2. 驰骋在事实轨道上的想象

报告文学要求写真人真事,但由于时间和空间的限制,作者不可能事事亲自经历,这就需要作者调动自己的生活积淀去体味那些现场及画面,使它们"活"起来。要做到这一点,自然离不开合理的想象了。如黄钢的《亚洲大陆的新崛起》中,有对李四光心理活动的描写:"一阵阵巨大的暖流冲击着李四光的心房,即使是印度洋上冬季的巨浪,也不曾使他受到这样的震动!"其实作者写这篇作品时,李四光已经逝世了。又如理由的《扬眉剑出鞘》中,把击剑比赛的实况写得那样逼真,其实作者并没有去过马德里体育馆。显然,这些内容是借助作者的想象来实现的。不过,报告文学的想象不同于虚构文学的想象。虚构文学的想象旨在"完善"形象,生发故事情节,而报告文学的想象是为了再现生活,复原形象,它不能脱离事实的轨道。

3. 蒙太奇手法

蒙太奇手法是电影艺术的重要表现方法之一,这种方法也可以用于报告文学的人物刻画中。夏衍的《包身工》就娴熟地运用了这种手法。作品将概括叙述与特写镜头结合起来,既有对包身工日常生活的吃、住、睡觉、劳动的概括叙述,也有用电影特写镜头的方法对"芦柴棒"的细致描写。由于应用了剪辑、组合的方法,做到点面结合,使人物形象特别鲜明。

(四)表现手法要多种多样,不拘一格

报告文学的表现手法要多种多样,努力达到把叙事、写景、议论、抒情熔于一炉的艺术境界。同时,报告文学除不能虚构外,还可以把小说、散文、诗歌、电影等体裁的艺术特征融为一体,有着不拘一格、各取所需的极大自由。总而言之,一切有助于增强作品表现力和感染力,促进风格多样化的艺术表现手法,都可以在报告文学写作中借鉴和使用。

【思考与练习】

一、阅读同类题材的一篇通讯、一篇报告文学,从文体上分析它们的共同点和差异性。

二、选择本校或本院系一件有典型意义的事件,写一篇以写事为主的微型报告文学。

三、采访当地的一个先进人物,写一篇报告文学。

第四节　记叙散文

记叙散文是以记人、叙事和写景为主的一种文学体裁。它通过对人物、事件的情态、变化、发展的描述和对景物、场面的描写,来反映作者对某种生活的理解和评价。记叙散文的主要表现手法是叙述和描写,并综合运用议论、抒情和说明。

散文是我国文学史上源远流长而又成就卓著的一种文体。先秦时期诸子百家的许多作品,气势恢宏,曲尽其意,为后世散文提供了可贵的借鉴。"唐宋八大家"的不少作品,寓意深远,委婉多姿,至今依然闪烁着迷人的光彩。不过,这里所说的散文,指的是与韵文和骈文相对而言的散形文字,亦即凡不押韵,不重排偶,行文比较自由的文章,皆是散文。这与现代的散文概念是不完全相同的。真正作为文学体裁之一的散文概念,是"五四"以后才出现的。它指的是与诗歌、小说、戏曲、影视剧并列的一种文学体裁。20 世纪 60 年代以后,散文的概念又有广义和狭义之分。广义的散文包括报告文学、杂文、小品、回忆录等。狭义的散文指取材广泛,篇幅短小,能灵活地记叙见闻、自由地抒发情感的一种文章体裁。

狭义的散文又可分为记叙散文和抒情散文。本节只介绍记叙散文的写作知识。

一、记叙散文的特点

记叙散文具有一般散文的共同特点,主要有:

(一)篇幅短小,题材广泛

记叙散文一般篇幅短小,少者几百字,多者不超过两三千字。一些广为流传的佳篇,如韩非的《扁鹊见蔡桓公》、柳宗元的《捕蛇者说》、鲁迅的《一件小事》、巴金的《海上的日出》等作品,篇幅都较短,最长的也只有千余字。记叙散文的篇幅虽短,但它的取材与其他体裁的文章相比却是最广泛、最自由的。诚如周立波所说:"举凡国际国内的大事,社会家庭的细胞,掀天之浪,一物之微,自己的一段经历,一丝感触,一撮悲欢,一星冥想,往日的凄惶,今朝的欢快,都可以移于纸上,贡献读者。"

(二)联想丰富,寓意深刻

记叙散文要深刻感人,往往要摆脱照物模拟、就事论事的写法,而借助联想和寓意来进行构思,展示主题。恰当地运用寓意和联想,才能使主题更含蓄有力,更有深度和广度,并且使文章富有哲理和诗意,更加引人入胜。如朱自清的《背影》、冰心的《小橘灯》等作品,由于作者善于借助联想的翅膀和深刻的寓意来构思,因而写得含义深邃,思想隽永。联想是记叙散文构思的主要艺术手段之一。

(三)结构自由,表达灵活

记叙散文由于题材广阔,联想丰富,决定了它的结构形式"无成法,无定体"。可以灵活自由,不拘一格,顺叙、倒叙、插叙、平叙可以任意采用;可以事件、人物为线索,也可以物为线索;可按照时间发展先后为序或以空间转移为序组织材料,也可按作者思想认识和感情发展为序组织材料;可以是结构复杂,刻意求工,精雕细琢,也可以是结构单纯,自由洒脱,浑然天成。可以说,记叙散文是一切文学体裁中最自由活泼、最不受形式束缚的文体之一。

记叙散文的表达方法灵活多变,活泼多样。它以记叙、描写为主,又可以运用议论、抒情和说明,也可以自由地把各种表达方法糅合在一起,还可以使用各种修辞手法,使之诗意浓郁,波澜起伏,妙趣横生。

记叙散文一般采用第一人称叙述方法,从一事、一物、一景入手,恰当地联系其他事物,引出新的内容,阐明新的意义。这种表达方法,也是记叙散文区别于其他文学样式的显著特点。

二、记叙散文的分类

根据所写内容的侧重的不同,记叙散文可分为三种类型:

（一）记人型

这类散文以描述人物为主,它描述人的主要目的是表达作者对生活的认识和对人物的感受,往往是对人物作粗线条勾勒,反映人物的闪光部分和性格特征,这类散文也离不开叙事,但要因人设事,以事显人,通过一两件事,表现人物的精神面貌。如老舍的《宗月大师》、琦君的《髻》、史铁生的《合欢树》、梁晓声的《慈母情深》、李娟的《想起外婆吐舌头的样子》等都是以记人为主的记叙散文佳作。

（二）叙事型

这类散文以叙述事件为主,通过对事件总体或局部的描述,阐述事件的思想内涵,表达作品的主题,所叙之事既可以是以往的事,也可以是刚发生的事;既可以是政治生活中的重大事件,也可以是日常生活中的琐碎小事;既可以是事件的全貌,也可以是若干片段。如鲁迅的《从百草园到三味书屋》、林海音的《窃读记》、三毛的《胆小鬼》、汪曾祺的《跑警报》、张洁的《拾麦穗》等都是以叙述事件为主的记叙散文佳作。

（三）写景型

这类散文以描写景物为主,通过描写山川名胜、风土人情、建设新貌等,给人以美的感受和思想启迪。描写景物的散文有游记、参观记等。描写时,往往将作者的情意蕴含其中,有所寄寓,或寓情于景,或寓理于景,达到情景交融的境界。如方纪的《桂林山水》、刘白羽的《天池》、碧野的《天山景物记》等。

三、记叙散文的写作

(一)精严取材

记叙散文的题材十分广阔、自由。散文是"生活的博物馆",从选择题材的范围上讲,生活的内容有多丰富,散文的内容就有多丰富。从题材的分量上讲,散文既可以表现重大题材,也可以从日常生活的平凡事物中挖掘出美的因素。但不管选择什么题材,都要有一定的审美价值,深刻的思想意义。记叙散文一般篇幅短小,所以其选材比其他文学作品要求更严、更精。

记叙散文的写法通常"以小见大,深入开掘"。"小"指的是从选材方面注意选取日常生活中的小事,或从大事件中选取一个小的角度;"大"指的是反映的思想内容要博大深远。散文记人只需写出人物某一方面的闪光点,不必像小说那样细腻地刻画人物性格形成过程以及发展变化;叙事只需点示出事件本身所蕴涵的社会意义,而无需像小说那样细致交代事件的来龙去脉。所谓"一粒沙里见世界,半瓣花上说人情"。以细小的局部显示宏大的整体,以平常的、琐细的现实生活的叙写,让人领悟出蕴涵其中的社会人生的真谛。如孙犁的《母亲的记忆》,在不足八百字的文章里,通过叙写关于母亲的平平常常的七件事情,表达了作者对母亲的深情。

(二)讲求章法

1. 构思精巧

构思是作者动笔之前所进行的全部思维活动过程。任何作品都讲究构思的艺术,对"易学而难工"的记叙散文来说,艺术构思尤其显得重要。构思是一个复杂的思维过程。不同作者可能采取不同的构思方法。记叙散文的构思贵在巧妙,要在布局谋篇上另辟蹊径,勇于创新,不落窠臼。既出人意料,又在情理之中;既委婉曲折,又引人入胜,使人耳目一新。这个"巧"要巧得合情合理,决不能矫揉造作。如龙应台的《目送》、董桥的《云姑》、刘白羽的《长江三日》等,都是构思新颖别致的记叙散文。

2. 结构严谨

记叙散文特点之一就是"形散神聚",正因为其形式比较自由,因此在写作中,要求其结构必须严谨。如何使结构严谨? 一般来说,要运用线索把散乱的材料贯穿成一个整体艺术,使之结构严谨,天衣无缝。刘白羽说:"生活五花八门,色彩斑斓,可是你要从中理不出个清晰的线索,得不出个明确的概念,也就无法概括,无法结构,也就不能用具体的形象把生活中真正深刻的东西表现出来。"记叙散文写作经常采用的方法是运用一条线索(以事、人、物为线索),把各部分内容连缀贯穿成一个有机的整体。如冯骥才的《书桌》,主要篇幅写的是作者回忆的几件往事,而这些往事本身也没有多少思想联系,正是由于作者以"书桌"为线索,把几件事串联起来,不仅脉络清晰,井然有序,而且曲折生动,引人入胜。又如朱自清的《荷塘月色》以空间的转换为线索,吴伯箫的《山屋》以时间的推移为线索,刘白羽的《长江三日》以游踪为线索,将所写内容连缀起来,条理清楚,层次分明,结构严谨,十分自然。

(三)凸显细节

记叙散文必须着力写好细节。这是因为:记人的散文,要着眼于刻画人物的神貌和性格;叙事的散文,要着眼于表现事物的本质,阐发事件的社会意义;游记散文,要描绘自然的风物之美,表现它的美学情趣。那么,人物的神貌性格之间的差异,事件本质意义的差异,山水风物的差异在哪里? 它们的差异正是通过不同的细节表现出来的。如鲁迅的《阿长与〈山海经〉》,写了长妈妈"伸成大字型睡觉""辛苦奔波为小主人寻找《山海经》"的细节;又如赵丽宏的散文《老人和夕阳》中,对老人拐杖叩地这一细节的描写,尽管文字很短,却把老人那沉着坚定的性格表现得淋漓尽致。

记叙散文的细节描写应注意以下几点:第一,要真实,要来源于生活。如果细节不真实,就会影响人物性格、事物特征的真实,更谈不上生动传神了。第二,细节描写要为主题思想、人物性格和事件的本质意义服务,不能为描写而描写。第三,要精心选择典型细节,要少而精,细节描写过多反而会影响表达效果。第四,细节描写文字要简洁、凝练、自然、文约而意丰。

附录一:名家说散文

冯骥才:趣谈散文

一位年轻朋友问我,何谓散文? 怎样区分散文与小说和诗歌? 我开玩笑,打比方说:

一个人平平常常走在路上——就像散文。

一个人忽然被推到水里——就成了小说。

一个人给大地弹射到月亮里——那是诗歌。

散文,就是写平常生活中那些最值得写下来的东西。不使劲,不刻意,不矫情,不营造,更无须"绞尽脑汁"。散文最终只是写一点感觉、一点情境、一点滋味罢了。当然这"一点"往往令人深切难忘。

在艺术中，深刻的都不是制造出来的。

散文生发出来时，也挺特别的，也不像小说和诗歌。小说是想出来的，诗歌是蹦出来的；小说是大脑紧张劳作的结果，诗歌却好似根本没用大脑，那些千古绝句，都如天外来客，不期而至地撞上心头。

那么散文呢？它好像天上的云，不知由何而来，不知何时生成。你的生活，你的心，如同澄澈的蓝天。你一仰头，呵呵，一些散文片断仿佛片片白云，已然浮现出来了。

我喜欢这样的散文：它是悟出来的。

陆文夫：真情实感是为文

对散文也很难下什么定义，有些国家把诗歌和戏剧之外的文体都称之为散文，连小说也包括在内。中国人好像也是把诗歌和戏剧之外的文体归入散文，只是不把小说包括在内，但也认为小说是用散文写成的故事。

我小时候读过《古文观止》，长大后便认定像《滕王阁序》那样的文章是散文。后来读冰心的《寄小读者》、朱自清的《荷塘月色》《背影》，认定这是白话散文。再后来读鲁迅的《秋夜》《风筝》《过客》，又觉得散文与小说、与短剧有些难分。《过客》虽是散文，却用了短剧的形式，那《风筝》可以发展成短篇，《过客》简直可以成为中篇或长篇小说！再后来又有点概念不清了，觉得有些古诗词都像是一篇优美的散文……概念不清了一个时期之后，又有点清了，看起来那些具有真情实感的优美的短文都可以称之为散文。

贾平凹：散文的看法

一、中国的文学愈来愈走向世界，散文要破除框式，搞中西杂交。弄通弄懂什么是民族传统的东西，什么是外来的现代的东西，融会化合，走出一条极民族化的又极具现代意识的路子。散文之所以是散文，只有这么开放，才能坚实地独立文坛，也才能在目前诗的散化、小说的散化的趋势下，保持自己的纯洁。

二、散文应该是美文，不仅是写什么，而还要怎么写。有人将散文当作写小说的训练，或应景之作，敷衍成篇糟蹋散文的面目。散文的身价在于它的严肃和高尚，要扫除一切陈言，潜心探索它的结构、形式、文字，反复试验和实践，追求它应有的时空。

三、当前社会正处在一个大变革的非常重要时期。社会的结构，人们的观念都发生了变化和松动,社会走向多元化,人们的兴趣趋向多样化,严肃文学的地位似乎在下降,而通俗的、商品性的文学正走向高潮。散文要正视这种现象,要站在信息前头,但一定要独立思考。艺术要顺势而发展,却绝不是可怜地迎合,重在征服。

附录二:散文精品欣赏

想起外婆吐舌头的样子

李 娟

想起外婆有个习惯性的小动作,就是吐舌头。通常这一动作会出现在她老人家做了错事之后。而她做了错事通常会先掖着瞒着。比如打碎了糖罐子,就悄悄把碎片扫一扫,剩下的糖撮一撮,换个一模一样的罐子装了原样摆着。直到你问她:糖为什么突然少了半罐子? 她才吐吐舌头,笑眯眯地坦白。

金鱼死后,鱼缸一直空在那里,空了很久。有一天却发现鱼缸有些不对劲儿,似乎缩小了许多。端起来左看右看,没错,是瘦了两三寸。逮住外婆一问,果然,是她老人家打碎后又悄悄去市场买回一个。大约是原样大小的有些贵了,便买了小一号。还自以为神不知鬼不觉呢。当然,被揭穿后,也只是吐了一下舌头而已。

吐舌头的外婆,飞快地把舌头吐一下,"对不起"和"气死你"两种意味水乳交融。而且又吐得那么快,一转眼就神情如故。该干什么干什么去了。休想让她为做错的事情多愧疚一丝一毫。

然后又想到外婆的竹林。

外婆的老家不是我的老家,我从没有在那里生活过。但想到外婆正是在那里的一间老瓦房里生活了近半个世纪,就觉得那里实在是一个无比温柔之处。老屋前前后后种着重重竹林,我从坡上走下来,一走进竹林,就听到外婆的声音。她正在塌了半边的老屋门口和一群乡下女子说笑。她手持长长的竹竿(后来,她用这竹竿为我从橘子树上捅下来许多鲜艳的橘子),站在那里大声揶揄其中一个女邻居,好像是在模仿她夫妻俩之间的什么事。所有人笑得前仰后合。那女人又急又气,抢起巨大的竹扫帚挥打外婆的屁股。我站在半坡的竹林里看了好一会儿。当外婆和我们一起生活时,我们是否也给过她同样的快乐? 那时她八十五岁了,已经离开我们两年,独自回到乡下的旧居,在仅剩的半间老屋里生活。

我一边大声喊外婆,一边从坡上走下来。所有人都回头仰望我来的方向。外婆答应着,意犹未尽地继续数落着那个女人,继续大笑,一边向我迎上来。我从上往下看到旧屋天井里的青石台阶,看到一根竹管从后山伸向屋檐下的石槽,细细的清泉注满了石槽。世界似乎一开始就如此古老。

从来没想过,离开熟悉的地方会是这么可怕的事情!外婆终究没能老在老家的坟山里。她孤零零地被埋在万里以外的戈壁荒滩中。好像她在死之后还得再重新开始一场适应新生活的漫长过程。好像她孤独的、意志坚决的一生仍不曾结束。

之前两天,我急赶慢赶,还是晚了一步。差了十个钟头。接到噩耗后,我仍然坐在夜班车上继续往家赶,往已经死去了的外婆身边赶。我知道她还在等我。我不能勘破生死,但也能渐渐明白死亡的并不可怕。死亡不是断然的中止,而是对另外一场旅行的试探吧?外婆死前有那么多强烈的意愿。她挣扎着要活,什么也不愿放弃。她还有那么多的挂念。然而一旦落气,面容那么安和、轻松。像刚吐完舌头,刚满不在乎地承认了一个错误。

死亡之后那辽阔空旷的安静感,是外婆最后为我所做的事情。以前念小学的时候,很多个清晨我起床一看,早饭又是红苕稀饭和酸菜。就赌气不吃,饿着肚子去上学。因为我知道,不一会儿,外婆一定会追到学校来给我捎一只滚烫的红糖锅盔……那时我都上六年级了,六年级班设在六楼。八十岁的外婆,怀里揣着烫烫的锅盔,从一楼开始慢慢地爬楼梯。在早自习的朗朗书声中,一阶一阶向上。爬啊爬啊,最后终于出现在六楼我的教室门前……那是我所能体会到的最初的、最宽广的安静感……在外婆给我带来的一场又一场安静之中,生命中的恶意一点点消散,渐渐开始澄明懂事起来。今天的我,似乎达到了生命中前所未有的勇敢状态,又似乎以后还会更加勇敢。

又想起那一次,我拎了一只公鸡去乡下看外婆。独自走过漫长孤独的山路,几经周折才找到陌生的老屋。外婆迎上来对我说:"我很想你,我天天都在想你。"

外婆你不要再想我了,你忘记我吧!忘记这一生里发生过的一切,忘记竹林,忘记小学校的六楼。吐一吐舌头,继续你绵绵无期的命运。外婆,痛苦这东西,天生应该用来藏在心底,悲伤天生是要被努力节制的,受到的伤害和欺骗总得去原谅。满不在乎的人不是无情的人……你常常对我说,娟啊,其实你不结婚也是可以的,不生孩子也是可以的。你不要受那些罪了。你妈妈不晓得这些,我晓得的……外婆,现在我才渐渐有些明白了你的意思,虽然我现在还是一团混沌,无可言说,无从解脱。但能想像得到,若自己也能活到九十八岁,仍然清清静静、了无牵挂,其实,也是认认真真对生命负了一场责。最安静与最孤独的成长,也是能使人踏实,自信,强大,善良的。大不了,吐吐舌头而已……。

【思考与练习】

一、记叙散文在选材上有何特点?

二、以李娟的《要是在喀吾图生病了的话……》为例,分析其细节描写的特色。

三、仿写散文:请以董桥的《夏志清先生的长衫》为范文,写一篇题为"××的××"的散文。

第五节 微型小说

一、微型小说的含义

微型小说是指字数在一千字左右,两千字以内,文短意长,构思新颖奇特,情节简单完整,结局往往出人意料,以小见大地表现人物及反映现实生活的文学体裁。微型小说又叫小小说、超短篇小说、袖珍小说、一分钟小说、镜头小说等。

微型小说和长、中、短篇小说一样,也是以叙述和描写为主要表达方式,重在塑造人物形象,并通过故事情节和具体的环境描写,广泛地反映社会生活的一种比较自由的文学体裁。它同样具有小说的审美特征,如形象思维、艺术概括、文学语言、典型化方法、个性化人物性格等。

二、微型小说的特点

(一)篇幅短小

微型小说与短篇小说相比,篇幅更为短小,少则几十个字,百余个字,多则千余字。短篇小说反映的是社会生活的横断面,微型小说反映的却是横断面上的某一点。微型小说是镜头小说,是反映"点"的艺术,它比短篇小说人物更少,情节更为单一。

(二)主题深刻

微型小说要以特别短小的篇幅表现深广的社会生活内容。要达到这个目的,就要注意提炼有现实意义、有哲理性的深刻的主题。一般来讲,微型小说能够以小见大,以微显著;深邃含蓄,耐人寻味,使用最小的信息,诱导读者产生最大的想象。

（三）内容集中

微型小说内容简练集中，高度概括。它撷取的往往是生活海洋中的一点一滴，一帧速写、一幅剪影、一个镜头、几个细节、几段对话，均可构成一篇微型小说。它要求简练而集中地写好一个人物片段、一个场景，反映一瞬间发生的事件，以此来概括生活某方面的本质。做到寥寥几笔，写出人物个性；短短一瞬，见出某种哲理。

（四）结局精巧

微型小说是千字文、百字文，因此在结构布局上就不能像其他小说那样全面铺开，首尾圆合，而是取其一端，不计其余。微型小说往往格局小巧，结构精美，尺水兴波，引人入胜，在单纯明快的情节中产生变幻莫测的波澜，令人拍案叫绝。

三、微型小说的写作

（一）善于摄取瞬间

微型小说既然是镜头小说，那么写作微型小说就是摄取生活瞬间的艺术。这就要求作者勤于观察，善于捕捉生活中最富于包孕性的某一瞬间、某一场景或某一剪影，以一斑而窥全豹，从中发现美，发现哲理，发现事物的本质。如傅振强的《站着的聪明人》摄取的是公共汽车上的一瞬，却点染成一篇别具一格的微型小说。写公共汽车上的故事，总要涉及让座、抢座。《站着的聪明人》也是有关座位的事：车刚到站，他一步就蹿上去，为的是抢个座位。车厢里人不挤，正好有个空位，他想坐，突然站住了，因为空位周围站了几个人，却没一个坐下。于是，他怀疑起来，也不敢坐了。随后，作者描绘了站着的人们的种种心态：年轻妇女想，该不会有痰吧？中年汉子想，谁知道是怎么一回事，没准儿等你刚坐下，车厢里就会哄地一声笑起来。"幸亏没坐，坐下就出丑了！""我说么，会有便宜等你去拣？""那么多人站着，难道他们都那么傻？"各人都有自以为聪明的想法。末了，谁也不去坐。其实，那座位什么问题也没有。明明是空位子，但是他们自作聪明，就是不敢坐。在实际生活中，这种聪明反被聪明误的人不是经常也可以见到吗？这篇微型小说摄取的是一个空位子引起的故事，展示的是一幅心态各异的图画。虽是老题材，但角度新，表现新，读起来令人啧啧称奇，联想不断。

（二）认真提炼主题

微型小说要写得有思想深度，有哲理性，就应重视提炼主题。微型小说的主

题应切合文体实际,让主题在情节中自然而然地流露出来。微型小说在提炼主题时,要注意以下几点:

1.体现时代精神

微型小说所写的人物和事件与现实生活距离贴近,它能迅速及时地反映当前生活中的矛盾和斗争。微型小说的作者要站在时代的前列,准确把握时代脉搏的跳动,在作品中体现时代精神。只有这样,其作品才能做到立意高超、新颖,充分发挥微型小说的社会功用。如林双不的《枪》,一场虚惊反映了现代社会人与人之间的防备与信任危机;邵宝健的《永远的门》,通过一扇画在墙上的门,体现了20世纪80年代传统环境下的一对相爱的中年男女被隔绝开来,呼吁每一个个体都需要被尊重。

2.藏而微露

微型小说的主题不能太直,因为直则无味,但也不能太朦胧,让读者猜不透,而是要藏而微露,隐蔽中暗示其蕴含的主题,引导读者深入掘进,由表及里,领悟作品的深意。它要像一个出色的向导,把读者从"山重水复疑无路"处,引向"柳暗花明又一村"的美好王国。如王蒙的《小小小小小……》:

小小小小小……

H省的地方戏"H剧",近年来日益衰落,其情况如下:

大约一百年前,这里出现了一位天才演员,艺名"香又红",唱、念、做、打,无一不精,风靡一时。香又红渐渐老了,不能上台了,人们最喜欢的演员是香又红的掌门大弟子小香又红,小香又红不仅在艺功上与香又红惟妙惟肖,而且连长相、嗜好、习惯,也与香又红极似,香又红是瓜子脸,小香又红也是瓜子脸,香又红抽水烟袋,小香又红也是抽水烟袋,香又红左眼皮下有一个痦子,小香又红也在左眼皮下画了一个痦子等等。小香又红老了以后,占领舞台的是小小香又红。现在呢,H剧的台柱子是小小小小香又红。

按照微积分的原理,如此小小小小小小下去,是趋向于零了。

这篇微型小说的主旨是要说明H剧日趋衰落的原因。但作者并没有进行深入探求,而只是在简略介绍了台柱子演员从香又红到小小小小香又红"惟妙惟肖"、互相"极似"的情况后,作出如下结论:"按照微积分的原理,如此小小小小小小下去,就趋向于零了。"在这里,作者采用的正是藏而微露的方法。说它藏,是它把H剧日趋衰落的原因归到了"小小小小小小下去"的份上;说它露,是指文中那些"小香又红不仅在功艺上与香又红惟妙惟肖,而且连长相、嗜好、习惯,也与香又红极似……香又红左眼皮下有一个瘊子,小香又红也在左眼皮下画了一个瘊子等等"的描述,正显现了真正原因的端倪。我们顺着这个"端倪"思考下去,H剧日趋衰落的真正原因不是显而易见吗?

3. 以小见大

微型小说写的是生活的小侧面、小片断,但它可以以微显著,以小见大,以一当十,以少胜多,在别人司空见惯的东西上,发现出美丑,反映出全局,显示事物的本质。如王任叔的《河豚子》就是这样一篇佳作。一个穷汉子实在无力养活一家五口,便讨来一篮子含有剧毒的河豚子,准备让全家吃了自杀。他不忍心看到一家人临死的惨状,自己便托故外出,直到傍晚时才回到家中。他想象中的惨剧并未发生,河豚子依然煮着,原来妻子对他"非常敬爱,任何东西断不肯先给孩子尝吃的"。他只好与"很久没尝到鱼味的他的一家人""争争抢抢地"吃完了河豚子。然后,"他到床上安安稳稳地睡着,静待这黑衣死神之降临"。没想到,为了等他,河豚子煮烧多时,"毒性消失了,一家人还是要安安稳稳地挨饿"。这篇微型小说只有800字,仅写了一天之内一个贫苦农民因灾荒交租无法生活而让全家自杀的悲剧,然而却是当时广大农民生活的一个缩影。从这一典型人物和事件中,反映出那个社会农民欲生不能、求死不得的普遍命运,揭示了军阀混战的旧时代给人民带来的灾难,收到了以小见大、窥一斑知全豹的效果。

(三)构思巧妙合理

构思是创造性的思维活动,写任何作品都应在构思上下功夫。微型小说因其篇幅短小,又要结局精巧,这就给其构思提出了更高、更严的要求。为了巧妙合理地构思微型小说,除认真提炼主题外,还应在布局谋篇上做文章,特别应注意解决好以下问题:

1. 选好切入角度

微型小说由于受篇幅的限制,所以不能像传统叙事文学那样从头到尾慢慢叙来,而要考虑从何处开头,从哪个角度切入才既简洁又引人入胜。同样的主题、材料、人物,切入角度不同,作品质量大不一样。选择好切入角度,等于成功了一半。如钟鸣的《醒》就是一篇善于选择切入角度的微型小说:不会写材料而会看材料的车书记对三个年轻秘书写的三份材料都不满意,便把三个秘书叫到办公室询问。三个秘书见书记火气很大,谁也不敢吭声。这时,车书记想起了半年前调到S矿的老秘书小马。过去,这位马秘书写的材料挺好。后来,这三个年轻秘书写材料的水平提高了,马秘书要求调动工作,车书记也就放行了。车书记经过各个击破,点名询问,才知道这三人当初写的材料都是马秘书一手写的。马秘书之所以代三人写材料,就是要让车书记觉得他可有可无。这一招果然真灵,马秘书终于调成工作了。这篇微型小说没有从马秘书代稿写材料、约法两章写起,而是从车书记突然发现三个年轻秘书写的材料不合格写起。这儿是文章最精彩、矛盾最激烈的地方,从这儿切入,故事既集中又引人入胜,因此具有较强的可读性。

2. 恰当设置人物

微型小说同短篇小说一样,必须刻画人物形象。但由于微型小说受篇幅限制,设置人物一般较少,而且仅表现人物性格的某一侧面,没有必要表现人物性格的发展过程。这就要求在描写人物时,要抓住特征,勾勒轮廓,寥寥几笔,神情毕肖。如司玉笙的《"书法家"》:

"书法家"

书法比赛会上,人们围住前来观看的高局长,请他留字。

"写什么呢?"高局长笑眯眯地提起笔,歪着头问。

"写什么都行。写局长最得心应手的好字吧。"

"那我就献丑了。"高局长沉吟片刻,轻抖手腕落下笔去。立刻,两个劲秀的大字从笔端跳到宣纸上:"同意"。

人群里发出啧啧的惊叹声。有人大声嚷道:"请再写几个!"

高局长循声望去,面露难色地说:

"不写了吧——能写好的就数这两个字…… "

这篇仅仅百余字的微型小说,只有一个主要人物。作者刻画高局长的形象,只是紧紧抓住他性格特征的一个侧面,采用白描的手法,描写了高局长的神态、语言、动作,寥寥几笔,就"活化"出一个官僚主义者的形象。

3. 巧妙安排情节

微型小说格局短小,情节单纯,它不可能像其他小说那样,有开端、发展、高潮、结局几方面的完整过程,但只要精心安排,仍然可以达到"情节单纯而不简单",显示出独特的艺术魅力。为此,要注意在以下几方面下功夫:其一,要巧妙设计富有深刻内涵的生活冲突,用"点"的冲突代替"面"的矛盾。如马克·吐温的《丈夫支出账单中的一页》就是通过短短七行丈夫日常开支的记录,人物的好色与无奈跃然纸上,幽默无穷又切中时弊,寓意深远。其二,在单纯中求变化,使之产生曲折动人的变化美,或正反抑扬,或动静张弛,或巧设悬念,或出奇制胜。如马克·吐温的《好朋友》,在单纯中求变化,变化中不离单纯。约翰为同时爱上两个姑娘而苦恼,好朋友劝他选择漂亮的姑娘同时放弃有钱的姑娘,而在结尾处,好朋友叫住约翰,问道:"你能不能把那位有钱姑娘的地址告诉我?"其三,抓住最有利于刻画人物性格特征的细节,使之成为微型小说的情节或者情节的闪光点。如樊晓超的《那只褐色的猫》选取了丈夫拿妻子按天配给的买烟钱积攒起来给妻子买猫的细节,这个细节既生动曲折,有特征,又使用恰当,读来颇为感人。

4.灵活组织结构

微型小说的主题、人物、情节等最终是要外化为结构的,因此作者应在组织结构上下功夫。微型小说的结构形式灵活多样,不拘一格,主要有单线式、双线式、多线式、三迭式、蒙太奇式、故事型、戏剧型等。采用何种形式,应从文章的主题和内容的表达需要出发,努力做到精巧、隽永,并有所创新。如《画家和他的孙女》运用了蒙太奇式的结构,通过爷爷和孙女的几个对话镜头,将成人的定式思维和孩子的无穷想象展现了出来。

5.善于留出空白

微型小说短小精悍,情节单纯,更适宜空白艺术的应用。写微型小说应善于恰当地使用空白艺术,给读者留下广阔的联想空间和想象余地,引导读者深入思索,以领悟作者"藏起来的内涵",获得审美感受,从而进一步深化作品的主题。如马克吐温的《丈夫支出账单中的一页》、海明威的六字小说"转卖:婴鞋,全新。"等就巧妙地使用了空白艺术。

四、注意事项

微型小说创作中,常常会出现以下毛病:有的对生活瞬间挖掘不够,主题不深刻;有的只注重故事情节的曲折多变,而忽略了对人物性格的刻画和对生活哲理的体现;有的为追求"微型"而写得抽象概括,使作品文学性不足,缺乏感染力;有的过于直白,缺少含蓄性,或是过分隐晦而使主题不明确;还有的片面追求精巧的构思与隽永的意味而显得矫揉造作,产生失真感,等等。这些问题应引起作者的充分注意,并通过对微型小说审美特征和写作要求的把握,提高文学素养和创作实践能力,逐步予以解决,以便创作出主题深刻、表现独特的好作品。

附录一:

关于小说

文　锐

"小说"之名不是舶来品,中国古而有之。战国时思想家庄子曾言:"饰小说

(指"小的道理")以干县令,其于大达亦远矣。"其意虽说与现在的"小说"文体之名大相径庭,但"小说"一词却是第一次出现于中国的文献中。

"小说"源于上古时的神话与传说,属于"街谈巷语"、归为"道听途说",在古代一直不受待见,难登大雅之堂。虽说那时文学的殿堂中住着的是"诗歌"与"散文",但"小说"的萌芽早已破土而出。比如司马迁《史记》中的"列传"——篇篇都是精彩绝伦的"小说"。《项羽本纪》中的"项羽",那个粗犷、豪迈;那个有胆、有情,那个所向披靡,那个刚愎自用的悲壮英雄跃然纸上;那"力拔山兮"时的伟力、那"破釜沉舟"里的"大勇"、那"霸王别姬"中的"深情",两千多年了,还鲜活如初。

人物永远是小说的"命脉"。看小说,主要是看"人物";写小说,主要是写"人物"。人物的性格与命运始终是小说追求的最终"愿景"。读《红楼梦》我们读出了贾宝玉的"叛逆"与"痴情",读出了林黛玉的"高傲"与"多感",读出了薛宝钗的"世故"与"稳重",读出了刘姥姥的"质朴善良""大智若愚"……就是生活中这些"熟悉的陌生人"的次第展示,揭开了人性之"隐秘",散发出小说之独特魅力。

情节始终是小说的"装束"。这是人物活动的"脉络"——人物从何处来,到何处去,中间发生了什么?人物结局如何?这,都要交代清楚、明了,但"一定要根据人物的需要来安排事件,事随着人走,不要让事件控制着人物"(老舍语)。情节说到底就是故事。因此,小说要有一个"好故事",而小说家就是一个善于"设计"故事的人。这故事有头、有尾、有呼应;这故事好看、好玩、好有趣;这故事曲折、动人、有意味……

环境一直是小说的"依托"。这是人物生活的"背景"。无论自然环境,还是社会环境,都要为"塑造"人物服务。高尔基曾说:"不可忘记:除风景画之外,还有风俗画。""天已快夜,别的雀子似乎都休息了,只杜鹃叫个不息。石头泥土为白日晒了一整天,草木为白日晒了一整天,到这时节各放散出一种热气。空气中有泥土气味,有草木气味还有各种甲虫类气味。翠翠看着天上的红云,听着渡口飘来生意人的杂乱声音,心中有些儿薄薄的凄凉。"这是沈从文《边城》里湘西的"傍晚";"一九七五年二三月间,一个平平常常的日子,细的雨丝夹着一星半点的雪花,正纷纷淋淋地向大地飘洒着。时令已快到惊蛰,雪当然再不会存留,往往还没等落地,就已经消失得无踪无影了。黄土高原严寒而漫长的冬天看来不要过去,但那真正温暖的春天还远远地没有到来。"这又是路遥《平凡的世界》中陕西高原初春的景象……

"想象"与"虚构"是小说家的法宝。小说不能等同于真实的"生活",因为真实的生活往往平淡无奇,无滋无味,可小说不行,它要想象一种场景、虚构一个故事、塑造一位(或多位)人物,从而传递一种感人的生活哲理。所以,小说开首时的"夺人眼目",发展中的"迷心惑魂",高潮时的"惊心动魄",结尾处的"出奇回味",这些都需要写作者无穷的想象力与虚构力。正如作家鬼子所言:"真正的小说是利用生活,以文字的方式把主旨表达出来,小说不是按生活来写的,小说的道路也不能按生活来走,他必须用生活的腿来走不同的路子。在创作中学会生活,在生活中实现更高层次上的创作。"

突然间想到了曾经读过的一段话:"写小说创造人物故事,是为了理解人们灵魂深处的东西,是用小说叙述来理解人生和世界的一种方式。"

而这,正是经典小说的"命门"所在。

附录二:微型小说欣赏

枪

林双不

车子愈往南驶,我愈觉得不对劲。司机始终不怀好意地透过后视镜瞅着我,恐怕我是上了贼船了。报纸上几乎天天有出租车司机在荒郊野外劫财抢色,甚至还要伤人的报道,为什么我这么大意?

果然,车子刚开不久,我就感到异样了。司机一再从后视镜瞅我,瞅得我心底发毛。就在这个时候,我看到他的右手从方向盘挪开,往下伸,不知在摸什么东西,大概是扁钻或刀子吧?车窗外一片漆黑,正是苗栗一带的山间,歹徒下手最理想的所在。要动手了吧?我下意识坐直身子,冷汗开始往外冒。

可什么事也不曾发生。他的手又伸了上来,放在方向盘上,没有拿什么东西。

我看到,他又从后视镜飞快地掠了我一眼。这一眼非常狠毒。我有生以来不曾看过更狠毒的眼神,使我再度直冒冷汗,再度后悔自己的莽撞。

我要去的地方终于到了。当出租车在公路局车站前一停,我立刻打开车门冲了下去。松了一口气,才想到还没有付钱给司机,便绕过车后,走到司机窗口,伸手到旅行袋里掏钱。突然,车子往前冲,迅速拐一个弯,消失在不远的街角。我最后看到的,是司机无比惊惶的神色。

怔怔地站那里,莫名其妙地把车钱再度放入旅行袋,我才看见旅行袋的右方开口突出一截枪管。那是我在台北特地为孩子买回来的玩具枪,枪管太长了,无法全部塞进旅行袋。

在柏林

(美)奥莱尔

一列火车缓慢地驶出柏林,车厢里尽是妇女和孩子,几乎看不到一个健壮的男子。在一节车厢里,坐着一位头发灰白的战时后备役老兵,坐在他身旁的是个身体虚弱而多病的老妇人。显然她在独自沉思,旅客们听到她在数着:"一、二、三……"声音盖过了车轮的"咔嚓咔嚓"声。停顿了一会儿,她又不时重复数起来。两个小姑娘看到这种奇特的举动,指手画脚,不加思考地笑起来。那个后备役老兵狠狠扫了她们一眼,随即车厢里平静了。

"一、二、三……"神志不清的老妇人重复数着。两个小姑娘再次偷笑起来。这时,那位灰白头发的后备役老兵挺了挺身板,开口了。

"小姐,"他说,"当我告诉你们这位可怜夫人就是我的妻子时,你们大概不会再笑了。我们刚刚失去了三个儿子,他们是在战争中死去的。现在轮到我自己上前线了。在我走之前,我总得把他们的母亲送进疯人院啊。"车厢里一片寂静,静得可怕。

【思考与练习】

一、刘飞和宋婷是两个性格不同的大一学生,她俩同时收到家里的来信,请发挥想象力,调动各种艺术表现手法,描写她俩此时的神情举止和心理活动。

二、学习《"书法家"》以小见大、以微显著的艺术手法,选取一个学校生活题材,写一篇微型小说,要求塑造鲜明的人物形象,揭示深刻的社会问题。

三、阅读下列小说写一篇简评:

德军剩下来的东西

(法)哈巴特·霍利

战争结束了。他回到了从德军手里夺回来的故乡。他匆匆忙忙地在路灯昏黄的街上走着。一个女人捉住他的手,用吃醉了酒似的口气和他讲:"到哪儿去?是不是上我那里?"

他笑笑,说:"不。不上你那里——我找我的女朋友。"他回看了女人一下。他们两人走到路灯下。

女人突然嚷了起来:"啊!"

他也不由抓住了女人的肩头,迎着灯光。他的手指嵌进了女人的肉里。他们的眼睛闪着光,他喊着"约安!"把女人抱起来了。

【阅读推荐】

1. 张洁. 新编消息写作技巧与获奖消息赏析. 北京:北京工业大学出版社,2013.

2. 丁柏铨,胡翼青. 通讯写作. 北京:中国广播电视出版社,2007.

3. 刘自宇等. 1949～2009 报告文学选. 北京:人民文学出版社,2009.

4. 王郊天编. 散文创作艺术谈. 南京:江苏人民出版社,1984.

5. 刘锡庆. 散文新思维. 石家庄:河北教育出版社,1998.

6. 艾利斯(刁克利 译). 开始写吧! ——非虚构文学创作. 北京:中国人民大学出版社,2011.

7. 艾利斯(刁克利 译). 开始写吧! ——虚构文学创作. 北京:中国人民大学出版社,2011.

8. 昆德拉(董强 译). 小说的艺术. 上海:上海译文出版社,2011.

9. 刘格. 先锋小说技巧讲堂. 天津:百花文艺出版社,2012.

10. 董桥. 从前. 桂林:广西师范大学出版社,2011.

11. 琦君. 粽子里的乡愁. 杭州:浙江文艺出版社,2015.

12. 汪曾祺. 人间草木. 天津:天津人民出版社,2014.

13. 李娟. 我的阿勒泰. 武汉:长江文艺出版社,2015.

第六章 议论类文体

◎ **内容导读** ◎

　　议论文是一种议事说理的文章,它运用概念、判断、推理、证明等逻辑思维的手段,对客观事理及其规律性进行科学的分析论证,以表达作者的思想、观点、见解的一大类文章的总称。因为它重在议事说理,又有人称之为说理文、论辩文。

　　议论文是一种古老的文体,肇始于周代的《易经》。刘勰《文心雕龙·宗经》里说:"论说辞序,则《易》统其首。"《尚书》则是我国古代论说文的另一个源头。刘勰说:"诏策章奏,则《书》发其源。"《尚书》中的"策"是比较典型的论说文。此后,历代作家不断创新,为我国现当代议论文的繁荣和发展奠定了坚实的基础,积累了丰富的写作经验。

　　随着社会的进步和发展,以及文化事业与大众传媒的繁荣,议论文体日益繁荣兴旺。社会短评、杂文、文艺评论、学术论文等各类文体都呈现出了欣欣向荣的景象。因此,学习议论文体的写作知识,培养逻辑思维能力,掌握议论文体的写作技巧,提高写作水平,具有十分重要的意义。

第一节 社会短评

一、社会短评的含义

　　社会短评又叫短论、时评、小议、小评论、小言论、随感等,是写作者在现实生活和工作中,对某些社会事件、思想倾向、社会现象或具体事物的性质和意义进行分析、评述,由此写出的短篇文章。社会短评可以阐明作者的观点、立场、态度或特定的刊物、杂志编辑部的意图,也可以反映大众对某个问题的看法和倾向,重在展示观点和思想。社会短评常出现在报纸、杂志、电台、电视台和网络等有关栏目中,如报刊上的《观点》《锐评》《今日谈》《XX论坛》《思想漫谈》《三言两语》等栏目中的文章大多数都属于社会短评。

写社会短评,必须把握好社会大环境,关注社会演进的脚步。今天的社会无论是在政治领域、经济领域,还是人们的精神领域,正在发生着巨大而深刻的变化。每天都有纷繁复杂的社会事件出现,大如国际社会关注的焦点:中东问题、欧美逆全球化、美国贸易保护、新型冠状肺炎全球爆发等;小到对身边事情的思考,如最美逆行者、婚姻危机、虐童事件等。评论者需要有高度的责任感,保持清醒的头脑来正确看待社会事件和社会问题,以引导和启迪人们的思考。

社会短评内容单一、篇幅短小、但内容涉及面广,不管是肯定、赞扬先进人物或事件所蕴含的思想,还是否定、批判落后和腐朽思想及社会现象,其作用不容忽视。首先,可宣传党的路线、方针、政策;其次,可启发人们的觉悟,提高群众的道德水平,指导人们的社会实践,是进行思想政治工作的"轻"武器。

二、社会短评的特点

(一)针对性

社会短评是作者对社会现象的一种见解或评判,它需要强烈的针对性,做到言之有物,言之有理,言之有节,言之有用。社会短评所涉及问题要抓得准,观点鲜明,切中要害。当前报刊、网络上的短评,都与现实生活紧密相连,或针对现实社会中迫切需要解决的问题,加以褒贬,及时引导;或针对当下某种思想倾向,提醒人们注意;或针对生活工作中的某种弊端,鼓励人们克服;或针对当前大家关心的问题,给予解答;或针对落后的观念,冀人弃旧图新……

(二)时效性

社会短评的时效性体现在及时有效地评论现实存在着的问题和现象。写作者要善于抓住处于萌芽状态的思想倾向或刚刚发生的重大事件进行评论,抓住人民群众普遍关心的有新闻价值的问题,及时挖掘出事件现象背后的本质,提出解决问题的办法,这样才能取得较好的社会效果。时过境迁的评论,难以引起当下人们的关注。

(三)大众性

社会短评的大众性,既体现在它易于为人掌握,可以拥有庞大的作者群上,也表现在评论要面向广大读者,在论述的方式上符合大众口味,评论的对象往往是大众所关心的问题。它可以灵活机动地涉及人们生活、工作、学习中的各种问题,使读者有得到自己的思想顾问或生活顾问的感觉。

（四）论辩性

一篇好的评论，不仅要求论题和论点富有积极意义或现实意义，还要求在具体的论述中善于排除读者的思想障碍。因此，在很多情况下，对于对立的或不同的观点的评述或驳斥，往往也就是文章的中心论点或基本见解。

三、社会短评的分类

（一）赞颂型的社会短评

赞颂型社会短评的基调，是称颂、赞美先进的事物。凡是对社会发展起推动作用，有利于广大人民群众学习的人物、事件、思想、行为、作风、习俗等，都可以作为赞颂的对象。赞颂型社会评论除了指出赞颂的事物外，还应该分析赞颂的原因。赞扬要恰当、合理，能使读者为之动情，为之振奋，进而去学习、效仿。如2020 年 3 月 30 日《人民日报》刊登的《致敬"新时代最可爱的人"》，疫情发生后，湖北武汉作为防控的重中之重，全国 330 多支医疗队、超过 4 万名医务人员驰援湖北、支援武汉。援鄂医疗队员们白衣执甲、逆行出征，通过描写在战"疫"前线的奋战画面，以及面对他们撤离时武汉人民的感人表现，让我们看到了援鄂队员们为打赢湖北保卫战、武汉保卫战作出的重大贡献，赞颂了他们救死扶伤、大爱无疆的崇高精神，读者会忍不住和武汉人民、全国人民一起致敬"新时代最可爱的人"。

（二）批评型的社会短评

批评型社会短评的基调，是揭露批判假恶丑的东西。批判的对象是那些错误的落后的行为和现象。当然，批评型社会短评必须坚持实事求是的原则，对评论对象进行剖析，说明其原因、性质、影响与危害，提出消除或纠正的方法，以警戒读者，教育大众。批评型社会短评的任务，当是唤醒良知、提高认识、肃清毒素、指明方向。如2020 年 2 月 2 日《人民日报》刊登的《"甩锅"岂能拯救生命》一文，严肃抨击了疫情以来美国一些政客的"甩锅"伎俩，揭示了其阴谋和丑行。

（三）评议型的社会短评

评议型社会短评的基调，是对社会问题进行评价分析并发表意见。有些社会问题，是非界限不一定很分明，应当如何解决，也可能会有各种不同见解。对这些问题，评论作者可以发表自己的观点看法，可以提出赞成或反对意见。如2020 年 5 月 20 日《光明日报》刊登的《不在于"怎么读"而在于"读什么"》，针对第十七次全国国民阅读调查结果,整体阅读人群在持续增加。作者认为书本阅读和线上阅读,已成为当下阅读的主要方式,新媒体线上阅读虽存在很多弊端,但也应看到它带给人们的便利,进而讲明了自己的观点:全民阅读的重点不在于"怎么读"而在于"读什么"。

四、社会短评的写作

(一)确定评论对象

要写社会短评,首先离不开评论对象的选择。评论对象主要源于新闻及社会实际生活中的事件和现象。

评论对象不能从评论者的头脑中凭空产生,它需要评论者必须关心国家大事、关注百姓疾苦,还要有敏锐的洞察力和思辨力。现代社会信息来源的途经很多,一是直接采集。写作者亲自参与的参观访问、调查研究、实践体验等。二是间接采集。写作者从报纸杂志、广播电视、书籍、网络、道听途说、街谈巷议等渠道了解到的视点、热点和焦点。

一般来说,可以从两个方面来对评论对象加以选择:

1. 以新闻为评论对象

因为新闻客观迅速地反映了新近发生的有价值的事实,所以往往会成为评论者评论的对象。在确立选题时应注意:

第一,作为立论的新闻必须真实。真实,是新闻的生命和铁的原则。然而,近年来,假新闻层出不穷。如果作为立论的新闻失真,评论文章也就失去了存在的依据和意义,所以在写作社会短评之前,写作者必须再三核实新闻的真实性,决不能含糊。

第二,必须选择有评论价值的新闻。一般来说,那些反映自然现象的新闻就没有评论的可能,因为此类新闻没有评论的价值。往往是有人物参与的新闻,才有评论的可能。例如《袁姗姗为"文物碎了能再修复"言论道歉:不该这样轻率》的新闻一出,有了不少作者从明星言行、教养、对青少年观众的影响等角度进行了评论。

2. 以社会事件与现象为评论对象

如果选取社会生活中的事件和现象作为评论的对象,在确立选题时应注意:

第一,要选择党和国家的有关方针政策或重大行动进行评议,这有利于宣传党的路线、方针、政策,有利于推动社会主义建设。例如2020年5月28日新华网刊登的《法治建设的里程碑——写在民法典通过之际》,就是对刚刚通过的《中华人民共和国民法典》的重大意义和作用进行了评论,让人民明确了民法典的意义所在。

第二,选择具有典型意义的社会热点进行评论。针对一个或一类问题,澄清某部分人思想上的模糊认识。只有选择了那些突出的亟待解决的问题,才能产生较大影响,在读者中产生共鸣。例如 2020 年 5 月 14 日《南方周末》刊登的《"分餐制"宜大力推广》,就针对张文宏医生提倡"分餐制"的科学性进行了分析,建议"分餐制"不仅仅需要宣传,还需要在推广措施与制度建设方面求得保障,以引起社会的广泛关注。

(二)确立分析角度

在确定了评论对象以后,要完成一篇社会短论,首先要确立评论的分析角度。任何一种社会现象和社会事件,都有其产生的根源和背景,同时,也与其他事件有着特殊的联系。因此,确立分析的角度可以从以下几方面进行考虑:

第一,分析其背景。任何社会现象,都有其产生和存在的特定原因,弄清楚它产生的根源,有利于判明它的本质,认清它的面目,使作者的评判意见显现出来。例如在对国际争端等问题的评论时,往往需要将其背景交代清楚。

第二,分析其本质。社会短评的写作,首先是从社会现象入手,但不能仅仅停留于表面现象,而要透过现象挖掘其内涵和本质,可以采取正反比较、同类比较、今昔对比的方法,以揭示最核心、最重要的东西。本质抓住了,就能使评论中肯、明快、犀利。例如 2020 年 6 月 2 日《南方日报》有篇文章《奇葩证明不只是因为"信息孤岛"》,针对媒体报道:原籍温州苍南的一名学生到湖南某高校上学,虽然户口簿上已清楚标注了"姓名"和"曾用名",且加盖了派出所公章,却因为学校的表格里有"公安机关审核"一栏,并要求加盖公安机关公章,使得学生家长不得不风尘仆仆往返近 2000 公里,只为在本具有法律效力的户口簿证明之外,再多盖一个章。作者在文中分析了产生"奇葩证明"在技术层面的两个因素:与"信息孤岛"有直接关系;与行政审批等相关。进而分析了其更深层次根源:某些行政部门在举一反三、转变理念、改进服务等方面存在不足。

第三,分析其影响。任何社会现象的产生,有前因,也有后果,即对社会生活的影响。有些评论对象,其影响比其原因更有评论的价值,因此可以从现象和原因入手,分析某种思想或行为给社会造成什么样的影响,进而揭示此现象的正误、好坏、美丑、善恶。例如 2020 年 6 月 1 日《人民日报》刊登的《依法惩治"港独""黑暴"是民心所向》,作者通过"港独""黑暴"一系列暴力行为导致香港在经济、文化等方面产生的巨大负面影响,从而强调反"港独"反"黑暴"是当前香港社会的最大共识,也是保护香港同胞在内的全体中国人民的共同利益。

第四,分析其联系。也即在评论中分析此现象与其他社会现象的联系。评论也可以大胆联想,广开思路。以评论人、事、言论为基础,联想到国内国际中的其他社会问题,把那些性质相同或相近的种种社会现象整合在一起,以揭示其普遍社会影响。这样的评论才能文思飞扬、左右逢源、淋漓尽致。当然,社会评论要达到这样的境界,评论者必须要有丰富的知识储备及敏锐的辨别能力。例如2020年4月30日《南方周末》刊登的《美国疫情蔓延,"新反智主义"崛起》,作者既关注到了美国新冠疫情的严重性,同时也看到了其与"神医""神药",还有"反疫苗""反5G"等社会运动的联系。

(三)展开分析论述

在确定好评论对象、确立好分析角度之后,从材料中挖掘观点进行分析、说理的过程,是社会短评写作最重要的表达过程。在展开分析论述的过程中需要注意以下几点:

第一,论点论据要统一。这实际上是材料和观点的统一。成功的评论必须做到论点准确、鲜明,论据真实、典型。同时,论点、论据还要恰当地统一起来,这是评论写作最基本的原则和方法。论点和论据是构成新闻评论的要素,论点是灵魂,论据是躯干,两者缺一不可。怎样做到论点和论据的统一,要注意几点:首先,坚持实事求是的原则。"实事"就是全面掌握材料,"求是"就是从占有的大量材料中研究事物的内部联系,掌握其规律。其次,正确处理好论据和论点的辩证关系。在构思阶段,论据越多越好,这样形成的论点才可能准确、鲜明。而进入表述阶段,论据力求精而少,以一当十。

第二,论述要虚实结合。社会评论中的"虚",指观点、理论、政策、思想;而"实"则指事实、实践、业务、材料等。务"虚"是侧重于谈理论、谈政治、谈方针、谈思想作风等;务"实"则是谈业务、谈具体工作、谈典型事件等。评论的写作要求既要反映事物具体的内容,更要揭示抽象本质的方面,两者都不可偏废,只有两者结合,才能增强文章的思想性和指导性。例如2020年5月12日《人民日报》第一版刊登的《中国支援见证"风月同天"》,就对新冠肺炎疫情发生以来,在危难时刻中国对各国的真诚援助进行了积极的评论,评论没有仅仅就事论事,而是把疫情问题提高到人类命运共同体的高度展开论述,这样的评论是由实入虚,发人深思。

第三,严密的论证结构。社会评论要靠它的逻辑力量震撼读者,因此,必须讲究逻辑结构的严密性。一篇好的评论,要做到行文上严密周到,不留破绽,使自己的观点立于不败之地,就要概念明确,层次清晰,同时,要恰当地使用归纳法、演绎法、对比法、归谬法等各种推理方法。

(四)讲究表达艺术

社会短评的写作不能只求"辞达而已矣",说理的艺术也很讲究。艺术地表达思想观点,要注意以下几个方面:

1. 以平等的态度对待读者。这是解决评论者态度的问题。如果评论者把自己看得高高在上,就难以用平易的语言将深刻的道理解释清楚。社会短评的作者在写作时要像在老朋友面前聊趣闻、讲故事、说观点一样,在随意和轻松之中将道理阐述清楚。

2. 使用通俗而生动的语言。社会短评大众性的特点,要求它的语言必须通俗化、大众化。要善于把深奥的道理、难懂的表达用通俗的群众语言表述清楚,同时,文章的风格尽量轻松活泼一些,行文灵活顺畅,语气富于变化,使文章生动。这需要写作者注意了解、收集人民群众中那些精辟的、富有思想性的语言。

3. 加强评论的形象性。社会短评在讲究逻辑性之余,还应力求把抽象的道理讲得富有形象性,这样可以增强文章的吸引力。常见的方法有:第一,注重运用修辞。好的评论作品往往离不开比喻、对比等修辞手法的运用。第二,注重对评论的客观事物进行形象化的富有感染力的细节描写。第三,注重寓理于情,将观点融入富有感情色彩的语言中,做到情理交融。此外,有的社会短评还具有幽默感,即使用一种巧妙、机智的论述方式及轻松或富有感染力的笔调表达一种严肃的观点。

总之,社会评论融汇着观察家的敏锐、理论家的智慧、哲学家的犀利和作家的热情,好的社会评论,扣人心弦,给人警示,令人深思。

附录:社会短评欣赏

"有的"是谁?

胡法根

一位领导在审阅单位一份通报批评时,将其中"有的""有些"全部划掉,要求注明是谁。

时下的一些总结,在谈成绩的时候,张三、李四有名有姓,头头是道。一提到问题,展开批评时,就没名没姓了,总是以"有的""有些"来搪塞,含糊其辞。这种做法,害多利少。

成绩和问题都是事实,跑不掉,溜不了。表扬成绩时有名有姓,喜气洋洋,可以理解。但同时如果不直截了当地指出问题,不旗帜鲜明地展开批评,就不能引起足够重视,小问题就有可能发展成大问题,就会贻误工作,造成损失。以"有的""有些"打马虎眼,说到底是缺乏认真的批评。

如果一个单位、一个领导,连批评都不敢落实到具体事情上、具体人身上,能有勇气有能力改变单位的面貌吗?

(《人民日报》2001 年 5 月 15 日)

【思考与练习】

一、社会短评的特点有哪些? 结合阅读谈谈你的认识。

二、下列几种现象,你认为哪些适合于作为社会短评的选题? 哪些不合适? 请做出选择,并简述理由。

1. 大学生用国家助学金报名驾照学习。

2. 有人只爱说唱 RAP,而对民族音乐从不问津。

3. 一位拾荒者,将所有的积蓄都用来资助 30 名孩子上学。

4. 有人酒驾开车,被交警处理时,反问:"你知道我是吗? 我爸是×××。"

5. 带货达人李佳琪,劝十五岁少女离开直播间。

三、针对最近发生的一则新闻,自选角度,自拟题目,写一篇社会短评。

第二节　杂　文

一、杂文的含义

杂文是一种短小活泼、锋利隽永并富有思想性、说理性、文艺性的社会论文。它及时地评论社会现实,或宣传真理,或歌颂光明,或鞭挞丑恶,或"讥切时政",或传播知识,或总结经验,旗帜鲜明地表达自己的观点和主张。杂文是政论与文学有机结合而成的一种文体,本质上以议论说理为主,具有政论文的论辩性,持之以故,言之成理,逻辑性强;然而,它又具有文学特色,与一般的政论文有区别。它虽然以议论说理为主,但又用描写、叙述来印证事理,"寓理于事""寓理于形",具有生动的形象性,饱含着作者的情感,因而有文学艺术染力,不仅使人明理明是非,而且能使人觉得有趣有味,情意盎然。

二、杂文的特点

(一)敏锐及时

紧扣现实生活的脉搏,直面现实人生,追踪时代风云,敏锐及时地品味生活,针砭时弊,颂扬先进,是杂文的基本特点。所谓敏锐及时,即是说杂文跟踪社会,扫描现实,反应迅速,与现实同步。无论是重大的政治事变、思想倾向,还是生活中的丑恶现象、污浊世态,或是文艺思潮、文化动态等,一旦触到杂文的"神经",就会被及时、深刻地披露出来。杂文的这种现实的针对性和强烈的战斗精神,决定了作者要与时代共脚步,与人民同命运,热切地关注着急剧变动、复杂纷纭的现实。只有这样,杂文才能反映时代的主旋律,激起广大读者积极奋进的热情;只有这样,它才能描绘出真实而具体的历史图画,使读者从中吸取思想和艺术上的养分。

(二)形象传神

杂文一般是把精辟的议论同生动简练的叙述、形象的描绘、强烈的抒情相结合,使议论中有形象或通过形象讲道理,寓道理于具体的形象之中,达到形、情、理的高度统一,化抽象为具象,赋予议论以情趣,因而具有文学的艺术魅力。但是,杂文的艺术形象,不同于诗歌、小说中的形象。鲁迅先生把杂文的形象称为"类型"。"类型"是社会中某一群人的"社会相",是某些人的精髓、灵魂、嘴脸的概括。诚如鲁迅先生所说:"所写的常是一鼻,一嘴,一毛,但合起来,已几乎是或一形象的全体……"他笔下的"叭儿狗""媚态的猫""二丑",秦牧笔下的"鬣狗",等等,便是这样的"类型",他们都是思想性与艺术性高度结合的典型形象。杂文"类型"的塑造往往不求完整,注重神似,用简洁的笔墨,抓住人物、事件、思想的突出特点,精心勾勒。杂文形象的概括程度越高,蕴含的意义就越大。

(三)论辩深刻

杂文注重论辩说理,具有鲜明的论辩色彩,而且剖析深刻、精辟,论辩富有战斗性。杂文的论辩,就是针对现实人生,旗帜鲜明地对特定的事物和现象进行议论与驳辩,以求区分真伪,分清是非,讲明道理,弘扬正义与真理。但它又不像政论文那样偏重从理论上阐述问题,而是道古论今,纵横捭阖,借物言理,托物言情,嬉笑怒骂,冷热嘲讽,褒贬是非,鞭挞丑恶,剖析社会,批评世俗,进而引出精辟的观点,显示出强烈的战斗色彩和无可辩驳的说服力。鲁迅先生的杂文之所以具有独步古今的意义和强烈的艺术魅力,就在于他以直接、深刻的思想剖析,揭露了封建意识形态中腐朽的道德观念和国民劣根性的本质,以及封建军阀、官僚、国民党的反动统治,使杂文成为旧中国的解剖刀,成为"投枪"与"匕首"。

（四）短小灵活

杂文同其他文体相比,它一般短小精悍,灵活自如。杂文大都是千字左右的小文章。但它的构思立意、谋篇运笔的技巧,灵活多变,曲折跌宕。其体式可以是政论式的、杂感式的、随笔式的,也可以是日记式的、书信式的、序跋式的。其笔法可以讽刺批评,可以歌颂表扬,也可以谈心劝勉,还可以抒情言志。其风格或诙谐幽默,或尖锐泼辣,或明白晓畅,或委婉含蓄,或隐晦曲折。在选材上它题材广阔,自由灵活,无拘无束,信手拈来,不落俗套,涉笔成趣。

三、杂文的分类

（一）讽刺性杂文

凡揭露、批判不良言行和错误倾向方面的杂文称之为讽刺性杂文。有人称它为"带刺的玫瑰""有刺的蔷薇",它花刺并茂。鲁迅先生的《"友邦惊诧"论》、巴人的《况钟的笔》、邓拓的《一个鸡蛋的家当》、宋振庭的《马尾巴、蜘蛛、眼泪及其他》等,都是讽刺性杂文。

（二）歌颂性杂文

这是指歌颂先进人物、先进事迹,颂扬新时尚、新道德风范的杂文。这类杂文观点鲜明,热情奔放,笔调明快,文字清新。如文畅的《火炬颂》、唐弢的《三户颂》、马铁丁的《火柴颂》等。

（三）知识性杂文

这是指通过介绍知识,讲明事理,启迪心智,给人以陶冶知识的杂文。它常寓思想性、知识性、趣味性于一体,生动活泼,可读性强。如邓拓的《一块瓦片》、秦牧的《姓氏的历史烙印》等。

四、杂文的写作

（一）大中取小,小中见大

"大中取小"是就杂文的选材而言的,"小中见大"是针对杂文的立意而说的。所谓"大中取小",就是在选取杂文写作的题材时,要从全局着眼,以高度的政治敏锐性和深刻的洞察力,从纷繁复杂的社会生活中,选取最有代表性、最能反映事物本质的那一点,选取关系着全局而又是最令人关注的某一件小事、某种现象,经作者的具体剖析,引申出一个深刻的大道理,给人以启示和教育。

所谓"小中见大",就是从选取的细小事物中,发现它蕴含的重大社会意义,从而开掘出深刻的主题。当然,杂文立意的小中见大不是无限上纲,故作惊人之笔,而是见微知著,借一斑而窥全豹。

(二)常取类型,形象说理

所谓"类型",在杂文写作中通常是指典型。前面我们说过,杂文的典型与小说、剧本的典型有所不同。它只是用来为杂文的形象议论、生动说理服务的,其基本特点是粗线条的、真实的、简洁的勾勒。杂文塑造类型的基本方法主要有以下两种:

1. 选取典型

直接从现实生活中选取具有代表意义的真人真事作为典型,这是杂文创造典型的基本方法之一。现实生活中纷纭的事物,形形色色的人物本身具有典型性,只要善于选取,这类典型就能以一当十,发挥典型的作用。鲁迅先生杂文中的一些人物,如买办资产阶级思想的代表陈西滢,"第三种人"的代表胡秋原、苏汶等,都是鲁迅先生嬉笑怒骂、讽刺批评的对象。这些实实在在、真真切切的人物形象,不仅具有同类人物的共同性和内在的品质,而且各有其特殊性和鲜明的个性特征。

2. 概括类型

作者把同类人、同类事、同类现象加以具体归纳、描述,概括而成一种"类型",这是杂文创造典型的又一种方法。运用这种方法创造典型,通常是用漫画式笔法进行粗线条勾勒,简洁明快,生动形象。鲁迅先生《二丑艺术》中的二丑形象,便是一种社会类型。他概括了所有玩弄两面派手法、对于反动主子采取"小骂大帮忙"态度的无耻文人的本质。因而这二丑绝不是指生活中某一两个具体的人物,它是同类人物共性的高度概括和生动写照,具有广泛的代表性。

杂文是文艺性与政论性相结合的产物。文艺性要求它形象说理,做到虚实结合,以虚带实,就实论虚。杂文形象说理通常有下面几种方法:

一是就事论理。这里所说的"事"就是具体的、有表现力的、典型的事实材料,它是作者借以发挥和论理的前提。杂文常常用漫画式或速写手法勾勒出能说明问题、揭示真理的一系列形象,使之逼真传神,寓情显理。叶永烈的《首先要做"马"》便是运用就事论理,形象说理的佳作。

二是取喻说理。就是捕捉事物之间的相似之点,巧妙地运用鲜明、有趣的比喻议论说理。比喻可以化繁为简,化难为易,化虚为实,在说理上能起到深入浅出、洞幽显微、传情说理的作用。郭沫若的《黄钟与瓦釜》、何满子的《医喻》《虎子的故事》等，都是用比喻来揭示深刻道理，讽刺一切不合理的现象，唤醒迷途不悟的失足者，教育读者的。

三是类比明理。类比是将性质基本相同的同类事物相比较。把同类事物连在一起，比较其相同之点，可以使论证之理更加明晰。可以起到强调、借鉴、明辨的作用。例如牧慧的《中国变色龙》就是把契诃夫笔下的巡官奥楚蔑洛夫同《水浒传》中牢城中的差拨、旧社会妓院的鸨婆、清末的张之洞、"文化大革命"时期"随行就市的风派理论家"之流进行类比，从而告诉读者，国际国内的"变色龙"式的人物是一丘之貉。他们都是随着权势大小、金钱多寡极善于改变态度的小丑，是货真价实的趋炎附势的变色龙。

四是对比显理。运用对比的方法凸显所说之理，这是杂文形象的又一种方法。对比能使是非、美丑、真假的界限更加分明，能使所讲的道理更加显豁。对比在杂文写作中可以整篇运用，也可在行文中根据需要灵活运用。鲁迅的《文学和出汗》便是在行文中运用"香汗"与"臭汗"的鲜明对比，来批判资产阶级的"普遍人性论"的。

五是借典引理。就是借用成语、典故的原意，加以引申发挥，针对现实问题，引申出作者要讲的道理。杂文常常用典，典故用得巧妙，不仅可增强杂文的知识性、趣味性，而且能使杂文的议论更生动、深邃，更有思想性。当然，用典必须恰当贴切，要能起到对比、验证、强调的作用。同时，用典要善于推陈出新，创造性地发挥它的积极作用。

（三）笔调灵活，庄谐并举

杂文应当有"杂文味"。所谓"杂文味"，就是论理寓庄于谐，亦庄亦谐，庄谐并举。杂文要在谈笑风生中阐明深刻的道理，在冷热嘲讽中揭露丑恶黑暗，令读者在轻松幽默的捧腹之后悟出生活的真谛，明辨是非曲直，懂得美丑真伪，受到启迪。要有杂文味，就当善于运用多种笔调、多种艺术手法创造出杂文味。

1. 幽默风趣

幽默是用轻松的笔调，对某些生活中的现象进行机智、风趣的描述，使人在笑声中得到陶冶，获得美的享受。创造幽默的方法有很多，诸如讲故事、说笑话，用夸张、双关、反语等。鲁迅先生在抨击"国粹主义"的老古董们时说："即使无名肿毒，倘若生在中国人身上，也便'红肿之处，艳若桃花；溃烂之时，美如乳酪'，国粹所在，妙不可言。"这里鲁迅先生正话反说，运用颂诗般的语法，珠翠般的辞藻和悠然自得的腔调批评了以臭为香、嗜痂成癖的守旧派的本性。这种机智的反语所创造出来的幽默，妙趣横生，令人忍俊不禁，令人深长思之。

2. 讽刺辛辣

讽刺就是用讥刺和嘲讽的笔法对不合理的、可笑的、可鄙的,甚至可恶的事物或现象进行针砭或否定。讽刺与幽默常常相互为用,你中有我,我中有你,但仔细分辨,二者又有所不同。不同之处在于它们否定事物时的态度、轻重不同。讽刺是以严肃的态度对消极乃至反动的事物进行否定,读后使人感到辛辣、尖锐、深刻。幽默则是轻松愉快地、俏皮地否定某种事物或现象。讽刺常用的手法是反语、夸张等,如秦似的《蛙话》,宋振庭的《马尾巴、蜘蛛、眼泪及其他》等都是善于运用辛辣的讽刺手法来批评现实生活中的丑行和可憎、可笑的事物的佳作。杂文的幽默与讽刺只要运用得恰当,都会令全文生色增辉。但是,不管是幽默,还是讽刺,都要善于区分对象,掌握分寸。

(四)语言精练,贴切生动

杂文的语言有独特的风格:生动泼辣,耐人咀嚼;精练尖锐,言简意赅;准确贴切,形象生动。

生动泼辣,就是要做到遣词造句力求形象,富有色彩,富有感情,讲究趣味性。无论叙述、描写、议论,都要形象化;要善于运用幽默的语言和讽刺的笔调,在生动中含情,生动中明理,生动中达义。

精练尖锐,就是要做到用词少,表意丰富,篇幅短小,表达思想、阐述道理深刻;要抓住要害,严肃解剖,说理入木三分,批评不留情面,议论饱含哲理,诱人深思。

准确贴切,即要求做到真实,言之成理,言之有物。无论歌颂还是批评,都要说心里话、说实话,说到点子上,不任意拔高,不随意贬低,不无病呻吟、故作艰深,不说大话、套话、假话。

附录:鲁迅杂文欣赏

立 论

我梦见自己正在小学校的讲堂上预备作文,向老师请教立论的方法。

"难!"老师从眼镜圈外斜射出眼光来,看着我,说。"我告诉你一件事—— 一家人家生了一个男孩,合家高兴透顶了。满月的时候,抱出来给客人看,——大概自然是想得一点好兆头。"

"一个说:'这孩子将来要发财的。'他于是得到一番感谢。"

"一个说:'这孩子将来是要死的。'他于是得到一顿大家合力的痛打。"

"说要死的必然,说富贵的说谎。但说谎的得好报,说必然的遭打。你……"

"我愿意既不说谎,也不遭打。那么,老师,我得怎么说呢?"

"那么,你得说:'啊呀!这孩子呵!您瞧!那么……阿唷!哈哈!Hehe! he, he he he he!'"

一九二五年七月八日

【思考与练习】

一、阅读鲁迅的杂文《狗的驳诘》,谈谈这篇文章的主题以及作者所用的表现手法。

狗的驳诘

鲁 迅

我梦见自己在隘巷中行走,衣履破碎,像乞食者。

一条狗在背后叫起来了。

我傲慢地回顾,叱咤说:

"呔!住口!你这势利的狗!"

"嘻嘻!"他笑了,还接着说,"不敢,愧不如人呢。"

"什么!?"我气愤了,觉得这是一个极端的侮辱。

"我惭愧:我终于还不知道分别铜和银;还不知道分别布和绸;还不知道分别官和民;还不知道分别主和奴;还不知道……"

我逃走了。"且慢!我们再谈谈……"他在后面大声挽留。

我一径逃走,尽力地走,直到逃出梦境,躺在自己的床上。

一九二五年四月二十三日

二、从报刊上选一篇新近发表的杂文,分析它的写作特点。

第三节 文艺评论

一、文艺评论的含义

文艺评论是对文艺作品、文学艺术家以及与之相关的文艺运动、文艺思潮和各种文艺流派等文艺现象进行分析、评价的一种文章样式。

文艺评论又叫文艺批评。俄国著名的文艺评论家别林斯基说:"批评的目的是把理论应用到实际上去。""批评不是艺术和科学之间的中介者和调节者,它是理论对实际的应用,那个被艺术所创造而不是本身创造艺术的科学。"文艺评论是对文艺作品以及文艺问题的理性思考,是以文艺欣赏为基础,以文艺理论为指导,以各种具体的文艺现象为对象的一种科学研究活动。文艺评论在一定的文艺观念和批评观念的指引下,对文艺作品进行审美分析和审美判断,一方面对作品进行阐释和评价,另一方面对创作提供的范例以及创作经验进行总结,探索规律,指导创作。总之,文艺评论在提高读者欣赏水平、审美判断力,提高作者创作水平,促进文艺创作的发展与繁荣等方面有着重要的意义与作用。

二、文艺评论的特点

(一)科学性

文艺评论是学术研究,科学性是它的本质属性之一。文艺评论的科学性是指评论者的审美判断、美学评价要符合作品的客观实际,要公正、深刻而富于创见。它不仅要对文艺作品进行说明、解释,要正确评价作品的艺术价值和思想意义,而且还要通过文艺作品范例,总结经验教训,探讨规律,发展创作理论,因而要求评论必须具有科学性。文艺评论的科学性,关键在于它是建立在对文艺规律和特点的深刻理解、对文艺作品独特个性的把握的基础上,从艺术的审美视角对作家作品作理性思考。它必须从文艺实践出发,以客观事实为基础,详细地占有材料,进行周密系统的分析研究,不允许掺杂个人乃至狭隘集团的私利,切忌主观随意性。

(二)审美性

文艺评论是美学评论,是审美活动的一种特殊形式,因此,审美性是它的又一特点。评论者要按照美的规律去探讨作品中的美和丑,通过美学分析对作品进行审美评价。文艺评论既有评论者的理性判断,又有评论者的审美感受。在审美感受的基础上对作品进行审美分析,是由文艺本质、特点决定的。文艺作品是通过审美的形象性去传递审美情感、体现作品主题思想的。艺术思想蕴含在艺术形象之中,其思想性越深刻、越丰富,作品就越有感染力和生命力。要深刻把握并挖掘作品的意蕴及其思想意义,只有通过审美分析才能做到。从思维形式看,文艺评论是以形象思维为基础、以理性思维为主的认识活动,是审美感受的升华。因此,反映在文艺评论文体上,有些语言词句也比较生动形象,既能给读者以启迪,又能唤起读者对美的渴求,使读者得到精神上的愉悦和艺术上的享受。

（三）理论性

文艺评论一般是通过概念、判断、推理的方式展开论证的，具有较强的理论性。文艺评论要站在理论的高度，就事论理，把文艺现象提到理论的高度去认识，尤其是一些宏观的评论具有更强的论辩性和理论色彩。为增强文艺评论的广度和深度，不仅要对作品、作家、文艺思潮做必要的微观分析，而且要对整个文艺现象以及产生这种现象的背景和历史作俯瞰式的研究，剔精抉微，使评论在理论上更深刻，更广阔。

三、文艺评论的分类

文艺评论的形式是多种多样的，按不同的方式划分有不同的名称。如果从文艺评论的表现形式划分，可将其分成下列几种：

（一）论文

这是最常见、最常用的文学评论样式。它是比较系统地阐述某种文艺观点，评价分析某些文艺现象或作家作品的文章。这类评论内容全面、系统，中心突出，材料充分，思考深刻，论证周密，理论性、学术性较强。

（二）文艺随笔

这是一种灵活洒脱的评论样式。它往往通过谈天说地的散漫笔调表达文艺观点，寓理论于知识和故事之中，富有娱乐性和趣味性，如秦牧的《艺海拾贝》。

（三）文艺短论

这是一种篇幅短小、内容单一集中、专门议论有关文艺问题的小块文章，如王朝闻的《谈谈艺术风格》。

（四）书信体

这是作家之间、评论家之间、作家与评论家之间、作家与读者之间就文艺作品的某些方面的有关问题，通过书信的形式进行答疑、辩论或交换看法，探讨文艺规律的一种文体，如恩格斯致玛·哈克奈斯的信。

（五）序跋体

这是评论者为某部作品或某部作品集所作的较为全面的评介性文章。序通常在书的前面，跋在书的后面，如鲁迅的《白莽作〈孩儿塔〉序》。

（六）读后感、札记

这是通过读书笔记、心得体会的方式来品评文艺作品，表达文艺观点的文章，如郭志刚的《人物·描写·语言——〈白洋淀纪事〉阅读札记》。

此外,还有诗歌体评论、对话体评论、评传体评论等。

四、文艺评论的标准

文艺评论的标准是衡量文艺作品审美价值的尺度,是评价文艺作品思想和艺术的美学价值的观察点,因此,文艺评论不能没有标准。马克思主义经典作家主张用"美学的""历史的"观点来观照一切文艺作品。美学的观点,包含了对文艺作品的审美性的肯定;历史的观点,包含了对文艺作品的社会现实内容的肯定。二者的统一,是对文艺作品的思想性和艺术性进行审美观照和审美评价,亦即文艺评论要从思想内容和艺术形式及其所达到的水准上去评价文艺作品的优劣、成败和得失。我们所讲的文艺评论标准就是思想性标准和艺术性标准。

(一)思想性标准

思想性标准就是要根据具体的作品及其所表现的思想内容、思想倾向来进行分析和评价。

首先是对文艺作品的内容的真实性、典型性进行评价,看其是否真实地反映了客观生活,是否揭示了生活的本质,达到了艺术的真实。

其次是对作品所包含的思想意义和作家、艺术家的思想倾向进行评价,看其是否反映了人民群众的利益和愿望,是否有利于推动社会的发展进步,是否有利于社会成员道德、人格的完善,是否有利于提高人们的审美能力和心灵的净化。

(二)艺术标准性

艺术标准性,就是对作家、艺术家及其作品的艺术形式、艺术手法、艺术效果等方面进行评价和分析。

首先是对作品的形象性、典型性进行衡量,看作品是否塑造出了典型形象或深广的意境,是否具有审美价值。大凡优秀的作品都塑造了栩栩如生的典型形象,或是创造出深邃的意境,并有着极其丰富的内涵或意味。因此典型或意境的创造是衡量文艺作品艺术水平高低的重要标尺。

其次是对作品艺术形式的完美性和独创性的评价。文艺作品是"有意味的形式",是"情感的形式"。追求形式上的完美和独创,是文艺创作的普遍规律。作品的结构布局、语言运用等都应具有新颖性、创造性。因此,作品形式的完美、独创、新颖是艺术水平高的具体表现,应当是衡量作品的重要标准。

再次是对文艺作品所使用的物质材料进行衡量。看其是否巧妙、娴熟地运用物质材料,诸如语言、色彩、线条、道具、石块等,看其在运用物质材料方面有何独特的风格。这些都是分析、评论文艺作品艺术形式的价值时不可忽视的。

文艺评论思想性和艺术性的标准是辩证统一的,在评价某一作家或某一作品时可以有所侧重,但不能将二者割裂开来。

五、文艺评论的写作

(一)研究评论对象

1. 认真阅读作品

认真阅读文艺作品,这是文艺评论写作的第一步工作。文艺评论要求评论者阅读作品时注意四个方面的问题:一是多读。"好书不妨千回读,熟读精思子自知。"毛泽东同志说过,《红楼梦》至少要读五遍,不然就没有发言权。所以要写好评论,要真正获得某一作品的发言权,必须反复研读作品和有关资料。二是多方式、多角度阅读。评论者阅读作品与一般读者不同,应以审视经验和判断力为基础去仔细揣摩、品味作品,全面地把握作品的内涵和优缺点。三是注意"辨体"。要根据不同文体采取不同的方法阅读,以把握文艺特点和规律,挖掘其意蕴。四是先入后出,坚持从鉴赏出发的批评程序。俞平伯先生在为王国维《人间词话》写的序言中指出:"作文艺批评,一在能体会,二在能超脱。必须身居局中,局中人知甘苦;又需深处局外,局外人有公论。此书论诗人之素养,以为入乎其内,故能写之,出乎其外,故能观之,吾于论文艺批评亦云然。"这段话说出了文艺评论写作中先入后出,先鉴赏、感受、体验,后判断、分析、论证的道理。

2. 充分占有材料

写作文艺评论,必须高度重视材料的收集、占有工作,要广泛阅读与评论对象有关的书刊资料。收集、占有材料要包括三点:一是广泛收集作家、艺术家生活、创作的有关资料,包括生活经历、生平事迹,创作思想、人生观、世界观、个性特征、美学理想等方面的资料。二是注意收集作家、艺术家及其作品产生的时代背景、社会历史、人文地理环境等方面的资料。三是重视收集其他评论家对该作家、作品评论的有关资料,如传记、评论文章、各种争鸣文章,社会舆论、读者反映等。

(二)选择适宜论题

与阅读交错进行的是如何选择文艺评论的论题。一般来说,文艺评论的选题要遵循以下三个原则:

1. 必要性。即评论的选题应当是文艺欣赏、文艺创作和文艺理论研究急需的,值得评论家去品评、研究和分析的论题;是文艺创作、文艺欣赏、文艺理论研究中必须加以探讨和解决的某种文艺现象、文艺思潮、文艺规律等问题。

2. 新颖性。即文艺评论的选题是对前人和别人没有涉及过的新现象、新规律、新理论的探讨,或是对别人学说、观点的深化、补充和纠正,或是对作品意义的新发现,对作家、艺术家的新评价等。

3. 有价值。即评论涉及的现象,应当是较典型的,有较高艺术水平的。它或是有新的突破,或是有较大影响的作家作品,或是重要的创作理论等,是对创作和欣赏都有益的问题或现象。

此外,还应考虑选题范围的宽窄、大小、新旧。一般来说,选题宜小不宜大,宜窄不宜宽,宜新不宜旧。

（三）深入评析作品

文艺评论的核心与关键是公正、深入地分析评论具体的作品。分析时应把握评论对象的基本特征,进行深入细致的分析。评析具体的作品可从以下五个方面入手:

1. 分析思想内容

分析文艺作品的思想内容要注意三点:一是要顾及全篇,弄清总的倾向。要按照思想性的标准,运用辩证唯物主义和历史唯物主义的方法,从作品的全部内容出发,看其表现的是何种思想、情绪。要反对断章取义,寻章摘句,抓住一点不及其余的做法。例如评论《阿Q正传》这类内涵丰富、思想深刻的作品,就应当把微观分析和宏观考察结合起来,充分揭示它的思想内容的历史意义、现实意义。林兴宅在《阿Q性格系统》中把阿Q的性格作为一个系统,进行了全面分析,判定"奴性"是阿Q性格的本质,且具体阐明了这一形象超越阶级、时代、民族的普遍教育意义。这样分析、评论作品的思想性,就显得全面、深刻。二是要从实际出发,客观公正地分析。要联系作品实际,不随意拔高,不任意贬低,不凭个人好恶,注意分寸,实事求是地分析、评价。三是要联系作者和时代背景,知人论世。就是要坚持历史唯物主义的观点,把作品放到"一定的历史范围内"进行考察,结合时代背景、作者生活的环境、时代特征去准确理解作品的思想内涵。尤其是评论古代的作家与作品,更要注重考察时代背景和历史状况,不能用今天的眼光和标准去评价,否则就会犯否定一切的错误。

2. 分析人物形象

叙事性作品主要通过对人物形象的刻画来体现作家的思想倾向和审美理想。作品艺术水准的高低、成就的大小取决于人物形象的典型性和完美性的程度。因此要注重人物形象的分析、评价。分析人物形象要注意两点:一是从人物形象"是什么"和"怎样写"入手。评论必须通过分析,告诉读者作品中的人物是什么样的,有何性格特点;要概括出人物的性格特征,揭示出它的典型意义,同时还要细致地分析作家是用哪些艺术手法来刻写人物形象的。二是从人物性格刻画方面分析,揭示人物形象的典型性。所谓典型性是指人物共性与个性在艺术形象中的高度融合,因此,评论人物形象时要牢牢抓住个性与共性相统一的典型化原则去衡量人物性格刻画的典型化程度。

3.分析作品的意境

评论诗歌、散文时,除了对思想内容进行分析外,还应重点分析它们的意境,诗歌、散文是主情的艺术,常常通过意境表现思想内容,表达作者憎爱的感情,分析诗歌、散文的意境时要抓住两个主要方面:

一是看意境是否新颖、独创。诗歌与散文在反映社会生活,表达主观情感方面靠意境的创造,主要是看这种意境的新颖性。如果诗人、散文家具有与众不同的洞察力和感受力,就会有独特的发现,并能在人们习以为常的生活现象中发掘出事物的内在品格,抓住事物本质的美,从而创造出别开生面、新颖别致的意境,赋予诗歌、散文以新意和不尽韵味,拓展了艺术空间,使诗歌散文的境界得以升华。

二是看意境是否广阔、深刻。诗歌与散文的选材十分自由,但在立意上应小中见大,推陈出新,在情感的表达上应真挚,富有时代精神,在主题的表达上应深刻,而这一切都必须借助于意境的创造。

4.分析结构技巧

叙事性作品要注重分析情节结构。文艺作品的情节安排,是文艺创作中最富于创造性的因素之一。因此,注重作品情节安排与它在展现人物性格、表现文艺作品思想倾向方面的积极作用,是评论关注的重点之一。在进行小说、戏剧、电影等文艺作品评论时,要努力找出作品情节安排的方法与技巧,抓住其特点作细致的分析、评论。同时,还要看情节结构是否紧凑严密、首尾连贯、生动曲折,是否具有独特的艺术魅力,要注意考察情节结构安排与人物描写、主题表达的关系,充分揭示作品情节安排在表现主旨、塑造人物等方面的重要意义和积极作用。

5.分析语言特色

语言是构成文学作品的重要因素,语言生动形象、优美准确,是文学作品的基本要求。分析文学作品的语言,要从整体上把握作家语言的特色;要把语言运用与人物描写、环境描写所达到的艺术效果结合起来分析,看语言表达在作品中的重要作用;考察作品的语言是否有独特、创新之处。在小说、戏剧、电影等文艺作品中,人物语言的个性化是最基本的要求,因此,要把这类作品语言的分析同作品中描写的人物性格结合起来,以显出作家驾驭语言的能力、技巧以及作家的语言特色和风格。在分析诗歌、散文等文学作品语言时,要抓住作品语言的节奏、意味、凝练、传神等特点,揭示诗人、作家语言的艺术魅力。总之,要通过语言分析,挖掘作品的意蕴和深层含义,借以揭示作品的美感和魅力。

（四）文艺评论的写作要求

1.选准角度,突出重点

文艺评论可以有多种角度,有不同的切入点。但在一篇评论中,应侧重于某一个方面进行深入细致的剖析,这样评论才能有深度、有价值。因此,评论文章的关键是要选好角度,找准切入点,抓住作品的重点进行有的放矢的评论。比如古典名著《水浒传》,值得研究探讨的方面是很多的,仅就它的艺术成就而言,有人物塑造、结构技巧、环境描写、语言运用等方面。长期以来评论《水浒传》的文章数不胜数,也不乏力作。然而茅盾的《谈〈水浒〉的人物和结构》却独辟蹊径,以林冲、杨志、鲁达三个人为代表,以三个人物不同的性格描写为切入点,运用马克思主义的辩证唯物论和阶级分析的方法,通过对人物的不同遭遇,刻画出不同的性格、不同的思想意识,表现出人物的不同遭遇的必然性等方面的具体分析,最后得出"善于从阶级意识去描写人物的立身行事,是《水浒》人物描写的最大一个特点"的科学结论。茅盾的可贵之处是善于选择评论的角度,找到了最佳的切入点,因而分析评论科学、正确,具有独到的见解。

2.有理有据,情理交融

文艺评论同一般议论文一样,要摆事实、讲道理,有理有据,以理服人,以情动人,情理交融。因此,在写作中要做到叙议结合。"叙"主要是介绍作品的情节内容,复述作品的故事梗概,节录有关材料,是"议"的前提、基础;"议"是就作品的成败得失进行议论,评价,表明评论者的意见和看法,是"叙"的生发、开掘。只有把叙与议二者有机结合起来,评论才有理有据,有内容,有深度。

文艺评论中的"叙"主要有两种方式:一是复述,即用评论者的语言转述作品的主要内容、故事梗概和有关材料;二是节录,即原原本本地引用文艺作品中一些细节或段落。复述要准确传达原作的神韵、风格,要抓住主线和关节点,以便于读者理解作品。节录截取要精当,不可更移。评论中的"议"是建立在"叙"的基础上的。可以先议后叙,可以夹叙夹议,也可以先叙后议。它应当是在形象生动的叙述之后的自然生发,是饱含着评论者丰富真挚情感的真知灼见的抒写,是融形象、智慧、激情于一体的,具有说服力、感染力的文字。

3.实事求是,客观公正

文艺评论一定要坚持实事求是、一分为二的原则,做到不随意拔高,不任意贬毁。评论还要做到全面、历史地评价作品,既不能偏离作品总体倾向而断章取义,也不能不顾及作家、艺术家和作品创作的具体情况而牵强附会,求全责备。在当前,尤其要防止某些"乱捧",搞小圈子的批评。某些作家的作品还未面世,评论者便大造舆论,大吹大擂,把评论变成推销作品的广告,助长了文艺评论的不正之风,污染了文艺评论环境,这种不良现象应该加以纠正。

【思考与练习】

　　一、文艺评论的主要类型有哪些?

　　二、文艺评论的标准是什么? 运用这些标准评论最新发表的一篇短篇小说。

　　三、下面是台湾作家的两首同题诗,请选取其中一首或将两首作比较、综合,写一篇不少于 1000 字的作品评论。

乡　愁

余光中

小时候
乡愁是一枚小小的邮票
我在这头
母亲在那头

长大后
乡愁是一张窄窄的船票
我在这头
新娘在那头

后来啊
乡愁是一方矮矮的坟墓
我在外头
母亲在里头

而现在
乡愁是一湾浅浅的海峡
我在这头

大陆在那头

乡　愁

席慕蓉

故乡的歌是一支清远的笛
总在有月亮的晚上　响起

故乡的面貌却是一种模糊的怅望
仿佛雾里的挥手别离

离别后
乡愁是一棵没有年轮的树
永不老去

第四节　学术论文

一、学术论文的含义

学术论文，又叫科学论文、研究论文，简称论文。它是指对某一学科领域中的问题做比较系统、专门的研究和探讨，表述科研成果的理论性文章。学术论文写作是进行科学研究的重要手段，是科研活动的一个重要环节。学术论文是记录、表述科研过程和科研成果，进行学术交流的重要工具。

随着现代文化教育和科学技术的迅速发展，随着知识革命与知识经济的兴起，发明创造层出不穷，学术论文与社会的发展进步，与人们工作生活的关系会日益密切。面临世界科技和经济的激烈竞争，面临知识革命与知识经济的挑战，学习和掌握论文写作的方法与技巧，提高学术论文写作的水平，对于促进学术交流和文化交流具有十分重要的意义。

二、学术论文的特点

(一)科学性

所谓科学性，是指研究者用科学世界观和方法论作指导，以严肃认真的态度，以探索科学真理为目的,对研究对象进行深入的研究,得出符合客观规律、揭示对象本质的结论。科学性是学术论文的生命力所在,也是衡量学术论文价值的重要标尺。学术论文的科学性体现在两个方面:一是陈述内容的科学性,即内容真实、准确,能反映客观事物的本质规律,揭示真理。二是结构和表述科学,即论文结构严谨,材料充实,论据充分,推理严密,论证有力,措辞恰切,行文质朴自然。

（二）创造性

所谓创造性,是指学术论文所揭示的事物的属性、特点和得出的结论是首创的,它提出的见解是新颖独到的。学术论文的创造性体现在四个方面:一是"言人之所未言,道人之所难道",选题新颖,创立新说。二是运用新的研究方法,披露新材料,得出新结论。三是纠正前说或错误,补正通说,延伸研究成果。四是综论前人研究成果,提出问题,指出争论所在,指示争鸣方向,或在实践上深化,取得新进展、新成果。

（三）学术性

所谓学术性,是指运用专门性的知识和理论,对某一问题加以研讨,进行去粗取精、去伪存真、由此及彼、由表及里的加工制作,从而完成由个别到一般的飞跃,得出抽象性的结论,使感性认识上升到理论高度,使之专门化、系统化、严密化。学术论文是对某一学科领域里的某一问题进行认真的研究,因而还有明显的专业性,表述时较多地运用专业术语和专业名词。

三、学术论文的分类

（一）按研究领域、对象划分,有下面两大类:

1. 自然科学论文

自然科学论文,习惯上称为科技论文。它是研究自然界物质形态、结构、性质和运动规律的科学论文,用于反映自然科学领域和技术科学领域的研究成果。它注重科学性、实验性和实用性。

2. 社会科学论文

社会科学论文是以社会现象为研究对象的科学论文,研究并阐述各种社会现象及其发展规律。它注重理论性和社会性。

（二）按写作目的和功能划分,有下面两大类:

1. 一般学术论文

各个领域的专业和非专业人员,将某学科研究取得的成果撰写成论文,称之为一般学术论文。它反映的多是本学科的最新研究成果,体现了学科最新研究水平及其发展方向,具有较高的学术价值和学术交流作用。

2. 学位论文

学位论文是学位申请者(在校大学生、研究生及同等学力人员)为获得相应的学位而撰写的论文。学位论文是考核申请者能否被授予学位的关键,它分为学士、硕士、博士论文三级。

此外,还有按研究方法和内容划分的理论型论文、实验型论文、描述型论文和设计型论文等。

四、学术论文的写作

(一)精心选定课题

学术论文的选题关系到学术研究的成败,因此要精心选定课题。选题应遵循以下三个原则:

1. 选择有价值的课题

学术论文的价值决定于两个方面:一是现实生活中急需解决的,二是学科本身发展需要研究和解决的。上述的两个方面是相辅相成的。课题要强调社会需要和应用价值,但对任何一个方面都不能作片面、机械的理解,更不能急功近利。因为有些科研课题,特别是基础性研究和教育科学的研究课题,一时看不出有多大的应用前景,不能直接为现实服务。但它是新发明、新科技的先导,是科学技术、科技发展和文化教育事业发展的后盾,决不可忽视。

2. 选择有创造性的课题

所谓创造性的课题,是指具有新颖性、先进性的课题,能提高学术水平,能推动某一学科建设与发展的课题。可以是别人未涉及的研究领域,能填补学术空白的课题;可以是探索科学前沿,突破禁区的课题;也可以是补充前说,有所前进的课题;还可以是纠正通说,正本清源的课题。

3. 选择难易适中的课题

难易适中是指选题时要根据主客观条件,充分考虑到课题研究的客观需要和本人的能力及完成研究工作的必备条件,选择能够出成果、自己完全胜任的课题。同时还要考虑本人的兴趣、爱好和特长。注意扬长避短,既要有一定的难度,有较大价值,又不能舍小就大。总之,选题选择要从实际出发,量力而行。

(二)占有、研究各种材料

学术论文的基础在研究,研究的对象和依据是材料。因此,一切科学研究和学术论文的写作都是从充分占有和悉心研究各种材料开始的。

1. 要广泛地搜集各种相关材料

具体地说,要注意收集和占有三个方面的材料:

一是发展变化的材料。任何事物都有发生、发展、消亡的过程。收集材料,就要注意到事物是如何发生、怎样发展、怎样结局的全过程,为认识它的规律和本质提供依据。

二是相互联系的材料。事物本身是一个多面体,各个侧面之间又有一定的联系和影响,事物之间也有种种的联系。因此,要花力气去收集反映事物之间和事物各个侧面相互影响、相互联系的材料,以便科学比较、认真鉴别,找出研究对象的规律和特点。

三是不同观点的材料。同一事物,同一研究对象,不同的人往往会有各种不同的看法,不同的见解,甚至有些看法和见解是截然对立的。研究时不要回避矛盾,更不能先入为主,要正视矛盾,把各种不同的观点、不同看法的材料都收集起来,作为比较、分析的重要依据,进而得出自己的见解和观点。

随着现代科技与文化教育事业的迅猛发展,科技信息在世界经济和社会发展中占有十分突出的战略位置,人们越来越重视信息。科学研究不仅要重视历史材料,更要重视新的科技信息资料。因此,写学术论文,要运用现代化的信息获取手段,善于从网络、电子出版物中获取最新的科技信息、学科领域里的前沿信息和新动态。这样,论文的材料才会更丰富、更新鲜,更具有时代性和先进性。

2. 要悉心研究、分析材料

收集和研究材料是两个相互关联的阶段。一般的研究方法是不断收集,及时分析,尽力发现问题,初步确定自己的观念。具体做法是,在全部材料收集工作结束后,再进行全面分析、归纳和综合,最后形成自己独特的看法,确定自己的论点和论文写作角度。分析、研究材料要注意以下三点:

一要辨别真伪。收集到手的材料,其中有真有假,有些比较粗糙,因此要认真鉴别、核对,分清真假,剔除粗糙的,保留精细和典型的材料,为提炼论文的观点创造条件。辨别真伪的重要方法是比较。相互比较、新事实同传统理论比较等方法,都有助于找出差异,发现矛盾和问题,形成新的观点。

二是要把握整体。分析研究不能以偏概全,不能从个别孤立的材料中提炼观点,必须从全部的材料出发,概括出一个比较正确、深刻的观点。通过归纳分类,抓住特征,找出规律,创立新说。

三是要注意相互联系。在分析、研究过程中,要用联系的、发展的眼光去观察、分析研究对象,进而把握研究对象的本质和规律,得出合乎客观实际的、正确的观点。

（三）编写论文写作提纲

学术论文的提纲是论文构成的蓝图和基本逻辑框架,是由序码和文字组成的。编写提纲就是先给论文搭一个骨架,即根据论文的特点、格式和结构原则,围绕中心论点,把要写的内容用简明的语言逐条记录下来。

学术论文提纲大致有两种形式:一是粗纲。它只显示内容的层次,主要论点、证据以及结构框架。如茅盾的《谈〈水浒〉的人物和结构》一文的提纲大致是:

《水浒》的人物和结构

一、人物描写
（一）善于从阶级意识去描写人物的立身行事
（二）人物的一切都由人物本身的行动去说明
二、结构特点（略）

这是该文的粗纲,全文结构是并列式。如果再做细致的编写,就要把各层次的大小论点、主要论据及论证方法、段落结构详细列出,以显示论文的主体框架和梗概的基本面貌。这种提纲是细纲。无论采用哪一种方式编写提纲,都要紧扣中心论点,具有综合性、整体性和概括性,文字要简明,有利于写作和修改。

（四）撰写成文

学术论文通常是由绪论、本论、结论三大部分构成,这是最常用的基本结构形态。当然,学术论文的结构形态可以是多种多样的,不可千篇一律地运用某一种模式。为了介绍的方便,我们以常用的绪论、本论、结论的模式为例,谈谈各部分的写作及其要求。

1.绪论:简明扼要,高度概括

绪论,又叫引论、序论、引言,是论文的开头部分。这一部分通常是提出问题,交代提出问题的背景,以显示出该课题研究的重要性;要说明课题研究的目的,以便读者明白该文是为解决什么问题而写的;要阐明课题研究的意义、学术价值,以便读者领会学术观点;要介绍课题研究的范围、方法、特点,概括本论的基本内容。总之,这一部分要力求文字简明,直截了当,高度概括,突出重点。当然,以上几个方面在一篇论文中应有所侧重,不必面面俱到。例如叶朗发表在《文艺研究》1998年第一期上的《说意境》一文的开头:

本文想谈谈中国传统美学中的一个十分重要的范畴:意境。通过这个范畴,来说明中国传统美学和中国传统艺术的一些特点。

这段绪论开门见山,言简意明,主要说明了研究的内容、范围。有的论文的绪论则侧重着重概括全文的要旨,揭示论文的要点。

2. 本论:充分展开,阐释明晰

本论是论文的主体、核心部分,它担负着表述作者课题研究成果,体现论文学术水平和价值的重要责任,这一部分要对绪论中提出的问题加以充分的论证和分析,因而篇幅较长,写作时要注意两点:

一是展开论述。学术论文的本论部分必须对绪论部分提出的问题从各个角度、不同层次、不同方面进行充分的论证和分析,通过分析与论证阐明中心论点。论文展开论述的方法有多种,如夹叙夹议、先叙后议、先议后叙等,写作时要根据论述的需要灵活运用,要尽可能多角度、多层次地对论题进行研究、分析、论证,力求把道理讲得充分具体,深入透彻,条理清楚,逻辑严密;还要尽可能做到行文自如,过渡自然,衔接紧密,步步深入。

二是阐释明晰。论文写作有时需要对概念、定义做出界定和解释,在不易了解或容易产生误解的地方也要进行必要的解释和说明,因此,要用科学的态度进行解释和说明,不能模棱两可、含糊其辞。常常会出现因概念、定义不明或不准确而把学术争鸣引入歧途的现象,这在学术论文写作中是应当努力避免的。为使论文眉目清楚,条理分明,应当在本论文中使用不同的序号或采取小标题的方式,显示出论文的层次和条理。

3. 结论:总结全文,干净利落

结论是论文的结束,是全文的归结。它是本论部分分析论证的必然结果,文字宜精练简洁,干净利落。这一部分主要是对全文作概括综合,综述论证的结果,以及对论证的结果作出结论并说明其适用范围,提出解决问题的途径及对课题研究的展望,指出尚待进一步解决的问题。结论的文字应具体明确,但又不能轻率、武断,要留有余地,掌握分寸。

学术论文除主体之外,还有一些附属部分,诸如摘要、关键词、主体中的引文及写作论文的参考文献等,这些也是写作中的重要环节,这些环节具有较强的操作性,有明确的规范与要求,因此,要认真对待,不能马虎了事。

1. 内容提要

学术论文的内容提要一般放在文章标题和作者署名的下面,用"内容提要"或"摘要"标明。内容提要是用简明扼要的文字对论文的主要内容加以概括和介绍。写提要必须注意三点:一是文字简练,一般在 300 字以内。二是概括全面,要把论文的主要内容,如研究目的、主要观点和研究的角度、方法及其意义等作出全面、概括的介绍。三是突出重点,要把论文中的新观点、新发现、新成果和最引人注目的东西,用凝练的语言介绍出来。

2. 关键词

关键词是为了文献标引工作,特别是为了计算机自动检索的需要,从论文中选取的起关键作用、代表中心内容,或用以表示全文主要内容信息、款目的词、词组或术语。其作用是:便于读者了解文稿的中心内容;便于二次文献的编制;有利于文献进入电脑检索系统,帮助读者又快又准地检索到所需资料。

关键词属于公文主题词中的一类,它是论文信息的高度概括,能帮助读者了解论文的主旨。随着计算机的广泛运用与普及,主题词作为科学论文机构的一部分,其重要性越来越突出,因此要认真标引好。

选择关键词可以从论文标题和内容提要中去选取,也可以从论文正文中寻找,要尽量选择 3 ~ 8 个既有代表性又有全面性的词或词组,借以显示论文的主要内容,以提高所涉及的概念的深度。有的论文关键词难选,可以查阅《汉语主题词表》,从中选取最恰当的词组、术语作为论文的关键词。关键词不能用句子或过长的词组,也要避免把同义词、近义词并列为关键词;不能用介词、连词、代词、副词和形容词作关键词。

3. 引文

引文要符合原作的本义。不合本义,然后再将这种曲解了的文字引进论文,为我所用,这是学术论文写作所不允许的。引文要准确无误。论文中引用别人的观点或某些语段,一定要仔细核对,不能出差错。引文要相对完整,不得断章取义,掐头去尾。如果引文较长,不能完整引用,应摘引与论题有关的文字,但一定要符合原作本义,不能把其完整的含义割裂开来。

4. 附注

附注主要是说明引文、参考文献和引用材料的出处,是学术论文的附加部分。它是维护原作者著作权必须做的一项技术工作,因此要认真对待。附注通常有四种方法:

(1)尾注。在全文或全书的末尾加注。

(2)脚注。在当页的页下加注。

(3)段中注。即夹注,在正文的引文之后用括号标注。

(4)节、章附注。即在每节、每章的末尾将节或章的引文、资料出处作注。

以上各种附注方法,如出版社、杂志社没有明确规定,则可任选一种,但全文或全书必须一致。如出版社、杂志社有具体规定或要求的,则按规定的方法加注。无论选择何种附注方法,都必须要用① ② ③ ④……标出,写在所注对象的右上角。附注的基本安排顺序是:著作者姓名,书名或篇名,出版社,出版年份,版次,页码。如果是专著、丛书,在作者后应写明书名、出版社、出版年份、版次。如果引用的著作是多人合著的,应将著作者的姓名依照原来排列顺序——写明。

【思考与练习】

一、什么是学术论文?它有什么特点?

二、从学术期刊上选几篇论文,分析它们在选题、选材、分析评议上的成败得失。

三、写一篇规范的学术论文。

【阅读推荐】

1. 姚文华. 实用评论学. 北京:新华出版社,1985.

2. 南京师范大学写作教研室. 文学评论写作. 南京:江苏教育出版社,1996.

3. 鲁原. 文学批评学. 济南:山东文艺出版社,2002.

4. 吴炫. 文学批评十面观. 南京:南京大学出版社,1986.

5. 人民日报社文艺部. 人民日报 70 年文艺评论选. 北京:人民日报出版社,2018.

6. 李保初等. 写作示范——大学入学作文到毕业论文选评. 北京:中国标准出版社,1987.

7. 梁实秋. 雅舍杂文:生活本身即是艺术. 武汉:武汉出版社,2013.

8. 王小波. 沉默的大多数. 北京:北京工业大学出版社,2012.

9. 迈克尔·E. 查普曼(桑凯丽 译). 人文与社会科学学术论文写作指南. 北京:北京大学出版社,2012.

10. 佩林(董晓波 译). 学术论文写作引导. 北京:九州出版社. 2012.

第七章 抒情类文体

◎**内容导读**◎

　　抒情文体是以抒情为主,兼及描写、叙述和议论,富有诗情画意、情文并茂的文学体裁。它通过巧妙的构思、深邃的意境和优美的语言,来表达作者对生活的感受、理想和愿望,从而反映社会生活,并以此来启迪、教育和感染读者。

　　文章不是无情物。特别是抒情文体具有浓郁的抒情性。从这个意义上说,抒情文体的范围包括抒情散文和诗歌两种文体。抒情散文篇幅短小,或托物言志,或咏物抒情,都带有很大的抒情性。诗歌的抒情性更为显著。白居易说:"诗者,根情,苗言,华声,实义。"因而它是以情取胜的。由此可见,抒情散文和诗歌都是以抒情为主体的。正因为如此,它们的美质,如抒情美、形象美、意境美、文字美等都相互渗透,使它们具有鲜明的文学色彩,结成血缘姊妹。

第一节 抒情散文

一、抒情散文的含义

　　抒情散文是一种以抒情为主,缘情言志,情理相生,情文并茂的文学体裁。抒情散文和其他文学作品一样,它的独立性也是相对的。因为它和其他一些文学体裁在艺术上存在着不容忽视的渗透性,所以它和某些诗歌的境界有时很难区别。正如苏联作家巴乌斯托夫斯基所说:"真正的散文是充满着诗意的,就像苹果饱含着果汁一样。"高尔基也曾说:"我们的青年是否也可以试一下,热情地用散文来写人们,使散文自然而然地变成为诗。"由此可见,抒情散文和诗歌在写作艺术上往往互相渗透。诗歌对于抒情散文的艺术渗透,主要是激情和想象,具体表现在抒情散文里,便构成了诗的意境。如高尔基的《海燕》就是把抒情散文变成诗歌的典范之作。杨朔在总结他创作散文的经验时说:"要把散文当诗一样写。"尽管如此,文体的区分还是很明显的。区分的标准,就是文体的基本特点。

二、抒情散文的特点

抒情散文的特点与叙事散文的特点有许多相同的地方。如题材广阔,形式多样,形散神聚,结构灵活等。在叙事散文一节已作了详细介绍,这里不再重复。下面要谈的是抒情散文表现得更为突出的两个特点。

(一)联想丰富,诗意浓郁

抒情散文最突出的特点就是抒情占有主导位置,而且这种抒情又往往是凭借丰富的联想所展开的。所谓联想,就是由此及彼的想象,它是抒情散文写作中一个最突出的艺术手段。朱自清认为:"创作者惟一的向导——这是想象。想象就现有的记忆材料,加以删汰,补充,联络,使新的生活得以完美的实现。"这正是他创作的经验之谈。抒情散文是以现实生活为基础,而繁杂纷纭的客观事物又总是相互联系的;不同的事物反映在作者的头脑中,便形成各种不同的联想。作者靠着这种联想,可以由眼前的事物联想到另外许多事物。就一篇作品写作而言,往往是作者受到某一事物的触动,形成感情的波澜,因之浮想联翩,然后构思成篇。如茅盾的《白杨礼赞》,受到白杨树的"笔直的干""努力上向发展"的那种"伟岸""挺拔"形象的触动,由此而联想到北方农民那种坚强挺拔的气概和朴实的品质。作品通过联想,把主题升华到一个崭新的高度。可以说,没有丰富的联想,便没有深刻的主题。

联想与诗意有着密切的联系。联想是一种富有创造的思维,抒情散文或借景抒情,或托物言志,或融情于理,已达到情景交融、情理相生的艺术境界,蕴含着浓郁的诗意,都是以联想作为媒介的。可以说,没有丰富的联想,便没有诗意。李元洛说:"散文中的诗意,我认为最主要的思想是:深刻新颖的思想和优美充沛的感情,丰富美丽的想象和精练鲜明的富有美感的语言。"杨朔也说:"不要从狭义方面来理解'诗意'两个字。杏花春雨,固然有诗,铁马金戈的英雄气概,更富有鼓舞人心的诗力。你在斗争中,劳动中,时常会有些东西触动你的心,使你激昂,使你欢乐,使你忧愁,这不是诗又是什么?凡是遇到这些动情的事,我就要往往形成我文章里的思想意境。"他的一些散文有着诗的特征,如《茶花赋》《荔枝蜜》等名篇,都是诗意盎然之作。

（二）语言优美，情文并茂

抒情散文十分讲究语言艺术。它的语言具有凝练、清新、优美的显著特色。它要求语言文字具有整齐之美，参差之美，抑扬之美和节奏之美。它既能精确地表达思想感情，又具有诗的韵味。所以，抒情散文素有"美文"之称。杜牧说："文以意为主，气为辅，以辞采章句为之兵卫。"刘勰说："情志为神明，事义为骨髓，辞采为肌肤，宫商为声气"，做到"质文相辅"。这些话都说明了语言的重要性。抒情散文的审美价值的优劣，固然主要取决于深刻的思想和浓郁的诗意，但语言是否优美，也是一个重要因素。因此，许多散文作家在语言的运用上都十分追求文字之美，而且形成了自己独特的"散文笔调"。如冰心、朱自清、秦牧、刘白羽、杨朔等，笔调各异，文采斐然，给我们以不同的审美感受。

抒情散文不但要文采斐然，而且要以情动人。优秀的抒情散文，都注入了作者对生活的诚挚、炙热、纯真的感情，用"情"打动读者心灵，因此抒情散文要求情文并茂。正如刘勰所说："情者文之经，理者辞之纬。"所以，要写好抒情散文，必须有丰富的感情。感情丰富而富有文采，这是抒情散文的重要特征。如冰心的《樱花赞》、刘白羽的《樱花漫记》、杨朔的《樱花雨》等作品，都写得溢彩流光，情文并茂，耐人寻味，给人以美的享受。

三、抒情散文的分类

抒情散文，旨在抒发作者的思想感情。根据其抒情的不同方式，我们将抒情散文分为三种类型：

（一）融情型

所谓融情型的抒情散文，就是把作者思想感情的抒发融于写景之中。它可以通过移情入景、景中藏情和借景抒情等方式，来构成一种优美的艺术境界，使作品具有含蓄美、形象美，做到情景交融、形神俱出。如峻青的《秋色赋》、谢璞的《珍珠赋》、茅盾的《风景谈》、朱自清的《荷塘月色》等作品，都是这类抒情散文的佳篇。

（二）咏物型

所谓咏物型的抒情散文，就是作者通过写景状物来表达自己对生活的深切感受和真挚的爱憎之情。它可以在描写景物中抒情，做到外景与内情相结合；可以抓住景物本身某些方面的特征，采用比兴、联想、象征等表现手法，托物言志，咏物抒情。如茅盾的《白杨礼赞》、郭沫若的《银杏》、朱自清的《春》、杨朔的《荔枝蜜》等作品，都是这类抒情散文的典范之作。

（三）抒论型

所谓抒论型的抒情散文，就是作者通过写景状物，论事析理，对客观事物加以赞扬、鞭笞、评说。它可以抒情言理，理寄于情；可以理随情显，理因情发；也可以情理相生，两者并出。它的议论往往带有浓郁的抒情性，可以增强作品的艺术魅力。这种议论，不像议论文那样单用逻辑思维的方式来说理，而是借助于具体形象来说理，既能强化感情，又能使形象升华，因而带有鲜明的文艺色彩。如秦牧的《社稷坛抒情》《土地》《缺陷者的鲜花》及陶铸的《松树的风格》等作品，就是这类抒情散文。

四、抒情散文的写作

（一）善于立意

1. 立意要新颖独特

抒情散文的立意要力求新颖独特。立意新颖独特，作品才有生命力，才有审美价值。一篇抒情散文，若没有新的立意，语言再美也是平庸之作。古人说"文章切忌随人后"，就是主张写文章要标新立异，有自己的独特见解。如朱自清的《春》写出了作者对春天的独特感受，表现了作者对光明与未来的向往，揭示了春天的意蕴，给人以鼓舞、激励。

抒情散文新颖独特的立意，来源于作者对现实生活的深入观察体验，以及在观察体验基础上的新发现、新创造。可以说，只有作者对生活观察深刻、感受强烈，立意才会新颖独特，才能写出情文并茂的作品。立意新颖独特，与选择角度很有关系。同一事物，观察的角度一变，它往往就会呈现出一种新面貌。所以，角度新，立意新，作品才不会与人雷同，才能给人以新鲜之感。

2. 立意要巧妙深刻

抒情散文的立意不但要新颖独特，而且要巧妙深刻。所谓巧妙深刻，就是题材虽小，开掘却深，能够收到"以小见大"的艺术效果。所以，一篇优美的抒情散文的立意深刻，正是作者对生活深入开掘和精心思索的结果，它体现了作者对生活的独特认识和评价。陈绎曾说："凡作文发意，第一番来者，陈言也，扫去不用；第二番来者，正语也，停止不可用；第三番来者，精语也，方可用之。"这三番意思，阐明了作者对生活认识的逐步深化、立意的渐次深刻的思维过程，也是主题深化的通常规律。

抒情散文的写作，往往以"小"题材显示出自己的个性。因此，它要求题材要小，开掘要深。题材小，容易把握和开掘，也易于收到"小中见大"的艺术效果。

朱自清说:"拆开来看,拆穿来看;无论锱铢之别,淄渑之辨,总要看出而后已,正如显微镜一样。这可以辨出许多新异的滋味,乃是他们独到的秘密!"没有这"拆开来看"的开掘精神,就不能发现"小"中的"大"内涵,立意也不易深刻。如茅盾的《白杨礼赞》、杨朔的《茶花赋》、贾平凹的《丑石》等作品,虽择取了白杨、茶花、丑石这些小题材,但作者能从时代的高度来开掘其思想内涵,收到"以小见大,见微知著"的艺术效果。所以,斯密兹将作家这种"能从很平凡的事物中,找出其暗示,从最无希望的题材中,找出其教训"的本领,看作散文家的"最重要的天赋"。

3. 立意要含蓄自然

抒情散文的写作,往往是作者内情与外物的融合,产生"景以情合,情以景生"的复杂结合过程。所以,作者在写作散文时,旨意常常不直接表露,往往用托物寓意的方法,达到抒情言志的目的。可见寓意是立意含蓄的一个重要方法。

所谓寓意,就是把深刻的含意寓进某个描写对象之中。它包含着两个部分:一是寓意物,二是作者的情意。叶圣陶说:"这个里头蕴含着那个,那个里头蕴含着这个","含有象征的意味"。这就是我们常说的"托物言志"。成功的寓意可以使作品立意含蓄自然,贮满着诗情画意。读者只要"缓缓咀嚼一番,便会有浓郁的滋味从口角流出。"如杨朔的《荔枝蜜》通过养蜂员之口,介绍了蜜蜂勤劳的生活习性,感染了作者,使作者动了情,自然联想到劳动人民的勤劳和无私奉献的精神。作者把蜜蜂的形象和劳动人民的形象巧妙而自然地联系在一起,深刻地揭示了一个生活的哲理:"对人无所求,给人的却是最好的东西。"可以说作品寓意深刻、含蓄自然、耐人寻味,成功地完成了以蜜蜂的可贵品质咏赞劳动人民勤劳无私的奉献精神的艺术创造。

(二)精于选材

抒情散文的选材要求极精严,这主要是由于它本身表现事物的特点决定的:其一,抒情散文写景状物,要倾注思想感情,创造意境。如果选择平庸、肤浅的事物为题材,很难发掘出深刻的思想,创造出诗的意境。其二,抒情散文篇幅短小,内容精悍,不仅要言之有物,而且要尺幅千里,言近旨远,言微意深,因此要在"剪裁浮词"上下功夫。所以,作者对于材料的选择要精严。这正如秦牧所说:"选材,对于写好一篇散文是十分重要的。大家都知道,笋尖比笋身好吃,菜心比菜梗好吃;厨房大师傅更深知'此中三味'。但是,有些人写起文章来,却忘记了这个道理,不去区别什么是生活材料中的笋尖和笋身,菜心和菜梗,捡到一点有些光泽、有点意义的事情就写,结果就只能写出很平常的作品。"可见,精于选材,才能写出情文并茂、意义隽永的作品。

抒情散文的选材，要注意以下三个问题：

1. 选择自己最熟悉的材料

任何文学作品都是社会生活的反映。现实生活是丰富多彩、瞬息万变的。因此，抒情散文的写作，要求作者在纷纭复杂的生活中，选择自己最熟悉的、感受最深刻的材料，这样才能把它写得透彻、精辟、湛然有味。有经验的散文作者无不在选择材料上扬自己熟悉之长，避自己陌生之短。冰心写作《一只木屐》的经验就证明了这一点。她从日本回国时，和女儿在轮船上看到海里漂着一只木屐，这只木屐深深地留在冰心的心中。但要把它作为散文材料，她拿不准，因为她对这只木屐还不十分了解，更缺乏深切的感受。所以她让这只木屐在脑海里整整"漂了十五年"，一直没有把它写出来。直到十五年后，她对日本劳动人民的生活有了更深的认识，对日本人民的斗争有了更深的了解和同情，这只木屐才成了她的写作对象，寄予了她对日本人民的深厚友谊和希望。由此可见，抒情散文写作，要选择自己最熟悉的材料，对它要有充分的认识、了解，要有独特的感受和真知灼见。否则单靠想象写出的只能是空洞乏味的概念化文字。

2. 选择表现主题有力的材料

抒情散文的选材关键在于一个"活"字，它既可以着眼于国家大事，又可以落笔于生活小事。但不管从大处写起，还是从小处写起，都必须从表现主题的需要出发，尽可能选用表现主题有力的材料。重大题材对表现主题所具有的作用自不待言，而那些看来平凡，实则不凡的"小材料"，其重大作用亦不可低估。甚至从某种意义上来说，"小"材料更适合抒情散文的特点，因为那种细小而平凡的题材，一经作家敷衍成文，更能细致入微、真切自然地抒发作者的情怀，做到事小而意大，笔简而情深。如吴伯箫的《菜园小记》像一首玲珑精巧的小诗，又像一幅质朴淡雅的画面。作者写菜园，但却表达了种菜劳动的乐趣，贯穿着"艰苦奋斗，其乐无穷"的思想，表现了无产阶级的革命情操和高尚品德。它题材虽小，但思想内涵丰富，足以寄寓作者的情思，表达深刻的主题。刘勰说："一叶且或迎意，虫声有足引心。"林语堂说："凡可引起会心之趣者，则可为作文材料，反之则决不可。"这里所说的"迎意""引心""会心"，就是作者从日常生活中所发现的"暗示"，产生主题的"契机"。我们写抒情散文，就要善于发现这种"暗示"，捕捉这种"契机"。这样的材料，就是表达主题的有力材料。选择这种材料，作品才会有审美价值。

3. 选择利于联想的材料

抒情散文的写作，离不开联想。联想可以把主观境界和客观事物融为一体。作者靠着这种联想，可以由眼前的事物联想到另一种事物，或与此物相关联的他人。所以,选材要注意选择利于联想的材料。如峻青的《鹤兮归来》,作者由游览避暑山庄写起,从古松联想到匾额,进而联想到仙鹤,又联想到那打死仙鹤的人和环境污染等,最后深切地希望仙鹤重新出现。看似无关的事物,通过丰富的联想,却件件都丝丝入扣。又如茅盾的《白杨礼赞》由白杨树联想到北方农民,杨朔的《茶花赋》由童子面茶花联想到祖国的面貌。这些利于联想的事物,一旦和作者的主观境界融合,便能寄以深刻的寓意,达到抒情的目的。正因为联想在抒情散文写作中起这样的作用,所以,我们要注意选择利于联想的材料。

(三)巧于构思

构思与立意的关系极为密切。如何把新颖深刻的主题,真切的独特感受,用艺术形象和手段表现出来,这是抒情散文构思的主要内容。

抒情散文构思的一般规律是:抓住一点,生发开去。所谓"抓住一点",就是从现实生活中捕捉"闪光点"。这一点,往往是作者激情的爆发点,哲理的凝聚点,或者是诗意的浓缩点,它将成为作者构思的中心或构思的线索。这一点,是作品的精华部分,最光彩的东西,也是意境的所在。王愿坚说:"作者应该分明地意识到自己作品里,哪里是全篇的'闪光点',或者'黄金点'。这常常是形象和思想最统一的那一点。构思,就要找到它,珍惜它,精心处理它"。所以,作者要善于从纷纭复杂的生活现象中发现闪光的东西。如秦牧的《社稷坛抒情》所写的"五色土"就是作品构思的凝聚点。所谓"生发开去",就是抓住一点,展开联想,由此而生发开去,以显其丰富的思想内涵。《社稷坛抒情》就是由"五色土"展开联想,生发开去的。全篇围绕这一构思的凝聚点,去回溯历史,纵观天地,抚今思昔,为我们创造了一个色彩斑斓的艺术境界。

抒情散文的构思,通常采用以下四种方式:

1.线索式

这种构思方式是用一根线索,把各类材料巧妙地串联起来,构成一个完美的整体艺术品。如杨朔的《茶花赋》,以"茶花"为线索,立意设疑于篇首,点题解疑于篇末,循一线而展开全篇,拓深意于层层之中,起承转合,线索分明,首尾呼应,浑然天成。

2.屏风式

这种抒情散文构思的方式是把几幅形象的画面剪辑、结合成精美如画的屏风。如茅盾的《风景谈》,它把"沙漠风光""高原晚归""延河夕照""石洞雨景""桃源即景""黎明剪影"六幅画面,巧妙地剪辑组合起来,构成一个整体艺术,像一扇屏风,美丽如画。

3. 辐射式

这种散文的构思方式是以某一具体事、物、理、情为中心由此而引出辐射状的各种材料。如秦牧的《社稷坛抒情》,以"五色土"为中心,以联想为手段,引出辐射的各种材料,从亿万年前地球的形成,土壤的构成,看到古代的思想家,看到中华民族几千年文化流域的长河,最后又回到现实的土地之上,向读者倾诉着他的情思:"我们未必前不见古人,后不见来者","我们尽可去会一会古人,见一见来者"。这种辐射式的结构方式,可以扩展作品的思想内涵,使作者的思想和情操达到一个崇高的艺术境界。

4. 借托式

这种抒情散文的构思方式是借一景、一物以寄寓人情和事理,并取其二者之间的"神似"之处。它常常用借景抒情、托物言志的手法,创造意境。如蜜蜂的勤劳与奉献精神和劳动人民的本质有"神似"之处,所以杨朔用以物喻人、托物言志的手法写了《荔枝蜜》这一脍炙人口的名篇。

(四)创造意境

抒情散文的写作重视追求意境。王国维说过:"其文章之妙,亦一言以蔽之:有意境而已。"林纾提出:"后文采而先意境。"这些论述都说明了意境的重要。杨朔就很重视追求意境之美。他说:"我在写每篇文章时,总是拿着当诗一样写。我向来爱诗,特别是那些久经岁月磨炼的古典诗章。这些诗差不多每篇都有自己新鲜的意境。思想,情感,耐人寻味,而结构的严密,选词用字的精练,也不容忽视。我就想:写小说散文不能也这样吗? 于是我就往这方面学,常常在寻求诗的意境。"这说明了散文像诗一样要讲究意境的创造。

所谓意境,就是把深刻的思想、动人的感情,通过生动的画面表现出来,使内情与外物相融合,深意与画面相交融,从而打动读者,感染读者,唤起读者丰富的联想。用王国维的话,就是"境非独谓景物也。喜怒哀乐亦人心中之一境界。故能写真景真物、真感情者,谓之有境界,否则谓无之境界"。因此,他要求创造意境必须要"其言情也,沁人心脾,其写景也,必豁人耳目"。把情与景、主观与客观有机融合入、统一在一起,这就是创造意境的基本要求。如何做到情与景、主观与客观融为一体? 樊之厚说:"文学之事,其内足以律己,而外足以感人者,意与境两者而已。上焉者意与境浑,其次或以境胜,或以意胜。苟缺其一,不足以言文学。"可见,意境的创造在于处理好"情"与"物"两者之间的关系,只有将情感融入描写景物之中,做到物我合一,才有意境可言。所以,意境是情与景、物与我相融合的产物。

创造意境一般要做到以下三点：

1. 以真正的感情作为创造意境的基础

抒情散文既以抒情为主，那么没有真挚感情的抒发，也就不能算抒情散文，所以，创造意境必须以真挚的感情作为基础，否则就不能达到情与景、物与我相融合的艺术境界。这种境界的艺术创造，往往运用借景抒情、移情入景、托物言志等艺术手法来完成。如峻青的《海滨仲夏夜》，通过对海滨仲夏夜夜色的形象描绘，抒发了作者热爱家乡、热爱家乡人民、热爱祖国的真挚感情，情景交融，构成一种秀丽壮美的意境。

2. 以形象的描写作为创造意境的核心

抒情散文的意境，作为情与景、物与我相结合的产物，作者要表现它，就需要对客观事物进行形象逼真的描写。因为作者的思想感情往往是通过生动形象的画面描写表现出来的。如果没有形象的描写，作者的真挚感情无所倾诉，内情与外物、主观与客观便不能融合，也就不能产生一种艺术境界。所以抒情散文创作必须以形象意境为核心。王夫之："夫景以情合，情以景生，初不相离，唯意所适。截分两橛，则情不足兴，而景非其景。"说的就是这个道理。所以，情景交融，乃是意境创造的基础和核心。如秦牧的《澜沧江边的蝴蝶会》对蝴蝶集会之盛，描写得十分详细、形象、逼真、传神，同时表达了作者热爱祖国之情。这样，作品就把"内情"与"外物"融为一体，构成了一种多姿多彩的艺术境界。

3. 以丰富的联想作为创造意境的媒介

抒情散文创造意境离不开联想。联想的客观基础是事物之间的互相联系。客观事物之间的这种联系必须以联想作为媒介，离开这个媒介，事物与事物之间彼此不相联系，情景不能交融，物我不能合一，便不能产生艺术境界。如梅阡的《长安街的灯光》，作者由天安门的华灯，联想起旧北京昏暗的街火，通过对比联想，突出首都的变化。后来又从"灯是光明的象征"，进一步联想到光明的创造者，即中国共产党和它领导下的革命志士，把主题升华到一个崭新的高度。试想，如果境界的创造不以联想为媒介，能产生这样的艺术境界吗？

（五）讲究文采

好的抒情散文，总是文采斐然的。杜牧说："是以意全胜者，词愈朴而文愈高；意不胜者，词愈华而文愈鄙。是意能遣辞，辞不能成意，大抵为文之旨如此。"我们讲究文采，要从立意出发，忽视立意而去片面地追求文采，那是不可取的。

所谓文采，主要是指作品语言的华丽与朴素。抒情散文写得辞藻华丽，当然是文采，这并不容易；朴素自然，也是文采，而且更难。华丽和朴素，两者各有各的美。讲究文采，就是要运用得当。徐迟说："散文家不仅要掌握华丽的文采，而且要善于控制它；不仅要掌握朴素的文采，还要善于发扬它。"我们写作抒情散文，要把两者统一起来。华丽的文采是需要的，但不能过分地雕章琢句，片面地追求华丽，我们还要把抒情散文写得朴素自然，古人说"清水出芙蓉，天然去雕饰"，就是这个意思。

文采能体现作者的语言风格。散文的语言风格，因人而异，各呈芬芳，不同的作者，有不同的语言风格。

冰心的抒情散文的语言风格：清丽、典雅。她的文笔有独特的情韵，既有传统的古典文学之美，又有西方文字之美。她说："文体方面我主张'白话文西化'，'中文西文化'……我想如现在的作家能无形中融会古文和西文，拿来应用于新文学，必能为今日中国的文学界，放一异彩。"这是她语言风格的基本精神，所以人们评价她的文字是"清新隽丽"和"古朴典雅"。如《笑》《往事（一）（二）》《樱花赞》等都是她的代表之作。

朱自清的抒情散文的语言风格：清秀、朴素。所以有人将它概括为一个"清"字。叶圣陶认为："现在大学里如果开现代本国文学的课程，或者有人编现代本国文学史，谈到文体的完美，文字的全写口语，朱先生该是首先被提及的。"如《荷塘月色》《绿》《春》等佳篇，都写得清新素雅，朴质自然。人们评价他的散文是"风华从朴素出来"，其实这是一种很高的艺术境界，一种美学风范。

杨朔的抒情散文的语言风格：清新、隽秀。寻找诗的境界是他的抒情散文的显著特色。他的散文语言凝练、传神、清新、隽秀，充满着诗意。佘树森曾说："在文字上，杨朔总是千锤百炼，力求做到凝练传神。……同时又富于古文之斑斓和口语之活泼相融合的韵味。""杨朔还喜欢赋予他的文字以清新的色彩和婉转的语调。……自然显得清新、素雅。"如《荔枝蜜》《茶花赋》等。

秦牧的抒情散文的语言风格：俊逸、飞动。他的散文，常常用谈天说地、描绘山川、辨析名物的方式，来发挥思想，寄寓褒贬。既有精辟的说理，又有炽热的抒情，力求思想性、知识性、趣味性和抒情性的完美结合。在语言文字上，他所追求的主要是俊逸、飞动，同时又有自然流畅之美。如他的《土地》《社稷坛抒情》《花城》等作品就体现了这种风格。

以上我们粗略地介绍了几位散文家的语言风格。我们写作抒情散文，要向名家学习，取各家之长，补自己之短，写出自己的文字，形成自己的语言风格。借鉴是途径，创新才是我们的目的。

附录：抒情散文欣赏

初冬月

陈国华

秋意尚浓，恍然就到了初冬，月亮也带着秋温，走进了冬的夜空。

天黑得早了，晚饭后摸黑回宿舍，过了山头，豁然见西南山坡上空这轮橙黄明净的初冬月，低垂圆满，硕大清新，一种美好亲切的感觉顿从心底漾起。夜幕中，黑森森的山峰错落而列，视野尽处，一岭横天际接晚霞；渐暗的余霞边，山的剪影如淡淡的水墨画，近山的轮廓则像浓墨涂出的一样；山坡西南出口方向，山势迅速开阔，峰峦连绵起伏，像一片黑色的波涛，磅礴在融融的月光下；月下的山坡和附近的山川上空月光旖旎，给人今月专为此处明的美感。这月光山色太美了！望着明月，似乎忘却了自身的存在，只剩下一缕美好的情感，羽化在这月色之中。

独自徜徉在月色里，白天必须思虑萦怀甚至忧戚的，此刻全忘了，而白天无暇顾及甚至早已忘却了的，有的却会清晰地想起来。如此美丽的月光，会使心灵深处的珍藏开出花朵，连痛楚也会变得美丽。但这月色更多的是使我无所虑无所思，身心放松，呼吸都变得轻微均匀，不易觉察。我像一条游到清水里"偷清"的鱼，浮在月光里，吮月华，汲清辉，或停泊或徘徊，如醉如痴。

橙黄的月，橙黄的光，橙黄的光里浮悬着轻轻的霜。清虚的夜空里，我仿佛感觉到了月光的流泻，感觉到了月光的韵律，颖悟到人的情感与月光波动的相依相融；在这柔和美丽的月光下，只要一凝神一动情，仿佛就能听到低回优美的《梁祝》曲，看到飘逸如梦的《天鹅湖》……难道这些作品的诞生也经历了月光的孕育，作者的灵感也得到过月光的滋润和浇灌？不然，这些美好的东西怎么会还原在这月光之中？

山脉相互枕藉着、依偎着，匍匐在朦胧的月色里安详地睡了。真没想到白天反复经过反复看过的山，经月光的再创造，竟如仙境。山上的树木挤挨着、拥抱着，进入了梦乡。松树等乔木高高的婆娑的树冠，如伞如云如絮，像幽幽夜幕里的泼墨画。山在呼吸，树在呼吸，空气在呼吸，夜在呼吸……此刻凝目，能看到天涯；此刻倾听，可听及海角。听者看者，非耳非目，乃心也，乃月夜之助也。

月光如橙色而淡泊的液体，山川景物浸在月色里，天国般的宁和。独处月下，平和而安宁的心灵，在接受月光睿智的审视，人生一瞬，人生是美好的，人的心灵也应该是美好的，我们的所作所为应无愧于这美好的世界，无愧于这美好的月光；

美好的心灵才能照进美好的月光,心灵美好的人,才敢于独自静静地面对这美好的月色而灵魂安宁。

感谢生活,感谢大自然的赐予,我的生命之舟放逐了喧嚣、污染和拥挤,泊进了这一汪月色,际遇了这处明丽如梦的风景。陶醉在月华天籁中,我甚至忘记了我是什么时候是怎样进入这月色的,也没有想到要走出这月色,走出这个恬静和悦的梦境。

在时间的长河里,我们仅有属于自己的那一缕月光,稍不珍惜,就会去日苦多,万事成蹉跎。君不见,此月方从远古来,历沧桑,经兴衰,送千古风流,看花开花落……大王月,霜晨月,关山月,红缕月,俱往矣!山河沉寂无言,酣然入梦;人不惜月月自明,吾辈该如何把握这一缕月光?初冬月高悬不语,娟然如洗。

【思考与练习】

一、抒情散文在选材中应注意什么问题?

二、如何创造抒情散文的意境?

第二节　诗　歌

一、诗歌的含义

诗歌是起源最早的文学样式,它几乎是和人类的语言同时产生的。最初的诗歌,都是劳动群众的口头创作,和音乐、舞蹈密不可分。古代习惯把不合乐的称为诗,合乐的称作歌,现代一般统称为诗歌。一般认为,诗歌是以富于想象和音乐性的语言,高度概括地歌唱生活、抒发感情的一种最为精美的文学体裁。

二、诗歌的分类

按照不同的分类标准,诗歌有不同的分类方法,最常见的是以下两种:

第一,按照作品内容的表达方式的不同,可分为叙事诗和抒情诗。

叙事诗往往有比较完整的故事情节和人物形象,通常以诗人满怀激情的歌唱方式来表现,史诗、故事诗、诗体小说等都属于这一类。抒情诗则主要通过直接抒发诗人的思想感情来反映社会生活,不要求描述完整的故事情节和人物形象。

第二,按照作品语言的音韵格律和结构形式的不同,可分为格律诗、自由诗、散文诗。

格律诗是按照一定格式和规则写成的诗歌,它对诗的行数、诗句的字数、声调音韵、词语对仗、句式排列等有严格规定,如我国古代诗歌中的"律诗""绝句"和"词""曲",欧洲的"十四行诗"。

自由诗是近代欧美新发展起来的一种诗体,它不受格律限制,无固定格式,注重自然的、内在的节奏,押大致相近的韵或不押韵,字数、行数、句式、音调都比较自由,语言比较通俗。我国"五四"以来也流行这种诗体。

散文诗是兼有散文和诗的特点的一种文学体裁。作品中有诗的意境和激情,常常富有哲理,注重自然的节奏感和音乐美,篇幅短小,像散文一样不分行,不押韵,如鲁迅的《野草》。

三、诗歌的特点

(一)高度的集中性

文学艺术反映生活的典型化原则,无不讲究概括集中,但以诗歌最为突出。因为诗歌注重摄取社会生活在作者心灵中激起的最美丽独特的浪花,注重选取最富有特征的事物,或最激动人心的场景,以小喻大,以少总多,来深刻揭示生活的本质,因而诗歌是最为精练的文学样式。

(二)浓郁的抒情性

诗歌是一种最善于抒情的文学样式,它的基本特征就是抒情性。别林斯基认为:"没有感情,就没有诗人,也没有诗歌。"只有用饱和浓郁的生活激情熔铸起来的形象,才具有真正的审美价值。

(三)鲜明的音乐性

古代诗歌大多是可以配乐歌唱的,所谓"在辞为诗,在乐为歌"。诗是最富音乐性的语言艺术。诗歌的音乐性,主要是指语言的节奏感和韵律美。这是诗歌在形式上区别于其他文学体裁的显著特征。

四、诗歌的写作

(一)捕捉意象

诗歌的创作过程,总是从诗人对生活中的某种现象引起了特别动人的感觉,出现了异样的情思而获得第一意象开始的。意象是诗歌的基本元素,一首诗就是一个有机结合的意象系统。对于诗人来说,与其苦心寻找那可遇不可求的灵感,不如留心捕捉那鲜美而易逝的意象。

什么是意象呢？简单地说，意象就是意中之象，是客观事物经过诗人的感情活动而创造出来的独特形象，是一种更富于主观色彩、迥异于生活原态而能为人所感知的具象。艾略特说："一个作家的想象只有一部分是来自他的阅读。意象来自他从童年就开始的感性生活。"因此，热爱生活，热爱自然，对纷纭繁复的外界事物的发展变化保持精微的敏感，是获取意象的最有效的途径。

1. 抓住瞬间感觉

艾青说："意象是纯感官的，意象是具体化了的感觉。"为什么要强调"瞬间感觉"呢？因为感觉往往是跳跃的，是闪动的，只有在最短暂的一瞬间加以捕捉，才是最新鲜、最富于诗意的。如"床前明月光，疑是地上霜"（李白），"日头坠在鸟巢里"（臧克家），"凤凰树突然倾斜／自行车的铃声悬浮在空间"（舒婷），这些诗句中都含有瞬间感觉的作用。

瞬间感觉可能是一种错觉，也可能是一种幻觉，它不同于客观实像，但比客观实像更美，更诱人。诗人应随时保持对外在事物的敏感，用整个身心去拥抱这个有声有色多姿多彩的世界，有意识地发现和捕捉各种新鲜的感觉，而且及时用鲜明生动的语言把这些稍纵即逝的美的意象保留下来。

2. 展开想象翅膀

感觉毕竟只是感觉，只有当它同丰富的经验记忆联系起来，成为想象这个建筑师手中的材料，感觉才具有审美价值。因为诗歌并不是感觉印象的简单堆积，而是通过诗人的想象来完成的。诗人的创造能力也体现在从感觉到意象的诞生这一艰巨的想象过程中。

"炮管挑起一轮月／好像提着灯笼送喜报"，这是诗人李瑛创造的军营月夜的意象。"由于严冬的爱抚和鼓励／柔弱的水／也会坚强地站立"，这是诗人李琦创造的冰雕的意象。这些诗句写的就不只是感觉，而是有明显的意象的成分了。

想象是人的视力的延伸，也是感觉的放大与升华。只有通过想象打破时空阻隔，把本无关联的事物联系起来，把由感觉产生的单个意象连缀起来，成为一组有机的复合意象，诗歌才能放射出生命的美的光辉。请看诗人雁翼眼中的《一朵彩云》：

太阳匆忙地走下西山，

把一张彩色的手帕忘在山巅。

风姑娘轻轻地抖动着手帕，

仿佛要把太阳招喊回还。

读者无不赞叹这诗意的新奇美妙。可是别忘了，假如没有诗人深沉的情感的支撑,没有完整的想象的连缀融合,任何一种感觉都不可能单凭自身而赢得如此的审美情趣。

(二)精心构思

诗歌的构思,是诗人对生活素材进行选择提炼的过程,是让想象的翅膀远走高飞的过程,是为独特的情思寻找最精当最有力的表现方式的过程。何其芳说:"过去谈写诗要有灵感。其实所谓灵感,就是诗人在想象中捕捉住了动人的不落常套的构思。"构思是一种发现,一种创造,贵有独创精神,应处理好两个环节:

1.选好角度

同一种景物,从不同的角度去看,可以呈现不同的形貌;同一类情思,用不同的方式来表现,可能产生不同的效果。诗歌构思的重要环节就在于寻求一种最能传达主观情思的最佳角度。

选择角度贵在新颖,不落俗套,独辟蹊径,见人所未见,发人所未发。要注意选择新的意象来表现新的生活、新的感情。采用常见题材,更应当从新的方面去表现它,以新的意蕴去显示它。做到平中见奇,陈中见新。

客观事物往往可从上中下、正反侧多种层次、多种角度来审视。正面角度最常见,所以不新鲜。聪明的诗人常常避正就侧,从侧面入手。侧面角度就是避开吟诵对象本身,而着墨于它相关的事物,或者因它引起的反响,给人留下的印象。德国美学家莱辛说过:"诗人啊,替我们把美引起的欢乐、喜爱和迷恋描绘出来吧,做到这一点,你就已经把美本身描绘出来了。"这就是主张以美引起的效果来写美。如乐府诗《陌上桑》通过人们见到罗敷时的种种异常反应来间接显示她的美:"行者见罗敷,下担捋髭须。少年见罗敷,脱帽著帩头。耕者忘其犁,锄者忘其锄。来归相怨怒,但坐观罗敷。"新颖别致,耐人寻味。再如台湾诗人王牌的《探亲》:"探亲方一开始/故乡/一把抓住了我的心/好紧/好疼!"诗人不直说我的心思念故乡,却反说:"故乡/一把抓住了我的心",反宾为主,反主为宾,别出心裁,诗趣横生。

2.巧于谋篇

构思的任务之一就是把独特的情思纳入得体的艺术格局之中。由于不同的诗歌表现的情感内容不同,因而它们的结构形式也各不相同。这里主要介绍两种基本的结构形式。

(1)推进式。这种结构是从一个比较单纯而集中的意念出发,步步深入,层层推出,但首尾意象息息相关,前后情景脉脉相通。这种结构的重点在结尾,卒彰显志,篇末点题,结尾常常是诗歌的高潮。传统诗多采用这种结构方式。如艾青的《我爱这土地》,贺敬之的《三门峡——梳妆台》,就是这种写法。

(2)辐射式。这种结构方式不是从单纯的意象出发,而是以多种意象呈网络状横向展开,从不同的方向接近核心意念。这种方式是把表面看来跳跃很大、互不相干的意象并置在一起,由诗人隐藏很深的内在思想线索把它们串联起来。现代朦胧诗、意象诗多采用这种结构方式。如舒婷的《思念》开头一节:

> 一幅色彩缤纷但缺乏线条的挂图,
>
> 一题清纯而无解的代数,
>
> 一具独弦琴,拨动檐雨的念珠,
>
> 一双达不到彼岸的桨橹。

一系列并置的意象之间,看不出时空关系和逻辑联系,似乎是被临时硬拉在一起,但它们却从各个方面把深沉而微妙的抽象的思念具象化了,藏而不露,含蓄深蕴。

此外,诗歌的结构方式上有交错式、对照式、因枝振叶式、沿波讨源式等多种,兹不赘述。结构谋篇的关键在于为情造文,因势造型,既合体又新奇别致。

(三)营造意境

意境是诗歌的基本审美范畴。王国维说:"词以境界为最上,有境界则自称高格,自有名句。"境界即意境。所谓意境是指诗人真挚浓烈的主观情意与生动独特的客观物象相互交融而产生的艺术境界。意境主要包含两大要素:一是"意",即作者的情或意;一是"境",即事物的形或象。意境的创造过程,就是诗人反复寻求情与景的交融,意与象的统一的过程。

1.移情入景,物我合一

诗人先有某种主观情思要抒发,从而去搜寻能表达这种情思的形象,当他接触到这种物象时,便有意识地把自己的主观情思移注其中,使景物带上强烈的主观色彩,达到物我合一的境界,这是一种由内而外、由景及情的感情推移过程。所谓"登山则情满于山,观海则意溢于海",就是这种境界。如海涅的《星星们高挂空中》:"星星们高挂空中/千万年一动不动/彼此在遥遥相望/满怀着爱的伤痛"。星星们一动不动地彼此相望,是诗人目中所见的物象,而"满怀着爱的伤痛",是诗人见到恋人冷漠的面容之后产生的情感。这种感情与星星们的漠然相望默默无语非常相似,一旦情与景会,意与象通,便一拍即合,物我两融,意境顿生。

2.触景生情,情随景生

诗人事先并无自觉的情思意念,但突然发现了某种景物,忽有所悟而思绪满怀,于是借景物的描写把自己的情思表现出来。所谓"物色之动,心亦摇焉",讲的就是这种由外而内、由景及情的感情触发过程。如公刘的《运杨柳的骆驼》第一节：

> 大路上走过来一队骆驼，
>
> 骆驼骆驼背上驮的是什么？
>
> 青绿青绿的是杨柳条儿吗？
>
> 千枝万枝要把春天插遍沙漠。

骆驼是沙漠之舟，杨柳依依，却是春风的恋人。由骆驼背上的枝枝柳条，想到植树造林、绿化沙漠的壮举，更想到"要把春天插满沙漠"的壮美意境，这就是诗人诗情的触发过程，也就是诗歌意境的生发形成过程。

在意境创造过程中，无论是先有意后有境，还是先有景后有情，总之意与境、情与景这两大要素是必不可少的。如果有境无意或境大意小，诗歌就会变成苍白呆板的景物罗列；如果有意无境或意大境小，诗歌就会流于空洞无物的抽象说教。

(四) 锤炼语言

诗歌是最高的语言艺术，诗人用它呼吸和生存，也因它而成熟和美丽。语言在诗中不仅是一种传达媒介，而且本身就具有独特的审美价值。诗歌对语言有更高要求。

1. 精练美

臧克家说："我坚决地认为，以经济的字句去表现容量较大的思想内容，这是诗歌的一个重要特点。"诗歌语言要求高度精练，选取最传神的词语来表达情感，以一当十，以少胜多，这就要求反复推敲，精心锤炼。古诗名句"春风又绿江南岸"中的"绿"字，"红杏枝头春意闹"的"闹"字，不仅用得非常准确，而且还包含着比"到"字、比"浓"字丰富生动得多的情感内容。

散文语言讲究明白晓畅，语意连属，诗歌语言却追求干净利落，跳跃省略，讲究一种"语不接而意接"的艺术效果。古诗如温庭筠的"鸡声茅店月，人迹板桥霜"，杜甫的"细草微风岸，桅墙独夜舟"；新诗如沙白的《水乡行》："水乡的路，/水云铺。/进庄出庄，/一把橹。//渔网作门帘，/挂满树，/走进才见/几户人家住。"这些诗句都省略了散文中必不可少的关键词，全用实词连接，不仅使语势洒脱而劲健，而且能引发读者更丰富活跃的联想，增强了诗歌的张力。

2. 新奇美

诗歌语言以自己独特的用词组句方式，主动摆脱散文语言的规范秩序，形成一种陌生化的语体风格，从而焕发出一种新鲜奇异的光彩。

(1) 锤炼动词。动态形象总是比静态形象更能刺激人的审美注意，因此诗人

炼字炼句最讲究锤炼动词。一首诗往往由于用活了一个动词而顿时全句生色,通篇生辉:

　　"你莫问我!/泪水在腮边等着。"(闻一多)

　　"妈妈,你脸上的笑,/是爸爸寄来的吧?"(谢采筏)

　　诗句中传神的意趣,不正是分别由"等""寄"这两个动词炼出来的吗?

　　(2)超常组合。利用汉语灵活多变的特点,巧妙地把两个本不相干的词语临时结合在一起,或把具象动词和抽象概念搭配在一起,或把五官感觉沟通交错在一起,以此表达一种繁复微妙的情感体验,酿造一种清新浓郁的多重诗味。

　　"酒入豪肠/七分酿成了月光/余下的三分啸成了剑气/绣口一吐就半个盛唐"(余光中)

　　"牛,咀嚼着草香,/颈下的铃铛,/摇得黄昏响。"(臧克家)

　　显而易见,这些诗句中的词语组合都很反常、很奇特、很陌生,但不是也更新鲜、更诱人、更诗化、更富于美感吗?

　　3. 音乐美

　　如果说散文是说话,那么诗歌就是歌唱了。语言的音乐美,不仅是诗歌的基本特点,而且是诗歌语言作为独特的审美对象的重要因素。诗人锤炼语言,也包括对诗句节奏和音韵的精心推敲。和谐悦耳的音乐美,是诗歌得以流传的主要原因。一般读者很少有人能背诵新诗,但五岁幼儿却能记诵几首唐诗宋词;能背诵句式冗长的外国诗的人也极其有限,但裴多菲的"生命诚可贵,爱情价更高。若为自由故,二者皆可抛"却流传极广。鲜明的节奏,响亮的音韵,无疑为诗歌插上了翅膀,使它得以超越时空远举高翔。从欣赏的角度说,诗歌脱离了音乐美,犹如鸟儿断了一只翅膀,再也飞不起来了。

附录一:

关于诗歌

文　锐

　　在文学的百花园中,诗歌是最早开放的花朵。她是"文学"的童年,她是"神"的代言人。

　　她是抒情的,抒情是她的"生命"。一行行排列的方阵中,流淌的是情感的泉水。每一次内心情感的迸溢,都是诗歌产生的原动力。李白的"五花马,千金裘,呼儿将出换美酒,与尔同销万古愁。"杜甫的"万里悲秋常作客,百年多病独登台。

艰难苦恨繁霜鬓，潦倒新停浊酒杯。"元稹的"曾经沧海难为水，除却巫山不是云。取次花丛懒回顾，半缘修道半缘君。"莫不如此。正如别林斯基所说："没有感情，就没有诗人，也没有诗歌。"

她是形象的，形象是她的"血肉"。她靠"意境"呈现，她借"意象"说话。从柳宗元"千山鸟飞绝，万径人踪灭，孤舟蓑笠翁，独钓寒江雪"的凄清孤寂，到王安石"墙角数枝梅，凌寒独自开。遥知不是雪，为有暗香来"的高贵顽强；从毛泽东《沁园春·长沙》"看万山红遍，层林尽染，漫江碧透，百舸争流。鹰击长空，鱼翔浅底，万类霜天竞自由"中"山、林、江、舸、鹰、鱼"；到北岛诗句"从星星的弹孔中，将流出血红的黎明"中"星星""弹孔""血"与"黎明"。诗歌无不是由一个个鲜明的"意象"组就，无不是通过完整的"意境"完成！

她是音乐的，音乐是她的"脉络"。她是最富音乐性的语言艺术，和谐的音韵，鲜明的节奏，是她个性化的"符号"。古人曾言："情发于声，声成文谓之音。"马克思也说："既然你用韵文写，你就应该把你的韵律安排得更艺术一些。"不信，你读读中国的律诗——平平仄仄仄仄平……多有旋律感！

她需要"灵感"的不期而遇。正如古希腊柏拉图所言："若是没有诗神的迷狂，无论谁去敲诗歌的门，他和他的作品都永远站在诗歌的门外，尽管他自己妄想单凭诗的艺术就可以成为一个诗人。他的神志清醒的诗遇到迷狂的诗就黯然无光了。"也会像中国的陆机在《文赋》中所说的"应感之会，通塞之纪，来不可遏，去不可止。"比如李白，斗酒诗百篇，灵感之气前呼后应，灵感之语纷至沓来——"君不见黄河之水天上来，奔流到海不复回。又不见高堂明镜悲白发，朝如青丝暮如雪。人生得意须尽欢，莫使金尊空对月。天生我材必有用，千金散尽还复来。烹羊宰牛且为乐，会须一饮三百怀"……

她需要"语句"的千锤百炼。诗圣杜甫云："为人性僻耽佳句，语不惊人死不休。"她应该是贾岛"僧敲月下门"的"敲"；她应该是王安石"春风又绿江南岸"的"绿"，她应该是宋祁"红杏枝头春意闹"的"闹"……

如此说来，品诗也好，写诗也罢，识其个性，通其性情，方能让自己变成文学的"贵族"。

附录二：诗歌欣赏

没有一艘船能像一本书

（美）狄金森

没有一艘船能像一本书

没有一艘船

能像一本书

也没有一匹马

能像一页跳动的诗行一样

把人带向远方

静静地打开一本书吧

阅读这条路

最穷的人也能走

不必为通行税伤神

静静地打开一本书吧

这是何等节俭的车

承载着人的灵魂

爷爷是个老头

王海桑

打我记事起,爷爷就是个老头

他那么老,好像从来不曾年轻过

他那么老,好像生来只为了做我的爷爷

可我从未认真想过他有一天会死

我总以为,一个人再老,总可以再活一年吧

然而有一天他还是死了,就像土垛的院墙

风雨多了,总有一天会塌下来

没了。完了。他的一生我也知道得很少

他说过一些,我记不大起来

就像他爱我很多,我只是喊他声爷爷

【思考与练习】

　　一、顾城的《远和近》是产生过较大争议和影响的朦胧诗,以你掌握的诗歌理论知识和诗歌审美经验,试对其作出解析和评价。

远和近

你
一会看我
一会看云

我觉得
你看我时很远
你看云时很近

二、请以《故乡》或《船》为题，写一首抒情诗，要求构思精巧，形象鲜活，感情真挚，语言清新。

【阅读推荐】

1. 冯骥才. 抒情散文. 郑州：中州古籍出版社，2005.

2. 孙绍振. 中国散文 30 年选——抒情审美卷. 福州：海峡文艺出版社，2010.

3.《民国教育书系》丛书编委会. 民国老阅读·抒情类散文. 长春：吉林出版集团有限责任公司，2014.

4. 曹世钦. 怎么写抒情散文. 北京：同心出版社，1998.

5. 李伟. 突围与回归：新时期散文思维艺术. 西安：陕西人民出版社，2013.

6. 于德予. 诗歌写作入门. 广州：花城出版社，2001.

7. 张其俊. 诗歌创作与品赏百法. 北京：中国青年出版社，1996.

8. 林平. 现代诗歌创作研究. 成都：西南财经大学出版社，2013.

9. 秦宇慧，王立编选. 现当代诗歌精选集. 北京：当代世界出版社，2007.

10. 拜伦，雪莱，济慈(穆旦 译). 拜伦·雪莱·济慈诗精选. 武汉：长江文艺出版社，2011.

11. 聂鲁达. 聂鲁达情诗全集(张芬龄 译). 海口：南海出版公司，2014.

12. 惠特曼. 草叶集：惠特曼诗选(李野光 译). 南京：译林出版社，2017.

13. 木心. 木心诗选. 桂林：广西师范大学出版社，2015.

14. 余秀华. 摇摇晃晃的人间. 长沙：湖南文艺出版社，2015.

15. 海桑. 我是你流浪过的一个地方. 北京：新星出版社，2012.

第八章 说明类文体

◎内容导读◎

　　说明文是以说明为主要表达方式来解说事物、阐明事理的文章体裁。它通过对实体事物的性质特征、形态、成因、关系、功能等的解说，或者通过对抽象事理的概念、性质、特点、来源、关系、作用等的阐释，让人明事理、通物性，给人以知，导人以行。

　　说明文的应用范围十分广泛。从社会科学到自然科学，从宏观世界到微观世界，大至国际国内各种条约、协定、法律、章程以及对它们的阐释，小至千千万万的产品使用说明书，莫不属于它的领地。如推销商品要做的广告，购买各种商品要看的说明书，参观旅游要听的解说词，等等。说明文体在我们的学习和生活中占有重要的位置，在传播知识、普及科学文化，提高整个中华民族的科学文化水平等方面都有着非常重要的意义。

第一节　解说词

一、解说词的含义

　　解说词是对事物或人物进行讲解介绍的说明文体，通常有口头解说和书面解说两种形式。本节主要论述书面解说，因为绝大多数的口头解说都是书面解说的口语化。人们在日常生活中总是或多或少地要与解说词接触，像产品展销、书画展览、人物简介、名胜古迹等的介绍都要用到它。随着社会的日益发展，解说词会越来越显示出它为社会、为人类服务的价值。

　　根据解说对象的不同，可将解说词分为三类：一种是实物解说词。被解说的对象是眼前实实在在的物体,一般处在静止状态,如文物、图片、标本、书画、花卉等。二是画面解说词。被解说对象以画面形式出现,一般处于运动状态,画面与画面之间有一定的内在联系,如有关风光、科技新闻的电影、电视片、幻灯片等。三是音响解说词,如电影录音剪辑、音乐作品欣赏等。

二、解说词的特点

解说词是以被解说对象为依据,将其属性解释说明清楚,将其内涵表现得更完整丰富的一种文体。这种文体的特点是:

(一)依附性和独立性

解说词是解说对象的文字辅助形式,是配合实物画面或音响而设置的说明。失去了被解说的对象,也就失去了解说的必要,但它一旦产生,又具有一定的完整性、独立性。人们只看或只听解说词,也可得到某种知识或受到某种启迪。如大型电视系列专题片《香港百年》的解说词,它以专题的形式,介绍了历经百年沧桑的香港的地理、政治、经济、文化、风土人情等方方面面的知识。读了这些解说词,也可以对香港的过去、现在和未来有一定的了解。

(二)单一性和多样性

这主要指解说词在表达方式上的特点。解说词是说明文的一种,它和其他说明文一样,在表达方面常常以说明为主。尤其是比较简单的实物解说词,往往点到为止,以说清楚事物为原则。但比较复杂一些的解说词,如电视片、电影录音剪辑等,其表达方式则可多种多样,具有较浓的文学色彩。在科学技术日趋发展的今天,解说词可采用的表达手法将越来越多。

三、解说词写作技法

(一)照物写词,不离主体

如果是实物解说词,就要紧紧扣住实物的内在特征,用简明扼要的文字写出此物和其他物体不同的地方,这是实物解说词的主要特点。实物一般看得见、摸得着,但看得见、摸得着的实体不一定就能被认识理解。解说词的作用就是要将这些实物的特点、功能、结构及背景材料等加以解说和说明。但有些实物,若只介绍它的外形特征、内部结构等,仍不能达到较好的解说效果,这时,解说词就要进行适当补充,以丰富解说对象的内涵。补充交代的内容可以包括实物产生年代、历史价值、制作者的水平和各个时期的各种评价等。

如果是画面解说词,要展示画面内容而非重复画面内容。解说词既是对某事物作说明,它就必然以该事物为依据,因而写作时便不能离开画面,随便发挥,使人看起来不知所云,莫名其妙。但画面上看得懂的就不必写出,而应将解说的重点放在画外之旨上。如电视片《话说长江》中解说"壮丽的三峡",当画面出现神女峰时,插入神女峰的传说,使得人们对神女峰的观赏增添更多的文化内涵,获得更深、更美的享受。同时,解说词还要尽量完善画面。画面的内容由于受其形式的影响,往往不能尽善尽美地充分展示出来,这时便需要解说词做一些完善工作。这些完善工作包括补充必要的要素,指出画面深含的主题等。如画面涉及人事,就必须交代清楚何人何事、何时何地、何因何果。一些画面看似简单,但经解说词几句话点拨,一个极富意义的内涵便表现出来。

(二)随物赋形,分层解说

解说词因为依附性较强,在结构上一般并不十分细密,段落之间并不扣得很紧,有的甚至还有跳跃性。但其总体结构应当是相当完整的,有其内在的必然联系,绝不允许游离于事物之外或画面任意发挥。好的解说词可体现作者谋篇布局的匠心。如《壮丽的三峡》,全文大致按浏览行踪,从夔门入峡到南津关出峡,其中除插入大宁河和香河外,都沿三峡而行,文章也以此为结构,时空转换清晰,结构十分完整。而在行文中,作者有紧扣主题中的"壮丽"二字,以三个乐章为主,集中颂扬三峡的壮丽气派。总的说来,是移步换形,随物赋形,层层推进。旅游解说词常用这种结构。无论何种解说词,只要把握了事物内容之间的先后、并列、总分、主次等关系,就可做到井然有序,层次分明。

(三)通俗流畅,朗朗上口

解说词不同于其他文体的一个重要特征,就是写作者必须考虑到它是用于解说的,是供人们说的和听的。因而在写作时要注意解说词的通俗易懂,朗朗上口,紧紧抓住事物的特征,用简洁、准确的语言解说清楚。同时充分调动各种表现手法,将实物画面、音响内容表达得生动形象,富有感染力。

四、注意事项

(一)研究并了解解说对象

解说词要将别人不了解或不太了解的事物解说清楚,就必须研究并了解解说对象。因而只有认真观察研究被解说的事物,了解它的历史和现状,把握它和周围事物关系,才能抓住事物的本质特征,并且把它精准地介绍给读者。

(二)要有一定的趣味性

随着人们生活质量的提高,人们对解说词的趣味性也提出了较高的要求。这点,以往的解说词似乎注意不够。人们不论阅读报刊,观看电视,还有外出旅游,他们听解说,看解说,除了要获得知识之外,也希望能够以此娱乐身心。因此写作时,要注意恰当运用多种表现手法,化静为动,化抽象为具体,将知识性的内容生动形象地、有趣地表达出来,使读者获得精神享受。

附录:

××师范高等专科学校学前教育学院团体操解说词

在轻快的乐曲声中,学前教育学院 360 名幼儿体操运动健儿迈着整齐的步伐,信心满满地向我们走来。她们轻灵矫健的身影,挥洒着青春的气息,如行云流水,似出水蛟龙;踏着欢快的节奏,伴着轻盈的脚步,青春在这里闪光,梦想在这里激荡。

她们团结一致,她们整齐划一,她们就是学前教育学院团体操的运动健儿们,让我们为她们喝彩吧,让我们为她们呐喊吧,好样的,姑娘们! 今天的突出表现一定为你们以后的成长发展增光添彩。

看,她们幻化成菱形与圆形交错的整齐方阵,整齐的队列让我们看到了学前教育学院大学生的朝气与激情;聚合来,是青春的烈焰,是激情在燃烧;散开去,是灿烂的星火,是生命的欢歌。她们的步伐热情奔放,诠释着青春的斗志昂扬。

学前教育学院一向重视学生的专业技能发展,每天早上坚持幼儿体操训练,适时举办幼儿体操大赛,为学生掌握娴熟的幼儿体操技能创造了条件,为她们今后从事幼儿教师工作奠定了良好的基础。

"是雄鹰就要搏击长空,是蛟龙就要遨游四海",祝愿学前教育学院学子们的专业发展越来越好。

【思考与练习】

一、拍摄一组校园生活照片,并为每幅照片配上解说词。

二、根据自己所学专业,为小学生或幼儿解说一样物品。

三、组织一次游览蒲松龄故居的活动。请大家查找有关蒲松龄故居的情况,写好景点解说词,在游览过程中当导游为大家解说。

第二节　说明书

一、说明书的含义

说明书是以简明的语言介绍产品的特点、性能、保管及使用方法等内容的实用性说明文体。它的应用范围广泛，常用于对科研结果、工程设计、产品设计、工农业产品、图书报刊、电影、电视、戏剧、文艺演出、风景名胜以及各种展览等进行介绍说明。说明书种类繁多，常见的有商品说明书、出版说明书、旅游说明书、文娱节目说明书、科技成果说明书等。

二、说明书的特点

（一）准确

从实用性的特点出发，要求说明书必须得书写准确，做到概念准确，使用程序准确等。从语言上说，要求用词准确，不能有歧义，不能模棱两可，这样消费者才能"照章办理"。如果说明不准确，将造成不应该有的经济损失，甚至危害人的性命。如一些药品服用量说明，如果只写"口服一次6克，一日两次"，却不提每克多少粒或每粒多少克，买药者将不知如何服用。

（二）简明

说明书的语言要简洁明晰，平实贴切，不拖泥带水，不雕琢堆砌。这样既能节省读者的阅读时间，又能使读者很快地抓住要领。如"苏泊尔"电压力锅的使用方法，只用了200多字，就把电压力锅的使用程序、方法和应注意的问题等说得清楚明白，一目了然。

（三）周密

说明书具有很强的实用性，其说明都是有着突出的指导意义的。因此，说明书的内容必须严格地、科学地反映客观事物的实际，并在语言上做到周密严谨，没有疏漏。否则，就可能会造成不必要的损失，甚至会酿成危险事故。

三、说明书的写作

说明书的写作，一般采用以下三种形式：

(一)短文式

短文式,又称概述式或讲述式,它的特点是对说明对象作概括扼要的说明。如影视说明、参观导游说明、风景名胜说明、书刊资料说明、新产品介绍说明等常用这种方法。如《玄奘西游记》(中华书局)的出版说明,这则短文式说明书用简洁明白的语言将说明对象的意义、特点,尤其是出版的目的讲述清楚,要言不烦,重点突出。

(二)条款式

条款式说明书,就是对说明对象进行分条列项的介绍说明。多用于介绍多步骤的操作过程或多项目的内容。商品说明书也常采用这种形式。如美的密闭型储水式电热水器说明书便采用此种形式。该说明书从结构图示、安装说明、安装和操作注意事项、使用说明、洗涤保养、故障及处理方法等方面逐条讲述,各条之下又有细款,显得条理清晰。

(三)复合式

复合式说明书,是采用短文式与条款式相结合形成的。短文式说明书内容连贯、完整,但不如条款式醒目。条款式说明书层次清楚,条理清晰,但易流于罗列条款,使内容显得零碎,缺乏连贯性。为了取长补短,使说明书既层次清楚、条理清楚,内容上又连贯完整,根据说明的需要,可采用复合式说明书。这种说明书,一般是先总后分,前面概述介绍,后面列项说明,也可以先分后总。这种写法具备了短文式和条款式的优点,运用得比较普遍。

四、注意事项

(一)有的放矢,科学客观

写作说明书,首先要弄清楚读者对象和说明对象,即"对谁说明,说明什么",这样,读者才能读之易明,用之得法。同时,所有的解说必须科学客观,有关人、地、时和具体的数据都应经过核实。

(二)简明扼要,条理清晰

说明书一般是针对实物的,凡一般人看了实物能够理解的东西,不必多写,只要把人们不易懂或可能产生疑问的东西写明白就可以了。即便是抽象事理的说明,也力求简明扼要,不拖泥带水。说明的内容要经过一番梳理,明确哪里先说,哪里后说,要做到条理清晰,使人一目了然。

（三）通俗易懂，用语规范

说明书的接收对象很广泛，他们的年龄、职业、文化程度都不同，因此，说明书的语言要求力求通俗易懂，尽量选用日常用语，少用冷僻的专门的术语，避免使用容易引起歧义的词语和生造的词语。说明问题不能模棱两可，同时不要用不规范的简称。这样，既能节省读者的阅读时间，又能使读者很快地抓住要领。

【思考与练习】

一、说明书的特点有哪些？

二、从下列题目中任选一个，并写一份说明书：

1. 怎样做资料卡片

2. 电脑的使用、保养须知

3. ××的选购与使用

第三节　广　告

一、广告的含义

广告一词，源于拉丁语 adverture，有"吸引""诱导"之意。汉语的"广告"一词，则有"广而告之"之意。

关于广告的定义，学术界存在着狭义和广义两种不同的解释。狭义的广告，是指以支付价款的方式，通过一定的媒介，将有关商品、劳务或观念等方面的信息有计划地传递给人们的一种宣传手段。目的在于扩大销售、影响舆论。广义的广告，则泛指所有的广告活动，凡是以说服的方式（包括口头方式、文字方式、图画方式等）所进行的公开宣传，从而影响公众行为的信息传播活动，都可称为广告。其中有的广告并不以赢利为目的，最显著的如公益广告。公益广告是宣扬社会道德规范，弘扬传统美德，体现互助互爱的人际关系，谋求公共利益的广告形式。我国公益广告发展很快，上海电扬广告公司和桂林华顿广告公司分别以教师节、保护森林为主题所做的公益广告，1998 年首获国际大奖。从广告的发展来看，广告早已突破了单一的商品广告的范畴，而成为现代社会的一种重要的信息传播活动。在现实生活中，我们所见到的大多数是商品广告，本节着重阐述的也主要是商品广告。

二、广告的特点

(一)有明确的经济目的

这是广告与其他传播活动相区别的最明显的标志。广告也是商品,它自身就是现代产业的一部分,因而它具有一切经济活动所具有的投入产出特点,广告的运用在于达到一定的功利目的。广告费用是一种投入,它的产出最终是为了增加销售利润。

(二)是一种劝服性的信息传播活动

广告就其终极目的而言,需要说服消费者接受广告主所传达的信息。广告的劝服性特点要求广告活动应借助艺术的表现手法,增强广告的艺术性,使广告更具说服力和感染力。

(三)是一种负责任的信息传播活动

广告直接关联着广告主、消费者和媒体的利益,因而对广告涉及的各方面,都必须采取极其负责的态度,保证信息的准确、真实等。就商业广告而言,随着商品经济的发展,广告必须传达准确信息这一特征将更为突出。

三、广告的作用

(一)传播商品信息

广告最基本的作用是传播商品信息。广告主通过广告可宣传自己的商品,扩大商品的知名度;消费者通过广告可了解商品的信息。广告是消费者获得商品信息的一个重要来源。随着商品经济的发展和市场的扩大,消费者的商品信息将更多地来源于广告,推销商品而不做广告,自以为"酒香不怕巷子深",使产品"养在深闺人未识",那是下策。

(二)促进商品竞争

广告既是商品促销手段,又是商品竞争的手段。通过竞争,可以刺激商品生产者不断提高生产技术,提高劳动生产率,也可以促使商品生产者优胜劣汰。没有广告,消费者对竞争商品难以选择和比较。可见,竞争离不开广告,广告促进竞争。

(三)树立商品信誉

作为现代经营策略之一的广告宣传,其重要性是显而易见的。名牌战略在世界各国备受关注,它是树立品牌的必经之路,起着先锋的作用。一些世界驰名的品牌如万宝路、可口可乐、松下电器等，都是数十年甚至上百年靠广告来培植的。创造名牌是现代企业梦寐以求的目标。企业只有塑造起良好的形象，才能参与环球竞争。因此，任何一家成功的企业都不会忽视广告对塑造企业形象、建立商品声誉的重要作用。

四、广告的写作

广告文稿基本结构由四部分组成：标题、正文、标语、随文。每部分有各自不同的要求。但也并不是任何一则广告都必须有这几部分，往往因载体不同与广告要求不同而异。

（一）标题

广告的标题是广告的眼睛。人们看广告，首先看标题，标题拟制得好，才能引起人们的兴趣，继续读下去；标题没有吸引力，就会降低广告的效果。

广告的标题可分为直接标题、间接标题和复合标题三种。

直接标题是一语道破，以简明的文字把广告内容直接表现出来，把重要的情况和事实直截了当地告诉人们。这种标题一般简单、明了、确切。最常见的直接标题是以商品名称和厂商命题，如"人头马一开，好事自然来""总统用的是派克""喝孔府宴酒，做天下文章"，等等。

间接标题不直接介绍事物和情况，而是用迂回的办法，以耐人寻味的语句吸引人们饶有兴致地阅读广告的正文。这种标题不把内容和盘托出，单就标题文字本身并不容易看出广告的意图，往往要同广告全文和图像结合起来，才能理解广告全部意义。

复合标题通常由眉题、正题、副题组成。如长城旅游广告，眉题为"从月球上俯瞰中国，唯一看到的风采"，正题为"长城"，副题为"中华民族的骄傲"。

（二）正文

正文是广告的主体部分，主要介绍、宣传商品内容，文字广告正文写法有很大的灵活性，常见的形式主要有：

1. 陈述体。这种广告是用简洁而平直的语言，直接陈说商品的有关情况，尤其对商品的主要特点要做突出、清晰的说明，常用于对新产品的介绍。

2. 问答体。这类广告的特点是把广告宣传的内容，通过问答的形式表述出来。一般为数问数答，针对性强，逐点答疑，层层剥笋。由于问答交替，使用大段文字也不显得平板沉闷，听起来显得亲切。

3. 描写体。这类广告用生动形象的语言对产品或服务项目以及它们的特点、性能进行渲染描绘,以激发消费者的兴趣,唤起消费者的购买欲望。如"牙好,胃口就好,身体倍儿棒,吃嘛嘛香"(蓝天六必治牙膏)。

4.抒情体。作者在广告正文中,用浓郁的抒情笔调行文,借此打动消费者的感情,达到广告的目的。如"一股浓香,一缕温暖"(南方黑芝麻糊)。

5.幽默体。作者调动谐音、双关、拟人等手法,使广告产生幽默效果,造成特定的情趣,加深消费者的印象。如英特尔的广告"给电脑一颗奔腾的芯"。

幽默体广告引人入胜,令人过目不忘,为人们所喜闻乐见。但要注意自然贴切,如果一味追求"噱头"制造一些生硬做作的幽默,效果只能适得其反。

6.诗歌体。诗歌体广告即运用诗词或民歌等形式写广告正文。这种诗歌广告读来上口,听来入耳,具有节奏美、韵律美,富有吸引力,其鼓动性及宣传效果好。如上海第七百货商店的广告:漫步申城四川北路\流连忘返在第七百货\应有尽有是第七百货\值得信赖是第七百货\永远的关怀是第七百货\温馨的家庭是第七百货。

(三)标语

广告标语是作为鼓动性口号反复使用的特定用语。广告标语的设置较灵活,有的广告标语就是广告标题,有的广告标语与广告正文在一起。广告标语可以强化人们对企业经营特点、商品优点的记忆,取得广为传播、深入人心的效果。如日本丰田车的广告"车到山前必有路,有路必有丰田车";雀巢咖啡的广告"味道好极了";澳大利亚的旅游广告"集地球四角于一地";瑞士旅游广告"世界的公园"等,都是人们耳熟能详的广告标语。

广告语的写作要有创意,创意是广告成功与否的关键。广告创意是通过构思创造出新的意念,具体说就是根据市场、商品、消费者等方面的情况和广告传播的目标,确定广告的表现方针,如广告的诉求重点、信息的传播方法和说服的方式技巧等。广告设计、广告文稿的写作等,都是根据广告创意进行的。创意是广告的生命和灵魂。台湾新士广告公司为吸引广告客户,推出一则广告:"也许你欠缺的正是临门一脚!"广告的意思是说,再好的产品,再强的行销策略,再周密的广告计划,如果缺少突出的创意,就无法将正确的信息有效地传播给消费者,正如足球比赛欠缺临门的一脚,终究功亏一篑。可以说,卓越的创意是广告创作者追求的目标。要创作富有创意的广告,必须了解广告创意的特征和广告创意的原则。

广告创意的特征是:以广告主题为核心,以新颖独特为生命,以情趣生动为依据,以形象化为基础。

广告创意的原则是:关注原则、理解原则、印象原则、利益原则、促销原则、简洁原则等。

掌握广告创意的特征和原则,再运用适当的思考方法,如集体思考法、水平思考法、复合思维法、转移经验法等,在构思过程中就能够多出创意、出好创意,并由此达到广告创意的目标。

（四）随文

广告随文是广告的附属性文字和必要的说明,位于广告末尾。商品广告往往在末尾的随文里说明企业名、地址、电话、公众号等。广告随文通常起广告受众行动指南的作用。它的写法有一定的格式,要求简明扼要、准确无误。

五、写作注意事项

（一）创意要标新立异

标新意味着去旧,立异意味着除同。创意是广告的关键,是广告的灵魂与生命。一则广告,最忌创意落入俗套。因此,在制作广告时要根据实际需要,深入分析广告对象的心理、文化特点及需求特点,确立出能充分体现广告策略的主题。

（二）内容要突出"三性"

"三性"是指广告内容的可信性、可证性和可比性。所谓可信性,是指内容要真实可靠,宣传要恰如其分,让人感到自然可信。要符合《广告法》《广告管理条例》《广告审查标准》等法律制度。所谓可证性,是指正文内容应注意运用专门的商品情报来证实商品性能、功用。一般情况下,如权威专家的肯定、科研部门的鉴定、历史资料的引证以及用户的反馈信息等,都可产生良好的实证效果,增强消费者的信任感。所谓可比性,是指广告正文中要注意运用比较性的材料,以突出商品的主要特点。

附录：

经典"广告词"

瑞士旅游广告——世界的公园。

国泰航空公司——向前走,别停留,然后,才有然后。

中国电信广告——世界触手可及。

罗西尼手表广告——时间因我而存在。

蒙牛公司广告——自然给你更多。

邦迪创可贴广告——成长难免有创伤。

美容店广告——不要对刚刚从这里出来的姑娘使眼色,她很可能是您的奶奶。

饺子铺广告——无所不包!

某化妆品广告——趁早下"斑",请勿"痘"留。

某印刷公司广告——除印钞外,承印一切。

【思考与练习】

一、为某款产品设计广告词。

二、广告语的写作中应注意哪些问题?

第四节　科学小品

一、科学小品的含义

科学小品是运用小品文的笔调来表现科学内容、普及科学知识的说明文体。它以传授知识为目的,但在说明介绍时并不拘于一般说明文的形式,而是把科学知识融于艺术构思之中,形式玲珑活泼,富于科学和哲理的情趣,能给人以知、喻之以理、启人以智。

二、科学小品的特点

著名科普作家高士其说:"科学小品是科学作品中的一种特殊形式,也是文学作品中的一个新品种,它是科学和文学结婚的产儿。它短小精练、丰富多彩、生动活泼,读了使人有轻松愉快的感觉,很容易引起读者的兴趣。读者读了之后,不仅能获得许多知识,而且也得到了启发和鼓舞。这就是科学小品的特色。"他创作的大量的科学小品,很能说明这些。我们将科学小品的特点归纳如下:

（一）科学性

科学小品,循名寻实,它的主要任务就是普及科学知识。因此,科学小品首先必须具有科学性,要以正确的科学理论和实验为依据,符合科学实践的客观情况,不允许虚构想象。其所表达的观点、原理、法则,必须是经过实践检验的、有定论的,如果尚有争议,则不作为唯一的结论推荐给读者。违背了科学性,科学小品将名存实亡。另外,科学小品的科学性和科学童话、科学幻想小说的科学性是有区别的:后者允许以科学为凭据进行虚构、想象,甚至可以"无中生有",而前者则需要恪守科学真实。

(二)思想性

科学小品的可贵之处,除了使人获得科学知识之外,还能给人以思想上的启示和教育。科学原本是与迷信相对而言的。鲁迅在《月界旅行》序言里说,科普读物担负着"破遗传之迷信,改良思想"的任务。宣传科学破迷信,使人们用唯物的辩证的观点去看待事物,这本身就是思想教育的一个极为重要的方法。当前,人们用科学小品等形式介绍一系列新兴科学成就,例如社交机器人、AT、云计算等,不仅能开阔人们的眼界,激发人们去学科学、用科学,攀登科学高峰,同时,有的作者还赋予科学小品某种象征意义,使之既讲述科学知识,又能以趣动人、以理服人、以思启人。

(三)文学性

科学小品作为科学和文学联姻之后的产儿,它既有科学的气质,又有文学的品貌,这就是科学小品不同于一般科普文章的地方。它要运用文学的语言把枯燥乏味的科学道理讲得娓娓动听,要运用文学的技巧把抽象的科学知识表述得富有诗情,这是科学小品的优势所在,也是科学小品的生命力所在。

三、科学小品的写作

(一)以小见大

从立意来说,科学小品是"小品",但这个"小"是蕴含了某种丰富内涵的小,小而有知识,小而有道理,小中见大,小中见新。著名科普作家高士其说:"小品之微,科学之巨,以小品之微蕴科学之巨,盖因著者独具匠心,妙笔生花,于小中见大,结页成册而包罗万象,其能量不谓不大矣。小品之浅,科学之深,以小品之浅而绘科学之深,盖因著者苦心积虑,巧比妙喻,有深入浅出,以通俗之普及而旷于世,其功用不谓不大矣。"这段话很好地说明了小品写作须小中见大,平中见奇。

(二)引人入胜

科学小品的任务是介绍科学知识,但这些介绍又不是板起面孔说教,它要求写得具体通俗,引人入胜。要做到这一点,一般来说,写作时可从以下三方面着手:开头要先声夺人,主体要引人入胜,结尾要耐人寻味。如谈祥柏的《异军突起的模糊数学》,这是一篇介绍"模糊数学"的科学小品。作者巧妙运用三个富有启发性的小标题来分别说明,三个小标题是"究竟是谁更高明一点""数学还能'模糊'吗?""初生之犊"。作者一开头以唐代著名诗人李益的诗句引出"模糊数学"的概念,可谓先声夺人。紧接着在第二个小标题中回答了数学能否模糊的问题。模糊数学能处理模糊的东西,但它本身并不模糊,实际上,它是一门非常严谨的学科,以精确应模糊,这正是现代数学深刻性的一种生动体现,可谓引人入胜。最后作者说明了模糊数学的理论研究、实际应用,结尾指出:"未来的 10 年,更是模糊数学大发展的 10 年,我们应当急起直追,赶超世界先进水平。"

(三)形象表达

形象性和趣味性是科学小品魅力之所在。我们说科学小品要有科学的内容和文学的形式,这并不是说文学的形式是外加的、附着的。因此,写作科学小品要做到化难为易,化虚为实,化抽象为具象,用轻松有趣的笔调讲述深奥枯燥的科学原理。在科学小品写作中,常用的表现形式有漫画式、故事式、传记式、报道式、揭秘式、手记式、对话式、自述式等。科学小品要做到知识性和趣味性相结合,寓知于情,寓情于理,情理并行。在表达方式上,也是多种多样的:常用生动的比喻,巧妙的拟人,形象的描绘,整齐的排比,引人入胜的悬念,相得益彰的烘托等。总之,几乎所有文学作品的表现手法,都可以为科学小品所用,只是有所侧重而已。这就要求作者不但要懂得科学知识,也要懂得文学创作,这样才能把科学知识讲得既精确全面又生动有趣。如高士其的《笑》,采用分层说明法,运用文学笔调,使用排比、比喻、联想,从生理学、哲学、医学、心理学、教育学、美学等多种角度来说明"笑"这种精神活动,使读者对笑的产生、笑的功用、笑的种类、笑的辩证法等有一个全面而深刻的了解,有一种形象而生动的感受。总之,科学小品既有科学文章的准确性,又有文学作品的感染力和情趣性。

四、注意事项

(一)内容要精确

所谓内容精确,是指内容不违背科学原理,不犯知识性错误,符合现实科学的结论。要做到资料真实可靠,数据确凿无误,不能用假设代替科学,更不能用臆想代替科学。例如《吃蚊子的能手》一文,根据蜻蜓青蛙每分钟能吃多少蚊子,推断出一只蜻蜓一昼夜能吃两千四百只蚊子,一只青蛙能吃五千只蚊子,这种推算是很不科学的。

(二)主旨要正确

这主要是就科学小品的思想性而言的。有人可能认为科学小品以普及科学知识为主,其他则不关宏旨,这就大错特错了。科学小品是以传播科学知识为主,但同时也要以正确的思想观点影响读者,这本身是科学小品的优良传统。很多科学小品是经常使用卒章显志的办法的。

附录:

庄稼的朋友和敌人

高士其

庄稼有许多朋友和敌人。

庄稼的朋友,大多数都是化学王国的公民,有的出身在元素的大家庭,有的来自化合物的队伍,它们都是植物生命的建设者和保卫者。

这些朋友中以氮、磷、钾三兄弟最受欢迎。这三兄弟就是肥料中的三宝,庄稼不能离开它们而生存,就像不能离开水和二氧化碳一样。

没有氮,就没有蛋白质;没有蛋白质,就没有生命。如果土壤中的氮元素不够,植物的茎秆就会变得矮小微弱,叶子发黄,结实减少。

没有磷,细胞核就停止工作,细胞就不能繁殖。

没有钾,光合作用就不能顺利进行,对于病虫害的抵抗力会减弱。

所以要提高农作物的收获量,这三种元素必须源源不断地加以补充。

除了这三种元素以外,参加植物营养的供应的还有钙、硫、镁、铁、硅五位朋友。这五位朋友在一般土壤里都能找到,植物对它们的需要量虽然不大,但它们的存在也是不可缺少的。

缺少钙,根部的叶子就不能正常发育。

缺少硫,蛋白质的构造就不能完成。

缺少镁和铁,叶绿素就要破产。

缺少硅,庄稼就不能长得壮实。

参加植物生命活动的化学元素,还有硼、铜、锌和锰这几位朋友,因为它们在植物中的含量及其微小,常被认为是杂质而不加重视,现在我们知道,这些元素朋友也是庄稼所需要的。

有了硼,庄稼就能抵抗细菌的侵袭而不会生病。大麻、亚麻、甜菜、棉花等作物尤其需要它。

有了铜,也可以使植物不会生病;铜元素又是细胞内氧化过程的催化剂。有了它,大麦、小麦、燕麦、甜菜和大麻的产量就会提高。

有了锌,植物的叶子就不会发生大理石状斑纹的毛病。

有了锰,就会使土壤更加肥沃。有很多农作物如小麦、稻子、燕麦、大麦、豌豆和苜蓿草等都需要它。

庄稼的敌人,给植物的生命以严重的威胁,给农业生产带来了莫大的灾害和损失。

第一批敌人,是杂草。杂草是植物界的殖民主义者,它侵占庄稼的土地,掠走养分和水分,并且给农作物的收割造成巨大的困难。

庄稼在它的生命旅途中,要和六十种以上的杂草进行斗争。这时期化合物的队伍里来了一位庄稼的朋友,叫做生长素,这是一种化学药剂,能抑制各种阔叶杂草的生长,每公顷土地上只需一二公斤,就能把杂草的地上部分以及深达地下三分之一的根部都毒死了,而对于农作物却毫无害处。这种化学药剂,又叫植物生长调节剂。由于它是一种复杂的有机酸,用它可以防止苹果树的苹果早期脱落,又可以使番茄、茄子、黄瓜、梨和西瓜之类的植物结出无子的果实。

第二批敌人,是啮齿类动物,包括黄鼠、田鼠和家鼠,它们都是谷物的侵略者。估计一只家鼠和它繁殖的后代,一年内就可以吃掉上百公斤的粮食。在这里,从化合物队伍里又来了一位朋友,叫磷化锌,是一种有毒的化学药剂,把它和点心混合在一起,老鼠吃了就会毙命。

第三批敌人,就是害虫和病菌,也包括病毒在内,如亚洲蝗虫、甜菜的象鼻虫、黑穗病的病菌以及烟草花叶病的病毒等,对于农业的危害都是人所共知的。

农业害虫估计共有六千种以上,每年都给粮食作物和经济作物的收成以毁灭性的打击,亏得化学阵营里又赶来一大批支援农业的队伍,帮助农作物战胜病虫害。例如有一种含砷的化学药剂,叫做亚砷酸钙,它不但可以防治农作物的害虫,也可以用来防治果树的害虫。

还有许多种含铜、含硫和含氯等类的化学药剂,都有杀虫灭菌的功用。

庄稼有了化学朋友,就不怕生物界敌人的进攻了。

人们认清了庄稼的朋友和敌人,掌握了它们变化、发展的规律,就能发挥更大的作用,为农业生产服务。

【思考与练习】

一、科学小品的特点是什么?

二、根据自己的观察和了解,写一篇介绍某种植物特性或某一动物特点的知识小品。

【阅读推荐】

1. 解说. 王玉秀. 沈阳:辽海出版社,2011.

2. 唐余俊,王军元. 商品说明书语言. 上海:格致出版社,2006.

3. 初广志. 广告文案写作. 北京:高等教育出版社,2013.

4. 丁柏铨. 广告文案写作教程. 上海:复旦大学出版社,2005.

5. 程民. 科学小品在中国. 北京:科学出版社,2009.

6. 高士其. 高士其科普童话故事. 武汉:长江文艺出版社,2017.

第九章 应用类文体

◎ **内容导读** ◎

　　应用文体是我们在日常生活、学习、工作中,用于人际交往、事务活动和公务处理等方面的具有较为固定格式的文体。香港学者陈耀南先生认为:"应用文就是'应'付生活,'用'于实务的'文'章。"应用文适用范围广,种类繁多,一般将其分为事务文书类,如计划、总结、简报、调查报告等;日常应用类,如合同、书信、演讲稿、教育教学论文等;公务文书类,如通知、通报、会议纪要等。

　　随着现代经济和科学技术的发展,应用文已进入一个崭新的发展阶段。21世纪将是现代应用文文体大发展、体制更完善、使用手段现代化的新时期。有人认为,现代应用文的发展趋势是内容经济化,使用范围国际化,表达语言"双语化",书写技巧现代化,这是有道理的。作为当代大学生,应当熟练掌握应用文体的写作技巧。

第一节 计划 总结

计 划

一、计划的含义

　　计划是单位或个人在一定时间内为完成某项任务而事先所作的打算和安排。具体地说,为了更好地完成一个时期内的工作、生产、教学、科研、学习等任务,需要根据党和国家的方针政策或上级的指示精神,结合单位或个人的实际情况,提出具体的要求,规定明确的目标,制定相应的措施,把这些预先构想的内容写成书面材料,就叫计划。

二、计划的种类

计划的种类很多,按内容分,有生产计划、工作计划、科研计划、教学计划等;按范围分,有国家计划、单位计划、部门计划、个人计划等;按时间分,有年度计划、季度计划、月份计划等;按表达方式分,有文字计划、图表计划等。

以上计划种类是从不同角度来划分的。事实上,具体到一份计划,往往有其特定的内容、时间、范围和形式。

三、计划的特点

(一)预见性和可行性

由于计划是事先对未来工作任务所作的构想和安排,是人们超前思维的产物,因而它具有明显的预见性。同时它以党和国家的方针政策及本单位的人力、物力、财力等作为制定的依据,因此,又具有可行性。

(二)约束性和可变性

计划一经制订,与计划有关的人员,都必须按计划规定的目标、工作步骤、具体措施、时间期限去实施,不得离开计划另搞一套。因而它具有明显的约束性。但是,事物总是复杂多变的。在实施计划的过程中,有时制订计划时的预想跟实际情况并不一致,或出现了新情况。这时,就应及时对原计划作必要的、恰如其分的修订,使之更符合实际,更加切实可行。

四、计划的写作

计划有大有小,内容有详有略,但无论何种类型的计划,其结构一般由标题、正文、结尾组成。

(一)标题

计划标题一般由单位名称、时间期限、内容和文种组成。如《××大学2014年教学改革方案》,这是最常见的标题写法。有的标题可省去计划的制订单位,如《关于2014年第一学期教学工作的几点意见》。如果计划不成熟尚须讨论修改或者还没有正式批准通过,则须在标题后用括号注明"草案""初稿",或在标题下面注明"供讨论用"等字样。

(二)正文

正文是计划的主体,应写清计划的全部必备事项。一般包括前言、任务和目标、措施和步骤三部分。

1. 前言。要写明"为什么做"和"能不能做"等问题。包括制订计划的基础、主要依据、指导思想、基本情况等。指导思想是计划的根据和方向，一般是党和国家的方针政策和上级的指示精神，具有"承上"的作用。基本情况主要指主客观条件，说明提出本计划的必要性和可能性，具有"启下"的作用。

2. 任务和目标。要写明"做什么"的问题，点明重点，交代指标、任务和要求。做到什么程度（质量要求），什么时候做完（限时要求），这部分要写得简洁明确，数量、质量、指标都要清楚准确。

3. 措施和步骤。要写明"怎么做"的问题。指出针对指标任务，根据主客观条件确定工作的方法和步骤，应采取的必要措施等。

任务和目标，步骤和措施，可分开来写，也可交叉来写，要视具体计划而定。

（三）结尾

主要写明制订计划的日期。

五、注意事项

（一）掌握政策，审时度势

在制订计划前必须认真学习与既定任务有关的方针政策，并正确地判断当时的形势，充分把握该做什么，不该做什么。研究与本单位、本部门相关的社会环境和主客观条件，收集和熟悉有关的情报资料。这是制订计划的前提与依据，切忌闭门造车，随意炮制。

（二）实事求是，量力而行

制订计划要从实际出发，实事求是，积极稳妥，切实可行。计划所要达到的目标和要完成的指标，不能过高或偏低。说大话，放空炮，会损害计划的严肃性，使计划变成一纸空文。

（三）依靠群众，集思广益

在制订计划的过程中，应注意依靠群众集思广益，才能使计划制定得比较完善，成为群众自觉的奋斗目标，才能使群众同心协力去努力实现。

总　结

一、总结的含义

总结是单位或个人对某一时期或某一阶段的工作进行回顾、检查、分析、研究,使之条理化、系统化,从中得出具有规律性、理论性的认识,以明确以后努力方向的一种应用文体。

二、总结的种类

总结的种类很多,按内容分,有工作总结、生产总结、学习总结等;按时间分,有年度总结、季度总结、月份总结等。总结的种类尽管繁多,但若按性质来分,不外是综合总结和专题总结两种。

三、总结的特点

(一)客观性与主观性的统一

总结既然是某个单位或个人对经历过的一个时期或一个阶段的工作实践的回顾,其内容应当客观地如实反映实践的结果。同时,客观实践活动的基本情况及其规律,是通过人们大脑的加工制作后反映出来的,是有所发现、有所发明、有所创造、有所前进的。因此,它既是客观实践的产物,又是人们主观认识的结晶。

(二)叙说性和议论性的统一

总结既要叙述、说明前一段时间的基本情况,又要从中汲取经验教训并用实例予以证明。因此,总结的表达方式是以叙述为主,但叙述的同时必须进行理论概括,使实践上升为理论,使感性认识上升为理性认识。因而,议论也是必不可少的。

四、总结的写作

总结一般由标题、正文、署名与日期组成。

(一)标题

总结标题的写法共有三种:一是公文式标题,多由"单位名称 + 时间期限 + 文种"组成,如《××师范高等专科学校 2013 年工作总结》。这种标题在构成要素上可增可减,如可在标题中再加上"内容范围"。有的则可以省去单位名称,一般是单位文件的版头上已有单位名称。二是一般文章式标题,这类标题多用于经验总结,如《总结历史经验,提高尊师认识》。三是正副双标题,正题概括总结内容,副题标明单位名称、总结种类等。这类标题多用于专题性总结,如《因用而学,学了能用——××小学开展岗位培训工作的体会》。

(二)正文

总结的正文一般包括以下内容:

1. 基本情况概述。也可称为"前言",这是总结的开头。应简要交代在何时做了何种工作,它的依据、指导思想、背景是什么,担任的任务与工作要求是什么,取得什么成绩等,或者是概述整个工作情况、主要体会,提示总结的主要精神、中心内容,或者说明一下总结的动因及必要性等。扼要概述的目的是使人对整个工作有一个总的印象,一个基本的了解,一个大致的把握,并为下文的阐述打下基础。

2. 做法、成绩、经验。这是总结的重点,所占篇幅较多。着重写做了哪些工作,采取哪些步骤、方法与措施,取得哪些成绩,取得成绩的主客观原因是什么,从中得出哪些做法是成功的、行之有效的,是切合工作实际、适应客观规律的,还有什么经验体会等。在这里,做法、成绩的说明是基础,经验的归纳是重心。做法、成绩、经验要写得切实具体,有理有据。

3. 缺点、失误、教训。这是多数总结不可缺少的内容。对于严重突出的问题,还要作为重点和核心内容来写。在这部分要用一分为二的辩证方法,写明工作中的缺点、错误,以及由此带来的消极影响,进而写出从中得到的教训等。写这些的目的是为了今后少犯错误,少走弯路,其意义也很大。归纳教训与总结经验对进一步做好今后的工作具有同等价值。

4. 今后打算、设想。这是总结正文的结尾部分。有的总结可写,有的总结则不必写。即便写也不作为重点,只需简要提出切实有效的改进措施,提出新的设想与奋斗目标,表明决心,展望前景,鼓舞斗志。

所谓大体则有,定体则无,总结在写法上并无固定的格式。以上四方面的内容不一定面面俱到,其所占比重与着墨多少,应视实际情况和总结的侧面重点考虑。

总结正文的结构形式多种多样,常见的有三种:

1. 条文式。将总结的内容按性质和主次轻重逐条排列,多用于综合性工作总结。

2. 小标题式。将总结的内容归纳为几部分,每部分以小标题标示,这种形式多用于专题性总结。

3. 全文贯通式。这种写法不分条款、不列小标题,而是一贯到底,将总结的内容按事物发展的先后顺序,或事物的内容逻辑关系,分成几个部分,层次只用分段来表示。

(三)署名与日期

署名要写全称,写在正文右下方,也有写在标题之下的。如果标题中有了单位名称,可以不再署名。日期写在署名之下,另起一行。

五、注意事项

总结是探求规律性认识、做好工作、指导实践的重要环节与途径。要写好总结,除了要熟悉掌握总结的知识要点之外,还需注意以下六忌:一忌就事论事,罗列现象;二忌主观编造,不合实际;三忌平分秋色,没有重点;四忌有理无事,空空洞洞;五忌感情用事,言过其实;六忌屡炒剩饭,没有新意。

【思考与练习】

一、根据个人情况,任选下列题目中的一个制订计划。

1. 个人为提高应用文水平的学习计划

2. 课外阅读计划

3. 实习计划

二、和班主任一起讨论,写一份班级工作计划。

三、写一份基础写作课程学习总结。

四、为本校的文学社、话剧社、朗诵社等社团开展的活动写一份专题总结。

第二节　通知　通报

通　知

一、通知的含义

通知是国家机关、企事业单位、群众团体向特定的受文对象告知有关事项的晓谕性公文。

《国家行政机关公文处理办法》规定,通知"适用于批转下级机关的公文,转发上级机关和不相隶属机关的公文,发布规章,传达要求下级机关办理和需要有关机关周知或者执行的事项,任免和聘用干部"。

二、通知的种类

(一)指示性通知

用于直接发布行政法规和对下级某项工作的指示、要求。带有强制性、指挥性和决策性。

(二)批示性通知

又称转发性通知。领导机关用批转、转发的方式发布某些法规,要求下级贯彻执行。批转下级机关送来的工作报告、建议、计划等,以及沟通情况,指导工作。

(三)周知性通知

多用于上级机关向下级机关宣布某些应知事项,不具有强制性。

(四)会议通知

多用于上级对下级、组织对成员或平行单位之间部署工作、传达事情或召开会议等。

(五)任免通知

上级机关对任免的人员用通知的形式告知下级机关。

三、通知的特点

(一)使用范围的广泛性

在所有的公务文书中,通知的使用范围最广,上至高层机关,下至基层单位;大到全国范围内的重大工作部署,小到一个单位的内部告知一般事项,都可以用通知行文。

(二)文体功用的晓谕性

即通知包括"晓"和"谕"两重功用,或告诉人们有关事项,或要求人们办理、遵循和执行。

(三)办理事项的时间性

在所有的公文中,通知最讲求时效性,告知工作事项或要求办理的事情,必须迅速及时地通过行文下达,不容许拖沓延宕,即使是一些规定性通知,也不像其他规范性文件具有较长期的时效。

四、通知的写作

通知一般由标题、主送机关、正文和落款等部分组成。具体写法如下：

（一）标题

通常有三种形式，一种是由发文机关名称、事由和文种构成，一种是由事由和文种构成，一种是由文种"通知"作标题。

（二）主送机关

即受文对象，它可以是一个，也可以是几个，还可以是某类机关或人员的统称。一般在标题下隔一行顶格书写，后面加冒号。

（三）正文

是通知的主要内容。起草时要交代清楚发文的原因、意图和目的；通知的是什么事情，有哪些具体要求和意见；受文单位应如何办理。

正文的结构大体来说，有两种写法：一是条文式。即将内容分为几点，用顺序号分条拟写。这样写的好处是条理清楚，一目了然，多用于会议通知、一般通知和任免通知。二是归纳式。即按内容性质将正文分为几部分，如原因、要求、措施等，每一部分集中说明一方面的事情，使受文者易于掌握和遵照办理。

（四）落款

在正文的右下方署上发文机关和发文具体时间。发文机关要写全称或规范性简称。若联合行文，主办机关排列在前。

五、注意事项

（一）通知必须以机关名义行文。

（二）平行机关或不相隶属的机关之间用通知行文，通常只限于知照某些事项，而不能用于指示或要求执行某些事项。

（三）通知的主送机关可以是一个或多个，收文机关的名称一定要写清写全，以避免送达不全，贻误工作。

（四）通知内容较多时，可采用条款式行文。

（五）语言要规范准确，简明扼要，通俗易懂。

通　报

一、通报的含义

通报是各级党政机关和单位常用的文种,它是用来表扬好人好事,批评错误和歪风邪气,传达经验教训或重要情况的公文。其目的是交流经验,吸取教训,教育干部、职工群众,推动工作的进一步开展。

二、通报的种类

(一)表彰性通报

表彰性通报,就是表彰先进个人或先进单位的通报。这类通报,着重介绍人物或单位的先进事迹,点明实质,提出希望、要求,然后发出学习的号召。

(二)批评性通报

批评性通报,就是批评典型人物或单位的错误行为、不良倾向、丑恶现象和违章事故等的通报。这类通报,通过摆情况,找根源,阐明处理决定,使人从中吸取教训,以免重蹈覆辙。这类通报应用面广,数量大,惩戒性突出。

(三)情况通报

情况通报,就是上级机关把现实社会生活中出现的重要情况告知所属单位和群众,让其了解全局,与上级协调一致,统一认识,统一步调,克服存在的问题,开创新的局面。

三、通报的特点

(一)告知性

通报的内容,常常是把现实生活当中一些正反面的典型或某些带倾向性的重要问题告诉人们,让人们知晓、了解。

(二)教育性

通报的目的,不仅仅是让人们知晓内容,它主要的任务是让人们知晓内容之后,从中接受先进思想的教育,或警戒错误,引起注意,接受教训。这就是通报的教育性。这一目的,不是靠指示和命令方式来达到,而是靠正、反面典型的带动,真切的希望和感人的号召力量,使人真正从思想上确立正确的认识,知道应该这样做,而不应该那样做。

（三）政策性

政策性并不是通报独具的特点,其他公文也同样具有这一特点。可是,作为通报,尤其是对表扬性通报和批评性通报来说,在这方面显得特别强一些。因为通报中的决定（即处理意见）,直接涉及具体单位、个人,或事情的处理,同时,此后也会牵涉到其他单位、部门效仿执行的问题,决定正确与否,影响颇大。因此,必须讲究政策依据,体现党的政策。

四、通报的写作

（一）标题

通报的标题一般由发文单位名称、通报事项（或通报内容的概括要点）、公文名称构成,如《××师范高等专科学校关于表彰 2014 届优秀毕业大学生的通报》。有的标题只由通报事项和公文名称构成,不写发文单位名称,如《关于××学生考试作弊的通报》,使用这种标题,要在落款中署有发文单位的名称。

（二）正文

通报的正文主要包括以下三个部分:

1. 主要事实

在这一部分中,要写明通报事例发生的时间、地点和背景,有关人员及表现,有关单位及情况,事例的主要经过、主要情节等。在写作中,要坚持用事实说话,不作人为渲染,并要注意文字的精练性和概括性。

2. 事例分析

通报中对通报事例的分析、评议,代表着一级组织的态度和看法,具有法定性,一定要做到严肃认真,客观公允,不得掺杂个人偏见和主观色彩。在分析事例时,对表扬性的通报要通过分析,指出先进事迹的意义和先进人物的可贵精神,并点明其主要经验和值得学习的东西。对批评性的通报,则应着重分析产生错误、问题的主要原因、主要教训,并提出今后防止发生类似事件的主要措施等。

3. 表彰或处理办法

在这一部分中,也有提出要求、作出指示、发出号召的,不管写什么,都要明确、有力,语言也要力求简洁、明了。

（三）落款

落款要写明发文机关名称、发文日期。标题中已写明发文机关名称的,只写发文日期即可。

【思考与练习】

一、以某个社团的名义撰写一份活动通知。

二、利用见习、实习机会参与单位办公室日常工作,试撰写一份会议通知。

三、就班里或学校中出现的好人好事,编写一份表扬性通报。

第三节　简报　会议纪要

简　报

一、简报的含义

简报,顾名思义也就是简要的情况报道。它具有汇报性、交流性和指导性的特点,简短、灵活、快捷,可以起到及时汇报情况,辅导工作,交流经验,传播信息的作用。在日常机关工作中,它的使用价值是较高的。

二、简报的种类

根据内容的不同,简报可以分为以下几种。

(一)工作简报

这是为推动日常工作而编写的简报,也是简报中最常见的一种形式。它的任务是及时反映工作的进展情况,交流工作中取得的经验或指出工作中存在的问题,为上级领导和下级工作人员及时了解,掌握工作情况服务。编写工作简报,要注意迅速及时,并围绕工作中心突出重点,找好典型。

(二)专题简报

这是针对某项工作、任务、活动而编写的专项简报。它与工作简报的区别是,工作简报面向全局,有较大的广泛性;而专题简报则目标单一,有较强的针对性。专题简报的编写是伴随着某项工作、任务、活动的开展而进行的,工作、任务、活动宣告结束,简报的编写也就停止。因此,它比工作简报更注重实效性。

(三)会议简报

这是在会议期间为反映会议情况而编写的简报。它可以是一次性的,也可以是连续性的。其内容主要包括：重要的报告、讲话、会议决议、讨论发言、会议动态以及其他重要情况。会议简报是专为会议服务的，会议结束了，简报也就停办了。因此，它是阶段性的简报。

三、简报的写作

（一）报头

简报报头一般由名称、期数、编发单位、日期等组成。其格式是固定的。

简报名称用大字印在报头正中，如"情况反映""会议简报""工作动态""理论动态"等。简报名称之下是简报期数，标明第"＊期"，还可以在报头左上方印上机密等级，在右上方印上编号。报头之上正文之下，要印上一道横线，以示区别。

报头的设计格式如下：

【机密】　　　　　　　　工作动态
　　　　　　　　　　　　第 12 期

中共某某市委办公室　　　　　　　　　　2014 年×月×日

（正文）

（二）正文

简报正文一般以下四部分组成：

1. 标题

简报正文的标题，要力求准确、简短、醒目，让人一看即可知道简报所写的是什么内容。简报正文标题在报头横线之下居中书写，如果需要，也可使用副标题。使用两个标题时，正标题是虚题，用以概括全文的思想意义或内容要点；副标题是实题，用以交代单位及事件，对正标题起补充说明的作用。

2. 开头

简报的开头同新闻的导语相类似，它要用简短的文字、对简报内容先做概括的交代。上来就写明时间、人物、事件、结果等，给人一个明确的印象。

开头的写法一般有以下两种：

一种是总括式，即在开头用概括的叙述介绍出简报的主要内容。这种写法多用于工作简报和会议简报。

另一种是总结式，即在开头先要介绍事物作出结论，指出其意义、作用或价值，然后做出必要的解释或说明，这种写法多用于经验简报。

简报正文的开头，贵在单刀直入，简明扼要，在写作中要力避"戴大帽子""绕大弯子"的不良做法。

3. 主体

主体是简报的中心部位,它要承接开头,将前面的内容具体化,用典型事实或可靠数据来充实简报内容。由于主体部分所涉及的材料多,在写作时要合理地划分层次。

一般来说,主体层次的划分常有以下几种:

一种是以时间先后为序,把材料按事件由发生、发展到结局的过程,逐层予以安排。这种写法多用于典型事件以及一次性全面报道某一会议的简报,其优点是时序清楚,一目了然。

另一种是按事物之间的逻辑关系,从材料的主从、因果、递进等关系入手,安排层次。这种写法的优点是便于揭示、表现事物的内在本质,突出主要内容和思想意蕴。应注意的是,采用此法要对事物的本质和材料之间的关系有深入透彻的认识。特别是在材料较多的情况下,如何取舍、安排层次内容,更要注意在认真分析材料逻辑关系的基础上进行。

还有一种是将全部材料按并列的关系,一一予以列举。一些侧重于情况反映或情况交流的简报,多采用这种写法。这种写法的优点是作者处理材料的灵活性较强,在安排层次时可以既不受时间先后的限制,又不受事物逻辑关系的约束。但是,在写作中亦应注意中心明确,层次清楚,全文各部分内容都要为一个主题服务。

4. 结尾

简报的结尾多是对所述内容作以概括的小结,与开头形成呼应,起到强调重点、突出主题并使结构更加紧凑的作用。在写作中如何安排结尾内容,或者是否要结尾,要根据简报的内容需要而定。如果简报内容较多、篇幅较长,读者不易把握,就应在结尾概括一下;如果简报内容单一,篇幅较短,且在主体部分已经把话讲完,就不必另写结尾。

(三)报尾

报尾在正文结尾之下,与正文结尾用一道横线隔开。在报尾上要写明印数、发送对象,在发送对象名称之前,要分别冠以"报送"(对上级)、"转送"(对同级)、"分发"(对下级)等字样。

四、注意事项

(一)选材要准

简报不能有事必报,它要注意从党的中心工作和单位阶段工作的需要出发,在众多的事件中选取那些最有指导意义或必须引起重视的经验、情况和问题,予以全面地、实事求是地报道。那种捡起"芝麻",丢了"西瓜",或只看表象,忽视本质,误把"芝麻"当"西瓜"的做法,是必须要注意避免的。

(二)速度要快

简报也是一种"报",它要有一定的新闻性。这就要求简报的编写应该求快,对于工作中、会议中出现的新动向、新经验、新问题,编写者要及时予以捕捉,并用最快的速度予以报道。否则,失去了新闻性、时效性,简报就会降低指导意义,甚至失去应有的作用。

(三)文字要简

简报的一个"简"字,代表了简报的基本特征。为了体现这一特征,作者在编写简报时要首先注意选材精当,不求面面俱到;其次要求文字简洁,对事物做概括的反映。一篇简报最好是千把字,至多不超过两千字。篇幅过长,文字过繁的做法,是不适于简报编写的。

会议纪要

一、会议纪要的含义

会议纪要是在会议召开以后,根据会议的指导思想和目的要求,综合会议文件、会议记录以及其他有关材料,经过加工整理,集中、概括地反映会议精神的一种专用文体。

二、会议纪要的种类

常见的会议纪要主要有以下两种:

(一)决议性纪要

这种会议纪要所记载的主要内容是会议形成的决议、决定、协议或主要意见,对会议过程、开会的具体情况等内容不做详细交代。决议性纪要往往具有较强的

"指示"性质,因此,它对于现实工作的指导意义比较突出。

（二）综合性纪要

这种纪要面向会议全体,要对会议议程,参加人员,开会的具体情况,会议的主要精神、主要决议、意见等予以全面介绍。它既可以写直面意见,又可以同时写不同意见,纪要内容较为具体。

三、会议纪要的写作

（一）标题

由会议名称和"纪要"二字构成,如《××座谈会纪要》《××学术讨论会纪要》《××经验交流会纪要》等。有时候,为简略会议纪要拟题,也可以在题目中不使用"纪要"二字,而配以"简介""综述"等字眼,如《××学术研讨会综述》《××座谈会简况》等。

（二）正文

会议纪要的正文可分为以下三部分:

1. 开头

开头一般是写会议概况。它要用简约的文字对召开会议的指导思想、目的要求、开会时间、地点,以及参加人员、主持人是谁、按什么程序进行等,作概括的交代。

2. 主体

这部分是纪要的主要部分。它要对会议的主要议题、议程、主要精神、原则、决议、结论和今后任务、打算等予以具体的介绍和阐述。

这部分内容的写法,常见的有以下三种:

一种是概括叙述式。这种方式是在原始会议记录的基础上,参照其他有关材料,对会议内容进行分析、综合,围绕会议的中心议题或指导思想,予以概括的阐述或交代。这种写法适用于议题单一的小型会议。

另一种是发言记录式。这种方式是根据会议发言的顺序,将每个发言人的讲话要点分别予以综合、归纳,然后一一进行介绍。这种写法有点像从略的会议记录,从纪要内容的组织顺序,可以看出会议的进展过程。它适用于座谈会或学术讨论会。

还有一种是分列标题式。这种方式是把会议全部内容按其性质归类,每一类设一个小标题,从几个方面入手,介绍会议内容。这种写法可以不受会议先后程序的限制,便于突出会议中心内容,全面地反映各种意见。一些重要的大型会议的纪要,宜采用此法写作。

3. 结尾

结尾内容一般包括以下三个方面:其一,是对会议予以总结或作出评价;其二,是针对会议决议;其三,是对有关方面、有关人员提出表彰或表示感谢。以上三方面内容的安排,在写作时要根据不同情况灵活地处理,可以三方面全写,亦可以只写其中的一或两个方面。

(三)落款

写明发文单位和日期即可。

四、注意事项

(一)要明确会议的中心意图

任何会议的召开都是有目的的,它总是要围绕一定的中心,按照一定的意图,通过开会来研究、探讨、解决一定的问题。会议纪要在介绍、反映会议情况、会议内容时,首先要明确地把握会议的中心意图,并通过具体的材料予以集中的阐述和表现,使有关人员在阅读会议纪要时,能够准确、全面地了解会议精神。为了少走弯路,不出差错,正确地掌握并反映会议的中心意图,作者要注意全面、深入地分析会议材料,吃透会议有关发言、文件的主要精神,善于从中归纳、综合出会议主旨来。同时,要注意听取参加会议的领导或会议主持人的意见,请他们对此作出指示或予以提示。若条件允许,在动笔前能请有关领导对写作提纲予以审阅则更好。

(二)要全面反映会议情况

写会议纪要不同于文艺创作,作者不能从个人好恶出发,人为删除会议内容和材料,更不能断章取义、随便更改会议发言人的原始意图。在写作中,作者以全面反映会议情况、准确体现会议精神为前提,对会议内容作合理的综合、归纳是允许的。但是,这种综合、归纳要在忠实于会议内容的基础上进行。否则,就会导致纪要失实,或产生片面性,从而破坏会议的应有效果,造成不良影响。

【思考与练习】

一、设计一份会议简报。

二、根据自己近期参加的会议,写一份会议纪要。

第四节 求职信 申请书

求职信

一、求职信的含义

求职信是求职者向用人单位自我推荐的书面材料。当今社会,就业的双向选择是用人制度改革的必然趋势,求职者需要通过求职信作自我推销,实现就业或再就业;用人单位通过求职信建立对求职者的第一印象,了解求职者的思想、观念、学识、能力、个性和修养,选择合适的人才。求职信成为沟通两者的重要媒介。对求职者而言,它的写作质量直接关系到择业是否成功,能否进入理想的单位工作。

二、求职信的写作

求职信一般由标题、称谓、正文、落款和附件组成。

(一)标题

用较大的字体在求职信上端居中标注"求职信"或"自荐信"三字,字体不可过于花哨。

(二)称谓

与一般书信相同,标题下定格写上对收信人的称呼,以示尊敬。可直接写"尊敬的××先生",也可写"尊敬的××公司负责人"或"尊敬的××学校领导",最好不要直接冠以最高领导职务,以免引起收件人的反感。

(三)正文

正文一般包括开头、主体和结尾三部分。

1. 开头

先致以问候,然后做自我介绍,并说明写信的缘由(通过什么途径获知职位信息)。

2. 主体

先介绍自己的基本情况,包括教育背景(毕业学校、所学专业以及学历层次)、自身特长和优势(曾经获得的奖励和荣誉、社会实践和工作经历)。这一部分的陈述要突出重点,避免面面俱到,同时要突出自己与该职位相称的长处和优势,使用人单位认为你是该职位的最佳人选。

3. 结尾

表达自己获得该职位的迫切心情以及获得面试机会的愿望,并留下自己的联系方式(通信地址、电话号码、电子邮箱等)。最后可以礼节性地感谢对方花时间阅读来信和对你的关注,以及对收信人或单位的祝愿。

(四)落款

在祝颂语的下一行偏右签上自己的姓名,并在姓名的正下方填上写信时间。

(五)附件

根据用人单位的需要,附上毕业证书、学位证书、职称证书、成绩档案、奖励证书、成果证明等复印件。

三、求职信的写作技巧

撰写一封得体的求职信可能是你在寻找工作的时候遇到的棘手问题之一。在求职的过程中,体现个人才智并且文辞精美的求职信,一定有助于你谋求到一份理想的工作。因此,写求职信,还须讲究写作技巧,力求做到"情""诚""美"兼备,以"情"感人,以诚"动"人,以"美"迷人。

(一)以"情"感人

人际关系是人与人之间情感的凝结。在人们的相互交往过程中,有以血缘为基础的家庭式情感,有以志向或义气为基础的朋友式情感,有以地缘为基础的邻里和老乡式的情感,还有以利益为基础的互惠式情感。这种情感贯穿于人际交往活动中。作为求职者,在相互较为陌生的情况下,要以情感人,关键是两点:一是把握用人者的心理,投其所好;二是寻找共同点,引起共鸣。

(二)以"诚"动人

求职信的"诚"主要表现在"诚意"和"诚实"两层含义。"诚意"就是要求态度诚恳,不能夸夸其谈。"诚实"就是要如实地写出你想从事某项工作所具备的条件,以及选择某项工作的原因,或者是为了发挥某项专长与特长,或者是为了照顾家里的老父老母,或者是受对方单位的某些优越条件的吸引等等。诚实永远是人们所追求的最美好的品质,更是用人单位来衡量求职者的重要标准。

(三)以"美"迷人

一封文情并茂的求职信,往往会让人爱不释手。要使信写得"美",应力求做到语言要饱含感情。在求职信中,适当地选用一些谦词、敬词。如"恳请""敬请""您""贵公司"等,以表达和谐、亲切、相互尊重之意。语言要富于生气,不要死板呆滞,翻来倒去的老是那么几个词语,让人看了厌烦。善于运用成语和口语,使语言表达更精湛、凝练、精辟、形象、上口。

四、注意事项

(一)内容真实

写求职信介绍自己时,要实事求是,绝不能伪造材料,脱离实际自吹自擂。经历造假是严重的道德问题,用人单位一旦发现求职信中有虚假信息,往往立即否决此人申请,不再考虑他是否真正具有胜任该职位的能力。

(二)优势突出

写求职信介绍自己时,要有的放矢,突出自己的优势和长处。因此,在写作前要对该职位应该具备的知识和能力进行深入的分析,在这基础上,寻找自身胜任该职位的条件,重点加以突出,让读信人感觉你是该职位的不二人选。而不能不管求聘职位,千篇一律地介绍自己的求学经历、工作经历和爱好习惯。

(三)行文简洁

求职信仅仅起引荐自己的作用,因此,行文要简洁,对自己的情况介绍不要详细展开,这是简历承担的功能。如果求职信过长,势必影响读信者的工作效率,造成他的反感,这会影响求职信的效果。

(四)书写工整

求职信附在个人简历前,一般要手写,以示对读信者的尊重。不仅要格式规范,没错别字,体现写信人良好的文化素养,而且要文面整洁,没有字迹潦草、涂涂改改,体现写信人严谨的工作作风。如果手写字体羞于见人,也可藏拙,用打印件,但要整洁大方,不必作过多修饰;而署名则必须手写,以示尊重。

申请书

一、申请书的含义

申请书是个人或集体向组织、机关、企事业单位或社会团体表述愿望、提出请求时使用的一种文书。

申请书也是一种专用书信,它同一般书信一样,也是表情达意的工具。申请书的使用范围广泛,但往往是一事一议,内容单纯。

二、申请书的种类

(一)按作者分类,可分为个人申请书和单位、集体公务申请书。

(二)按解决事项的内容分类,可分为入团、入党、困难补助、调换工作、建房、领证、承包、贷款申请书等。

(三)从使用范围划分,申请书可分为如下几类:

社会组织方面的申请。这种申请一般是指加入党派和社会团体的专用书信。如入党、入团,加入民主党派或一些社会团体等。

工作学习方面的申请。这类申请一般是指向单位提出工作、学习中的意愿的专用书信。如入学、退学、进修、工作调动申请等。

日常生活方面的申请。这类申请一般是指向有关部门提出生活需求的专用书信。如结婚申请、困难补助申请、开业申请等。

三、申请书的写作

(一)标题

标题有两种写法,一种是直接写"申请书",另一种是在"申请书"前加上内容,如"入党申请书""贫困生助学金申请书"等,通常采用的是第二种写法。

(二)称谓

顶格写明接受申请书的单位、组织或有关领导。如"尊敬的校领导:"等。

(三)正文

正文部分是申请书的主体,首先提出要求,其次说明理由。理由要写得客观、充分,事项要写得清楚、简洁。

(四)结尾

写明惯用语"特此申请""恳请领导帮助解决""希望领导研究批准"等,也可用"此致""敬礼"礼貌用语。

(五)署名、日期

个人申请要写清申请者姓名,单位申请写明单位名称并加盖公章,注明日期。

四、注意事项

(一)申请的事项要写清楚、具体,涉及的数据要准确无误。

（二）理由要充分、合理，实事求是，不能虚夸和杜撰，否则难以得到上级领导的批准。

（三）语言要准确、简洁，态度要诚恳、朴实。

【例文】

贫困生助学金申请书

尊敬的学校领导、老师：

你们好！我是××系××班的××，来自××。父母都是长期在外打工的农民，双亲仅有的一点工资不仅要供我和弟弟两人读书，还要赡养爷爷奶奶两位老人。爷爷年老体弱多病，无力干重活，奶奶因车祸成了植物人，半年来一直在医院接受治疗，父母面对昂贵的医疗费一筹莫展，现已欠下了几万元。在这样的困境下，我们姐弟俩的学费和生活费只能向亲戚去借。我特此向学院申请"大学生助学金"，希望能够稍微减轻家庭经济负担。同时，我也要继续努力学习，争取以优良的成绩来回报社会、学校对我的关心。望学校领导、老师予以批准！

此致

敬礼

申请人：××
××年×月×日

【思考与练习】

一、根据下面的招聘启事的内容，写一封求职信。

诚　聘

××培训学校简介：××培训学校是由全国知名教育培训机构的管理、教师团队在蚌埠、淮南、阜阳地区成立的一家专业的教育培训机构。涵盖中小学个性化一对一、高考艺体生个性化教学及中小学精品小班教学系统等特色教育培训平台。学校以小学、初中、高中各科分项教学和国内外外语考试教学为核心竞争力，是一家集小学、初中、高中教育培训为一体的综合性教育公司。××教育拥有一支高素质、专业人才组成的管理团队，同时拥有北大、北师大的理论指导与支持。由于学校发展，现公开招聘小学语文教师4名、小学英语教师4名、小学数学教师2名。

任职要求：

①注重学员综合能力和学习兴趣的全面提高。

②充分了解小学生心理，能调动学生对学习的热情。

③普通话标准；形象气质佳，亲和力强，活泼开朗。

任职条件：

①大专及大专以上学历，具有相应专业背景。

②表达流畅准确，有条理，思维敏捷，语言幽默，归纳精辟合理。

③责任心强，诚实敬业。

④热爱教学工作，愿意在本校教师岗位上长期工作。

联系方式：

联 系 人：孙老师

电话号码：×××

联系地址：×××

二、假如你的学生证丢了，需要到学校学生处补办，请写一份书面申请。

三、请写一份"入党申请书"。

第五节　演讲稿　调查报告

演讲稿

一、演讲稿的含义

演讲稿，又叫讲演稿、演说词，是在较为隆重的集会上发表的讲话文稿。它是为演讲而写的，演讲是个人在听众面前，就某一问题发表自己的意见或阐说某一事理的活动，其目的是说服听众，鼓动听众。

二、演讲稿的特点

（一）针对性

撰写演讲词，要考虑听众的需要，应与现实紧密结合，演讲主题应是听众所关注的，内容的深浅应符合听众的接受水平。同时，演讲又要注意环境气氛，要根据当时的时代气氛及具体场合来决定演讲的内容。

（二）鲜明性

演讲内容不能只是客观地叙述事情，必须表明自己的主张，要做到立场鲜明、态度明确。好的演讲总是以其精密的思想启发听众，以鲜明的观点影响听众，给听众以鼓舞和教育。

（三）条理性

要使讲话易被听众听清、听懂，就要条理清楚、层次分明，否则，所讲内容虽丰富、深刻，但散乱如麻，缺乏逻辑性，亦会影响讲话效果。

（四）通俗性

演讲的语言，总的说来应该通俗易懂，明白畅晓。要做到这一步，关键是句子不要太长，修饰不要太多，不宜咬文嚼字，要合乎口语。同时，也应讲究文采，以便雅俗共赏。

（五）适当的感情色彩

演讲既要冷静地分析，晓之以理，又要有诚挚热烈的感情，动之以情，这样才能使讲话既有说服力，又有鼓动性。

三、演讲稿的写作

演讲稿通常由开头、主体、结尾三大部分构成，其结构形式与一般文章大体相似。

（一）开头

开头又叫开场白，是演讲稿的导入部分，它关系整个演讲的成败。因此，精心设计好演讲的开头，一下子就抓住听众，这是演讲稿写作的一般规律。要写好开头，必须掌握并灵活运用演讲稿开头的常用写作方法：

1. 开门见山，开篇点题

一般来说，演讲稿的开头除了对不同的听众加上不同的称呼外，第一句就要开门见山，揭示演讲的主题。开宗明义，旗帜鲜明。

2. 说明情况，介绍背景

某些演讲，由于特定的事件、特定的场合，听者只知某一方面或对事情的全貌和有关背景知之甚少，所以演讲者在演讲的开头，要就事件发生的时间、地点及有关背景作必要的说明和介绍，以营造一种氛围，为接下来的演讲做好铺垫。

3. 提出问题，引起关注

有的演讲的开头，可以根据听众的期待和内容特点，运用设问的形式提出问题,以激发听众的兴趣,引起听众的关注。这种开头方式,较适宜于探讨性的学术演讲和就某些现实生活中的热点问题而进行的演讲。

4.从旁切入,侃侃而谈

这种开头,是通过叙述故事、轶闻趣事,活跃现场气氛,打破沉闷的局面,调动听众的情绪,这类开场白适宜于在陌生场合的演讲。

开场白的写法没有固定不变的样式。如何开头,要由演讲的内容、演讲的环境,以及听众的情况而定。无论采用哪种方式开头,都要写得简洁、生动,避免套语和哗众取宠之辞。

(二)主体

主体部分承前启后,是揭示演讲主题的核心部分。写作时应注意以下两点:

1.合理安排层次,条理清楚

演讲稿的写作必须注意层次安排,使通篇层次分明,条理清楚。演讲稿层次的安排要适应于演讲主题表达的需要,同时还要考虑到听众的独特要求。诉诸听觉的演讲,稍纵即逝,如果层次混乱,条理不清,听众便会不知所云。因此,在安排层次时,应立足通篇,立足于听众,做周密而合理的安排,给听众以完整、严密感;要善于取舍,分清主次,详略得当,给人以稳定、充实感;要注意前后照应,过渡自然,给人以匀称、完美感。通篇结构要简洁明晰,逻辑性强,不要故作高深,让人摸不着头脑。

演讲稿层次安排的方式同一般文章写作一样,可根据主题表达的需要灵活选择纵式结构、横式结构和交叉结构中的任何一种。

2.精心组织演讲高潮

演讲要生动曲折,引人入胜,要在感情上打动听众,在理论上说服听众,在内容情节上吸引听众,必须使通篇波澜起伏,有悬念,有高潮。演讲高潮实际上就是演讲者和听众心潮澎湃,情绪激昂,情感的兴奋点达到巅峰的地方。有经验的演讲者通常善于运用生动典型的事例,生发深刻的哲理,阐发情理交融的议论,抒发真挚、浓烈的情感,从而形成强烈的兴奋点,使听众产生共鸣。

(三)结尾

演讲稿的结尾写作,一方面,为了使听众对全部演讲内容有一个完整、清晰、深刻的印象,演讲者应当把全篇的主要内容加以概括;另一方面,演讲者应当做到使听众受到鼓舞、产生信心、增强斗志、激发豪情。

演讲稿的结尾没有固定不变的格式,可以自由行文,不拘陈规。要尽量做到结尾简洁明快,恰到好处;要留有余味,启人深思;要动听有力,给听众留下难忘的印象。

四、注意事项

(一)了解对象,有的放矢

演讲稿是讲给人听的,因此,写演讲稿首先要了解听众对象,了解他们的思想状况、文化程度、职业状况,了解他们所关心和迫切需要解决的问题是什么,等等。只有这样才能达到宣传、鼓动、教育和欣赏的目的。

(二)观点鲜明,感情真挚

演讲稿观点鲜明,显示着演讲者对一种理性认识的肯定,显示着演讲者对客观事物见解的透辟程度,能给人以可信性和可靠感。演讲稿还要有真挚的感情,才能打动人、感染人、有鼓动性。因此,它要求在表达上注意感情色彩,把说理和抒情结合起来。既有冷静的分析,又有热情的鼓动;既有所怒,又有所喜;既有所憎,又有所爱。

(三)语言流畅,通俗易懂

演讲稿的语言要求做到准确、精练、生动形象、通俗易懂,不能讲假话、大话、空话,也不能讲过于抽象的话。要多用比喻,多用口语化的语言,深入浅出,把抽象的道理具体化,把概念的东西形象化,让听众听得入耳、听得明白。

调查报告

一、调查报告的含义

调查报告是对某一情况、事件、问题进行深入细致的调查和科学的分析后将结果用文字写出来的汇报性公文。通常是领导机关为了制定政策、法规,了解情况、解决问题、发现典型、总结经验、推动工作等,有目的地派出专人或工作组,深入实地进行调查研究之后写出的报告。

调查报告的种类,按性质分,有综合调查报告、专题调查报告;按内容分,有总结经验的调查报告、反映情况的调查报告、揭露问题的调查报告、反映新生事物的调查报告等。

二、调查报告的特点

(一)针对性强

没有调查,就无法报告。调查报告必须有针对性地调查研究,回答广大群众所关心的问题,解决迫切需要解决的问题。调查报告的针对性越强,指导意义就越大。

(二)以事明理

调查报告必须尊重客观事实,用事实说话。总结经验,揭露问题,反映新生事物,都必须以充分的确凿的事实为依据,用事实检验效果,评价工作,说明问题,讲清道理,从中揭露出规律性的东西,引出符合客观实际的结论。

三、调查报告的写作

调查报告的结构,一般包括标题、前言、主体和结尾四个部分。

(一)标题

标题的写法,常见的共有四种:

1.公文式标题。多数由事由与文种组成,如《关于党政机关干部工作状况的调查》。

2.新闻式标题。这类标题是把调查报告的中心直接揭示出来,如《高等院校教师家庭的特点与趋势》。

3.只写调查对象或调查地点的标题,如《知识分子情况的调查》《淄川农村调查》等。

4.正副双标题。正标题用以提示调查报告的主题,副标题用以说明调查对象或调查地点,如《信息时代怎么学习?——北京市中学生家教软件市场调查报告》。

(二)前言

前言一般应概括说明这样一些内容:一是调查对象的基本情况和调查的内容,肯定成绩,提出调查报告的中心问题。二是概述有关调查本身的基本情况,如调查的时间、地点、原因、目的、方法及人员的组成等。三是开门见山,直接概括出调查的结果,如肯定意义,点明问题,指出影响,揭示结论,说明中心内容等。

(三)主体

这是调查报告的核心部分,所占篇幅较大。这部分着重写两方面的内容:一是写出调查得来并经认真研究的能准确反映事物真实面貌的事实情况,包括事情产生的前因后果、来龙去脉、具体做法等。二是写出从分析研究调查材料中得出的各种具体认识、观点与基本结论。但这两个方面的内容又往往交织融合在一起,难以断然分开成一前一后两大块。因此,在写作时应注意精心安排结构,使之主次分明,详略得当,联系紧密,井然有序,富有逻辑性和说服力。

主体部分内容的结构不外是纵式、横式和纵横结合式三种。

纵式结构,就是按照事物发生、发展、变化的过程或调查的前后顺序来安排材料。一事一议的调查报告多用这种写法。

横式结构,就是指按事物的性质或逻辑关系分类归纳,将主体内容从不同角度、不同侧面分成若干部分,各部分相对独立又相互联系,可分列小标题,也可分块标序码。这种结构形式,眉目清楚,中心突出。

纵横结合式结构,就是把两种形式结合起来运用,纵中有横,横中有纵,互相穿插配合,有机组织安排。内容丰富、篇幅较长的调查报告往往采用这种结构。

(四)结尾

这是调查报告的结束语,主要是对调查对象的总的看法与结论性意见。一般写以下一项或几项内容:对调查报告做归纳性说明,概括主要观点,深化主题;或指出其发展前景,说明努力方向;或指出存在的问题和不足。调查报告不一定都有结尾,有些调查报告主体部分写完即结束,没有单独的结尾。

四、注意事项

(一)忌表面、片面、自以为是

调查报告是调查研究的产物,做好调查研究工作是写好调查报告的基础。调查情况必须全面、客观、确凿,不能偏听偏信,带主观性;不能感情用事,带随意性。

(二)要分析研究,找出规律

在写作调查报告时,对于通过各种方式得来的大量材料,必须认真下一番功夫归纳整理、分析研究,做到言之有物,言之有理,得出正确的结论。

【思考与练习】

一、写一份竞选学生会主席(或其他)的演讲稿。

二、请以“明天,我将走向⋯⋯”为题,结合未来的工作岗位及其职业特点,写一篇1000字左右的演讲稿。

三、选择下面题目中的一个,进行调查后写一篇调查报告。

1.当代大学生阅读现状的调查与分析。

2.当代大学生的职业选择取向、就业问题研究。

3.高等学校校园文化现状的调查与分析。

四、假如你所在的班级将在本校范围内进行题为"大学生应该怎样学习"的调查,请你为这一调查确定范围和方法,并拟写调查提纲。

第六节　申论　教育教学论文

申　论

一、申论的含义

"申论"一词语出《论语》中的"申而论之",有申述、申辩、论述的含义。申论是一种专门用于公务员考试的写作文本,是在给定材料的基础上,要求应试者在阅读研究的基础上概括问题、分析问题、解决问题、论述问题。

二、申论考试的目的

申论考试的目的是选拔国家公务员,其考试的内容结构,实际上是虚拟国家公务员日常工作流程的信息情境,以此来考察应试者作为公务员角色所具有的职业素质和必需能力。职业素质包括:思想、政治素质——具有马克思主义世界观、法律意识、现代民主意识,吸收和践行马克思主义最新理论成果的能力;人文关怀,全面协调的系统思维等。这些都基本上能或多或少地从其提出的对策方案、论述的字里行间表现出来。至于能力层面,则是《中央国家行政机关公务员录用考试大纲》中规定的:申论考试"主要测查应试者对给定资料的阅读理解能力、分析归纳概括能力、提出和解决问题能力,以及文字表达水平"。

三、申论考试的特点

(一)材料:普遍、重大而复杂

申论所给定的材料几乎没有范围的限制,涉及社会政治、经济、法律、文化以及民生等方面具有普遍性的现象问题,往往是现实生活中的热点和焦点。或者是在国际国内产生重大影响的事件或问题,或者是与自己所报考公务员行业相关的问题。题材重大,所呈现的现象或问题具有典型性和复杂性。试卷提供的材料所反映的现象或问题大部分已有定论,也有一些问题尚无定论或存在争议,需要应试者自己去理解、分析和判断,并做出结论。

（二）作者:假定性特定角色

申论考试是为国家机关选择人才,实际上可以看作是公务员处理公务的一次预演,有人把它命名为"虚拟行政行为",即申论考试是模拟行政机关工作思路、观点、立场、态度、风格等的一种行为。申论试卷一般明确要求以某种公务员身份提出对策方案,阐述问题;某些试卷即使未加明确,应试者也应明白务必以某种公务员的身份写作。因此应试者的身份总是虚拟的。他应以试卷规定的国家公务员的特定的身份,代表特定的机构或个人,在特定的场合,面对特定的对象,依据相应的工作职责,思考、分析和处理问题,不能角色混淆。

（三）写作:表达灵活而丰富

申论写作,一般由概括、方案、议论三部分组成。就表达方式而言,可叙可议。在概括部分,它可能涉及记叙、说明、议论等表达方式,也可能综合了多种表达方式。在方案部分主要运用说明的表达方式。在议论部分,又可能涉及记叙、说明、议论等表达方式。应试者要根据不同的背景资料、不同的提问内容和方式,具体问题具体分析,巧妙灵活地解决问题,提出应对措施和解决方案。因为申论写作是应试写作,它要选拔有用之才,职业所需要熟悉的应用文体也常常会在具体的个案中得到运用。所以,考生除应会写议论文外,应用文常见的文种,甚至新闻文体的写作都要掌握。

（四）体系:中西合璧,体用结合

选拔公务员的申论考试,一开始就借鉴了一些发达国家的先进经验,不仅注重对应试人员能力和素质的考查,而且也注重对应试人员将要从事行政机关工作和岗位职责所需要的能力素质的考查。在科目设置、考试形式上都是按国际标准设计的,在内容上体现了中国特色。

西方一些实行公务员制度时间比较长的国家的公务员考试,是分类分等、定时定期进行的,人员的选拔录用与职位紧密结合,采用不同的试卷,以满足不同岗位、不同职位对人员的不同需求。我国也将逐步在公共科目试卷中,体现中央国家机关和垂直管理系统在用人上的不同要求,逐步做到分类、分等、定期考试。同时,能力考试是不可能有确定的标准答案的,所以应试者的创造性有自由挥洒的空间,不同的写作者完全可以较充分地展示各自不同的能力和水平。

四、申论测试的试卷结构

就形式和结构而言,申论考试的结构比较规范,总体上分为三大部分:

(一)注意事项部分

文字如下:

1.《申论》考试,与传统作文考试不同,是分析驾驭材料能力和表达能力并重的考试。

2.作答时限:阅读材料40分钟,作答110分钟,共150分钟。

3.仔细阅读给定的材料,按照后面提出的申论要求依次作答。

(二)资料部分

给出约1500字的材料,内容可能涉及政治、经济、法律、教育等社会现象的诸方面。

(三)《申论》要求部分

由三方面组成,文字分别如下:

1.用150字的篇幅,概括出给定资料所反映的主要问题。

2.请用不超过350字的篇幅,提出解决给定材料所反映问题的方案。要有条理地说明,要体现针对性和可操作性。

3.就所给定资料反映的问题,用1200字左右的篇幅,自拟标题进行论述。要求中心明确,论述深刻,有说服力。

五、申论的写作

(一)概括主题部分

这部分的写作可以根据实际问题,主要从内容、问题、后果三个角度来进行概括。

概括内容,相对而言较为简单,类似于归纳中心思想或论文小结等。概括问题,则不是简单地归纳材料中的基本内容,而是在基本内容的基础上提炼出材料反映的主要问题。换句话说,材料可能介绍了某事件或情况的背景、原因等多种因素,但要求归纳的是其中的问题,这涵盖的可能是局部的而不是全部的内容,因此,概括问题往往带有一定的倾向性。概括后果,又与前两者有所不同。如果说概括内容要求的是对材料所反映事实的客观归纳,概括问题是对材料所反映的事实所存在矛盾的归纳,那么概括后果则是对材料所反映事实所存在矛盾的正负两方面的归纳。

三者的要求也有很大的不同:概括内容的要求是客观、全面;概括问题的要求是准确、突出;概括后果的要求是辩证、一分为二。

(二)提出对策部分

1.身份观念

应试者写作时始终要有清醒的身份定位,即政府公务员应承担的职责、角色是什么。所提的一切对策,都要从给定的基本身份出发,符合身份的要求。

2.全局观念

对策要具有全局性。考生要在自己的知识范围内寻找合适的对策,同时,又不能仅偏重某一方面的知识,一定要全面地、综合地考虑问题。

3.针对性

申论考试的内容已不能仅仅依靠某些知识点取胜。考试非常重视对考生解决实际问题能力的考察。题目是针对现实生活中存在的问题进行设计的,因此答题时的针对性要强。

4.可操作性

有些措施虽具有针对性,但现实条件下不具备实践的可能,那么这些对策就毫无价值。提出的对策一定要具有实际操作的可能。对策的可操作性,既要考虑到社会伦理道德规范,又要考虑到国家法律法规及党的路线、方针、政策,做到合情、合理、合法。

(三)进行论证部分

1.结构合理、条理清楚、详略得当

申论写作的结构与一般文章的谋篇布局大体一致,但又有自己的特色,写作时要严格按照其特点来组织安排材料。

(1)开头

短,即要简洁,最好三两句成段,引入本论。开头短,不仅可以避免冗长之赘,而且短句成段,在空间上突出其内容的重要性。

快,即入题要快,最好三言两语就点明文章的基本观点或议论的话题。起首立意,有利于作者展开论述,不至于出现主旨不清、中途转换论题等写作大忌。

靓,即要精彩,这也是传统文论中强调的"凤头"。精彩的开头,最突出的效果是吸引读者,给读者留下好的印象。文章开头要精彩,应多用比喻、类比、排比等修辞手法引入论点,还可以引述名言、讲述寓言故事导入话题。

(2)中间段

申论作文作为议论文,其结构是否严谨,条理是否清楚,论证是否严密,论据是否典型,关键在中间段的写作。中间段常常采用序论、本论、结论三段式。

序论提出一个带有本质属性的核心问题,简洁地概括出给定材料的大意;本论紧密结合材料分析问题,运用演绎、归纳等论证方法,有详有略地进行论证;结论有条有理地提出令人信服的解决问题的对策。

(3)结尾

结尾是全文内容发展的必然结果,是文章结构的重要组成部分。好的结尾当如豹尾,响亮有力、令人警醒、催人奋进。文章的结尾有时比开头还重要。李渔曾说:"终篇之际,当以媚语摄魂,使人执卷流连,若难遽别。"可见,结尾出色,整篇文章就会增色不少。

这部分内容的写作要收束全文,突出中心论点;要体现全文结构的紧凑、完整,既不能虎头蛇尾,也不能画蛇添足;语言要干脆有力,富有启发性和鼓舞性。

2. 立意鲜明、内容具体、中心明确

申论中议论文部分的标题,要求符合文体特征,体现鲜明的立意,使人见其题而知其旨。标题是文章的眼睛,是文章传递显要信息的重要组成部分,它的优劣也会直接影响文章给读者的第一印象。议论文拟题的基本要求是:在准确的基础上力求醒目、舒畅。观点鲜明的标题最受读者的欢迎,因为它具有清澈感和透明感,能够传达出文章内容之大概,使读者能准确地把握文章的主题。在鲜明的基础上追求形象、生动和富有个性,则是议论文拟题的更高要求。如文章中心是"走自己的路,让别人去说吧",拟题为"学会在别人的唾沫中游泳",别致中显出几分幽默,令人产生一睹为快之感。

中心论点是议论文的灵魂,各个分论点是支撑起这个灵魂的骨架,而论据是议论文的血肉。一篇议论文中只有中心论点和分论点是不能称为文章的,它还必须有典型而鲜活的论据。典型的论据是指能充分反映事物本质,具有代表性的事例和名言。它要求真实、切合题旨。选用的论据要新颖,具有现实性。最好能引述时下的热点问题、事例来辅助说理,加强说理的针对性、时代感,使文章更具有说服力。

3. 语言通畅、表达恰当、语意连贯

议论文的语言必须准确鲜明、通顺恰当。运用的表达方法要合适,议论文中常用叙述、议论、说明的手法,描写和抒情的手法要使用适度。议论文是以阐明道理、确立论点为己任的,但在说理的同时,适当使用一些形象化的修辞手法可以使文章摆脱千人一面的枯燥感,增加文章的艺术性。

要使文章形象生动,除了采用比喻、类比、事例等论证方法以外,形象畅达乃至华美的语言必不可少。议论文的语言,要注意运用排比、比喻、对偶和反复等修辞,使文章具有流畅感;可运用假设句、反问句,以增强文章的气势。

教育教学论文

一、教育教学论文的含义

"论文"是指专深有系统的学问,是指研究、讨论问题的文章。教育教学论文是学术论文的一种,它是以教育教学为研究对象,专门对教育教学领域中某一问题进行探讨、分析论证的文章。

毕业教研文章是师范生完成学业的标志性作业,是对其学习成果的综合性呈现和检阅,是师范生从事教学研究的最初尝试,是在教师指导下所取得的教研成果的文字记录,也是检验学生掌握知识程度、分析问题和解决问题基本能力的一份综合答卷。

二、教育教学论文的种类

由于教育教学研究对象的复杂化、研究方法的多样性,其论文写作的表述方式也丰富多彩,主要包括以下几种:

(一)研讨型论文

针对教育教学理论或教育教学实践中出现的问题或薄弱环节进行专题分析,提出自己的见解或解决方法的论文。它的关键是"立论",这是所有教育教学论文的基本特点和基础。

(二)经验型论文

针对自己在教育教学实践中获得的经验、体会,进行分析、概括、抽象、提炼,把感性认识上升到理性认识而写出的论文。这是小学教师最常用的论文类型。

(三)述评型论文

包括综述性论文与评析性论文。它是在归纳总结别人在某一学术问题或某一研究领域中已有的研究成果的基础上,进一步加以分析、评析,进而发表自己见解的一种论文。包括读后感、对新理论新观点的阐述等。

(四)报告型论文

描述或阐述教育实践研究中某一固定程序的论文。主要有调查报告、经验总结报告、实验研究报告。

（五）叙事研究报告

教育叙事研究的要点：叙事应该有一个主题。叙事的"主题"是从某个或几个教学事件中产生。教育叙事形成的报告是一种"教育记叙文"，以"叙述"为主，但是在自己"反思"的基础上写的，"夹叙夹议"，能够更真实、深入地反映研究的全过程和作者的思考。

三、教育教学论文的写作

教育教学论文的形式应该遵循"绪论——本论——结论"的逻辑顺序。通用的论文格式一般包括的项目有：标题、署名、摘要、关键词、绪论、正文、结论、致谢、参考文献等部分。

（一）标题

题目是论文的窗户，它应是论文内容的高度概括。拟定文章标题应注意以下四点：

1. 简明。即用字要少，一般不超过 20 个字。但少并不等于简陋，它必须确切反映论文的内容。

2. 确切。即题目的用字一定要准确，不能存有歧义。

3. 具体。即题目一定要与文章的内容相符，使人一见标题就知道这篇文章是论述什么的。

4. 传神。即同一内容的文章，可以拟出若干个题目，其中必有一个是最能传达文章精神的，它能概括文章的主题，引起读者阅读的兴趣，从而使文章发挥更大的作用。

（二）署名

署名的目的主要是表明作者付出了辛勤的劳动代价，表示作者要对文章负责，便于同行或读者与作者联系。

为文章署名，只有文章的实际作者才应该署名。是个人写作的，署个人的姓名；是集体的成果，署集体的名字，也可以在集体的名义下，分署参加者个人的名字。作为毕业论文的教育教学论文一般只能由个人完成。

（三）摘要

即"内容摘要"，是论文研究的主要内容与结构特色。将文章的主要内容简要地概括出来，使读者了解论文概貌，以确定其有无阅读价值。较长的文章一般附有摘要,刊登在正文之前;摘要不是原文的解释,而是原文的浓缩。它应该传达原文的主要信息,写作要求完整、准确和简洁,要自成一体。

（四）关键词

关键词是教育教学论文中最关键、起决定作用的词语。它是文章内容、观点、涉及的问题和类别等方面的标志和提示。一篇文章的关键词的个数根据文章内容需要可多可少,一般 3~5 个为宜,最多不能超过 8 个。

（五）绪论

又称前言、引言、引论、导论或序论。它的作用是向读者初步介绍文章内容。短篇文章通常在本文前用简洁的语言略述总纲,较长的文章则辟有专章,加以阐述。

引言的内容通常包括概述研究该课题的动机、目的、意义和主要方法,指出前人或旁人做了哪些工作,进展到何种程度,哪些尚未解决,说明自己研究这个问题的主要成果和贡献。这部分占比例要小,起简介作用。文字要简洁、明确、具体,使人看到绪论,就知道本文的基本价值。

（六）正文

正文是文章的主体部分。这部分占论文的绝大部分篇幅,具有极其重要的地位,是作者表达研究成果的部分。这部分的关键在于论证,即证明作者所提出的论题。这里包括课题的提出,对解决问题的设想、研究过程（研究中出现的问题及解决问题的方法、手段、主要数据）、研究结果等。写这部分要注意理论的运用和逻辑推理,注意段与段之间的过渡衔接,注意主次,抓住本质。如果内容多,可加小标题。也可使用由大到小的不同序码。

正文的写作规律有:

1.论述方式。论述方式有两种。一种是将科学研究全过程作为一个整体,对有关的各方面作综合的论述;另一种是将科学研究的全过程按照研究实际,划分几个阶段,对各阶段依次进行论述。两种论述方式各有特点,前一种综合归纳性较强,能够突出文章的主要论点;后一种更忠实于科研实际,给人以真切的感受。但无论采用哪一种方式,都不要是实际科研过程的机械的、刻板的复述,而应是作者经过归纳整理,去粗取精、去伪存真、由表及里、由此及彼的产物。

2.论述内容。论述内容可概括为两个方面。一是理论的,二是实践的。理论的阐释侧重逻辑推理,实践的阐述着重过程的描述。但无论哪一种,都不是孤立的;它们相辅相成,互为补充。理论来源于实践,需要实践的验证;实践要上升为理论,才能成为科学。科学的实践,无论是观察、调查、实验,还是查阅文献,最后都要得出科学的结论。

（七）结论

结语是对研究成果更高层次的精确概括，或对尚未解决问题的讨论（论题经充分论证后的结果以及由此引出的新的思考）。

整个研究的结晶，是论证得到的结果，即对本论进行分析、比较、归纳、综合、概括而得出的结论，审视整个课题的答案。写结论时，措词要严谨，逻辑要严密，文字要简明具体，使读者看到作者的独到见解。不得使用"大概""可能"之类含混不清的字眼。不能得出明确结论时，要说明有待进一步探讨。

（八）致谢

一部论著的写成，必然要得到多方面的帮助。对于在工作中给予帮助的人员，应在文章的开始或结尾部分书面致谢。致谢的言辞应该恳切，实事求是，而不是单纯的客套。

（九）参考文献

写作文章，需要引用一些别人的科研成果，这是科研工作连续性的表现。在文章的最后注明写作论文时所参考的文献；引用别人原话或原文时还需注明出处，以便查找。这样做反映作者科学态度和求实精神，表示作者对他人成果的尊重，也反映了作者对本课题的历史和现状研究的程度，便于读者了解该领域的研究情况、评价论文的水平和结论的可信度。

详尽的参考文献实质上是开列了一份参考书目。引用的文献是已经发表的专著或期刊上的论文，也有的是尚未发表的会议记录、手稿或书信等。引用时均应注明。参考文献列出时要按文献在文章中出现的先后，编数码，依次列出。完整的参考文献写法应列出文献的作者（译文注明译者）、名称、出处、出版者、出版时间、版次、页数等。

四、教育教学论文的基本要求

（一）教育教学论文的选题

1.选题标准

选题是写教研文章首先要解决的关键问题。师范专业学生可尝试着根据以下标准选题：

（1）有价值。一篇教研文章质量的优劣，首先要看它的选题有多大的价值。教研文章的价值可以体现在三个方面：理论上有突破；对实践有改进；在理论与实践的结合上有新的进展。一般而言,师范生在理论与实践的结合上选题,最易把握。

(2)能研究。选题时,一味考虑其价值,而忽视自身的教研实力,很可能会陷入贪大求全、力不从心的泥潭。师范生写作教研文章,应选择与具体教学实践关联密切、相关资料丰富、易于操作研究的课题。

(3)立意新。有新意的选题,更容易吸引读者的目光,使其获得愉悦的阅读感受。这里的"新",可理解为更新的见解、更优的方法、更完善的方案、更准确的阐释、更深刻的体悟、更动人的情愫。

2.选题视角

(1)研究真实的问题。真实的问题,才有研究的价值。注意从见习与实习的经历中寻找研究的问题。凭空捏造的文章,无助于问题的真正解决。

(2)研究小问题。小事其实不小,小事也很重要,小事里边也是深意绵长、耐人寻味。认真研究每一件小事,能帮助我们尽快摸准教育的脉搏,真切体会教育的真意,发现教育艺术的真谛。

(3)研究习以为常的问题。把研究的视角对准习以为常的教学生活,定能发现其中隐藏的荒谬之处和珍贵资源,抓住它深入细致地剖析研究,就会有自己独到的发现。

(二)教育教学论文的品质

1.注重内在品质

(1)从小处切入。即使是一个简单的教学事件,它的形成原因也是相当复杂的,写教研文章要选择一个好的切入点,争取有"四两拨千斤""小中见大"的效应。

(2)从高处审视。写教研文章,不能就事论事,而应该就事论理。不能高屋建瓴地审视教学事件,就很难透彻把握问题的来龙去脉,所提建议也会因无法触及本质问题而成为空洞言说。

(3)向广处拓展。借鉴一些新兴的理论可以帮助我们转换一个更新的角度,以获得新的视域,求得新的突破。

(4)向深处开掘。反思的深刻必将带来文字的深刻。在撰写教研文章的过程中,需要写作者不断地反思,不断地打磨自己的思想。

(5)到实践中检验。把自己拟定的解决方案,在实践中检验一下,然后通过思考、梳理成文,对推动实际教学行为的改变价值更大。

2.注意外在形式

(1)可读性强:语言表述应精益求精,力求简洁、自然。写教研文章,应力求用尽可能少的文字表达尽可能丰富的信息，以精当通俗的语言传达出独到深刻的思想。

（2）逻辑性佳：文章结构应随文赋形，力求严谨、规范。教研文章的内容相当丰富，写作形式也多种多样。选择什么样的文章形式是由文本的内容特性决定的。好的文本，通过适当的形式表达出来，有助于文本的内在意蕴得到更为完满的释放和展现。

【思考与练习】

一、查看历年国家公务员考试申论试题，从中选择一份进行写作。

二、结合见习、实习等亲历的教育实践写一篇教学叙事。

三、运用问卷、访谈等方式对某一教育教学现象或教育教学问题进行调查、分析、讨论，提出自己的观点，撰写教育教学调查报告。

四、围绕小学教育教学实际去发现问题，撰写一篇教育教研文章。

【阅读推荐】

1. 朱悦雄，杨桐. 应用文写作案例：关于不应该那么写与应该这么写. 广州：暨南大学出版社 ,2012.

2. 陈纪宁. 新编现代应用文写作大全（第八次修订）. 北京：中国工商联合出版社,2010.

3. 布朗（燕清联合译）. 轻轻松松做简历. 北京：清华大学出版社,2004.

4. 卢卡斯. 演讲的艺术. 北京：外语教学与研究出版社,2010.

5. 张宇. 怎样写调查报告. 北京：中国民主法制出版社有限公司,2011.

6. 关月，张桥丽. 常用合同文书写作. 昆明：云南大学出版社,2005.

7. 李永新. 申论. 北京：人民日报出版社,2014.

8. 严东根. 申论写作技巧 50 例. 杭州：浙江大学出版社,2011.

第三编

小学作文教学指导

第十章　小学作文教学的性质、任务与基本理念

◎ **内容导读** ◎

在小学作文教学中,首要的问题是正确把握小学作文教学的性质,明确小学作文教学的任务,掌握其教学理念。只有做到了这些,方能在教学中正确把握方向,从而采取恰当的教学方法,有效实施教学活动,切实提高小学作文教学质量。

第一节　小学作文教学的性质和任务

一、小学生作文的性质

《九年义务教育全日制小学语文教学大纲(试用)》(以下简称《大纲》)中明确指出:"小学生作文就是练习把自己看到的、听到的、想到的内容或亲身经历的事情,用恰当的语言文字表达出来。"显然,所谓"小学生作文",就是指小学生为提高自己的书面表达能力而完成的习作练笔。它与成人的写作有着本质的区别,主要体现在以下三个方面:

(一)写作的目的不同

成人的写作,大都是"有所为而作",其目的主要是为了有效地交流,这种交流往往是超越时空的。通过交流,达到传递信息、沟通思想的目的。这种交流,往往具有一定的社会价值。而小学生习作练笔的目的,就是为了单纯、有效地提高自己的表达能力。

(二)文章表达的要求不同

成人的科学论文是对某一学科领域科学规律的揭示,是对真理的探索和发

现。在内容上，必须具有科学性、学术性和独创性的特点。在表达要求上，必须以丰富而翔实的材料为基础，以严密的逻辑论证为手段，把自己对科学规律的认识准确地表达出来。同样，成人的文学作品是对社会生活现实的客观反映。在创作时，作者必须以个人对生活的认识和感悟为基础，充分运用虚构和典型化等手段，对众多个别的、特殊的社会生活现象进行抽象概括和提炼，使所创作的文学作品，既来源于生活，又高于生活。而对小学生而言，由于他们受认识水平和表达能力的限制，其习作练笔，只要求将自己耳闻目睹或亲身经历或想象的人和事、景和物如实地写下来就可以。

（三）评价的标准不同

我们在评价成人的科学著作或文艺作品时，往往要看其是否适应科学和社会发展的需要，是否具有科学价值，是否产生良好的社会反响，是否做到思想性和完美的表现形式的统一等。但是，我们在评价小学生的习作时，主要看《大纲》中规定达到的作文基本功是否已经过关。明确了这一点，可以帮助我们克服目前小学作文教学中普遍存在着的小学生作文文学化和评价小学生作文"标准过高，评分过严"的不良倾向。

二、小学作文教学的性质

我们知道，小学作文教学的过程，是教师"教"与学生"练习"作文的过程，也是师生双边活动有机统一的过程。正如《小学语文课程标准》中所说："写作是运用语言文字进行表达和交流的重要方式，是认识世界、认识自我、创造性表述的过程。写作能力是语文素养的综合体现。"由此可见，作文作为人际交流的重要方式，是认识世界、认识自我的反映，是认识能力、情感与表达能力的综合体现。从语文教学的角度来看，作文是文字表达能力的综合体现，是学生的自我表达，即"为学生的自主写作提供有利条件和广阔空间，减少对学生写作的束缚，鼓励自由表达和有创意的表达"。

小学生的习作练笔，是一个特殊的认识活动。在这个认识活动中，学生是认识的主体，习作的内容是认识的客体。学生在习作活动中，需要借助语言文字这个重要的中介手段，在观察收集习作素材和进行习作构思时，需要有语言的参与，习作构思的结果更需要用语言文字表达出来。但对刚刚上学的小学生来说，他们尚未熟练掌握语言文字这一重要的认识工具，尚不能独立地进行习作活动，因此，必须有教师的引导，于是便形成了作文教学活动区别于一般认识活动的独特的"三维结构"（教师、学生、习作内容），这就决定了小学作文教学的性质就是教师指导学生练习把自己看到的、听到的、想到的内容或亲身经历的事情,用恰当的文字表达出来。为了正确把握小学作文教学的性质,在教学时,我们必须着力抓好以下三个方面:

(一)要充分发挥学生在习作练笔中的主体作用

在作文教学活动中,学生既是教师"教"的对象,更是习作练笔的主体。因此,教师在进行作文教学时,要走出"教师导,学生作""奉命作文""应试作文"的圈子,充分发挥学生习作练笔的主观能动性。例如:可让学生围绕习作要求,通过自己的观察和积极思考,获取习作的素材;让学生通过尝试练笔,发现疑难之处,并做好质疑的准备;让学生通过尝试修改,领悟修改的方法,享受成功的快乐等。

(二)要有效发挥教师在指导学生习作练笔中的主导作用

我们强调学生在习作练笔中的主体作用,也要重视有效地发挥教师的主导作用,而这是由小学生的认识特点所决定的。在作文教学中,衡量教师主导作用的发挥是否有效,主要体现在三个方面:第一,能否最大限度地调动全体学生主动习作练笔的积极性,让所有学生喜欢练笔、乐意练笔。第二,能否针对学生积累、构思、修改中的共性问题进行有的放矢的指导,让学生实现由"不会练"到"会练"的飞跃。第三,能否根据班级学生在知识和智力等方面存在的差异,进行有针对性的指导。

(三)要努力实现作文教学过程中的"教"与"学"的动态平衡

小学作文教学过程的实质,是教师指导下的学生个体的认识过程和发展过程。在这个过程中,存在着教师"教"的动态过程和学生"学"的动态过程。努力实现两个动态过程的平衡,使这两个动态过程同步展开、同步发展,是提高作文教学效率的理想境界。因此,在作文教学过程中,教师"教"的动态过程,总是伴随着学生"学"的动态过程而发生、展开,并为学生"学"的动态过程服务的。而且,这种服务始终贯穿于作文教学的全过程。如在组织启动阶段,表现为激发学生习作的兴趣,提出明确的习作目标,把学生的习作活动组织起来。在具体的分类分层指导阶段,表现为及时了解学生习作中的疑难之处,捕捉反馈信息,并针对不同类型和不同层次学生在习作中遇到的共性和个性问题,及时调控"教"的程序,并给予多种形式的指导和点拨。在总结评价阶段,表现为对学生的习作是否达到习作目标作出总结和评价。通过总结和评价,一是对没有达标或达标率较低的,采取个别辅导的形式组织补偿教学;二是尽量发掘学生习作中的闪光点进行表扬和鼓励,激发学生习作的成就动机。

三、小学作文教学的任务

《大纲》中明确指出："小学以学记叙文为主，也要学写常用的应用文。""作文教学既要培养学生用词造句、连句成段、连段成篇的能力，又要培养学生观察事物、分析事物的能力。"这为我们规定了小学作文教学的任务。具体来说，从文体方面看，主要学写记叙文和常用的应用文。从能力方面看，主要培养两种能力，即认识能力（观察事物、分析事物的能力）和语言文字表达能力（用词造句、连句成段、连段成篇的能力）。

小学生作文是学生认识能力和语言文字表达能力的综合体现。为了进一步明确小学作文教学的任务，我们在作文教学时，必须把握好以下三点：

（一）要明确"小学以学写记叙文为主"的意义

1. 记叙文是日常生活中最常用的文体之一，它以记叙、描写人物、事件和环境景物为主，它是言语交际的主要手段。因此，通过习作练笔，帮助学生夯实记叙的基本功，为学生将来的发展奠定坚实的基础。

2. 记叙文是以写"实"为主要手段，大多叙写学生亲身经历或耳闻目睹的人、事、景、物，叙写的内容具体、形象、生动，符合小学生以形象思维为主的思维特点。同时，具体、形象、生动的事物，最能激发学生的情感，使学生乐于习作练笔。

（二）要明确"小学也要学写常用的应用文"的价值

记叙文固然是小学生习作练笔的重点，但是，我们绝不能忽视对小学生进行常用应用文的练笔训练。首先，应用文具有广泛的实用价值。让小学生学会写常用的应用文，为他们今后走向社会进行交际和生活打好基础，是小学作文教学的重要任务之一。除了让学生学会现行教材中规定的常用应用文外，还应适当补充其他常用应用文的练笔训练。其次，在学生语言文字表达能力的训练方面，应用文要特别注重语言的准确、平实、质朴、简明扼要的特点。

（三）要着力培养学生的认识能力和语言文字的表达能力

培养学生的认识能力和语言文字表达能力，是小学作文教学的根本任务。认识能力指的是观察事物、分析事物的能力，具体体现是观察能力与思维能力。语言文字表达能力主要指的是书面语言表达能力，具体体现则是学生用词造句、连句成段、连段成篇的能力，或者说是语文基础知识的综合运用。在作文教学过程中，认识能力与语言文字表达能力的培养，是作为一个统一的整体伴随着作文教学过程一体化完成的。完整的作文训练，必须注重培养学生的认识能力和语言文字表达能力。

　　小学作文教学主要是帮助学生解决"写什么"和"怎样写"两大问题。"写什么"是指作文的内容;"怎样写"是指作文的表达形式,即谋篇布局。小学生的作文也要注意内容与形式的有机统一。学生作文的内容从哪里来呢? 从对平时的日常生活的观察中来。通过观察,获取感性认识,形成生活的表象。但是,日常生活不等于作文内容,不是所有的日常生活都可以写成作文。而且,单凭感官去感知事物,往往是表面的、零碎的,它必须有赖于思维的进一步加工和整理。因此,要使观察到的生活素材上升为作文内容,必须经历一个思维加工和整理的过程。其流程为观察生活→思维的加工和整理→作文内容。从以上流程中我们可以看出,指导学生获取作文内容的过程与培养学生认识能力的过程,是在一体化的教学过程中完成的。

　　同样,要把作文内容用恰当的语言文字一句一句、一段一段地表达出来,并做到有中心、有条理、有重点、有具体内容、有真情实感,同样也离不开认识能力,特别是思维的加工和整理能力。而且,提高学生语言文字表达能力的过程与培养学生认识能力的过程,是在一体化的教学过程中完成的。因此,把培养学生的认识能力和语言文字表达能力作为统一的整体在作文教学过程中一体化地完成,正是我们所要追求的作文教学的理想境界。

【思考与练习】

　　一、假如你是一名小学语文教师,应如何理解小学作文的性质?
　　二、讨论:如何在教学中实现作文教学过程中的"教"与"学"的动态平衡?
　　三、讨论:怎样在教学中实现小学作文教学的任务?
　　四、谈谈如何着力培养学生的认识能力和语言文字的表达能力。

第二节　小学作文教学的基本理念

　　与原有的《大纲》比较,《语文课程标准》关于小学写作的部分突出了这样几个基本思想:第一,珍视"独特感受",鼓励"自由表达";第二,重视"情感态度",强调"真实情感";第三,降低要求,淡化"文体意识";第四,在"过程和方法"方面,注重读写联系,学用结合。

　　下面就从写作的状态、写作的过程和写作的诚信三个方面对小学写作的教学理念加以梳理。

一、写作的状态：自由与心悦

　　写作需要一种状态。但我们的习作教学有一个误区，总是研究如何提高习作的"教法"，而不太注重学生的写作状态。作文教学往往变成一个简单的老师出题，学生应命而写的过程，至于学生是否愿意写、写什么，以及怎样才能使学生进入最佳"写作状态"的问题，则似乎不在作文指导的范围内。

　　良好的写作状态的普遍特点是：自信、自由、健康、创新、兴奋、专心、清醒、觉知、虔诚、独立、欢快、流畅等。《语文课程标准》提出"自由表达""乐于表达"，是对学生所处的知识状态、心理状态等的关注。鼓励"自由表达"，有利于激发学生的创造力，培养学生的创新精神。所以，《语文课程标准》特别强调学生要"能不拘形式地写下见闻、感受和想象"，是不无道理的。在以往的写作教学中，一提到写作，一些小学生就唉声叹气，不会写、不爱写。

　　写作难，难在哪里呢？难在无话可说，无事可写，无情可抒。这种状况目前仍然存在。写作是最富有创造性的劳动之一，最利于培养创新精神。它要求作者享有充分的自由权，自己想说什么就说什么。因此，写作特别害怕束缚。如果过多地强调形式，即便是成年人、作家，也难以写出好的作品。对八九岁的孩子来说，刚刚学习写作，如果过分强调形式，告诉他们应该怎样写，不应该怎样写，怎样好，怎样不好……这样做，违背学生的认知规律。要求立意深，选材新，内容"有意义"，学生思来想去却不敢动笔；动不动要求学生"请说完整""请说连贯"，忽略了学生从生活中获得的认识和体验，萌发的表达愿望。学生缺少表达形式的自由，顿感写作可怕，困难重重，哪里还敢开口？作文成了苦差事。

　　《语文课程标准》指出："写作教学应贴近学生实际，让学生易于动笔，乐于表达。"这为从根本上解决习作难题找到了一条出路。人们在新课程的改革与实践中也形成了基本的共识："作文教学要从学生的实际出发，遵循学生生理和心理的发展规律。如果超越了孩子们的认识和思维的发展进程而一味地去求新、求异、求快，拔高训练要求，加深训练难度，则欲速而不达，还会影响学生写作的积极性。"

　　小学生正处于个性的形成期，语文教育对于发展和保护学生的个性有着重要的作用。学生要表现自己的个性，宣泄自我，通过写作来表达自己对生活的感受、认识，反映最初的人生经验。因此。在教学中，教师重要的是引导、启发学生努力完善自己的个性，学会用心感受生活，使之成为敏锐善感的人，热爱生活的人。

　　写文章应该是有感而发，有需而写的。因此，教师要为学生自主写作提供有利条件和广阔空间,减少对学生写作的束缚,鼓励自由表达和有创意的表达,要求学生说真话、实话、心里话。所以,不拘形式,让学生自由表达,学生想写什么就写什么,想怎样写就怎样写,让他们充分享受表达的自由,不仅能焕发学生的主体精神,增强学生学习写作的自信心,激发学生学习写作的兴趣,还会使学生感到写作是一件愉悦的事,从而喜欢并热爱写作。

二、写作的过程:交流与分享

交流是写作的主要目的。学生写作的兴趣和自信,还来源于在写作的合作和交流中所产生的成就感,而这一点过去往往被忽略。《语文课程标准》在不同学段,分别提出这样的要求:"愿意将自己的习作读给人听,与他人分享习作的快乐""能与他人交流写作心得,互相评改作文,以分享感受,沟通见解"等。因此,对于学生的写作,教师应及时组织交流,让学生在互动中感受和分享习作成功的乐趣。

写作训练中应当努力促成"相互交流与快乐分享",因为在写作训练的课堂上,没有"相互交流与快乐分享"是不可思议的,而且,"相互交流与快乐分享"是写作的本质。在新课程的实践中,教师写作教学的理念与行为在这方面发生了可喜的转变。

"将自己的习作读给人听,与他人分享习作的快乐。"《语文课程标准》提出的这个好方法,应贯彻到写作教学中。学生在写作与交流中有许多乐趣,如新鲜有趣的见闻、愉快高兴的经历、自己做的得意的事情等,又如哪一段写得特别好,哪一篇写得特别出色,教师及时组织交流,会使全体同学都能享受到自己的快乐,也分享别人的快乐。这些会大大激发学生学习习作的积极性,加快习作的进步。

三、写作的诚信:言真与情切

《语文课程标准》指出:"写作教学应表达真情实感。要求学生说真话、实话、心里话,不说假话、空话、套话。"言真与情切是写作"本身"的一个要求,也是写作的诚信要求。一个人的学生时代是人生观的形成时期,从小对学生进行诚信教育,是很有必要的。诚信,乃为人之本,是为人处世的准则,学生学习写作也须以诚信为本。

阅读过程首先是接触语言,然后领会思想,而作文的过程正好相反,有了思想内容再运用适当的语言表达出来。具有一定作文能力的人有一个共识:给特定的思想内容,找到一个相应的表达形式,无论是结构的、言语的还是情调的,那从来就是写作者个人的事情。但是由于儿童生活阅历、文化知识等还十分肤浅以及尚未有足够量的"表达方式",想为自己"特定的思想内容"寻觅到一个尽可能适合的文字定型,那是不可思议的。所以让小学生先掌握一些"表达方式",就成为教师最初的做法。教师提供某种"表达方式"或"结构方式",让学生填入思想内容,如用词造句写话,再如学习"总分关系"的结构方式要求用"总分关系"的方式写一段话等。实践证明,这种做法在小学阶段对儿童学习语言和写作的确有较大的帮助,但却违背了写作教学规律和学生的认知规律,极易消解学生作文的兴趣、激情和真诚,使其对作文产生厌烦、恐惧、沮丧等情绪,造成了学生作文的程式化与八股风,导致假话、空话、套话连篇,写作教学质量下降,学生写作能力弱化。

好文章有若干标准,但其中很重要的一条就是要有"真情实感"。尽管"学写作就是学做人"的说法有点过,但写作作训练强调"真实情感"确实可以培养学生良好的品质。所以,要鼓励学生说真话,说实话,说心里话,不说假话、空话、套话,强调作文要言之有物,写真切体验,表达真情实感。唯有此,才能真正走出小学生作文"假、大、空"的误区。

【思考与练习】

一、课后阅读《语文课程标准》关于"写作"方面的内容并进行分组讨论。

二、谈谈你对小学作文教学基本理念的看法。

【阅读推荐】

1. [加]马克斯·范梅南(李树英译). 教学机智——教育智慧的意蕴,北京:教育科学出版社,2003.

2. 叶澜主编. 教师角色与教师发展新探,北京:教育科学出版社,2001.

3. 夏欣. 教育中国——50 名流素质教育访谈,北京:光明日报出版社,2002.

4. 联合国教科文组织国际 21 世纪教育委员会. 教育——财富蕴藏与其中,北京:教育科学出版社,1996.

5. 江平. 小学语文课程与教学,北京:高等教育出版社,2004.

6. 中华人民共和国教育部. 义务教育语文课程标准,北京:北京师范大学出版社,2017.

第十一章 小学作文教学的困境与对策

◎ 内容导读 ◎

当下的小学作文教学存在诸多问题和需要探讨改进的地方。没有独立的作文教学时间,没有完整的作文教学体系,缺乏独立的写作教材等,而在教师方面,无论是指导还是讲评,都存在着这样或那样的问题。因此,本章在分析了小学作文教学面临的困境后,提出了有针对性的对策。

第一节 小学作文教学的困境

《语文课程标准》指出"语文课程应致力于学生语文素养的形成和发展""写作能力是语文素养的综合体现"。作文教学的重要性是不言而喻的。然而,大多数小学生对作文缺乏兴趣、缺乏自信、缺乏激情、缺乏真情实感、缺乏个性。因此,有必要对长期以来我们习以为常的小学作文教学、陈旧落后的教学观念、封闭僵化的教学体系作出深刻反思,并在此基础上探讨改革小学作文教学的对策。

现阶段小学作文教学主要存在以下几个方面的问题:

一、忽视作文的"育人"功能

语文学科是工具性与人文性的统一,其根本目的在于培养学生高尚的道德情操和思想品质。写作则是学生思想情感的文字表露,学生学作文的过程就是学习做人的过程,即叶圣陶提出的"作文即做人"的观点。

然而,综观现今小学作文教学现状,却普遍存在着人文价值削弱,人文底蕴忽略的现象。在作文教学中,教师十分看重学生完成作文的速度及其作文的结构和技巧,至于作文的内容则往往不够重视。致使小学生的作文中假话连篇,假故事、假情感屡见不鲜。学生为了取得好分数,任意拔高立意,泛泛而谈,失却了真情实感,作文常常千人一面,缺乏真情实感,缺少个性表达。主要表现为:

（一）忽视学生勤勉刻苦的学习品质的培养

写作是运用语言文字创造性表达的过程。要想写好作文,不费一番力气,不苦一番心智,难以完成。许多作文指导课中,老师常常从选材立意、安排结构到遣词造句,无不周到地为学生提供各种"经济快餐":代列提纲,提供材料,提供范文。教师却很少引导学生去认认真真地观察事物,踏踏实实地完成自己的生活与阅读积累,独立思考写什么和怎样写。教师的越俎代庖剥夺了学生"自食其力"、磨炼意志毅力的机会。长此以往,必养成观察、思维与积累的惰性,而懒于阅读,疏于观察,怠于思考,必然不能练就观察、思维、表达的硬功。

（二）忽视学生"求真"品质的培养

不少教师改作文,明知所写的人和事是模仿而来,但只要表达形式符合要求,也就不闻不问。还有的老师不管文章是抄来的还是自己写的,见"好"的就当"范文"读,就表扬,就给高分。而那些搜索枯肠写真人真事真经历真感情的作文,老师不但不表扬,反而对其表达上的某些缺陷而否定和指责。虚假的行为得到姑息和纵容。

（三）忽视学生作文自信心的培养

作文指导课,教师不鼓励学生"我笔写我口,我笔诉我心",而是过多地用范文示例,使学生形成对范文的盲目崇拜,认为自己经历的事没有范文上的"有意义"而不敢采用,自己的语言没有范文上的"有文采"而不敢见诸笔端,自己的思路没有范文上的顺序"有条理"而不敢打破其固有程序。"唯尊师言,亦步亦趋",久而久之,形成学生思想方法上的偏差:"唯书""唯上",不能实事求是地表达自己的所见、所闻、所感、所想。看不到自己的潜力,缺少表达的自信,更没有自己的见解与创新。

二、忽视作文的"交流与沟通"功能

（一）学生作文变成了"奉命"而作的产物

作文教学没有真正体现作为交际工具的性质,没有看到交流思想和沟通情感是学生重要的人生需要,不是从交际的需要出发,很少努力去创设人与社会、人与自然"对话"的情景。学生作文不知道是写给谁看的,成了没有交际对象的"面壁而作",难以产生那种人与社会、人与自然直接交流时的愉悦感和表达冲动。而缺乏这种内在的情感和需要的驱动,作文成了强制性训练。

(二)教师忽略了与学生情感的沟通

教师没有把作文看成是师生交流思想、沟通情感的渠道,没有倾听学生真情实感的诚意和愿望。学生有话不想或不敢对老师讲,学生作文不愿或不能敞开心扉,于是,以假话、空话、套话来搪塞老师就不可避免了。

(三)教师忽视了学情的调查与预测

在作文教学中,教师不知道学生需要什么、喜欢什么、害怕什么,有什么困难和障碍,有什么特长和爱好,在一定程度上缺少教学和指导的针对性。命题往往脱离学生的认知水平和生活实际,容易概念化、成人化。自然难以调动学生的生活积累,激发他们的情感,触动他们的心灵,诱发他们表达的欲望。

(四)教师只重视作文知识和方法的传授

在现今小学作文教学中,有的教师不厌其烦地将一些作文知识和方法公式一起抛给学生,让学生死记硬背,套用现成材料与模式。这种写作公式化的僵化训练,相当程度上,漠视了学生的个性化体验,忽略了他们对社会和生活的敏锐洞察,结果必然压制了学生自主思考的能力,没有了自己的思想和情感。

三、忽视学生"主体作用"的发挥

对写什么,怎样写,写得怎样,学生"主体"大多做不得主,总体上还是"教师命题——教师指导——学生起草、誊正——教师批改——教师评讲"的教学结构。这种结构很大程度上把学生置于被动的地位:不是学生从生活中获得了认识和体验,萌发了表达的愿望,然后提笔写下自己的见闻、收获和情感,而是带着老师给的题目去"找材料";作文不是"情动而辞发",而是"主题先行"。命题式作文的"题目 + 要求"的格局,使学生作文前必先花功夫去揣摩意图,弄清要求,然后再"代圣人立言",诸多束缚,放胆不得,抑制了学生的创造性;有的老师不把小学生的作文看成习作,搞违背学生的认知规律的、加压加量的"开发",要求立意深,选材新,内容"有意义"等,拔苗助长,学生往往思来想去不敢动笔;教师不给学生以选择表达形式的自由,训练主流拘泥于"记叙文",单一的训练形式很难调动孩子的习作兴趣;一年级表达训练起步太保守,只要求"说写一句完整的话",不少教师放不开胆子激励学生爱说、多说、大胆说、说自己的话。训练中或在一句话上"精雕细刻",动不动以"请说完整""请说连贯"要求学生,学生哪里还敢轻易开口?作文教学缺少学生自评、互评环节,不是指导学生自己去评价成败得失,而是以教师的主观认识代替学生的认识,往往将作文改得一片狼藉,学生感受不到成功的喜悦。凡此种种,使学生作文"如临深渊,如履薄冰"。如此教学,自然难以激发兴趣、激活思维、激励创新。

四、忽视学生"整体素养"的提高

许多老师对作文教学不可谓不重视,"每日一小练,每周一大练",希望通过大训练量来提高学生的写作水平。不可否认,离开了大量的写作实践,就谈不上写作能力、水平的提高。但仅仅有量是不够的。学生的写作能力和水平的提高是语文综合素养整体提高和发展的过程。

首先,生活积累的底子薄。学生观察生活、认识生活、酝酿情感没有进入作文教学结构的必要环节。作文教学被禁锢封闭在狭小的课堂内,与精彩纷呈的社会生活和大自然相疏离。即使开展了一些课外活动,也没有放在与课内教学同等的地位,使之有序、有效。例如,如何教给学生以观察的方法和技能,培养"好眼力";如何学会用心去体验,培养"感受力";如何去"化平淡为神奇",培养"认识力";如何抓住瞬间即逝的现象,培养"捕捉力"等。往往任其放任自流,自生自长。教师不做有心人,学生也就对生活熟视无睹,无动于衷,生活积累的底子当然就薄了。

其次,语言积累的底子薄。一是阅读量少。老师不重视学生多诵读,多背诵,多积累。学生该读的没读,该背的没背,在课文的教学过程中,往往更注重内容的讲解,而用在诵读上的功夫较少。二是没有充分发挥阅读的价值和作用。阅读教学大多停留在对思想内容的分析和概括,很少引导学生注意作者是怎样观察生活、体验生活、从生活中获得素材和灵感的。三是不重感悟,不重内化,不重积淀。不是让学生自己从读中感悟,发现写作规律,而是"喂给"学生各种作文的知识技巧,提供各种"捷径";不是"厚积薄发",而是"急功近利"。

总之,内不注重调动已有的生活积累和阅读积累,外不注重拓展观察和阅读的空间,从丰厚的生活和文化中汲取营养。这样,忽视生活的积累和文化积淀,学生必然源头枯竭、感情淡薄、认识肤浅、表达困难。

五、忽视学生"日常生活"的积累

叶圣陶曾说:"作文这件事离不开生活,生活充实到什么程度,才会作出什么样的文字,否则就会陷入不切实际的唯技巧论。""对认真练习写作是有妨碍的。"学生写作的过程,是从客观外界汲取必要的素材,经过头脑中的加工制作,再运用文字符号表达出来的过程。离开了"生活"这个最基本的素材源,所有作文便只是空中楼阁、海市蜃楼。然而现在小学作文教学中，把学生关在教室，苦思冥想、闭门造车的现象常常存在。这种脱离生活的封闭式作文训练，导致小学生作文无话可说，东拼西凑，甚至空话、假话连篇。原本想象丰富、灵动活跃的童心，由于缺乏了生活之水的滋养，写出来的东西往往苍白无力，无生动情趣可言。

六、忽视学生作文"讲评"的环节

作文讲评是对学生写作实践全面检查分析的总结，对学生写作具有重要意义。据资料表明，学生尤其是小学生，大都喜欢上讲评课，它既是师生思想认识上的交流，也是情感的交流，是学生期待的一次重要信息反馈。但是目前，很多小学语文教师片面注重作文前的指令性建议，而对作文后的讲评不够重视，常常批改完作文，写几句不痛不痒的程式化的评语，就把作业本发给学生了事，不进行有充分准备、有针对性的讲评。现今小学作文教学中，讲评未受到应有的重视，仍是作文教学中的薄弱环节。

【思考与练习】

一、结合当下小学的教学实际，谈谈你对"重'表达'、轻'育人'"的看法。

二、抽出一定时间到小学去听几节作文课，写出自己的体会。

第二节　小学作文教学的对策

要改变小学作文教学的现状，必须从教学观念上予以根本的变革，建立一种全新的，以"人"为本，从儿童的需要和发展出发，能将人的性格培养、情感陶冶、审美情趣培养、个性发展、习惯养成等人文教育因素与写作能力培养、写作技能技巧获得统一起来，将课内外融为一体的、开放的，植根于我们中华民族优秀文化土壤上的作文教学机制。

特级教师张赛琴老师在福建省小学新课程习作教学观摩研讨活动中所做的有关作文教学的讲座中谈道：我们应当拿什么来教作文？在我们的课堂上，很多语文教师将学生的习作要求无限拔高，将作文复杂化。其实作文就是生活，我们应当拿生活来教作文，作文是生活的文字化。如何将丰富多彩的生活转化为学生笔下的文章？这就要求我们教师发挥主导作用，引导学生去观察、体验生活，有效积累，积极创设生活情景，让学生乐于表达，从而提高作文课的有效性。

一、兴趣的培养与激发——解决学生"乐意写"的问题

心理学家罗杰斯指出："创造良好的教学气氛，是保证有效进行教学的主要条件。""知之者不如好之者，好之者不如乐之者"这句话无疑是强调一个"乐"字，而"乐"建立在"趣"的基础上，有"趣"才会"乐"才会"灵"。因此，教师要想克服学生对作文怕写、厌写的畏难情绪，最大限度地激活学生的作文思维，要努力做到：

（一）创建一个民主、和谐、愉悦的写作氛围

如《夸夸我们组》《我的好伙伴》等的写作，完全可以打破传统的教学组织形式，以小组为单位开展集体创作。同时，可在班级里开设"悄悄话"信箱，以信箱为媒介，通过师生、生生之间的真诚交流，促进沟通，融洽情感。

（二）教师在作文教学中的教学内容应贴近童心

一方面，命题要尽可能地贴近学生实际生活，宁可低一点，不搞一刀切。另一方面，指导时教师要把架子放下来，要用商量口气，商量写什么，怎样写，怎么改，如何评等。

（三）充分发挥教师应有的激励作用

有了兴趣，在作文中获得成就感，学生才能自主作文。因此，教师要多用语言激励，作文的旁批、评语，和学生个别谈话等方法激励学生；讲评作文时，语言要有激励性，肯定成绩为主，教师的一个动作，如一个微笑，竖起一次拇指，都会给学生以信心和鼓励，都会燃起学生的激情。对学生的作文，我们可以采取多种方法取得同学的认同，如课堂朗读、交流展示、办手抄报、刊物发表等，都能极大地调动学生的热情。

（四）教师要充分挖掘教材趣味，诱发学生的写作动机

一方面，平时有目的地收集课本上有关作家、诗人的生活经历、成长故事、写作成就等，向学生介绍并让学生联系作家、诗人的成才道路，学习名人精神，激发写作热情。如讲到王安石《泊船瓜洲》中的"春风又绿江南岸"的名句，可以适时穿插诗人数次锤炼"绿"字的故事。另一方面，依据教材中给出的环境、情节、人物，有时配上乐曲，引导学生展开想象的翅膀，进行故事续尾、诗歌改写、角色切换等富有个性新意的作文创作。

二、积极引导，有效积累——解决学生"写什么"的问题

有这么一则笑话，说古时候某地有一个秀才，冬夜在家里写文章，妻子在一旁

做针线。只见秀才一会儿蹙眉头,一会儿抓耳挠腮,又是揪头发,又是捶额头,一副极其痛苦的样子。妻不忍,问曰:"相公,写文章真的很痛苦吗?难道比女人生孩子还难吗?"秀才回答:"娘子有所不知,女人生孩子虽痛苦,但毕竟肚子里有货,而我肚子里空空如也,挤都挤不出来,你说能不难吗?"笑话中的秀才和当今的学生都对作文有恐惧心理,要消除这一心理,应先引导学生进行有效阅读和积极体验生活,从中积累素材和激发写作灵感。

素材是未经提炼加工的写作材料,是作文的物质基础,犹如木之本,水之源。俗话说:"巧妇难为无米之炊。"小学生怕写作文以及作文中常常出现"假""空""抄""改"的现象,其最突出的原因就是觉得没东西可写。从教学实践中,总结出积累素材主要有以下几种途径:

(一)从现实生活中积累素材

观察生活、认识生活、酝酿情感是作文教学结构的必要环节。作文教学要突破封闭狭小的课堂,走入精彩纷呈的大自然和社会生活。

生活是写作的源泉。那么,如何汇积生活中的写作源泉呢?首先要丰富学生的生活。《大纲》指出:"指导小学生作文,要从内容入手。"内容就是写作材料,写作材料来源于生活。生活越丰富,积累的素材就越多。心理学表明:儿童天性好玩、好动。教师应抓住这一心理特征,有计划、有目的地组织一些有益的课外活动,如春游活动、文体活动、读书活动、演讲活动、看电视、听广播等,丰富学生的生活经验,积累写作素材。

留心生活挖素材。我们要让学生在生活中常做一个"有心人",用自己的"慧眼"细心观察,善于发现,学会思考。如新学期开学,可要求学生课间注意留心学校里、班级里、同学中的新气象、新变化,待第一堂作文课时,布置学生写写发现和感受,学生更容易写出新的学期校园里所发生的变化,避免了文章的言之无物,而且培养了学生善于从生活中发现美、捕捉美、记录美的能力。

生活中发现不少学生喜欢养花种树、饲养一些小动物,在作文训练中可因势利导,指导学生写一些观察日记,把他们养花种树以及和小动物友好相处的点滴体会用自己手中的笔记录下来。根据特定环境,让学生及时写写随笔,有话则长,无话则短,不加任何指导和约束,结果写出的"放胆文"别具一格,真实生动。

(二)广泛阅读欣赏,激发内心感悟

阅读是写作的基础。孙洙说:"熟读唐诗三百首,不会作诗也会吟。"这就告诉人们,积累书本中的材料要靠多阅读,多背优美词句,好的片段和文章。积累遣词造句,选材与立意,层次与段落,详写与略写,开头与结尾,过渡与照应等写作技巧。让学生做到多读精思,举一反三。

我们在平时的教学中要开展各种活动激发学生的阅读兴趣,并不断地丰富学生的读物,从而激发学生主动阅读的欲望,感受阅读的快乐。

首先要注重课内积累。要在课文中学写作,找准读写结合点,指导学生仿写。要感悟课文的写法,进行一些句子、片断的练习。

其次要加强课外积累。多读课外书,拓宽知识层面,增强语言能力,丰富写作素材,从阅读中去感悟语言和技巧。要求和鼓励学生做读书笔记,摘录优美的词语、句子、段落,重视背诵,沉淀语言。可在班级里设置"小小图书角""读书写报栏"等,及时更换报刊文章,抄写学生习作,张贴生活图片,提供时事新闻,以开阔学生视野。

再次,指导学生阅读的同时,还可教学生制作阅读记录卡。上面可以记录书名、作者、好词好句、内容摘要、读后感受等。学生通过大量的阅读欣赏,在潜移默化中掌握了写作方法,积累了大量的语言、词汇,激发了内心的感悟,从而感到作文不再那么难写,畏难情绪也就容易消解。

另外,不断提高学生的阅读与欣赏能力。如引导学生写景物时,可以引导学生欣赏教材中的有关课文,通过有感情地朗读,议一议文章美在哪,画一画好词好句,想一想文中所描述的情景,引导欣赏文中的意境美、结构美、语言美。接着,引导学生说说曾经游览过的美景,激发内心的感悟。

(三)丰富实践活动,拓宽生活空间

作文是生活的文字化,学生如果没有丰富的生活积累,没有对生活独到深刻的体验和感悟,就写不出好的文章。所以,要让学生有话可说,有事可写,有感可发,就需要老师引导学生去体验生活、热爱生活,拓宽他们的生活空间。例如,指导学生写有关环保题材的文章时,就可以组织学生对周围的环境进行调查、分析;在学写说明文时,让学生观察植物的生长;学写书信时,让学生以书信的方式与同学、老师、家长说说心里话;学校举办运动会,鼓励学生积极参与,并引导写一写参赛的见闻与感受。学生直接参与活动,接触社会,认识自然,拓宽了生活空间,丰富了写作素材,这样写出来的文章不再是无病呻吟,也激发了学生的作文兴趣。

可通过开展各种有效的语文实践活动,以丰富学生的生活,为学生提供更多的写作素材。例如,在班里定期开展读书心得交流、手抄小报展评、诗歌故事演讲、时事新闻播报、热点问题研讨、班级文刊编印等活动,及时了解与反馈学生在积累素材和表达语言方面的情况。

在课前选择各种生活场景,让学生亲临其境参与体验,在活动中引导观察、加强指导。同时引导学生不断走出校门去寻找写作的"活"水,如利用双休日开展野外活动,带领学生走上田间地头,参观农业基地,访问农业大户,调查河流水质,研究水产养殖,考察文物古迹,体验农田生活……让学生在活动中积累真实生动而又丰富的写作素材。

三、落实作文指导——解决"如何写"的问题

俗话说得好:"授之以鱼,不如授之以渔。"教师要教给学生有效的写作方法,扶着他们慢慢走一段,寻找开启写作大门的钥匙。

（一）指导学生学会观察

《语文课程标准》在写作教学上对学生提出的要求是能不拘形式地写下见闻、感受和想象,注意表现自己觉得新奇有趣的或印象最深、最受感动的内容。然而学生作文则往往空洞无物,这不仅仅是因为他们没有观察,而更多的是没有得到正确的指点,缺少发现。因此,教师教学中要"授之以渔",教给学生观察的方法,培养观察的习惯。

观察还应指导学生发挥多种感官的功能,从各个方面了解事物的特点,全面、细致、深入地认识事物。例如,写一种水果,课堂上可让每人带一种水果指导学生观察。通过视觉,了解水果的颜色、形状;通过触觉,感觉水果外表的特点;通过味觉,品尝水果的味道;通过嗅觉,闻一闻水果独特的芳香。同样观察人物、动物、事件等,都需要多种感官的参与。唯有如此,才能使学生获得深刻的感受,写出的作文才能生动形象,内容具体。

观察的形式多样,还可结合其他学科指导学生进行观察,积累写作素材。例如,自然课上经常做一些实验,如种子的实验,就可以指导学生写观察日记。长此以往,学生的观察能力得到培养,良好的观察习惯逐渐养成,习作的内容自然就丰富、生动、具体了。

（二）在阅读教学中渗透作文指导

读和写是紧密联系,互相作用的,读是从外到内的收获,写是从内到外的表现。叶圣陶说:"阅读得其方,写作之能力也随之增长。"首先是利用好语文教材,语文教材不仅为作文教学提供了可借鉴的范文,而且教材本身所具有的体现作文教学训练的系列性,又为作文教学提供了依据和保证。小学语文所选的课文,大多是古今中外名篇。无论是思想内容,还是写作技巧,都堪为典范。其中,有些文章,学生特别感兴趣。例如,部编教材四年级下册第二单元的阅读教学内容是说明文,教师在教学每篇课文时都可充分利用教材这个形象直观的例子,让学生在

阅读中掌握说明文几种常用的说明方法,在此基础上,师生一起归纳、总结出带有规律性的要点,学生在第二单元的习作中,就能应用举例子、列数字、打比方、作比较、分类别、假设等说明方法来表达事物的特点。

(三)应用多种形式,拓宽写作训练天地

单一的每学期八次的作文指导课对提高学生的写作能力显然是杯水车薪。教师可采用多种形式进行写作练习,培养学生热爱写作、乐于表达的习惯。可以从以下几种形式拓宽学生的写作训练:

1. 每日小练笔

要求学生写日记、周记、做读书笔记是一种很好的做法。对低年级学生可以采取"每日一句"的写作形式,要求这句话必须是自己最想写的。每天只写一句话,学生不感到困难,乐于去写。这样坚持下去,写作的兴趣和习惯就能培养起来。

2. 口头作文训练

口头作文是书面作文的一种辅助形式,经常性的口语训练能锻炼学生选材、构思、语言表达能力等。例如,部编版三年级下册第二单元的辩论"该不该实行班干部轮流制"为提高书面作文能力,为学生充分展示自己的辩才提供了用武之地。参与辩论的正方、反方,在课前都做了充分的准备,在辩论中正反双方运用充分的理由、充分的论据,或批驳对方的观点,或批驳对方的论据,进而正面阐明自己的观点,达到胜辩的目的。辩论后学生拿起笔写下自己的观点或参加这次辩论的感受。口头作文训练能以说促写,提高书面作文能力。所以,我们必须加强小学生的口语训练,形式可以是多样的,演讲比赛、诗歌比赛、口头编故事等,通过这些活动,确实提高学生口头作文的能力,以便为人际交往和书面作文服务。

四、减少束缚,给学生写作以自由——解决"不敢写"的问题

(一)树立作文教学要"以学生的发展为本"的现代作文教学观念

《语文课程标准》指出:"写作是运用语言文字进行表达和交流的重要方式,是认识世界、认识自我、进行创造性表述的过程。""写作教学应贴近学生实际,让学生易于动笔,乐于表达,应引导学生关注现实,热爱生活,表达真情实感。""在写作教学中,应注意培养观察、思考、表现、评价的能力。""激发学生展开想象和幻想,鼓励写想象中的事物。""为学生的自主写作提供有利条件和广阔空间,减少对学生写作的束缚,鼓励自由表达和有创意的表达。提倡学生自主拟题,少写命题作文。"这些论述,是针对传统作文教学中普遍存在的学生害怕作文,作文教学脱离学生生活实际,教师命题学生做,学生习作教师评改等弊端提出来的,具体阐明了"学生是学习作文的主体"的教学理念,体现了"以学生的发展为本"的现代作文教学观念。

(二)建立平等和谐的师生关系

抛弃过去那种命令式的作文练习,范文式的指导方式,批判式的批改方式,建立平等、民主、和谐的师生关系,要创造开放、宽松、愉悦的课堂氛围,特别是要减少命题作文,让学生能够自主地选择内容、题目,心情愉悦地表达自己的心声。

(三)让学生自主作文是新课标的要求

自主作文,不是教师放手不管,而是承担对作文训练的设计、组织、指导、评价,教师的作用不能放弃和削弱。但是,应该少进行命题作文,多进行半开放性和开放性作文,给学生以时间、空间,只给要求,给学生以选择。在作文批改上,要教给修改方法,提供标准,引导学生自批自改,互批互改,培养自我修改能力。

在美国的作文课上,不要求学生当堂完成写作任务,可以到图书馆查资料,可以调查访问,给学生充分思考和准备的余地。学生作文获得什么等级的评分,主要依靠搜集资料、选用资料的能力和是否有独特的见解、言之有据的观点。我国作文教学往往规定时间当堂完成。例如,同是写《我的爸爸》,我国通常是要学生课堂内交稿,学生绞尽脑汁,费尽心思地写,甚至胡编乱写,写出的多是大话、空话、假话;而美国是一周内交稿,先让孩子们去采访父亲、母亲、祖父乃至伯伯、叔叔、朋友和同事,使孩子们全面、深刻地了解了父亲,然后进行写作。既真实全面,又有相当的难度,多方面地锻炼学生,对学生终身发展有用。

五、重视作文评改——解决"如何评"的问题

写作评价是写作教学的重要环节,是对学生阶段性学习成果的一种认定,是写作指导的继续和深化。作为小学语文教师,在这个环节中,老师的批改应当重视、理解、尊重、欣赏学生写作过程中的个性体验,努力发现作文的闪光点,对学生多加鼓励,激发其习作的积极性。

(一)引导自我评价,让学生在自省中得到发展

学生学会修改自己的文章是作文评改训练的最终目的,是提高语文能力的有效方法,也是良好的习惯。我们要注重引导学生写完作文后,边读边思,并在文后写出评价意见,提出修改建议等。作文是表达的过程,学生参与评改,得到了分析、表达的锻炼,得到了作文写法训练的机会,学生在不知不觉中提高了写作水平。

在修改上要坚持自主性,即教师要把修改权还给学生,在修改过程中教给学

生先增后删法、诵读法、请教法、搁置法等有效的自改方法,培养自改的习惯。在批改上要坚持激励性,要以保护学生的自尊心和增强学生写作的自信心为准则,以欣赏的眼光看待学生的劳动成果,尊重学生的劳动成果。对学生的评价要因人而异:对写作能力强的学生要严格要求,好中求新,好中求异;对写作能力弱的学生要放低要求,以鼓励为主。对学生中出现的佳作或进步较大学生的文章,要给予肯定与赞赏,可通过记分、加星、点评等方式予以表扬。

（二）注重作文评价的互动,体现合作共进

学生作文,教师批改,学生处于被动的地位。根据课改精神,完全可以让学生自改、互改,或者教师批,学生改,让学生处于主动地位,把学生的主体意识落实到作文批改教学实践中去。那么,如何把学生的主体意识落实到作文批改教学中去呢? 如何培养学生自改作文的习惯,使他们真正具备修改作文的能力,从而提高他们的写作能力和水平呢?

教师要将"课后评改"更多地变为"当堂评改",让学生在老师面对面的指导下接受评改,提高写作水平。对初学写作的学生来说,当堂采用圈画法、商量法、高分法、奖励法的评改措施,其收效甚佳。从师生参与评改的形式来看,有教师示范评改,有根据教师批语和符号自改,有学生之间的互改,还有师生集思广益的集体评改。

同时,可以让学生互批互改。首先教师做好要求,分好几个小组,相互评议,相互修改,如意见不统一,可查资料,也可上网,或请教教师。学生自改作文后,教师让学生把自改的作文交给同学再互相修改,互相评价。学生由于思维方式与表达方式接近,对学生的批改比起对教师的评价更容易理解与接受。因此学生参与意识很强,热情也很高。最后我们可以从批改完的作文中筛选出写得优秀的文章来阅读,全班同学一起欣赏,共同进步。俗话说得好,"三分写,七分改","文章是改出来的"。所以我们要正确地引导学生修改自己的文章,培养学生修改作文的良好习惯,全面提高学生作文水平。

（三）设立交流平台,发挥作文成果的激励作用

1.朗读优秀的习作

著名特级教师贾志敏曾经说过:"三分文章七分读。"老师们要善于抓住学生习作中的闪光点进行朗读发挥,而这朗读本身也就蕴含了老师对学生习作的理解与肯定。这样的做法既发挥了导向作用,又起到了鼓励、促进与创设情境的作用,使他们觉得自己就是"小作家",自己身边有"小作家"。孩子们特别喜欢这种方式。

2. 利用好广播站、展示台

对于特别出色的习作,及时把习作推荐给学校广播站,让其在校园广播站播出,其成就感和自豪感是不言而喻的。每天轮流安排学生将近期写的,且自己认为写得最好的一篇作文或日记贴上教室里的展示台,让大家欣赏评价。这样的习作评价既省去了那种徒劳无益的作文、日记检查,又给学生创造了激励、进步的机会,从而调动了学生习作的积极性和主动性。

【思考与练习】

一、改进小学作文教学现状的有效对策有哪些?

二、对改进小学作文教学的现状,小学语文教师应有哪些担当?

【阅读推荐】

1. 孙国梁,刘筑琴. 小学语文教师手册,西安:陕西人民出版社,1983.

2. [苏]巴班斯基(吴文侃等译). 教育过程最优化,北京:教育科学出版社,2001.

3. 陶行知. 陶行知文集,南京:江苏教育出版社,2001.

4. 陈向明. 教师如何作质的研究,北京:教育科学出版社,2003.

5. 程红兵. 语文教学的常识性回归,桂林:漓江出版社,2013.

第十二章　小学作文教学的评价与创新策略

◎ **内容导读** ◎

《语文课程标准》实施以来,传统语文教学评价体系受到严重冲击,我们需要重新审视和定位作文评价中的核心问题,即价值、标准、方式。新课程作文评价方式的改进应着眼于学生的发展,倡导并建立新型的作文评价方式与创新策略。

第一节　小学作文教学的评价取向与评价方式

一、小学作文教学评价的评价取向

(一)协调人格完善与自我意识

语文新课标重视情感、态度、价值观的正确导向,注意培育学生高尚的道德情感和健康的审美情趣,注意正确的价值观和积极的人生态度的形成,并要求将这些内容贯穿于日常的教学过程之中。而作文教学就是实现这一目标的一种极好的方式。作文的本质是以语言文字表达自己的思想,在心灵上与他人沟通,发现问题然后解决问题,从而创造新意义的语言使用行为。

《语文课程标准》明确要求学生"乐于书面表达,增强习作的自信心""愿意将自己的习作读给别人听,与他人分享习作的快乐"。这样的过程都不能离开"自我"的真实"存在"。抛弃"自我"的文章,从写作动机上看既缺乏内驱力又缺少外动力,写作始终处于一种停滞的状态。没有来自内心的表达冲动,就一定没有飞扬的精神。因此,没有情感体验和生命体验是不会在纷繁复杂的社会背景之下,寻找到普通人所认同的情感规则以及价值评判标准的。

（二）重视审美与想象力

曹文轩先生说："美比思想更重要。"思想是有局限的，会受到思想之外任何一样东西的干扰，而"美"是人类精神的真实存在，是永恒的。站在这样的高度去理解写作，理解写作者，教者的境界必然有一个较大的提高。只有抓住"美"这个永恒的主题，写作才能够摆脱自我情感的宣泄、识字人的"文字游戏"之类的局面。

引进"活水"，激活学生的审美清泉。生活是作文之源，无源头活水，哪来鲜活的作文？特级教师于漪也说过，要让语文教学有活泼的生命力，须放开眼看，竖起耳听，接收新事物，接收新消息，让时代活水在语文教学领域流淌。可现实却令人忧虑。迫于升学的压力，学生长期受困于家庭到学校，再由学校到家庭的单调的直线式的生活里，导致学生失去了拥抱自然、亲近社会、感悟人生的机会，如此一来，写作主体审美的家园便会失落，审美的清泉便会凝滞。

自然万物、社会人生都负载着无限的深意、无边的深情。当学生以自己的真情实感去体味生活，感悟美好，那么其笔下的一草一木、一山一水也就具有了活力，凸显出精神的内涵。当学生对"徘徊枝上月，空度可怜宵"的妙谛有了自己的审美愉悦；当学生把自己想象成一棵小树，去享受幼芽发育或是柔条临风的那种快乐；当学生对自己身边的车来人往、世事变迁有了自己的价值评判；当学生对国际间的风云变幻、纵横捭阖有了自己的评说……总之，当时代的"活水"激活学生的审美清泉，到那时，离写好作文还远吗？

其他国家的写作教学，也非常注重学生想象力的培养，如美国在整个写作教学中都强调"美学意义和富有想象力的写作"。离开了想象力，写作必定是僵化的，了无生机的。我国传统文学，无论是《诗经》《楚辞》还是诸子散文，都具有浓厚的想象意味，后来的唐诗和宋词也概莫能外。

（三）淡化作文的意识形态

要淡化作文的意识形态强制，回复作文的原本特点。对于绝大部分人而言，写作并非他的终身选择，或者只是爱好，或者只是需要，因此对他们而言，作文是纯个人的行为，过分强调其服务性，只会导致他们对作文的害怕和厌恶。

大家知道，作文教学，就是培养提高学生运用民族语言表达自己思想情感的能力，其中思想的形成就是运用民族传统的道德、价值来观照人、事、物的过程，其中情感的生发就是从人、事、物之中参悟出了民族传统的道德、价值，或者是触发了带有民族思维特性的对自然、社会的感悟思考。作文训练，就是民族性思想、道德、心理、思维在学生心灵中得以巩固、深化、升华的过程。在这一漫长的精神家园的构筑过程中，教师应着眼于学生悟性、灵性和健全人格的建树，以培养学生的审美人生观。生活育人，作文育人，让每一个学生以追求美作为人生的支点，以热爱生命作为人生的理想。

（四）兼顾作文自由与作文规范

写作是对文字及语言的再创造，因而其自由性不可忽视。在保证符合几千年来已形成的基本规范的前提下，应给予学生足够的发挥空间，保留学生表现创造力和表达个性色彩的机会。

由于长期的模式化作文训练与僵化的作文评判等原因，导致学生作文的人文性缺失。展示出来的更多的是一个个"装在套子中的人"，而不是有血有肉的、有灵性和个性的"个体"，不是独一无二的活泼的"自我"。作文本身是一种个人的精神性实践活动，作文的创造性是个性发展的突出标志，有个性才有特色，才可爱。缺乏个性意味着缺乏创造性，缺乏魅力。因此，应高扬民族精神，不用模式拘囿学生的思维，不用唯一标准衡量学生的作文，善待学生的"创见"，并为他们创设发现自我、表现自我和实现自我的机会，让更多的孩子有所选择，让更多的孩子能够表现，让更多的孩子陶醉在成功的喜悦中，让更多的孩子拥有健康的心态、健全的人格和自信的人生。

二、小学作文教学评价的方式取向

用什么样的方式评价最有效？现实的课堂作文教学中实际存在两种作文评价的方式取向，即共性作文的评价和个性化的作文评价。共性作文的评价，重视结果，忽视过程；重视考试，轻视训练；重视一个标准一把尺子一刀切。只有开放的评价，才能促进个性化作文教学。个性化的作文评价，应该开放作文评价的方式。

开放式作文教学的评价与开放式作文指导是相互呼应的。作文指导的开放包括命题的开放、选材的开放、自由写作等。

开放式作文教学评价颠覆的是传统单一的终结性评价。终结性评价是相对于诊断性评价、形成性评价而言的。诊断性评价是指在某项教育活动进行之前，为使其计划更有效地实施而进行的预测性、测定性评价，或对评价对象的现状和存在的问题作出鉴定。其主要目的是为了了解评价对象的基础和情况，判断其是否具备进行某项活动的条件。形成性评价是指在教育活动进行过程中评价活动本身的效果，用以调节活动过程，保证教育目标实现而进行的价值判断。它的目的不是预测，也不是为了评定成绩，而是为了了解工作过程中的情况，以便及时调整工作的状态。

新课程理念下的作文评价提倡以形成性评价、诊断性评价为主,终结性评价为辅。这就需要我们采取多种形式的评价,改变以往评价中终结性评价为主的做法,并让学生全程参与作文的评价过程。有的学校倡导让形成性作文评价走进课堂,并制作作文成长评价工具,把形成性作文评价与期末考核评价整合起来。如制作学生成长记录,用来记载学生学习成长的渐进历程,反映学生学习成长的动态过程。教学中,以这些评价工具为中介载体,就可以整合学生的形成性作文评价与终结性的卷面评价。

三、小学作文教学的评价方式

(一)倡导作文的"成长评价"

建立成长记录袋是《语文新课程标准》所倡导的一种评价方式。《语文新课程标准》指出:"提倡采用成长记录的方式,收集能够反映学生语文学习过程和结果的资料,如关于学生平时表现和兴趣潜能的记录,学生的自我反思和小结,教师和同学的评价,来自家长的信息等。"随着新课程改革的不断深入,"成长记录袋"作为一种评价工具,逐步被广大教师所关注,但由于其尚处在探索阶段,真正接受并采用这一工具进行评价的教师还不多。而有的地方或学校采用"成长记录袋"的评价,工作做得比较深入,也积累了一定的经验。档案袋里有学生成长的足迹,将学生每个阶段、每个学期的成长情况通过资料搜集将其保存起来,为综合评价学生成长历程中的发展状况提供了很好的依据。档案袋里还有学生的星语心愿,学生将自己的一些学习、生活心得,或平时的一些心里话,或一些烦恼和苦闷在这里倾诉。总的来说,档案袋所装的学生的得意之作可谓门类繁多,琳琅满目,习作、绘画、摄影、录音、录像、书法、科技作品、贺卡等。学生成长档案袋的种类有:学科成长记录袋、综合性成长记录袋、个人成长记录袋、展示型成长记录袋、评估型成长记录袋等。将学生自己认为最满意、最喜爱或最重要的作品装进成长档案袋,让每个学生都能看到自己的进步和努力,体验到成功的快乐,培养争取进步的情感与态度。

(二)重视对作文"准备"的评价和"跟进评价"

作文评价与作文指导是密不可分的同一过程中的不同方面。如前所述,以往的作文评价比较习惯于终结性评价,忽视"对作文材料准备过程的评价"和"对学生作文修改状况的评价"等跟进评价。

1.重视对写作材料准备过程的评价

《语文课程标准》指出:"重视对写作材料准备过程的评价。不同学段学生的写作都需要占有真实、丰富的材料,评价要重视写作材料的准备过程。不仅要具体考查学生占有什么材料,更要考察他们占有各种材料的方法。要用积极的评价,引导和促使学生通过观察、调查、访谈、阅读、思考等多种途径,运用各种方法搜集生活中的材料。"材料准备是否充分,会直接影响作文内容和作文教学内容的质量。材料准备过程是一个学习的过程,可以采用"观察、调查、访谈、阅读、思考等多种途径"。这个过程是不应该省略的。对这个过程的评价有利于学生综合素养的提高。但小学生尚处在学习的初级阶段,无论他们做得怎么样,教师都应该以宽容心态对待。在关注学生的写作态度和写作材料的准备过程时,教师应更多地肯定学生在现有基础上的努力和成绩,并把重点放在引导学生思维的方式和写作的习惯上。

2. 重视对学生作文修改状况的评价

如果静态地给学生一个分数或评语,或许也能激励一下学生的学习积极性。就像《语文课程标准》在作文评价方面要求的那样,指导学生"修改自己的习作,并主动与他人交换修改",也是可取的。但是,"重视对学生作文修改状况的评价"还应当被视作是对学生作文的再一次指导。这种"指导"具有评价的意义,也可以用"评价性指导"来表述。它是动态的评价,是在学生"修改自己的习作,并主动与他人交换修改"的基础上教师参与并发挥主动作用,使作文指导与评价进一步得到延伸与提高。这种做法可以用"跟进指导"或"跟进评价"的概念来把握。以往的作文教学中,教师偏重于作前指导,而淡于作后的跟进指导与评价,经常以几条笼统甚至是俗套的评语来"打发"学生的作文。

跟进指导或跟进讲评既可以是作文内容的进一步丰富,也可以是语言表达技巧上的进一步完善。但是,其重点应放在"如何表达得更好"即写作方法上。这样,作文的前期指导重点解决"写什么"的问题,跟进指导或评价主要解决"怎么写更好"的问题。跟进指导或跟进评价一般分两步走:第一步,集体讲评,并让学生进行相互交流与评点,在表达效果上提意见与建议并引导修改;第二步,对写作水平中下的学生提出具体的修改指导与评价意见。这样做虽然要花费一定的时间,但效果明显。

3. 评价和跟进评价都要关注学生修改作文的态度、过程和方法

《语文课程课标》指出:"不仅要注意考查学生修改作文内容的情况,而且要关注学生修改作文的态度、过程和方法。要引导学生通过自改和互改,取长补短,促进相互了解和合作,共同提高写作水平。"所以对学生作文修改的效果可用"态度是否积极,过程是否到位,方法是否适当"等来衡量。让学生的学习过程充满人

情味,让他们感受到自己始终处于被关爱、被理解的氛围之中,有助于提高他们的写作积极性。

(三)实行多元互动的评价方式

1. 自我评价

学生自我评价是指学生在学习过程中根据评价目标和标准对自身学习和发展中的各个方面所作的价值判断。

北京师范大学王文静教授指出:"学生自我评价对其成长与发展具有重要的作用。首先,自我评价是学生个体成长和发展中的一条主线。因为,在学生的学习过程中,他人的评价以及外部社会的评价最终要与学生的自我评价相结合,才会促进学生的主动发展。学生最终要靠自我评价来完善自己、发展自己,进而促进自我实现。其次,有效的学生自我评价有利于激发学生的内在学习动力,使其养成良好的行为习惯,并对自己的行为进行不断的检查和调整,形成自我反思、自我调整的有效机制,进而主动地为自己规划自我成长的历程。最后,有效的自我评价有利于学生和教师共同承担评价的责任,使评价成为学生自己的事,帮助学生成为独立的终身学习者。所以,学生自我评价是学生自我认识、自我反思的基本手段,也是学生自我诊断、自我矫正、自我完善和自我实现的过程。"作文讲评课中,教师应站在学生的立场,用商量和欣赏的口吻提出自己的见解和感受,和孩子们共同修改文章。在这个共同的修改过程中,教师会教授学生一定的方法和技巧,指导他们学会修改,学会评价。虽然自我评价是一种由学生自己主导的评价活动,但由于小学生的自我评价能力尚处于发展阶段,所以,教师及时的引导和要求是必不可少的,教师在学生自我评价中能起促进作用。

2. 互相评价

学生互相评价实际上是一种合作学习的方式,产生合作的关键是必须有一个"利益的汇合点",学生在课堂上的"利益汇合点"是"成长的需要"。学习成效高的学生与学习成效低的学生的合作,既要有觉悟,但更要他们意识到"利益"的存在。如前者帮助后者就得到了"指导他人的实践机会",在帮助别人的同时提高了自己的能力;后者向前者开放,就得到了帮助,增强了学习效果。因此,合作的双方都要为对方做出一定的"贡献"。所以,教师要引导学生理解合作中的利益存在,让学生需要合作,愿意合作,乐意合作。互相评价,不仅能够促进作文的评价,提高作文能力,而且可以培养学生的合作精神。

眼下互相评价,常常采用自找伙伴互相评改,按相同内容或按相同表达形式为小组互相评改,或者把学生的作文本全部展出,让学生自由选择评改的方式,要求学生在评改时写下修改意见,在虚心地汲取被评改作文的优点的同时,又认真负责地指出不足之处,大到全篇布局、思想认识的问题,小到一个词、一个符号。有的教师从合作学习的角度引导学生互相沟通,互相启发,合作评改,倾听别人的发言,接纳他人合理的建议和意见。这样做,也能促进学生健康人格的形成和发展。

3. 师生交流

教师对学生的评价是影响学生个性成长的重要因素。当代课程论强调对学生应该采取激励性评价、赏识性评价、发展性评价,评价的目的是为了学生的发展。学生的每一篇作文都是一次艰辛而又有意义的劳动,他们最希望能够得到老师的鼓励和赏识。在学生自改和互评基础上,学生的作文已经具有一定的质量。教师在与学生交流时,或口头评述或书面评语,都要根据学生的习作,参照自我评价和互改评语,进行赏识激励性的评定,还应对不同层次的学生按照不同的标准进行激励评价,用令学生满意的效果去强化他们作文的动机,促使学生的作文能力在原有的基础上得到良好的发展,体现评价的服务功能。

4. 家长评价

新课程特别强调家长参与对学生作文的评价。学生完成一篇作文,老师先不做评价,而是让孩子带回家,请父母做第一任的评论者,请父母实事求是地写下对孩子作文的评价;家长不接触教学,他们对孩子的作文的看法,一定与老师的评价有不同之处;家长的评价,对他们来说是一次学习的过程,也是一次思考的过程。家长的评价对老师来说拓展了思路,使老师能更全面、更深入地评价学生的作文。

同时,家长参与作文评价,促使家长了解学校和教师,形成家校教育的合力;家长的参与也增强了他们对教师教育教学活动的监控,有助于促进教师反思习惯的形成和能力的提高。

【思考与练习】

一、小学作文教学的评价方式有哪些?

二、如何正确运用作文教学的评价,给学生更多的鼓舞和激励?

第二节　小学作文教学评价的基本理念

一、树立大作文教学观,正确评价学生的作文

学生对大千世界的认识和看法是随着年龄的增长和阅历的丰富而逐渐成熟的,他们有他们的活动天地和思维空间。尽管他们的一些做法显得有些幼稚,想法有些天真,但那是他们真实情感的流露。按照"写作教学应贴近学生实际,让学生易于动笔,乐于表达,应引导学生关注现实,热爱生活,说真话、实话、心里话,表达真情实感"的要求,在作文评价中,教师一定要树立大作文教学观,站在学生的角度去欣赏学生的作文,尊重学生的意愿,重视对学生道德品质的培养,教会他们讲真话。不管学生是写光明的、积极的东西,还是反映社会阴暗的、消极的方面,只要文从字顺,具体明白,具有真情实感,教师都应给予肯定和鼓励,决不能因为我们的作文评价,减弱学生的写作兴趣,削弱学生的创新意识。只有这样,才能使学生从内心出发,写自己想写的、所追求的、所欣赏的,从而激发他们的写作激情,同时促进他们在知、情、意、行等多方面素质的发展。

二、以欣赏的眼光,科学评价学生的作文

作文讲评不是单纯的教师评、学生听,而是师生之间、同学之间进行讨论、评议、修改的互动过程,是师生共同参与的教学活动。要想使评讲课上的生动活泼,教师必须根据作文训练的要求和学生作文的实际情况,灵活选择教学方法并不断创新,才能使作文讲评真正起到抛砖引玉、穿针引线的作用。

(一)要善于肯定

教师要抓住学生争强好胜的心理,在讲评过程中通过设置灵活多样的欣赏环节,如"榜上有名""佳作亮相""片段欣赏"等,让学生朗读自己的作品,畅谈自己的写作思路。同时还要注意肯定学生自己的相对进步,从而使每个层次的学生都有展示自己的进步和成绩的机会,使被评价者通过他人的赞赏而受到激励。另外我们还可让学生的表现延展至课外,如鼓励他们投稿等,让他们充分"炫耀"自己的成果,享受成功的快乐。

(二)要注意"赏中有评"

一是教师要善于用富有启迪性、商讨性、趣味性的语言点拨,引导学生共同讨

论，各抒己见，让学生用自己的眼光评评好在哪里，妙在哪里，欠缺在哪里；二是教师要善于激发学生"我要修改、我要写得更好"的心理需求，主动修改自己的习作。值得提出的是，在学生动手修改、互改前，教师一定要强调"三分文章七分读"，并提出相应的要求，切不可草率过场，敷衍了事，这样在具体的欣赏、评析中，学生会产生一种羡慕之心，会自觉不自觉地以别人的优点为榜样，吸收其中对自己需要的东西，自觉投入修改作文的过程中去。

（三）要抓住共性，突出重点与核心

学生作文出现的共性问题，大致有以下几个方面：一是语句不够通顺；二是应用文的格式存在问题；三是记叙文的"四要素"不全；四是文章的结构顺序比较混乱；五是记"流水帐"，不能突出重点等。这些共性问题，其实都是学生作文的基础问题。评讲中，如果不注意这些共性问题，草草过场，往往它就成为我们作文教学路上的绊脚石，这点不容忽视。

但我们在作文讲评课上，又不能蜻蜓点水、面面俱到。因此教师要根据学生在作文中暴露出来的共性问题每次确定一到两个重点进行落实。每次作文讲评，师生可从不同角度、不同层次进行审美与鉴赏，但是作为教师，不可贪大求全、面面俱到。教师要根据作文训练要求、学生写作现状以及作文讲评的主要目的，设定作文讲评的核心，以此师生进行专题对话、交流，方可达到事半功倍的讲评效果。也只有这样，学生的作文水平才能扎实有效地培养和提高。

三、以求实的精神，引领学生自改、互改作文

叶圣陶老先生说过："作文教学要重在培养学生的自改能力。"因此，在作文讲评课中，教师应充分调动学生的积极性，鼓励学生积极大胆地参与到自改、互改中来，引导学生进行自我反思，这是改变教师"包揽一切"、减轻老师工作负担和压力，培养学生动手、用脑等多方面能力的好举措。首先，教师要明确修改方向、提出要求，学生对照要求自改。其次，学生在自改的基础上进行互改。在这个过程中，学生可以学习到别人是如何触及生活、触及自然的，是如何展开大胆而合理的想象的，又是怎样以真情实感写出新颖的文章来的。在互改中，学生培养了合作精神，在合作中相互学习，从而达到相互沟通、交流的目的。再次，教师要引领修改，对部分学生进行面对面的评改和交流，用这种引路的方法，鼓励学生认真观察、亲临社会实践，把笔尖探到现实生活中去，从而激发学生的写作兴趣。

综上所述，作文讲评要抓住关键环节，讲究科学，注重方法的指导和能力的培养，不搞"一言堂"，尊重学生的自主权，创造一个和谐、民主、自由、健康、向上的

学习、育人环境,我们的作文教学水平就一定能上一个新台阶。

四、以有效的方式,教给学生作文讲评的方法

掌握讲评方法应该成为学生鉴赏作文的一项要求。如果学生掌握了讲评的方法,学生在作文讲评时就不会盲从,而且教师还可以有的放矢、循序渐进地培养学生的作文鉴赏水平。为了让学生易懂、好记可以按三讲、二点、一步,三讲——每篇选文都要按照小作者谈、学生讲评、教师讲评三个层次来进行。二点——既找优点,又找缺点或不足、方向。在实事求是的基础上,一方面有意识地教给学生学会放大优点,学会发现美,既鼓励别人,又鞭策自己;另一方面有意识地教给学生学会敢于批判,在批判中明辨事理,培养公正的品性;更为重要的是让每一个学生都能引以为戒,少犯、不犯这样或那样的写作错误。一步——即希望每一位同学通过作文讲评,对比自己,使自己的作文水平能前进一步。

五、以开放的态度,创设作文讲评的平台

教师要创设作文讲评的平台,构建师生和谐的课堂氛围,引导学生积极参与,让学生在作文讲评的海洋中遨游、漫步。其一,教师所选的学生作文一定要典型,这对学生审美鉴赏或者作文指导具有重要的意义。其二,学生发表自己的见解、看法时,不管是长篇大论还是只言片语,教师要时刻不忘鼓励学生,鼓起学生的自信心,这对于培养学生的逻辑思维、语言表达、口语交际、交流合作等多方面的能力都有很大的帮助。其三,因为学生站的角度不同,所以学生会对同一篇作文有不同的评价。教师要利用这一有效契机,让学生在热烈的课堂讲评气氛中争论、探讨,切身感受作文的参与性、鉴赏性及趣味性。最重要的是,让学生在教师的点评指引下去寻找、发现作文的真谛。

六、以欣赏的眼光写好作文评语

教师要做一个有心人,一方面,在课堂上要逐步培养学生学会体验,学会感悟,学会沉淀,学会思考,学会反思;另一方面,作文讲评课之后,要让学生用随笔的形式表达出来,使得学生在作文讲评时的感悟得以升华,从而真正提高学生的写作水平与作文鉴赏水平,提升学生的思想境界。让每一个学生都会从作文讲评课中有不同的收获。

传统的作文评语常从以下几方面入手:立意、结构、语言、表达方式等。这种程式化的评语,多理智的评述,少感情的注入,往往令学生望而生厌,收效甚微。

其实作文评语是师生间推心置腹的交谈,是师生间心灵沟通的桥梁,教育心理学表明,沟通越成功,教学效果就越好。

"如果学生没有学习的愿望,我们所有的计划、所有的探索和理论统统都会落空。"因而,语文教师的首要任务是培养学生热爱语文的情感,激发其写作欲望,正如法国教育家第斯多惠所说:"教学的艺术不在于传授本领,而在于激励、唤醒、鼓舞。"这种饱含着情感的激励、唤醒、鼓舞,对于每一位学生都是有价值的,都会让他们产生令人欢喜的力量。根据不同的学生、不同的个性,因文而异写下的灵活多样、情感丰富的作文评语,会取得良好的效果。

【思考与练习】

一、谈谈在小学作文评价中如何理解"大作文教学观"。

二、结合小学作文实际,谈谈对"以欣赏的眼光,科学评价学生的作文"的看法。

第三节 小学作文教学的创新策略

一、人本策略:小学作文教学实现创新的前提

封闭型的传统作文教学受应试教育的束缚,成了传授写作知识和纯技巧的训练,背离了作文教学的根本要求。学生习惯于奉命和应付,假、大、空;缺乏灵性、生气、情感,灵魂被扭曲,创造性被扼杀,造成个性的缺失。

其实,作文是运用语言文字表达自己主观见解和感受的直接方式。学生通过作文进行自我观察、自我体验、自我反馈、自我调节,了解自己的个性情感和心理需要,给自己的成长塑造出一个丰富的精神世界。作文教学固然要培养技巧和提高学生语言表达能力,但最本质的是促进学生个性的健康发展。因此,作文教学必须以人为本。

素质教育以改善和提高学生的主体性为最高目的,以人为本必须突出学生的主体性。首先要让学生意识到作文是表现"真我"的需要,而不仅仅是一种训练的手段,激发学生的写作欲望。想写,这是张扬学生主体性的前提。其次要让学生独立写作,保护学生的主见意识,培养写作独立性。敢写,这是张扬学生主体性的基础。第三要让学生有所发现、有所感受悟、有所创新,培养创造性。能写,这

是主体性的最高体现。

以人为本还必须遵循学生身心发展规律。有的人认为,小学作文教学好像只要解决了"写什么"和"怎么写"的问题,学生的作文水平就能突飞猛进,一日千里。其实,学生的身心发展规律才是制约学生作文水平提高的深层因素。为适应考试的需要,人为地拔高要求,揠苗助长式地开发,将极大地损害学生的身心发展健康。特级教师斯霞曾经指导小学低段学生写话时,不去删改"法国阿姨是个女的"一句,认为这个话出自学生天真幼稚的脑海,是他们认识水平的真实反映,而且闪动着孩子追求"进一步认识"的思维火花。这对今天的作文教学应该有所启发,尊重学生身心的发展规律应以学生的可持续发展为本。

二、开放策略:小学作文教学实现创新的核心

(一)开放作文的内容和立意

有的学生写命题作文绞尽脑汁,一筹莫展,私下写的日记却灵气飞扬。本来学生的生活是丰富多彩的,学生对于生活的观察也有自己的视角,不愁没东西写。但现实给了他们太多的限制,如泛化的政治论调,使得丰富的现实生活进不了作文。写母亲没有不勤劳的,做好事不是让座就是拾金不昧,已司空见惯的所谓"好人好事"来服务于预设的光明主题,虚拟的伟大掩饰不了情感的苍白,更可怕的是导致思维的萎缩,语言的发展也成了无根之木、无源之水。拆除束缚学生作文的"紧箍",首先要开放作文内容和立意,让学生敢于反映真实的生活,表达真实的情感。

(二)开放作文的过程

"教师命题—教师指导—学生作文—教师批改—教师讲评"这种传统的作文教学模式以教师为主体,学生主体性的发挥则是很有限的。先导后作,引导学生明确目标,该写什么,不该写什么,是有一定的教学效果,但一开始就给学生定下许许多多的条条框框,学生只能按教师的意图行事,作文循规蹈矩,不敢越雷池一步,哪里谈得上创新?而开放的作文教学模式以学生为主体,以学生自己的写作活动作为教学的主线。其基本模式是"搜集材料—尝试作文—分类指导—协作修改—完善提高"。在这里,摒弃了教师先行指导的条条框框,实施先作后导,放手让学生尝试作文,学生能想自己所想,说自己所说,写自己所写。然后,教师按照作文要求和学生的实际情况,进行分类指导训练,对遇到不同困难的学生,给以明确、具体、有效的指导和帮助,或者组织引导学生互相帮助。这样的指导更有针对性,有利于解决学生的实际问题,学生的写作主体得以确立。

（三）开放作文的时空

作家陈燕丹曾这样评论"新概念作文大赛"："让我吃惊的是，那些在拾到一分钱的主题上开始写作文的孩子们，一旦给他们一个自由的空间写作，他们还是会迅速地洗尽铅华，表现出一个原生的自己。那些长长的句子，纤细的伤感，那些富有含义的、幽暗的多愁善感的细节，那些欲说还休的情致，甚至是那些与作文训练格格不入的词库，他们在作文的覆盖下还有一个秘密的写作世界。"学生拥有很大的写作潜能，问题是他们受到僵化的思维模式的束缚，不能拥有一颗自由飞翔的心灵，没有一个自由的写作空间。作文不是生活的点缀，而是现代生活的一种需要。学生的作文水平不能依靠那几次集中的作文教学来提高，要突出实用性，提倡随机作文，化整为零，从课内向课外拓展，开放作文写作空间，让学生时时感到作文就在身边，渗透随时运用作文表达的意识，强化作文的实用意识。像结合学习写观察日记、学习日记等，结合阅读写摘记、读书笔记、读后感等，结合影视观看写内容提要、情节记录、感想体会等，都是好形式。

（四）开放作文的评改

开放的作文教学模式，学生应该参与作文教学的全过程。不仅引导学生参与命题，以提高学生写作的兴趣，而且引导学生参与评改。"改"的优先权应属于学生自己。为了让学生能有效参与作文评改，教师可以先让学生学会批改方法，让学生能用常用的比较统一的方法进行评改，并能熟悉批改过程。在批改过程中，尽量让批改者能和写作者面对面协作批改，改的人能知道写作者的意图和想法，写作者能明了批改一方的心思。让评改成为下一次作文新的起点新的开始。

三、信息策略：小学作文教学实现创新的关键

作文涉及一个人搜集、贮存、加工、处理、检索、利用和传递信息的方方面面，作文教学实现创新的关键问题是培养和提高学生的信息素质。信息素质的提高十分有利于学生自觉寻求各种信息，正确吸收、利用有益于自身成长的信息，从而促进学生自身个性的发展。

（一）拓宽素材积累空间，促使学生建立素材"信息库"

学生可对素材进行分门别类，提高信息的搜集、贮存、加工、处理能力。首先是拓展素材积累的事实空间。给学生提供交流各自生活经历的机会，对学生间接获得生活经验进行指导，实现信息资源共享，奠定素材积累的基础。比如，班里经常性地召开新闻发布会或者素材交流会，同学自行交流自己的近期生活和学习经历，分享所见所闻与获得素材，既可以是口头的，也可以是书面的。其次是拓展素

材积累的幻想空间。幻想是一种与自我生活愿望相结合,指向美好未来的想象。富于幻想是小学生生活的重要组成部分。我们在作文教学中往往容易忽视滋养学生作文成长的这一方沃土。再次是拓宽学生的阅读空间。学生许多的素材来源于他们的阅读,加强课外的导读活动可以弥补学生生活的单一性和见识的狭窄性之不足。

(二)丰富语言积累,加强获取语言信息能力的培养

主要是语言的积累、转化、创新、运用,实现语言个性化的能力。

四、语感策略:小学作文教学实现创新的基础

作文教学要解决"怎么写"的问题,就不可避免地要谈到语感。语感能力好坏表现在听说读写任何一环之中。语感就是语言操作者对语言文字的感悟,是语言操作者与语言发生联系时,对语言文字的含义、正误、情味等,迅速地、自动化地作出判断的一种能力。语感源于人的感官和心灵对语言的感受,并由这种感受不断积淀而成,一个人的个性品质就蕴含其中。学生要突破"语言面具",语言表达充分个性化的根在于良好语感的形成和发展。当作文教学的新理念定格在促进学生个性发展之上时,培养语感就很自然地进入作文教学改革的视野。

第一,增强阅读体验,培养语感。语言是相当复杂的信息载体,语言文字作为表情达意的一种符号,什么概念,用什么符号表示,是约定俗成的,而字、词、句的隐含意义在于使用符号的人和环境所给予它的影响。也就是说在具体语境中,语言具有特定的潜在意义。语感的培养就是培养学生对这种潜在意义的感知和理解。没有对这种潜在意义的感知理解,就不可能有真正意义上的语感的形成。因此,在阅读教学中,特别要挖掘语言文字的深层意义(潜义),只有把具体的语言文字放在特定的语言环境中,联系上下文,才能实现,从而更好地感受这些语言,进而把共同的语言转换成富有自己个性化的语言。

第二,联系生活情境,培养语感。语感是不能单靠翻查字典来培养的。联系生活情境,我们更能把握语言的得体与否。作为第二信号系统的语言,如果离开了现实生活这个第一信号系统,良好的语感就得不到培养。叶圣陶先生认为:"要求语感的敏锐,不能单从语言文字上揣摩,而要把生活经验联系到语言文字上去。"

五、评价策略：小学作文教学实现创新的保证

（一）成功激励

心理学家盖兹说得好："没有什么比成功更能增加满足的感觉，也没有什么东西比成功更能鼓起进一步求成功的能力。"让学生放手写我心，并给予成功激励，拓宽获取成功体验的途径。比如，开辟习作园地，学生想写就写，想评就评，作品想贴就贴；组织学生向报纸杂志广播电台投稿；参与各类作文竞赛；编订班级优秀作文选或鼓励学生编订自己的习作集；师生间通信交流沟通……树立"重在参与"的意识，通过多种实践，摘取成功的果实，获得成功体验。

（二）多元标准

废除单一的评价标准，进行多元标准评价，分 A、B、C 三个等级，每个等级中又含有优、良两个等级，过一段时间，学生作文水平有了提高后，可以上升一个等级，如果退步了，则下降一个等级，这种评价方式对学生有很大的促进作用，学生对自己的水平有了比较清楚的认识，追求进步的目标比较明确，并且"跳一跳，够得着"，能充分发挥评价的作用。

（三）合作评价

改变以往教师单一评价为合作评价，即教师评价、自我评价、学生互评相结合，充分发挥自我评价的作用，激发学生的自我意识、参与意识。因为，所有评价只有经过自我反省之后才能发挥作用。

【思考与练习】

一、谈谈小学作文中的语感策略。

二、谈谈如何做到真正开放作文内容和立意。

【阅读推荐】

1. 李吉林. 李吉林小学语文情境教学——情境教育，济南：山东教育出版社，2000.

2. ［加］马克斯·范梅南（宋广文等译）. 生活体验研究——人文科学视野中的教育学，北京：教育科学出版社，2003.

3. 裴海安. 走向有效的作文教学（小学），长沙：湖南人民出版社，2012.

4. 盛娟. 小学生创新作文全程指导，上海：上海科学普及出版社，2010.

5. 牛红心. 小学创新作文设计28例，北京：中国轻工业出版社，2014.

参考文献

1. 杨为珍主编:《写作》,华东师范大学出版社,1990 年版

2. 教材编写委员会编:《写作》,开明出版社,1998 年版

3. 陈家生主编:《写作》,高等教育出版社,1999 年版

4. 陈建新主编:《大学写作》,浙江大学出版社,2003 年版

5. 胡欣编著:《写作学基础》,武汉大学出版社,2005 年版

6. 何明主编:《大学写作教程》,东北师范大学出版社,2006 年版

7. 曾焕鹏主编:《当代写作教程》,海峡文艺出版社,2003 年版

8. 陈雪军主编:《阅读与写作》,浙江大学出版社,2011 年版

9. 董小玉主编:《现代写作教程》,高等教育出版社,2000 年版

10. 卢国华、石晶编著:《写作训练》,齐鲁书社,2003 年版

11. 尉天骄主编:《基础写作教程》(第 2 版),高等教育出版社,2010 年版

12. 许兆真主编:《写作》,光明日报出版社,2005 年版

13. 朱本轩主编:《古代写作学概论》,青岛海洋大学出版社,1995 年版

14. 崔修建编著:《大学写作教程(原理卷)》,南开大学出版社,2009 年版

15. 吴伯威、杨荫浒、林伯麟主编:《写作》,高等教育出版社,1992 年版

16. 朱水根著:《新课程小学作文教学》,高等教育出版社,2006 年版

17. 钱加清主编:《语文课程与教学论》,山东人民出版社,2008 年版

18. 潘新和主编:《新课程语文教学论》,人民教育出版社,2005 年版

19. 钱理群著:《钱理群语文教育新论》,华东师范大学出版社,2010 年版

20. 魏成春主编:《大学写作实用教程》,华中科技大学出版社,2008 年版

21. 林超然主编:大学写作教程(文体卷),南开大学出版社,2009 年版

22. 王香平编著:《大学生写作能力教程》,中山大学出版社,2007 年版

后　记

时光荏苒,不知不觉中,自己从事写作课的教学工作已有 18 个年头了。还依稀记得那是学校刚刚有大专班之后的第三年——1996 年。其间因为上写作课的班级很少,所以一直是由我一人担任写作课的教学。但自从 2004 年学校升格为淄博师范高等专科学校之后,随着招生规模的扩大,上写作课的班级也随之大幅度增加,于是,讲授写作课的教师也由此增加至三人。

在写作课的教学过程中,我们也试着选择了不同版本的写作教材,结果在使用过程中却发现,这些教材大多面向的是中学作文教学,针对性不强;同时,教材的内容与学生的水平及以后的就业方向存在着明显的差距。所以一直想能够拥有一本属于自己的写作教材。我们设想此教材一则要有自己的"风格",二则更要符合所教学生的学习实际,于是我们秉承这样的编写理念,把教材的名称定为《基础写作与训练》,并把全书主要分为了"绪论""写作理论""文体写作""小学作文教学指导""参考文献"及"后记"六个部分。在每一章的前面加了一个"内容导读",以激发学生的兴趣与思考;在每一章的后面加了"阅读推荐",为学生提供一定数量与讲授内容相关的阅读书目,以拓宽学生的学习视野;在每一节后面都设计有针对性的"思考和练习",充分体现写作实践性强的教学特色。本书编写的分工如下:"绪论""后记"及第一编"写作理论"部分由李锋教授负责,第二编"文体写作"部分由翟淼淼讲师负责,第三编"小学作文教学指导"部分及"参考文献"由丁玉副教授负责,全书最后由李锋教授、丁玉副教授进行了统稿。

本书在编写过程中,得到了淄博师专教务处处长焦玉利教授,以及人文科学系主任王聿发教授等领导的大力支持与指导,并且参考和引用了许多已出版的写作教材及网络资料(主要可参看书中的参考文献),在此我们一并表示由衷的谢意。

　　由于本书的编写过于匆忙，并且编写者的能力有限，书中可能存在这样或那样的缺点和不足，我们在以后具体的写作教学中随时加以补充与修正，也敬请各位专家、学者以及读者批评指正。

编著者

2014 年 7 月